도서출판 대장간은
쇠를 달구어 연장을 만들듯이
생각을 다듬어 기독교 가치관을
바르게 세우는 곳입니다.

대장간이란 이름에는
사라져가는 복음의 능력을 되살리고,
낡은 것을 새롭게 풀무질하며, 잘못된 것을
바로 세우겠다는 의지가 담겨져 있습니다.

www.daejanggan.org

버려진 땅에서 우리는 인간이 된다

지은이	윤성모
초판발행	2018년 5월 28일

펴낸이	배용하
본문디자인	이승호
등록	제364-2008-000013호
펴낸곳	도서출판 대장간
	www.daejanggan.org
등록한곳	충청남도 논산시 가야곡면 매죽헌로1176번길 8-54
대표전화	(041) 742-1424 전송 0303-0959-1424

분류	중독	치유	기독교
ISBN	978-89-7071-453-0 93330
CIP제어번호	CIP2018015645

 값 16,000원

"잠자는 자여, 깨어서 죽은 자들 가운데서 일어나라.
그리스도께서 너에게 비추이시리라."엡 5:14

성경묵상으로 길어 올리는 중독치유의 길

버려진 땅에서 우리는 인간이 된다

윤 성 모

차례

서문

윤성모

　성경은 진리의 책이다. 진리는 영원하다. 그러므로 우리는 성경에서 영원한 진리를 만난다. 그러나 다른 한편 성경은 해석의 책이다. 진리는 해석되어야 하고 현실에 적용될 때 의미를 획득한다. 기독교 2,000년의 역사는 그러므로 성경해석과 적용의 역사라고 말할 수 있다. 성경은 또한 영감의 책이다. 성경 각권의 저자들이 영감을 받은 것을 기록한 책이라는 점에서 그렇고, 이 성경을 통해 셀 수 없이 많은 사람들이 영감을 받고 변화되었다는 점에서 그렇다.

　1620년 국가종교의 탄압을 피해 영국에서 미국으로 탈출한 청교도들은 그들 자신을 영국 국왕의 종교탄압과 압제를 피해 탈출하여 젖과 꿀이 흐르는 땅을 찾아온 출애굽의 이스라엘과 동일시하였다. 그들에게 제임스 1세와 찰스 1세 같은 영국의 국왕들은 애굽의 바로오였다. 그들은 현대판 바로오의 압제를 피해 하나님이 약속하신 가나안, 젖과 꿀이 흐르는 신세계를 아메리카 대륙에서 마침내 찾은 것이다. 미국으로 이주한 청교도들에게 영국 탈출과 아메리카 대륙진출이 출애굽의 성경 이야기를 자신들의 삶에 적용한 사건이었다면 나는 동일한 성경이야기를 중독으로부터의 탈출과 회복에 적용한다. 애굽에서 노예생활 하던 이스라엘의 모습은 중독의 노예가 되어 비참한 삶을 살아가는 중독자들의 삶의 모습 그대로이며, 가나안은 중독의 노예상태에서 벗어나 자유를 찾은 자유인들이 들어가는 회복의 땅인 것이다. 출애굽 이야기를 실제의 삶에 영감 있게 적용한 사례들이 어찌 이들 사례뿐일까 만은 이 책은 철저하게 성경을 통해, 성경 속에서 중독으로부터의 치유와 회복의 길을 찾고자 중독자들과 함께 성경을 묵상하고 해석하며 치유의 실제에 적용해 온 17년 중독치유사역의 결과물이다. 나의 17년에 걸친 사역경험은 현대 사회에 만연한 다양한 형태의 해악적 중독을 퇴치하고 중독에 걸린 이들을 해독시키고 치유하는 가장 좋은 텍스트가 있다면 그것은 성경이다! 라고 말한다. 왜인가? 성경에는 '구원과 치유'에 대한 수많은 이야기와 사례들로 가득 차 있기 때문이며, 그 '구원과 치유'를 이루시고 행하시는 하나님의 역사가 시공을 초월해서 오늘날에도 동일하게 이루어지리라는 약속으로 가득 차 있기 때문이며, 기적 같은 '구원과 치유'의 역사가 이곳 라파공동체에서 일어나고 있듯이 오늘날도 여전히 세계 곳곳에서 계속되고 있음이 엄연한 사실이기 때문이다. 성경의 이야기는 먼 옛날의 신화와 전설이 아니라 오늘 우리들에게 그대로 재현되고 있는, 살아 있는 오늘의 이야기인 것이다.

'성경과 중독'이 정말 깊은 관계가 있는가? 라는 질문에 답을 하려면 중독이란 무엇인가에 대한 정의가 전제되어야 한다. 한때는 알코올중독자였다가 믿음을 통해 회복의 길에 들어선 회복중인 중독자들이 자신들에 대해 내린 정의를 주목하여 보자.

"우리는 어떤 의미에서는 우상숭배자였다는 것을 알게 되었다. 이것은 우리 모두에게 자주 일어났던 얼마나 소름끼치는 정신적 상태였던가! 우리는 사람들을, 감정을, 물건을, 돈을, 그리고 자기 자신을 숭배해 오지 않았던가!" 『익명의 알코올중독자들』, 71쪽

'성경과 중독'에 대한 우리의 논의와 고찰은 여기에서 시작된다. 자신들 스스로를 중독이라는 우상을 섬기고, 사람, 감정, 물건, 돈, 그리고 자기 자신을 신으로 숭배해 왔다고 고백하는 이 사람들을 치유하는 길은 무엇인

가? 대답은 자명하다. 그들이 사로잡혀 있거나 묶여 있는 우상숭배의 정신 상태그 상태를 성경은 죄라고 정의한다로부터 그들을 구출해주거나 풀어주는 것이 다. 위르겐 몰트만Jürgen Moltmann이 건강에 대해 "참된 건강은 살고자 하는 힘, 고통을 겪는 힘, 그리고 죽음을 맞이하는 힘이다. 건강은 내 몸의 상태 가 아니라 그것은 내 몸의 다양한 상태들을 극복하기 위한 영혼의 힘이다" 라고 정의했던 것처럼 중독의 치유란 우상숭배에 찌든 병든 영혼의 상태를 건강한 영혼의 상태로 바꾸어 놓는 것이라 할 수 있다. 그렇다면 기독교와 성경이 이에 대해 답을 줄 수 있는 유력한 대안이 될 수밖에 없지 않을까?

세상은 중독을 무엇으로 보고 있을까? 오늘날 중독에 걸린 이들을 누구 에게로 데려가 치료해야 할까? 그들을 나에게 데려오라 말하는 사람은 정 신과 의사거나 심리학자, 상담가일 것이다. 그들은 중독을 뇌의 질병으로 보기도 하고 정신장애Mental Disorder, 즉 마음의 병으로 보는데 이 역시 중독 현상에 대한 적확한 진단이라 아니할 수 없다. 이 책에서 나는 중독을 정신 장애, 마음의 병이라는 관점을 확고히 견지하는 가운데 이들 영역정신분석학, 심리학, 상담학 등에서 구축한 치유성과들을 성경의 관점에서 통합 적용하려는 노력을 일관되게 유지할 것이다. 성경은 뒤에서 살펴보겠지만 마음에 관한 책이 분명하다

중독의 치유와 관련된 수많은 성경구절이 있지만 그 중 대표적인 구절을 고르라면 나는 에베소서 4장 22-24절 말씀을 꼽는다. "너희는 유혹의 욕심 을 따라 썩어져 가는 구습을 따르는 옛 사람을 벗어버리고 오직 너희의 심 령이 새롭게 되어 하나님을 따라 의와 진리의 거룩함으로 지으심을 받은 새 사람을 입으라." 그렇다. 중독으로부터의 회복이란 욕망에 따라 유혹을 이 기지 못하고 중독된 것을 추구하며 살던, 썩어 없어질 낡은 습관을 따르던 삶, 곧 옛 사람의 삶에서 심령이 새롭게 됨으로 이제 더 이상 헛된 욕망을 따 르지 아니하며 오히려 하나님을 추구하고 하나님에 의해 의와 진리와 거룩

함으로 지음 받은 새 사람으로 거듭나는 삶을 말하는 것이다. 영감 받아 쓰여 졌고, 수천 년 동안 바닷가의 모래알만큼 많은 사람들에게 영감을 주어 그들의 삶을 변화시킨 이 성경보다 중독자의 심령을 변화시켜 거듭난 삶을 가져다 줄 수 있는 더 좋은 책이 있을 수 있을까?

중독은 중독된 그것에 묶이는 것이다. 그것의 노예가 되어 사는 삶이다. 알코올, 도박, 성, 게임, 마약 등등에 묶이고 그것의 노예가 되어 사는 삶이다. 애굽에서 노예 생활하던 이스라엘 백성이 젖과 꿀이 흐르는 가나안 땅으로 들어가는 자유와 해방의 노정을 보여주는 모세오경은 그대로가 중독으로부터 탈출하여 자유하게 되는 회복과 치유의 여정에 다름 아니다. 구약의 선지서들은 우상숭배와 온갖 탐욕으로 타락하여 계명을 어기고 살아가는 이스라엘 국가와 사회, 그리고 개인들을 향한 예언자들의 통렬한 고발인 바, 중독을 조장하는 국가와 사회, 그리고 여기에 빠져 허덕이는 개인들을 향한 준엄한 경고의 말씀과 하등 다를 바가 없다.

욥기, 시편, 잠언, 전도서, 아가서 등의 지혜문학서들을 통해서 우리는 중독에서 벗어나기 위한 참으로 요긴하고 다양한 지혜를 제공받을 수 있다.

죄인들을 용서하시고 병든 자를 고쳐주시는 예수님의 사역을 보면서 예수 그리스도 안에서 중독치유의 가능성과 희망을 발견하며, 성령에 따라 사는 제자들의 삶, 초대교회의 모습을 보며 성령에 이끌려 사는 삶, 심령의 변화를 받아 거듭난 자의 삶, 곧 거룩과 성화에 이르는 삶의 모습을 보고 배운다. 중독을 치유하여 회복의 길을 걷는다는 것은 그리스도를 믿는 믿음으로 구원받고 거룩한 성화의 삶을 살아가는 것에 다름 아니다. 아니 그것이 가장 확실한 치유와 회복의 길이라고 말할 수 있다. 그러므로 '구원과 성화'야말로 중독으로부터의 치유와 회복에 대한 중핵적 개념인 것이며 그 중심에 성경이 자리 잡을 수밖에 없는 까닭인 것이다.

성경 안에서, 그리스도 안에서 중독으로부터 회복의 길을 모색하려는 이들에게 이 책이 적절한 도움이 되기를 기대한다. 성경을 해석하며 적용하는 데 있어서 그릇되거나 어긋남이 있을까 두려운 마음이 있으나 이 책을 내보냄은 중독을 퇴치하기 위한 긴박하고 시급한 싸움에서 조금이라도 도움이 되고자 하는 간절한 마음의 발로에서 임을 전하고 싶다. 거룩한 성경을 중독치유와 회복의 관점에서 해석하고 적용함에 있어서 성경해석의 기본원리인 '성경의 충족성과 명료성'을 만족시키지 못하고 어긋나거나 미치지 못한 부분이 있다면 책임은 전적으로 부족한 필자에게 있음을 밝힌다.

"잠자는 자여 깨어서 죽은 자들 가운데서 일어나라 그리스도께서 너에게 비추이시리라 하셨느니라." 엡 5:14

지수리 회복의 땅에서 …

1부

성경과 중독의 치유 서설

버려진
땅에서
우리는
인간이
된다

1. 성경 중독 치료 서설

　알코올중독으로 인생을 망친 한 젊은이가 있었다. 그 자신이 중독자라고는 한 번도 생각해 본적이 없었지만 자신의 인생에 뭔가 문제가 있음을 알고 있었고 해결책을 찾고 싶은 마음은 간절했다. 자신의 삶의 문제에 대한 답을 찾고자 그는 서점으로 갔다. 수많은 책들 속에서 그는 자신의 삶의 문제를 해결해 줄 책을 찾고자 했다. 그러나 찾지 못했다. 허탈한 마음으로 돌아서려 할 때 그의 눈에 성경이 들어왔다. 그는 성경을 집어 들면서 왠지 여기에 답이 있을 것만 같았다. 그는 성경을 사가지고 집으로 돌아와 성경 여기저기를 훑어보았지만 아무런 해답을 찾지 못했다. 그는 실망했고 성경을 집어던졌다. 오늘은 취하지 않으리라 다짐하고 일터로 나간 어느 날, 그날도 역시 자기 자신을 가눌 수 없이 만취한 채로 집에 들어온 그의 눈에 성경이 보였다. 그는 만취한 상태에서 성경에 큰 절을 하기 시작했다. 제발 이 술 문제를 해결해 달라고 간절히 빌면서… 오랜 시간이 지났다. 그러나 그의 술 문제는 해결되지 않았다. 그의 인생은 파탄되었고 그는 노숙하는 신세가 되기에 이르렀다. 그 때 그는 지역신문에서 "알코올중독 무료 상담치유"라는 광고를 보고 라파공동체의 문을 두드렸다. 그 때로부터 14년의 시간이 흘렀다. 그는 그 시간 동안 술 마시지 않고 맑은 정신과 영혼을 유지하며 지금껏 살아오고 있다.

　　"태초에 하나님이 천지를 창조하시니라" 창 1:1

그 청년의 영혼을 근저로부터 흔들고 그를 새로 태어나게 한 말씀은 창세기 1장 1절이었다. 그는 하나님을 알게 되었고, 하나님을 믿게 되었다. 그리고 지금 그는 라파공동체에서 성경을 가르치고 설교하는 성경의 사람이 되었다. 그는 더 이상 성경에 절하지 않는다. 대신 그는 성경을 읽고 묵상한다. 그리고 거기에서 길을 찾는다.

오늘날 세상에는 중독을 다룬 수많은 책들이 나와 있다. 의학, 심리학, 상담학 분야에서 중독에 대한 연구가 지속적으로 활발히 진행되고 있고 기독교 심리학과 상담학 차원에서도 수많은 책들이 출판되어 있다. 기독교 심리학과 상담학 차원에서 중독을 다루고 있는 책들의 중심에는 언제나 성경이 있다. 왜냐하면 성경에는 인간의 영혼의 문제요 삶의 문제인 중독을 치유하는 원리들로 가득 차 있기 때문이다.

나는 지난 17년 동안 중독자들특히 알코올중독자들과 도박중독자들의 치유사역을 감당해 왔고, 기독교 중독치유공동체인 라파공동체를 운영해 왔다. 그 치유활동의 중심에는 언제나 성경이 있었다. 우리는 성경 속에서 중독을 치유하는 원리와 방법을 찾아내었고, 많은 사람들이 성경과 신앙의 원리를 통해 중독으로부터 치유되는 놀라운 기적을 경험하였다. 나는 성경을 중독치유의 텍스트로 삼고 아침마다 묵상해 왔으며 이를 중독치유에 적용해 왔다.

라파중독치유공동체에는 중독을 치유하기 위한 많은 프로그램들이 있는데 그 중 가장 중요한 프로그램은 매일 이른 아침에 시작되는 성경묵상이다. 이 시간을 통해 많은 사람들이 중독의 본질을 꿰뚫기도 하고, 각 사람들을 얽어매고 있던 거짓된 중독적 자아를 벗어던졌으며, 예수님을 구세주와 주님으로 모셔 들임으로써 중독의 깊은 늪으로부터 건짐 받는 놀라운 회복의 기적을 체험하였다.

그러므로 이 책은 성경을 텍스트로 삼아 진행되어온 나의 17년에 걸친 중독치유 사역의 보고서라 할 수 있다. 사실 날마다 성경 한 장이나 반장 정도의 분량을 묵상하면서 성경 전체에 대한 묵상 일독을 완결하는데 17년이라는 장구한 시간이 걸렸다. 물론 그 기간 중 상대적으로 양이 적은 신약은 두세 번 정도 묵상할 수 있었고, 구약성경 중에서도 중독치유와 관련해 특별한 중요성을 갖는 창세기나 출애굽기 등도 여러 차례 묵상을 진행하여 왔지만 성경 전체를 묵상으로 일독하는데 무려 17년의 세월이 걸려야 했다. 하나님을 믿는 믿음으로 성경을 통해 중독을 치유하고자 하는 사람들이나 그 가족들, 그리고 기독교 중독 치유에 관심이 있는 분들, 기독교 차원에서 중독치료의 이론과 실제를 알기 원하는 이들에게 심리학과 신학을 통합적으로 이해하고 적용하려 애쓴 이 책이 도움이 되었으면 하는 바람이다.

신이 창조한 인간과 그 인간의 본질과 속성이 마음에 있다고 보고 이를 탐구하는 학문으로 심리학을 바라보는 사람들은 심리학과 신학은 서로 긴밀히 연결되어 있고 서로를 포섭하는 학문으로 바라본다. 본고는 심리학과 신학은 서로 다른 학문이기는 하지만 인간과 신에 대한 진리를 추구하고 발견하는 데에서 서로에게 큰 도움이 되며 양자는 결코 대립되지 않는다는 관점을 견지할 것이다. "신학은 심리학을 포섭하고, 심리학은 신학을 관철한다"는 관점을 유지할 것이다.

잠언 23장 29-35절에는 알코올중독을 경계하는 옛 현인의 가르침이 기록되어 있다. 다소 길지만 성경을 그대로 인용해 보도록 하자.

"재앙이 뉘게 있느뇨, 근심이 뉘게 있느뇨, 분쟁이 뉘게 있느뇨, 원망이 뉘게 있느뇨, 까닭 없는 상처가 뉘게 있느뇨, 붉은 눈이 뉘게 있느뇨 술에 잠긴 자에게 있고 혼합한 술을 찾으로 다니는 자에게 있느니라 포도주는 붉고 잔에서 번쩍이며 순하게 내려가나니 너는 그것을 보지도 말지어다 그것이 마침내 뱀 같이 물 것이요, 독사 같이 쏠 것이며 또 네 눈에는 괴이한 것이 보일 것이요, 네 마음은 구부러진 말을 할 것이며 너는 바다 가운데에 누운 자 같을 것이요 돛대 위에 누운 자 같을 것이며 네가 스스로 말하기를 사람이 나를 때려도 나는 아프지 아니하고 나를 상하게 하여도 내게 감각이 없도다 내가 언제나 깰까 다시 술을 찾겠다 하리라"잠 23:29-35

알코올중독자는 누구인가? 술에 잠긴 자이다. 술을 찾으러 다니는 자이다.30절 술에 잠긴 자란 술에 절어 있는 자, 술에 인박힌 사람딤전 3:3, 8에는 감독과 집사의 자격으로 술을 즐기지 않는 자, 술에 인박히지 않은 자를 제시한다이라는 뜻이다. 그들은 늘 술을 찾아다니는 사람들이며 술이 깨면 다시 술을 찾는 사람들이다. 즉 술을 적절히 조절할 수 있는 조절능력이 상실되었거나 심각하게 훼손된 사람들이다.

술에 무력하게 됨으로 결국 그들은 그들의 삶과 인생을 망쳐버리게 된다. 그들의 삶에는 재앙이 임한다. 모든 인간관계가 깨어지고 파탄된다. 가족과의 관계, 사회적 관계, 영적 관계 등 모든 관계가 깨어지고 파탄되어 마치 노아의 홍수를 만난 사람들과 같은 재앙 속에 빠져들게 된다. 자기 자신과 주위에 말할 수 없는 근심을 끼치며 삶 속에서 분쟁과 다툼이 끊이질 않으며 까닭을 알 수 없는 상처가 몸과 마음에 배어 있는 사람이 되며, 늘 눈이 붉게 충혈 되어 있는 사람들로 변해간다.29절

알코올중독자들에게 포도주의 붉은 색과 술잔의 번쩍거림은 유혹이 되며, 알코올은 갈증을 달래주는 생명수처럼 순하게 내려간다. 그것은 중독자들에게 거절할 수 없는 유혹이 된다. 그 유혹은 너무 아득하여서 알코올중독자들이 그 유혹을 이겨낸다는 것은 사실 불가능에 가깝다. 예수님이

성령에 이끌려 광야로 나가 마귀에게 유혹받으실 때 40일을 금식하신 후 "돌을 떡으로 만들어보라"는 유혹을 받는다. 예수님은 이 마귀의 유혹에 대해 "사람이 떡으로만 살 것이 아니요, 하나님의 입으로부터 나오는 모든 말씀으로 살 것이다"마 4:4, 눅 4:4고 하시며 그 유혹을 물리치셨다. 그렇지만 만일 마귀가 알코올중독자들에게 물을 포도주로 만드는 능력을 주고 "이 물을 포도주로 만들어 보라"고 유혹할 때 그것을 이겨나갈 중독자는 거의 없다고 보아야 한다. 사실 그들은 그러한 악마의 유혹이 유혹으로 분별되지 않는 혼돈감 속에 사는 사람들이기도 하다. 마귀의 유혹은커녕 오히려 어떤 사람들은 악마에게 영혼을 팔아넘긴 파우스트처럼 자기 영혼을 팔아서라도 그런 능력을 달라고 마귀에게 간구할 사람들이기도 하다.

성경은 그런 사람들에게 "너는 그것술을 보지도 말라"31절고 명령한다. 왜냐하면 그것이 "뱀 같이 너를 물 것이고, 독사같이 너를 쏠 것"32절이기 때문이다. 에배소서 5장 18절에서도 사도 바울은 에베소 교인들에게 "술 취하지 말라 이는 방탕한 것이니 오직 성령으로 충만함을 받으라"고 명령한다. 그때나 지금이나 교회 안에 술 마시는 사람들이 있는 것에는 변함이 없다 독사에 물리면 어떻게 되는가? 독사의 독에 중독되고, 그 독이 온 몸에 퍼져서 결국 사람은 죽음에 이르게 된다. 알코올중독을 흔히들 "점진적 자살"이라고 부르는데 중독은 이처럼 자기 자신을 죽음에 이르게 하는 병이다.자기 자신만 중독되는 게 아니라 주변 사람들까지 중독 시키는 참으로 무서운 병이다. 주위 사람들은 중독자에게 중독되는 동반의존 혹은 동반중독에 걸리게 된다

알코올이나 마약중독에서 두드러지는 것이지만 모든 중독의 가장 큰 특징 중의 하나는 중독자들에게서 나타나는 심각한 정신적 착란 증세들이다. 이것들은 중독에 취해 있거나 일시적으로 끊고 있을 때 나타나는 증세들로서 금단증상이라고도 한다. 가장 흔한 금단증상은 불안, 초조, 불면증, 수

전증 등이지만 심한 경우에는 헛것을 보는 환시, 헛소리를 듣는 환청, 헛감각을 느끼는 환촉, 헛냄새를 맡는 환후 등이 있다. 이것들은 참으로 두렵고 끔찍한 경험이다. 옆에 있는 사람들은 보이지도 않고 들리지도 않으며 느끼지도 못하는데 중독자 당사자는 귀신이 자기를 노려보고 있다면서 공포에 오들오들 떨고, 저 놈 죽여라 하는 누군가의 외침이 끝없이 들려 자기 귀를 막고 그 소리를 떨쳐내려 버둥거리며, 자기 혈관 속에 송충이가 기어 다닌다고 혈관을 입으로 물어뜯으며, 방 안에 시체 썩는 냄새가 난다며 창문이란 창문은 다 열어 제치는 등의 정신 나간 행위를 하기도 한다. "눈에는 괴이한 것이 보일 것"33절이며 "바다 가운데 누운 자, 돛대 위에 누운 자 같이" 되어 "사람이 때려도 아프지 아니하고 상하게 하여도 감각이 없는"34, 35절 그런 상태가 되어 버리는 것이다.

이미 3,000여 년 전에 옛 현인은 그 시대의 알코올중독자들을 자세히 관찰한 후에 술의 해악성을 간파하고 후손들이 똑같은 고통을 자초하지 않도록 잠언에 그 뜻을 기록하여 남겨두었다. 그리고 오늘 우리들은 우리 자신과 이 시대를 향한 하나님의 말씀으로 그 말씀을 받아들이고 있다. 중독이란 무엇인가에 대해 공부할 때 잠언의 이 부분을 읽고 토론하는 경우가 왕왕 있는데 이 말씀을 처음 접하는 중독자들이 그 묘사의 사실성에 전율하는 경우를 많이 보아왔다. "내 이야기가 성경에 어쩜 이렇게 똑같이 나와 있는지 참 신기합니다"라고 그들은 이구동성으로 말했다.

중독은 크게 물질중독과 행위중독으로 나누어진다. 물질중독이란 섭취하는 물질에 중독되는 것으로 알코올중독, 약물중독, 음식중독, 니코틴 중독 등이 있다. 특정 행위에 중독되어 있는 행위중독혹은 과정중독으로는 일중독, 도박중독주식중독 포함, 관계중독, 성중독, 쇼핑중독, 인터넷게임, 스마트폰중독, 운동중독, 도벽중독 등이 있고 형이상학적 관념의 영역까지 확장한다면 생각중독, 거짓말중독, 종교중독 등도 있다. 물질만능의 현대 자본주의와 관련해서는 돈중독, 성공중독, 인정중독, 성형중독 등등 생활의 전 영역이 중독의 위험성 앞에 노출되어 있다. 국가 사회적 측면에서도 독특한 유형의 중독 현상이 나라마다 다르게 나타나게 되는데 우리나라의 경우에는 분단 현상을 고착화 하는 분단중독 현상을 발견할 수 있다. 말로는 통일에 대해서 이야기 하지만 실제의 삶은 분단의식에 고착되어 있어서 변화를 거부하고 분단 상황에 안주하는 중독적 행태를 국가 의식적 차원에서 분단중독이라 말할 수 있다. 문명적 차원에서는 도시중독 현상도 거론할 수 있다. 말로는 도시가 싫다고 하면서도 결국 도시를 떠나지 못하는 현상은 도시의 속도, 화려한 불빛과 자극, 도시문명이 가져다주는 안락함 등에 중독되어 있기 때문이라 할 수 있다. 현대인이 추구하고 향유하는 문명적 삶의 이면에는 도시중독이라는 어둠의 그림자가 드리워져 있음을 주시할 필요가 있다. 도시 자체가 중독의 온상이 되고 있음은 주지의 사실이다.

이들 중독들은 고착화된 습관들로서 조절하려 해도 조절이 몹시 어렵다. 어떤 사람들은 중독된 습관이나 행위를 끊고자 시도하지만 번번이 실패한다. 물론 대부분의 중독자들은 자신이 중독자라는 사실을 인정하지 않는다. 인정하는 순간 그 행위를 더 이상 하지 못하도록 남들이 자기 자신에게 간섭하는 것을 허락하는 꼴이 되기 때문이다. 주위의 사람들은 그 사람이 이미 고착화된 습관을 조절할 수 없음을 경험적으로 알고 있다. 그 습관으로 인해 말할 수 없는 폐해를 이미 반복해서 경험하였다. 중독이 가져다주는 고통을 견디기 힘들다고 주위 사람들이 아무리 외쳐도 정작 당사자는 그들의 호소와 울부짖는 소리를 듣지 못한다. 한 마디로 부인하는 것이다. 이것을 부인denial의 방어기제라고 한다. 자신이 중독자라는 사실을 부인하고, 중독으로 인해 폐해가 발생했다는 사실을 부인한다. 나아가서는 그렇게 된 현실을 어쩔 수 없었다고 합리화하거나 남의 탓이나 환경 탓으로 책임을 전가blame, projection하고 나중에는 이 모든 결과들을 은폐하고 왜곡하기 위해 거짓말을 습관적으로 자행한다. 술을 마셨음에도 절대로 마시지 않았다고 강변하고 도박을 했음에도 절대로 그런 일이 없었다고 잡아뗀다. 거짓이 계속되면서 나중에는 자기 자신도 그 거짓에 속게 되는 경지에 이르게 된다. 자신이 마시지 않았다면 정말 마시지 않은 것이 되어버리는 것이다. 이렇게 해서 중독자들의 내면세계, 정신세계는 철저히 유린되고 붕괴되며 왜곡되어 파탄에 이르게 된다. 그들은 미치지 않았지만 실상 미친 것과 다름없는 깊은 인격의 파탄 상태, 심리적 병적 상태에 빠져들게 되는 것이다.

그래서 현대 정신의학에서도 중독을 정신장애mental disorder로 보는 것이다. 이런 상태가 되면 정상적인 인간관계를 유지할 수가 없다. 그래서 모든 중독을 인격병이요, 관계병이라 말하는 것이다. 마음과 인격이 파탄상태에 이름으로써 "마음이 구부러진 말을 하는"33절 지경에 이르는 것이다. 마음이 구브러졌다 함은 사람의 마음이 정직과 진실, 참에서 벗어나 거짓되고 왜곡되었으며 꼬이고 비틀렸다는 것을 뜻한다. 곧 중독의 뒤틀린 내면 상태를 가리키는 것이다.

중독은 마음의 병이요, 인격의 병이며 정신장애이다. 그리고 다른 한편으로는 죄이다. 알코올중독자들에게 술 좀 그만마시라고 하거나 도박중독자에게 도박을 그만두라고 하면 이렇게 반문한다. "술 좀 마시는 게 죄고, 도박 좀 하는 게 죄냐?"고 반문하는 데에는 그것이 절대로 죄가 아니라는 확신이 있기 때문일 것이다. 또 역으로 그것이 죄가 된다면절대로 죄일 리가 없다고 확신하지만 술 마시고 도박하는 행위를 재고해볼 용의가 있다는 마음으로 이해할 수 있을 것이다. 중독은 죄인가? 그렇다. 아주 강력한 죄이다. 바로 우상숭배의 죄이다. 성경은 사실 중독에 관한 책이다. 하나님을 떠나 세상과 물질이라는 우상을 숭배했던, 죄인 된 이스라엘 백성들에 관한 이야기이며, 이들을 치유하시고 용서하시며 의롭다 하심으로 그들을 새롭게 하시고 자기의 백성으로, 자녀들로 회복시키시는 하나님의 은혜에 관한 이야기이다. "죄가 깊은 곳에 은혜가 더욱 넘치는"롬 5:20 이야기인 것이다.

모든 중독은 중독 그 자체를 우상으로 섬기는 죄이다. 멸망의 가증한 것이 서지 못할 곳에 서는 죄, 곧 중독이 하나님이 자리를 대신하는 죄이다. 알코올, 도박, 마약, 성 등등이 하나님의 자리에 우뚝 서서 하나님을 밀어낸 것이 중독이다. 하지만 언약궤가 블레셋의 다곤 신상 앞에 놓였을 때 그 신상의 목과 팔을 부러뜨림으로써 하나님께서 스스로의 존엄을 지키셨던 것처럼 하나님은 이 세상의 그 어떤 것에 의해서도 당신의 자리를 빼앗기시는 분은 아니다 중독자들은 하나님 대신에 중독된 것들을 그 자리에 올려놓는 선택을 하고 하나님을 중독의 심부름꾼으로 전락시켜 버리는 죄를 범하는 것이다. 도박중독자들은 도박장에 나가거나 고난도 배팅을 걸어놓고서 이렇게 기도한다. "하나님, 오늘은 꼭 따게 해 주세요. 제발 부탁입니다. 사랑 많으시고 자비하시며 전능하신 예수님이 이름으로 기도 드렸습니다. 아멘." 이것이 하나님의 이름을 망령되이 일컬으며 중독이라는 우상을 섬기고, 하나님 이외에 다른 신을 충심으로 섬기는 중독자들의 죄인된 실상이다.

중독은 광의의 의미에서는 하나님 보다 그 외의 다른 것을 우선 섬기는 행위나 마음의 상태라고 정의할 수 있다. 하나님을 아는 믿음이 있기 전이든 후든 대부분의 인간들은 자기의 탐욕에 이끌려 세상과 돈, 물질과 쾌락을 따르고 섬기며 마음과 영혼의 가장 깊은 곳에서는 자기 자신을 신으로 섬기는 우상숭배의 죄를 깊숙이 숨기고 있다. 광의의 의미든 협의의 의미든 모든 중독의 궁극적 배후에는 창세기에서 드러난, 아담과 하와의 범죄와 타락에서 기인된 원죄 – 하나님께 불순종하고, 하나님과 같이 되려는 교만 – 가 있다. 모든 중독자들은 자기 자신이 자기 운명의 주인이 되고 하나님을 자기의 종으로 부리는 전도된 의식 속에서 살아가는 우상숭배의 죄인들이라는 말이다. 중독자들의 철저한 이기주의와 자기중심성이야말로 중독을 유발하는 핵심원인이라 할 수 있는데 중독을 "영적인 질병"이라고 부르는 확실한 이유가 여기에 있다.

중독은 마음과 정신의 병이고 영혼의 병이다. 또한 그것은 궁극적으로 하나님을 멀리하고 중독이라는 우상을 섬기며 자기 자신을 신으로 섬기는 우상숭배의 죄이다. 그러므로 한 명의 중독자가 온전해 지려면 죄는 사함 받고 병은 고침 받아야 한다. 예수님께서 중풍병자를 고쳐 주실 때 보여주시고 행하셨던 것 그대로이다. 마태, 마가, 누가가 공히 기록하고 있는 중풍병자를 고쳐주시는 사건 속에서 예수님께서는 "작은 자여 일어나라 네 죄 사함을 받았느니라"고 말씀하셨을 뿐만 아니라 "일어나 네 침상을 가지고 집으로 가라"고 하심으로써 그의 죄를 사하여 주시고 그의 병을 고쳐주셨다. 물론 이 때 중풍병자의 병은 육체의 병이었지만 요한복음 4장에서 우리는 여섯 명의 남성을 섭렵하고 있는, 그래서 수치심 가운데 정오 땡볕에 물 길러 나올 수밖에 없었던 성중독화된 한 여인, 마음의 병을 가지고 있던 사마리아 여인을 예수님께서 고치시고 구원해 주시는 장면을 엿보게 된다.

하나님께서는 구약성경을 통해 당신을 "여호와 라파, 치료의 하나님"출 15:26으로 계시하셨고, 신약성경은 이 땅에 성육하신 예수님의 사역에 대해 "예수께서 모든 도시와 마을에 두루 다니사 그들의 회당에서 가르치시며 천국복음을 전파하시며 모든 병과 모든 약한 것을 고치셨다"마 4:23, 9:35고 기록한다. 흔히 말하는 예수님의 공생애 기간 3대 사역은 가르치심, 전파하심, 고치심이었다. 뿐만 아니라 예수님은 제자들을 부르셔서 동일한 치유의 권능을 주시기도 하셨다. "예수께서 그의 열두 제자를 부르되 더러운 귀신을 쫓아내며 모든 병과 모든 약한 것을 고치는 권능을 주시니라."마 10:1 예수님과 예수님의 제자들이 모든 병과 약한 것을 치유하셨던 것처럼 오늘날의 우리도 이와 동일한 일을 행할 수 있다. 곧 중독을 치유할 수 있는 것이다.

위르겐 몰트만Jürgen Moltmann이 건강에 대해 "참된 건강은 살고자 하는 힘, 고통을 겪는 힘, 그리고 죽음을 맞이하는 힘이다. 건강은 내 몸의 상태가 아니라 그것은 내 몸의 다양한 상태들을 극복하기 위한 영혼의 힘이다"라고 정의한 것처럼 치유는 우리의 병든 육체와 정신을 건강케 하는 것뿐만 아니라 영혼의 능력을 회복하고 온전케 하는 일련의 과정과 결과를 일컫는 말이라 할 수 있다. 중독의 치유는 이렇듯 영과 혼과 육의 전면적, 전인적 치료를 의미하는 것이다.

2. 중독 – 너와 나, 그리고 우리의 문제

　그는 알코올중독자 아버지 밑에서 자랐다. 자라면서 그는 술 마시는 아버지가 너무도 싫었기에 자기는 결코 술을 마시지 않겠다고 다짐했다. 대학에 들어가기까지 그는 술을 한 모금도 마시지 않았다. 그러나 대학생활을 통해 술을 접한 그는 군 시절을 지나고 직장생활을 하면서 계속 술을 마시게 되었다. 술을 마시면서 그는 자신의 아버지를 비웃었다. 이렇게 절제하며 마시면 되는 것을 우리 아버지는 왜 못하였을까? 그러나 세월이 흐른 어느 날 그는 알코올중독자가 되어 있는 자신을 발견하고 소스라치게 놀라게 되었다. 내가 그렇게도 혐오했던 알코올중독자가 되었다니, 내가 그렇게 싫어했던 우리 아버지의 모습이 지금의 내 모습이라니…. 그것은 충격이자 공포였다. 그는 술을 끊고자 온갖 노력을 다하였지만 그의 아버지처럼 그 역시 술을 끊을 수는 없었다. 그 자신이 알코올중독자가 되리라는 것은 그의 상상에도 결코 없던 일이었다.

　그녀는 알코올중독자 아버지 밑에서 성장하면서 커서 아버지와 같은 중독자와는 결코 결혼하지 않을 것이라고 다짐했다. 배우자 선택의 1순위는 술을 마시는가 아닌가의 여부였다. 신실하게 보이는 청년을 만나 결혼하였다. 그러나 결혼하면서 남편은 조금씩 술을 마시기 시작하더니 몇 번의 사업실패를 거듭하면서 남편은 결국 알코올중독자가 되었다. 그녀는 경악했다. 내 남편이 내가 그렇게 혐오하는 알코올중독자가 되었다니. 남편을 마음으로 포기한 그녀는 자식에게 매달렸다. 내 자식만큼은 결코 저렇게 되게 내버려 두지 않겠다는 일념으로 자식교육에 올인했다. 그러나 그 자식마

저도 고등학생이 되면서 그녀를 무참하게 만들었다. 아들은 하라는 공부는 안하고 자기 방에 틀어박혀 게임에 몰두하는 게임중독자가 되었다. 그녀에게 산다는 것은 지옥이었다. 어떻게 내게 이런 일이 일어났는지 도무지 알 수 없었다. 하나님 제게 왜 이런 시련을 주시나요? 그것은 하나님을 향한 그녀의 처절한 절규였다.

이 세상에 스스로 중독자가 되려고 술을 마시거나 도박을 하거나 게임을 하는 사람은 없다. 하다 보니 그렇게 된 것이다. 위의 사례에서처럼 자기는 절대로 중독자가 되지 않겠다고 다짐한 사람들이 중독의 굴레에 사로잡히는 것이 우리네 인생이다. 이 세상 그 누구도 중독의 굴레에서 완전히 벗어날 수 없다. 그러나 본고에서 우리는 왜 중독에 사로잡히게 되는지, 어떻게 하면 그것에서 벗어나 회복할 수 있는지를 말하게 될 것이다

의인 노아가 대홍수가 그친 후 마른 땅에 정착해 살 때 그에게 일어났던 첫 번째 사건을 기억해 보라. "노아가 농사를 시작하여 포도나무를 심었더니 포도주를 마시고 취하여 그 장막 안에서 벌거벗은지라."창 9:20-21 술을 마시고 취하여 벌거벗은 채 잠들어 있던 노아의 모습을 기억해 보라. 의인 노아조차도 술 문제, 곧 중독의 문제를 비껴가지는 못했다. 누구나 다 중독에 걸릴 개연성을 가지고 있다는 말이다. 오늘의 중독자는 어제의 비중독자였을 수도 있고, 또 오늘의 비중독자가 내일의 중독자가 될 수 있음을 우리는 똑바로 알아야 한다.

대학에서 신학과 학생들과 기독교상담학과 학생들을 가르치며 중독 자가 테스트를 진행하였을 때 무려 15-20%에 이르는 학생들이 자신이 강한 중독성향을 지니고 있음을 고백하였다. 신앙이 있는 학생들이었음에도 불구하고 그들은 알코올중독, 게임중독, 도박중독, 성중독, 관계중독에 빠져 고통을 겪고 있었다. 그들 자신과 가까운 가족들의 상태까지 포함하면 중독으로 고통당하는 학생들의 비율은 30%에 육박했다. 그것은 한국에 중독

으로 고통당하는 사람들의 수가 1,000만명에 이른다는 정부 리서치 결과와도 일치하는 것이었다. 보건복지부자료에 의하면 우리나라에는 알코올중독자 200만, 도박중독자 250만, 게임중독자가 200만명정도가 있다고 한다. 여기에 성중독자, 쇼핑중독자, 마약중독자 등을 합치면 그 숫자는 가히 1,000만명에 달한다

중독은 사람을 차별하지 않는다. 어린 아이부터 늙은 노인에 이르기까지 중독은 나이를 초월한다. 마찬가지로 중독은 남자건 여자건, 학력이 높건 낮건, 직업이 무엇이건, 부자건 가난하건, 종교가 있거나 말거나와 관계없이 무차별적으로 사람들을 공격하고 중독시킨다. 중독은 근본적으로 인간 안에 내재된 죄와 내면의 취약점을 공략한다. 그리고 그를 중독시키고 쓰러뜨려 파멸에 이르게 한다. 중독은 인간의 보편적 본성, 곧 죄성으로부터 비롯된, 죄성의 반영이며 표출이다. 성경은 모든 사람이 "다 죄 아래에 있으며"롬 3:9 "의인은 없나니 하나도 없다"롬 3:10고 선언한다. 나아가서 "모든 사람이 죄를 범하여 하나님의 영광에 이르지 못하였다"롬 3:23고 선언한다.

중독을 이해하고 치유하기 위한 첩경은 나 자신을 바로 보고 내 속에서 중독의 본성을 밝혀내는데 있다. 알고 보면 우리 모두는 죄에 무력한, 여전히 죄 속에서 살고 있는, 그러나 하나님의 의롭다 하심과 돌보심의 은혜에 힙 입어 하루하루 죄짓지 않고 살아가고 있는 연약한 존재에 불과하다. 믿음이 내게와 내가 은혜 아래 거하기 이전에 우리는 모두 다 세상 이라는 우상을 섬기고 자기 자신을 신으로 여기며 하나님을 멀리하고 배척했던 죄인들이었다. 거기서 한 발짝만 더 나갔더라면 우리도 어김없이 중독자가 될 수밖에 없었던 가련한 존재에 불과하다.

그렇지만 중독과 중독자를 이해하는 것은 현실적으로 무척 어렵다. 아무리 이해해 보려고 노력해도 쉽게 이해되지 않는 것이 중독과 중독자이다. "개가 그 토한 것을 도로 먹는 것 같이 미련한 자"잠 26:11, 벧후 2:22들을 이해

하는 것이 쉬운 일이겠는가? 중독자들을 볼 때 대부분의 사람들은 '어쩌면 인간이 저럴 수 있을까? 인간이라면 저럴 수 없어.' 하는 생각을 가지게 된다. 마치 베드로가 소돔과 고모라 사람들을 묘사할 때 사용하였던 표현 그대로 "이성 없는 짐승"벧후 2:12과 같은 모습이기도 하다. 그러나 그런 생각을 들게 하는 바로 그 사람은 지금 마음의 병, 정신장애를 앓고 있는 사람임을 알아야 한다. 병에 걸려서 그런 행동을 하고 있을 뿐인 것이다.

어떤 사람이 과대망상증이라는 정신장애를 앓고 있어 그 자신이 대통령이라고 말하고 마치 대통령처럼 행동한다고 하자. 어떤 사람은 자기가 예수라고 하며흔히 '나도 예수병'이라 부르는데 마치 예수처럼 행동하는 사람이 있다하자. 우리가 이 사람들을 이해하는 방식은 무엇인가? 그가 정신장애라는 병을 앓고 있다고 인식하기 때문에 그의 행동을 이해하고 받아들일 수 있는 것 아닌가? 중독과 중독자들에게도 똑 같은 원칙을 적용할 수 있다. 중독자들도 과대망상이라는 정신장애를 앓고 있는 환자들처럼 중독혹은 의존이라는 정신장애를 앓고 있기에 그와 같은, 도저히 상식적으로는 이해할 수 없는 행동을 습관적, 반복적으로 행하고 있을 뿐인 것이다. 개가 그 토한 것을 도로 먹듯이 중독이라는 병에 걸리면 자기의 행위가 나쁜 것이고 사람들에게 피해를 주는 것임을 알면서도혹자는 그조차 인식하고 있지 못한 경우가 대부분이지만 어쩔 수 없이 그 행위를 반복하게 되는 것이다. 중독은 그런 병인 것이다.

다시 우리의 눈을 들어 성경을 큰 틀에서 바라보자. 구약성경은 하나님의 선민, 택함 받은 하나님의 백성 이스라엘 민족이 하나님께 대하여 밥 먹듯이 불순종하며 반역한 역사적 사실을 적나라하게 기록하여 보여주고 있다.

"내가 내 종 모든 선지자를 너희에게 보내고 끊임없이 보내며 이르기를 너희는 이제 각기 악한 길에서 돌이켜 행위를 고치고 다른 신을 따라 그를 섬기지 말라 그리하면 너희는 내가 너희와 너희 선조에게 준

이 땅에 살리라 하여도 너희가 귀를 기울이지 아니하며 내게 순종하지 아니하였느니라"렘35:15

열왕기서나 역대기서를 읽을 때 우리는 남 유다나 북 이스라엘을 막론하고 모든 왕들이 "또 여호와 보시기에 악을 행하는" 일들을 수도 없이 목격한다. 그들은 끊임없이, 계속해서, 반복적으로 하나님을 버리고혹은 겸하여 가나안과 주변 강대국들의 바알을 위시한 물질과 번영의 신들을 섬기지 않았던가? 긴 역사의 호흡으로 보면 이스라엘 백성들이야말로 하나님의 거듭된 구애와 경고에도 불구하고 이스라엘 민족 모든 사람이 집단 중독에 걸려 개가 그 토한 것을 도로 먹듯이 우상숭배의 죄악을 거듭 행하고 있지 않았던가? 그러므로 구약성경의 역사는 물질 신에 중독된 이스라엘 백성을 그 중독으로부터 구출하고 구원하여 주시는 하나님의 돌보심과 치유하심의 역사라고 말할 수 있다. 예수님께서 이 땅에 성육신 하셔서 친히 가르치시고 고치시고 선포하셨던 것처럼, 하나님께서도 우상숭배의 중독에 물들어 있는 이스라엘 백성들을 향해 사랑 안에서 끝없이 가르치시고, 고치시며 선포하시는 행위를 반복하고 계신 것이다.

성경에서 오늘날 우리가 진단하는 바대로의 구체적인 중독자 모습을 발견하기는 쉽지 않다. 성경에서 하나님의 백성과 그 일꾼들에게서 발견하게 되는 가장 보편적인 중독의 하나는 아마도 성중독일 것이다. 성중독은 무분별한 성적 쾌락의 탐닉, 성폭력, 성희롱, 이성 혹은 동성에 대한 과도한 집착증, 포르노 등의 음란물 탐닉, 스토킹, 아동성추행, 노출증, 관음증, 자위중독 등 다양한 양태로 나타난다 삼손과 다윗에게서만 아니라 이러한 성적 문제는 소돔과 고모라 백성들의 동성애적 탐닉, 롯과 두 딸 사이에서 술을 마신 후 행해지는 근친상간, 유다와 며느리 다말과의 부적절한 성적 관계맺음, 요셉을 유혹하는 보디발의 아내, 이복 여동생 다말을 겁간한 다윗의 장자 암논의 파렴치한 행위, 아버지의 후궁들을 백주 대낮에 겁간한 다윗의 아들 압살롬 이야기 등등 구약의 곳곳에서 발견할 수 있다. 10계명의 제7계명으로 간음하지 말 것을 엄격히 규정하고 있고 이 계명을 어긴 자들, 부적절한 성적 관계를 맺은 자들은 돌로 쳐 죽이도록 율법이 규정하고 있음에도 불구하고 성적인 문제는 구약의 역사 속에서 끝없이 반복된다. 신약성경에서도 여섯 남자와 살림을 차린 사마리아 여인과 간음하다 현장에서 잡힌 여인의 이야기, 고린도 교회의 성적 타락상, 음란과 방탕을 경계하는 바울 사도의 거듭되는 경고와 질책에 이르기까지, 그리고 오늘날의 현대 교회에서의 타락한 교인과 성직자들의 이야기에 이르기까지 끝없이 계속되고 반복되고 있는 인간의 고착화되고 중독화된 죄인 것을 알 수 있다.

중독은 크게 광의의 중독하나님 이외의 다른 그 무엇을 하나님 보다 우선시 하거나 등가로 놓는 행위나 마음상태과 협의의 중독눈에 보이는 물질중독이나 행위중독으로 나누어지는데 이 모든 중독의 배후에는 하나님 없이 제 멋대로 살려고 하는, 불순종과 교만으로 가득 찬 인간의 원죄가 자리 잡고 있다. 그렇기 때문에 이 세상을 살아가는 모든 사람들은 신자 비신자를 막론하고 광의의 의미에서의 중독자일 수밖에 없다고 볼 수 있다.

성경에서 우리는 중독 성향을 보이고 있는 사람들의 다양한 사례들을 발견할 수 있는데, 구약성경에 나타난 이스라엘 백성들의 모습을 통해 광의의 의미에서의 중독자 모습의 전형을 발견하게 된다.

이런 관점에서 중독의 문제를 대할 때 그것을 협의의 중독에 걸려 있는 '그'의 문제인 것뿐만 아니라, 인간이라면 어느 누구도 비껴갈 수 없는, '나'와 '우리'의 문제, 곧 이 시대의 문제임을 분명히 깨닫게 된다. 사실 현대를 살아가는 모든 사람들은 믿는 사람이거나 아닌 사람이거나를 막론하고 물질과 풍요, 성공과 번영, 속도와 경쟁, 안락과 소비, 분단과 이데올르기, 소외와 익명성 등등 시대가 만든 우상에 중독되어 있다고 해도 과언은 아닐 것이다.

알코올중독자들은 자신들의 영적상태를 스스로 다음과 같이 기술하고 있다.

> "우리는 어떤 의미에서는 우상숭배자였다는 것을 알게 되었다. 이것은 우리 모두에게 자주 일어났던 얼마나 소름끼치는 정신적 상태였던가! 우리는 사람들을, 감정을, 물건을, 돈을, 그리고 자기 자신을 숭배해 오지 않았던가!"『익명의 알코올중독자들』, 71쪽

여호수아가 가나안 진입전쟁을 마치고 늙어 죽게 되었을 때 이스라엘 민족에게 고별설교를 통해 이렇게 말한다.

> "너희의 하나님 여호와 그가 너희 앞에서 그들을 쫓아 내사 너희 목전에서 그들을 떠나게 하시리니 너희의 하나님 여호와께서 너희에게 말씀하신 대로 너희가 그 땅을 차지할 것이라수 23:5 ⋯ 너희 중에 남아 있는 이 민족들 중에 들어가지 말라 그들의 신들의 이름을 부르지 말라 그것들을 가리켜 맹세하지 말라 또 그것을 섬겨서 그것들에게 절하지 말라수 23:7 ⋯ 만일 너희가 너희의 하나님 여호와께서 너희에게 명령하신 언약을 범하고 가서 다른 신들을 섬겨 그들에게 절하면 여호와의 진노가 너희에게 미치리니 너희에게 주신 아름다운 땅에서 너희가 속히 멸망하리라"수 23:16

그러나 실상은 어떠했는가? 가나안에 입성한지 오래지 않아 이스라엘 백성들은 하나님과의 언약을 버리고 여호수아의 유훈도 새까맣게 잊고 결국 가나안의 물질의 신, 바알과 아스다롯을 섬기므로 북이스라엘은 앗수르,

남유다는 바벨론에 멸망당하여 역사에서 사라지는 비참한 최후를 맞이하지 않았던가.

신약성경에서 사도 요한은 그리스도인 신자들에게 이렇게 말한다.

> "이 세상이나 세상에 있는 것들을 사랑하지 말라 누구든지 세상을 사랑하면 아버지의 사랑이 그 안에 있지 아니하니 이는 세상에 있는 모든 것이 육신의 정욕과 안목의 정욕과 이생의 자랑이니 다 아버지께로부터 온 것이 아니요 세상으로부터 온 것이라"요일 1:15-16

이 세상을 사랑하는 것, 곧 육신의 정욕과 안목의 정욕과 이생의 자랑을 추구하는 것이 중독의 근원이자 뿌리이다. 고대인이나 현대인이나 요한 사도의 이 말씀으로부터 자유로울 수 있는 사람은 과연 몇이나 될까?

그러므로 중독을 그의 문제로 국한 하지 않고 나와 우리의 문제로 바라보는 시각을 견지할 때 우리는 성경이 중독과 치유에 대해 말하고자 하는 바를 더 깊이 이해하고 받아들일 수 있다. 그가 치료받아야 할 뿐 아니라 나도 치료받아야 하는 존재라는 사실을 인정할 때 그와 나 사이의 간격은 철폐된다. 그의 삶, 그의 존재에 대한 깊은 공감이 일어나게 되며, 굳건한 연대감과 형제애를 통해 결속이 가능하게 된다. 그렇게 됨으로써 홀로 살아가려는 뿌리 깊은 죄성을 극복하고 따로 또 같이 한 길을 걸어가며 사랑 안에서 하나가 되는 치유의 길, 은혜의 한 길을 걸어가게 된다. 그런 마음으로 함께 하나님의 나라를 세워나가게 된다. 제럴드 메이가 일찍이 간파하였듯이 "중독이 곧 은혜"가 되는 것이다.

중독의 문제는 결국 '의지'의 문제라는 점도 분명히 짚고 넘어가야 한다. 하나님께서 사람을 창조하셨을 때 다른 피조물들과 구별되는 특별한 성품을 선물로 주셨는데 그것은 창조의 때로부터 사람에게 주어진 "자율의지"

이다. 사람을 사람답게 하는 주요 특질의 하나는 사람에게 자율의지가 있다는 것이다. 하나님과의 관계 측면에서 보았을 때 이 자율의지는 어떤 때는 순종하는 의지willingness로 작용하기도 하고 어떤 때는 제멋대로 고집부리며 자기 마음대로 행하는 불순종하는 고집스런 의지로 나타나기도 한다. 이 자율의지로 인해 사람들은 하나님께 순종할 수도 있고, 불순종할 수도 있는 전혀 다른 선택을 할 수 있는 것이다. 똑같은 이치로 모든 중독자들은 자기 자신에게 주어진 자율의지를 사용하여 중독행위를 중단하는 선택을 할 수도 있고, 그 행위를 계속할 수도 있는 선택을 할 수 있다.

요한복음 8장에는 간음 현장에서 끌려와 대중의 심판대 앞에 선 여인의 이야기가 나온다. 불행하게도 예수님을 흠집 내려는 바리새인과 서기관들의 표적이 되어 성전 앞으로 끌려나온 이 여인이 예수님의 도움을 받아 돌에 맞아 처형될 위기를 면하게 되는데 그 때 예수님께서는 이 여인에게 "가서 다시는 죄를 범하지 말라."요 8:11고 말씀 하신다. 과연 이 여인은 그 후에 똑같은 죄를 다시 저질렀을까, 아니면 다시는 죄짓지 않고 순결한 그리스도인의 삶을 살았을까? 이 여인에게는 자율의지가 있었으므로 어느 한 편의 선택을 하며 살았을 것이다. 그러나 만일 이 여인이 심각한 성중독자였다면 똑같은 죄를 다시 짓고 살았을 가능성이 훨씬 크다고 추측해 볼 수 있다. 왜 그런가? 중독이란 바로 이 자율의지에 심각한 손상을 입은 병이기 때문이다. 손상된 자율의지란 긍정의 순종하는 의지가 아니라 불순종하는 고집스런 의지요, 죄와 악과 중독을 향해 굽어 있는 의지이기 때문이다.

나는 시골에서 농사를 짓는 농부목사다. 모든 식물에게는 굴광성이라는 성질이 있다. 땅을 뚫고 나온 어린 새싹들은 태양을 향하여 몸을 굽힌다. 이 것을 굴광성이라 한다. 태양을 향해 마치 앞으로 나란히 하듯이 몸을 구부리고 있는 새싹들의 모습은 얼마나 경이로운지. 중독자들이 중독물질이나 행위에 대하여 굽어 있는 마음도 마치 이와 같다. 그것은 마치 성품처럼 고착화 되어 있어서 자율의지를 그들이 마음먹은 대로 조절하거나 통제하는 것이 매우 어렵다. 마치 우리 몸의 내분비물이나 불수의근 등을 내 마음대로 조절할 수 없듯이 거의 불가능에 가깝다고 보아야 한다. 그들의 자율의지는 망실되거나 크게 손상되어서 제대로 기능하지 못한다. 칼빈이 말한 바 "전적 타락"의 상태에 놓여있는 것이다. 원죄로 인해 인간의 자율의지는 크게 손상을 입어 인간 스스로의 노력과 힘으로 하나님 앞으로 돌아가는 것은 불가능하다. 그것은 오직 은혜로만 가능한 것이다.

하나님을 향한 인간의 의지가 전적으로 타락되어 있어 인간 스스로 하나님을 찾고 발견할 수 없으며, 스스로를 구원할 수 없다는 것은 기독교 신학의 공리와 같다.자율의지의 가능성, 타락의 정도를 놓고 펠라기우스, 아르미니우스 논쟁에서처럼 논쟁적 요소가 남아 있기는 하지만 즉 인간은 죄에 대해 무력하다는 것이다. 반하나님적-자기중심적 사고와 행동, 삶의 태도를 인간 스스로의 힘과 능력으로, 의지로 조절할 수 없다는 뜻이다. 그래서 죄 많은 인간, 타락한 인간에게 먼저 손 내미시고 다가오시며 살 길을 열어주시는 하나님의 선제적 사랑, 곧 은혜가 절대적으로 필요하다는 것이다. "의인은 없나니 하나도 없으며 깨닫는 자도 없고 하나님을 찾는 자도 없고 다 치우쳐 함께 무익하게 되고 선을 행하는 자는 없나니 하나도 없도다"롬 3:10-12의 상태인 것이다. 중독자들은 여기에 더해 그들의 의지가 전적으로 중독을 향해 굽어 있어 이중으로 그들의 자율의지가 묶여 있는 것이다.

애굽에서 노예생활을 하고 있는 이스라엘 민족에게 하나님께서 말씀하신다.

"나는 여호와라 내가 애굽 사람의 무거운 짐 밑에서 너희를 빼내며 그들의 노역에서 너희를 건지며 편 팔과 여러 큰 심판들로써 너희를 속량하여 너희를 내 백성으로 삼고 나는 너희의 하나님이 되리니 나는 애굽

사람의 무거운 짐 밑에서 너희를 빼낸 너희의 하나님 여호와인 줄 너희가 알리라"출 6-7

예수님께서 회당에서의 첫 설교를 통해 이렇게 말씀하셨다.

"주의 성령이 내게 임하셨으니 이는 가난한 자에게 복음을 전하게 하시려고 내게 기름을 부으시고 나를 보내사 포로 된 자에게 자유를, 눈먼 자에게 다시 보게 함을 전파하며 눌린 자를 자유롭게 하고 주의 은혜의 해를 전파하게 하려 하심이라"눅 4:18-19

성경은 노예상태로부터, 억압으로부터의 자유와 해방, 놓임과 풀림의 역사요, 인간과 창조된 모든 세계와 피조물들을 향한, 하늘에서 울려 퍼지고 이 땅에서 실현된 웅장하기 이를 데 없는 자유와 해방의 대찬가이다. 모든 묶인 자들에게 말씀하시는 하나님의 웅혼한 음성이자 선포이며, 묶인 자들을 향한 자유와 해방으로의 초대이다. 하늘과 땅을 증인삼아 말씀하시는 그 음성과 선포가 천둥처럼 우리 귀에 들릴 때 중독으로 죽어 있던 영혼들이 생명으로 살아나기 시작한다. 바야흐로 치유의 길이 열리는 것이다.

"하늘이여 들으라, 땅이여 귀를 기울이라!"사 1:2

3. 버려진 땅에서 우리는 인간이 된다.

성경이 추구하는 것은 인간의 인간다움이다. 인간이 인간답게 산다는 것은 창조된 그대로, 지음 받은 그대로의 모습과 목적에 부합하는 삶을 산다는 것을 말한다. 그것이 고대인들이 말했던 탁월한 삶이요, 덕스러운 삶, 곧 아레테arete의 삶이다. 그렇게 살 때 인간은 그들이 만들어 가는 삶과 존재 자체의 아름다움과 지고한 선을 드러내게 된다. 성경에서 말하는 구원이란 인간이 인간다움을 회복하고 신의 성품에 참여하는 것벧후 2:4이라고 볼 수도 있다. 동방정교회에서는 이것을 인간의 '신화 神化'라고 부른다

인간의 본성을 구분 짓는 처음의 두 단계는 창조와 타락이다. 구약성경은 인간의 창조와 창조생활의 아름다움에 대해 창세기 두 장을 할애 한다. 그러나 인간의 타락상에 대해서는 창세기 3장 이후 구약성경 전체를 할애한다. 신약성경은 예수님께서 마침내 인간 역사 속으로 친히 걸어오셔서 구원과 회복의 길을 열어놓으시고 하나님의 나라가 세계 구석구석에 전파되고 확장되는 역사를 기록하고 있다.

인간의 타락은 죄로부터 비롯된 것이다. 창세기에 나타난 아담과 하와의 타락 기사를 잃으며 훗날 신학자들은 그것을 '원죄'로 교리화 했다. 창세기의 원어적 의미는 기원에 관한 책이라는 뜻이다. 영어로도 창세기를 Geneses로 표기한다. 곧 기원에 관한 책이라는 뜻이다 원죄란 아담과 하와가 저질렀던 죄가 이후 모든 인류에게 전가되어 나타난다는 의미이다. 현대를 살아가는 우리가 만일 그 때 그 자리에 있었더라도 아담과 하와가 취했던 것과 동일한 행동과 태도를 취할 수밖에 없는, 같은 속성을 지진 존재라는 의미이다.

하나님께서 천지만물을 창조하신 후 아담남자을 만드신다. 그리고 그 남자의 갈빗대를 취하셔서 하와여자를 만드신다. 이들을 위해 에덴동산을 창설하시고 그곳을 경작하며 살게 하신다. 에덴동산에 하나님께서 친히 맺어 주신 한 가정이 탄생한 것이다. 그들에게는 모든 자유가 주어졌지만 오직 한 가지 금기가 있었는데 에덴동산 중앙에 있는 선악을 알게 하는 나무의 열매를 먹지 말라는 명령이었다. 그 명령은 매우 지엄한 것이었는데 그 열매를 먹게 되면 그들이 반드시 죽게 될 것이라는 경고가 함께 주어졌다. 아담과 하와가 에덴동산에서 행복하게 지냈던 날 수가 얼마인지 정확히 알 수는 없지만 아무튼 어느 날 아담과 하와가 하나님의 명령을 어기고 선악을 알게 하는 열매를 따먹게 되는 날이 이르게 된다. 그들은 뱀사탄의 꼬임에 넘어가 죄를 짓고 마침내 에덴동산에서 추방당하는 운명을 맞는다. 아담과 하와가 하나님께서 금지한 선악을 알게 하는 열매를 먹게 된 사건이 의미하는 것을 정리해보자면 이렇다.

아담과 하와는 하나님의 말씀에 불순종 했다. 아담과 하와는 그 열매를 먹어도 결코 죽지 않으리라는 뱀사탄의 말을 믿었거나 믿으려 했다. 하나님은 반드시 죽으리라 말씀하셨다 그것을 먹으면 눈이 밝아져 선악을 알게 되고 하나님과 같은 수준이 될 것이라는 뱀의 유혹을 받아들였다. 한마디로 그들은 하나님의 말씀을 따르기 보다는 뱀의 말과 유혹을 따랐던 것이다.

그 유혹에 굴복하고 하와가 그 나무를 보았을 때 그것은 먹음직스럽고 보암직스러웠으며 지혜를 가져다 줄만큼 탐스럽게 보였다. 하와는 마침내 그 유혹을 이기지 못하고 그 열매를 따먹고 남편인 아담에게도 갖다 주었다. 두 사람 모두 하나님의 말씀을 어기고 불순종한 것이다. 열매를 따먹자마자 그들은 벗은 줄 알게 되었고 나무 잎을 엮어 치마로 삼고, 여호와의 낯을 피해 동산 수풀에 숨는다. 죄로 인한 수치심과 죄책감이 발동되기 시작한 것이다. 선과 악을 알게 된 것이다. 그러나 하나님은 아담과 하와가 선과 악을 알기를 원

치 않으셨다. 그것은 아마도 선과 악을 온전히 지키고 준행할 완전한 능력이 그들에게는 부여되어

있지 않았기 때문일 것이다. 하나님에 대한 인간의 특징은 사실 그 불완전성에 있다

그 때 하나님께서 아담을 부르시며 "네가 어디 있느냐?"고 물으신다. 아담이 "벗었으므로 두려워 숨었습니다."고 대답하자 "너의 벗었음을 어떻게 알게 되었느냐고 물으시면서 그 열매를 먹었느냐?"고 물으신다.

이 질문에 아담은 자기의 잘못을 고백하거나 용서를 구하는 대신 즉시 책임전가와 비난을 전개한다. 하나님이 내게 주신 저 여자 때문에 먹게 되었으니 첫째는 여자 때문이요, 둘째는 하나님 때문이라는 것이다. 동일한 방식으로 여자는 자기를 유혹한 뱀에게 책임을 전가시킨다. 그 결과 그들은 에덴동산으로부터 추방당하게 되어 고된 노동과 수고를 통해 먹고 살아야 하는 존재가 되었다.

여기 한 명의 알코올중독자가 있다고 가정해 보자. 하나님께서 그에게 말씀하신다. "이 세상의 모든 음식을 네가 먹어도 좋으나 알코올이 들어간 술은 마시지 말아라. 그것을 먹는 날 네가 정녕 죽으리라." 자, 그러면 알코올중독자가 "네, 알았습니다." 하고 순종할까? 그가 마실까 말까 고민하고 있을 때 사탄이 나타나 "한 잔 마셔. 괜찮아, 하나님이 너를 죽이실 리가 있겠어." 라고 말한다. 그는 누구의 말을 들을까? 대부분 사탄의 말을 들을 것이다. 그가 마신 후 곤드레 만드레가 되어 널부러져 있을 때 하나님께서 나타나셔서 "네가 어디있느냐? 네가 술을 마셨느냐?"라고 물으신다면 그는 어떻게 대답할까? "하나님, 제가 잘못했습니다. 하나님의 말씀을 어기고 사탄의 꼬임에 속았습니다. 제가 사탄의 자리에, 불순종의 자리에 있었습니다. 모두가 제 잘못입니다. 용서해 주세요." 라고 말할까? 아니면 "하나님이 저 술을 만들지 않으셨다면 내가 마셨겠습니까? 왜 술을 내 앞에 보이게 하셨습니까? 사탄이 왜 나를 꾀게 그냥 놔두셨습니까?" 라는 등의 책임전가와 비난의 말을 내뱉지는 않을까?

물론 이 가상의 정황에 대한 대응은 사람들마다 다 다를 것이기 때문에 꼭 한 가지 반응만 있을 것이라고 볼 수는 없을 것이다. 그러나 알코올에 중독되어 있는 중독자들에게서 아담과 하와가 보여준 태도와 별반 다르지 않은, 같거나 유사한 반응이 나오리라는 것을 우리는 어렵지 않게 예견해 볼 수 있다. 원죄의 타락한 심리와 중독화된 심리 사이에는 별반 차이가 없다. 우리는 여기에서 인간의 타락과 원죄의 기원을 발견함과 동시에 중독의 문제도 동일한 뿌리로부터 기인하는 것을 알 수 있다.

선악을 알게 하는 나무의 열매를 먹지 못하게 하신 하나님께서 알코올중독자들에게도 술을 마시지 말라고 명령 하신다. 그러나 아담과 하와가 하나님의 말씀을 어기고 열매를 따먹은 것처럼, 알코올독자들도 하나님의 말씀을 어기고 또 다시 술을 마신다. 아담과 하와가 명령을 스스로 어긴 후에 자기 잘못을 뉘우치고 용서를 구하며 참회하는 대신 책임전가, 비난, 남 탓으로 일관하듯이 알코올중독자들도 동일한 행태를 보인다. 이는 알코올중독자를 포함해 모든 인류가 '죄 아래' 있음을 보여주는 삶의 증거일 뿐만 아니라 중독 문제를 풀어나가는 것과 인간의 죄의 문제를 풀어나가는 것이 같은 뿌리를 가지고 있는 문제라는 것을 강력히 시사한다.

인간은 진정으로 어디에서 인간이 될까? 그것은 버림받은 땅에서이다. 버림받은 땅에서 인간은 비로소 자기 자신이 된다. 엄밀히 말하자면 진정한 자기 자신이 되는 길에 들어서게 된다. 성경을 믿는 사람들은 하나님께서 창조주라는 사실을 믿는 사람들이다. 하나님께서 세상과 사람을 포함한 모든 피조물들을 창조하셨음을 믿는다. 그 믿음은 하나님은 신이시며 인간은 인간일 뿐 신의 피조물이라는 사실을 전제한다. 인간은 신이 아니며 또 신이 될 수도 없다. 하나님은 무한한 존재이지만 인간은 한없이 유한한 존재이다. 하나님은 완전한 존재이지만 인간은 불완전한 존재이다. 하나님은 언제나 옳지만 인간은 그렇지 못하다. 하나님은 완전한 선이시며 사랑이시지만 인간은 그렇지 못하다. 그러므로 인간은 하나님 앞에서 겸손하게 살아갈 수밖에 없는 존재이다. 어거스틴은 우리 신앙의 본질을 묻는 질문에 첫째도 겸손, 둘째도 겸손, 셋째도 겸손이라고 말했다. 추방당한 땅에서 아담과 하와는 자기 자신들이 그저 사람일 뿐임을 깨닫는다. 하나님과 같이 되려는 마음과 그렇게 되려는 시도가 창조의 질서를 어지럽히는 부질없는 짓이요 허황된 일이었음을 비싼 대가를 주고 깨닫는다. 이제 바야흐로 진정한 인간의 삶이 시작되는 것이다. 지음 받은 피조물로서의 진정한 자기가 시작되는 것이다.

이스라엘이 이스라엘로서의 자기 정체성을 분명히 할 때도, 하나님 앞에 선 하나님의 백성임을 분명히 알 때도 이와 같았다. 나라가 망했을 때, 바벨론의 포로로 끌려갔을 때, 헬라와 로마의 식민지가 되어 살아갈 때 그들 마음속에서 하나님에 대한, 하나님의 나라에 대한 열망이 간절해 졌고 거기에서 비로소 그들은 그들 자신이 되었다. 포로로 끌려간 땅 바벨론 강가에서 불렀던 그들의 노래는 얼마나 눈물겨웠던가?

중독에서 벗어나는 출발점도 이와 같다. 흔한 말로 "바닥을 쳐야"hit bottom up 중독으로부터의 회복은 시작된다. 모든 중독은 진행성 질병이다. 시간이 지나면서 점점 상태가 악화되는 병이다. 그것은 마치 영혼과 마음의 암과 같아서 시간이 갈수록 1기, 2기, 3기, 4기로 악화된다. 처음에는 그저 사교성 음주나 도박을 하는 정도였다. 그것이 1기이다. 2기가 되면 중독에 빠져들기 시작하는 단계로 중독 행위에 몰두하는 시간이 길어진다. 여기 저기서 삶의 문제가 터져 나오기 시작한다. 주위에서 노란등을 켜서 경고신호를 보여주기 시작한다. 그러나 중독자들에게는 그런 신호가 보이지 않는다. 신호가 보인다 해도 무시한다. 이제 사태는 걷잡을 수 없이 악화된다. 하나님과 교회를 멀리하게 되고 사회적으로 고립이 진행된다. 건강과 직장을 잃고 모든 인간관계가 깨어지거나 파탄된다. 이혼이나 별거의 고통을 겪기 시작한다. 아담과 하와가 에덴동산에서 추방당하였듯이 직장과 사회와 가정에서 버려짐을 당한다. 그리고 이제 모든 것을 잃은 폐인이 된다. 주변을 둘러봐도 도와줄 이 아무도 없는 고립무원의, 모든 것을 잃은 재기불능의 폐인이 된다. 3기, 4기 막장에 다다른 것이다.

중독자들이 인생의 바닥이라고 느끼는 지점은 저마다 다르다. 그것은 지극히 주관적이다. 어떤 이는 2기에서 바닥을 느낄 때도 있고, 어떤 이는 4기에서 바닥을 느낄 때도 있다. 나의 경험으로는 3기 정도의 상태에서 바닥을 느끼는 사람들이 많은 것 같다. 그리고 치료와 회복의 효과도 가장 좋았다. 2기는 너무 빠르고 4기는 너무 늦은 느낌이다. 모든 것을 다 잃었을 때, 인생의 더 내려갈 곳 없는 바닥에서 비로소 치료와 회복으로 가는 길이 열리기 시작한다. '아, 살고 싶다!'는 간절한 바람, '할 수만 있다면 인생을 무르고 싶다!'는 절절함에서 치료와 회복은 시작된다.

그러나 버림받은 땅에서 진정한 인간이 되고 진정한 자기 자신이 되는 길은 그리 간단하지가 않다. 중독에서 벗어나 회복으로 이르는 길, 곧 온전함에 이르기 위한 길 역시 쉽지가 않다. "그러므로 하늘에 계신 너희 아버지의 온전하심과 같이 너희도 온전하라"^{마 5:48}는 주님의 말씀이 실현되려면 참으로 길고도 먼 길을 걸어야 한다.

중독자들이 바닥을 치고 그 늪에서 벗어나려는 때가 언제인지 우리는 알지 못한다. "그 때와 시기는 아버지께서 자기의 권한에 두셨으니 너희가 알 바 아니요."^{행 1:7} 그대로이다. 중독 치료의 현실에서 중독자 주위에 있는 사람들에게 가장 어려운 일은 중독자가 바닥을 칠 때 까지 기다리는 일이다.

뒤쫓아 오는 이집트 병사들에 쫓겨 도망가는 이스라엘 백성들이 홍해 바다를 앞에 두고 두려움에 떨 때 모세가 말한다. "너희는 두려워하지 말고 가만히 서서 여호와께서 오늘 너희를 위하여 행하시는 구원을 보라."^{출 14:3} 이 생과 사의 절박한 순간에 그렇게 하는 것이 과연 가능할까? 인간적인 경험으로 보면 가능할 것 같지 않다. 이리 뛰고 저리 뛰고 하면서 어떻게 해서든지 그 살육의 위기를 모면하려 할 것이다. 막대기라도 들거나 육탄전으로라도 애굽의 병사들에게 맞서려 할 것이다. 그러나 그 때 그 상황을 자세히 보라. 선발된 병거 육백 대와 애굽의 모든 병거들과 마병을 동원한 세계 최강의 군대가 뒤에 있고 앞에는 깊은 홍해 바다가 입을 벌려 삼키려 하고 그들의 손에는 변변한 무기 하나 쥐어져 있지 못하다. 게다가 비전투병력인 부녀자와 아이들이 태반인 이스라엘 백성의 상태는 그야말로 오합지졸에 불과하다. 그런 상황에서 이스라엘 민족이 무엇을 할 수 있을까? 그들이 할 수 있는 일은 사실 아무 것도 없다. 모세의 말처럼 그저 가만히 서서 여호와의 구원만을 바라보는 것 외에 아무 것도 할 수 없는 상황에 처하게 된 것이다. 그런 상황에 처하게 되었을 때 인간은 비로소 가만히 서서 하나님을 바라보게 되는 것이다. 그래서 AA^{Alcoholics anonymous, 익명의 알코올 중독자들 모임} 1단계는 "우리는 알코올에 무력했으며, 우리 스스로의 삶을 처리할 수 없게 되었음을 인정하게 되었다"라고 고백함으로써 치유와 회복의 길을 열어가게 되는 것이다.

버려진 땅에서 인간이 되어간다는 것은 인간이 자기의 유한함과 불완전함을 자각하고 완전한 하나님을 바라보게 된다는 것을 의미한다. 인간이 진정한 인간이 되는 것은 자기를 만든 하나님과 바른 관계에 설 때이다. 성경은 그것을 의롭다고 말한다. 하나님 앞에 바로 설 때 인간은 진정한 자기 자신이 된다. 마찬가지로 모든 중독자들도 인생의 밑바닥에서 자기의 불완전함과 자기의 무력함을 깨닫고 가만히 서서 하나님을 바라보는 순간을 경험해야 한다. 거기서부터 진정한 회복의 길이 열린다. 중독의 홍해 바다가 갈라지기 시작한다. 은혜의 문이 열리기 시작한다. 버려짐이 은혜인 순간이 다가오는 것이다.

그러나 우리가 명심해야 할 것이 있다. 에덴에서 추방당한 아담과 하와의 후손들 모두가 하나님 앞으로 돌아오는 것은 아니라는 사실을, 인생의 바닥을 치고 있는 모든 중독자들이 하나님 앞으로 돌아오는 것은 아니라는 사실을 말이다.

"내 백성이 내 소리를 듣지 아니하며 이스라엘이 나를 원하지 아니하였도다. 그러므로 내가 그의 마음을 완악한 대로 버려 두어 그의 임의 대로 행하게 하였도다."시 81:11-12

"존귀하나 깨닫지 못하는 사람은 멸망하는 짐승같도다."시 49:20

중독 치료의 현장에서 가장 안타까운 순간의 하나는 치료를 간절히 바라는 가족들의 애타는 마음을 대할 때이다. 가족들은 어떻게 해서든, 무슨 수를 써서든 내 아들, 내 남편, 내 가족을 치료하려 든다. 그러나 정작 중독자 당사자는 자기의 치료에 아무런 관심이 없다. 관심이 없는 정도를 넘어 자신을 치료하려는 가족들을 향해 이빨을 드러내고 으르렁 거린다. 중독치유의 전 과정에서 가장 많은 에너지가 소진되는 때도 입소상담을 할 때이다. 가족들은 입소해서 치료받기를 원하는데 당사자들은 끝까지, 참으로 완강하게 저항한다. 자기를 병자 취급한다고, 자기를 이런 데?까지 끌고 와 입소시키려 한다고, 독기와 분노를 뿜어낸다. 입소문의를 해서 직접 입소상담에 이르는 경우는 오십분의 일 정도다. 오십 명을 전화상담하면 그 중의 한명이 입소상담에 임한다. 그렇게 해서 가족들을 따라온 그 한 사람마저도 정작 입소여부를 결정하게 될 때는 엄청난 저항의 독기를 뿜어낸다. 그렇게 공동체 문고리만 만지고 돌아간 사람들도 상당 수에 달한다. 그러므로 치료받으려는 마음을 갖고 치료 현장에 적응하는 사람들을 볼 때마다 나는 그것을 은혜라고밖에는 말할 수 없다. 부자가 하늘나라에 들어가는 것이 낙타가 바늘구멍을 통과하는 것처럼 어렵듯이 한 명의 중독자가 회복의 길에 들어서는 것도 그렇게 어렵다.

중독의 치유가 그렇게 어렵냐고 묻는 사람들에게 나는 사무엘상에 나오는 벧세메스의 두 암소 이야기를 들려준다.삼상 6:1-12 하나님의 언약궤를 탈취해 간 블레셋에 재앙이 임하자 블레셋의 점술사들은 아직 멍에 메어 본 적도 없고 젖도 떼지 않은 두 마리 암소를 골라 그들에게 수레를 지게하고 그 위에 언약궤를 실어 이스라엘 땅인 벧세메스로 돌려보내기로 한다. 어미 젖을 달라고 우는 새끼 송아지들을 떼어내고서 말이다. 과연 이것이 가능한 일인가? 불어 오른 젖을 가지고 멍에조차 메어 본 적이 없는 두 마리 암소가 힘겨운 수레를 메고, 젖먹이 새끼 송아지를 떠나서 그들이 한 번도 걸어가 본 적이 없는 그 길을 걸어가 목적지에 도착한다는 것이 과연 가능이나 할까? 그것은 동물의 속성상 불가능한 일일 것이다. 어미 소들은 벧세메스를 향하는 것이 아니라 울고 있는 새끼 송아지에게 달려갈 것이다. 그것이 새끼를 둔 어미 소의 본능이 아니겠는가? 그 본능을 거슬러 행동하는 것이 과연 가능이나 할까? 특별한 훈련이나 연습의 과정도 없이, 멍에조차 메어 본 적이 없는 소들이 말이다. 하나님께서 이루시는 일이 아니고서는 그런 일은 불가능하다.

중독 치유의 역사도 이와 같다. 그것은 인간이 지닌 자연적 성품과 도덕적 의지만으로는 결코 해결 할 수 없는, 그 이상의 무엇, 곧 신의 개입이 아니고서는 이루어질 수 없는 일임을 나는 중독 치유의 현장에서 수없이 경험하고 있다. 중독자들이 걸어가는 치유의 길은 젖 떼지 않은 두 어미 암소가 송아지를 뒤에 두고 울며 울며 걸어간 바로 그 처절한 길이요, 본성을 거슬러 가는 길과 다를 바 없다. 오직 하나님께서 함께 하실 때만 기적이 일어나는 바로 그 길 말이다. 그러니 중독자들에게 그 까짓 술 하나도, 도박 하나도 끊지 못하느냐고 쉽게, 함부로 말하지 말라. 당신이 중독자가 되어 그 고통을 안다면 결코 그렇게 말하지 못할 것이기 때문이다.

애타는 마음으로 중독자들을 바라보는 가족들에게 내가 드리는 조언은 기껏해야 기다리라는 것이다. "기다리세요. 하나님의 때가 이를 때까지, 그가 바닥을 칠 때까지 기다리세요. 기도하면서, 그에 대한 사랑을 잃지 않으면서 기다리세요"

> "그러므로 하나님께서 그들을 마음의 정욕대로 더러움에 내버려 두사 … 이 때문에 하나님께서 그들을 부끄러운 욕심에 내버려 두셨으니 … 또한 그들이 마음에 하나님 두기를 싫어하매 하나님께서 그들을 그 상실한 마음대로 내버려 두사 …"롬 1:24, 26, 28

하나님도 그들 마음에 하나님 두기를 싫어하는 사람들, 치료받기를 거부하는 사람들을 그냥 내버려 두신다 했다. 하나님마저 그러하실진대 우리가 할 수 있는 일이 무엇이 있겠는가? 우리도 그저 기다릴 수밖에. 사랑의 마음을 잃지 않고, 간절히 기도하면서.

AA 1단계에서 규정하는 바 "우리는 중독에 무력했으며, 우리 스스로의 삶을 처리할 수 없었다" 그대로 가족들과 치료자들도 "우리는 중독자들에 무력했으며, 그들을 우리의 뜻대로 처리할 수 없었다"는 것을 인정해야 한다. 가족들도 바닥을 쳐야 한다. 그 때가 이제 하나님이 일하시기 시작할 때이다.

4. 기독교, 중독치유의 현대적 기원

　기독교는 타력종교이다. 외부의 신적 존재 혹은 힘에 의해 자기의 문제를 해결 받고 구원받는다는 의미에서 그렇다. 불교의 경우는 인간 스스로가 자기 자신을 구원할 수 있다고 믿는 자력종교이다. 중독자들이 스스로의 힘과 능력으로 중독을 치유하고 회복할 수 없다는 것이 기독교의 기본원리이다. 마치 인간들이 자기 자신의 원죄를 스스로 해결할 수 없듯이 그 원죄에 뿌리를 두고 발생한 중독이라는 병도 스스로의 힘과 능력으로 치유할 수 없음은 기독교적 관점에서 자명한 일이다.

　물론 근세 이후에 두드러지게 발전된 정신의학과 심리학은 마음 혹은 정신세계를 다루는 학문으로 자리를 잡아 학문적으로도 높은 성취를 이루었을 뿐만 아니라 실제의 임상치유활동을 통해 많은 사람을 정신과 마음의 병으로부터 치유하는 놀라운 성과를 거두어 오고 있다. 하나님의 치유하시는 능력이 의학과 심리학의 영역으로 확장되고 침투된 결과일 것이다. 그러나 여전히 하나님은 여호와 라파, 치료의 하나님으로 우리 가운데 역사하신다. 지금 이 시간에도 전 세계 수많은 곳에서 의사가 도저히 가망이 없다고 포기한 환자들 가운데서 멀쩡히 치료된 사람들의 이야기가 계속되고 있음을 우리는 알고 있다. 믿는 우리들은 그것을 현대 과학의 시대 속에서도 계속되고 있는 치유하시는 하나님의 신비하고도 놀라운 기적의 역사라고 인정하며 받아들인다.

　마음의 병인 중독은 현대 의학과 심리학에서도 치료가 거의 불가능한 병으로 인식되고 있다. 지금도 많은 정신과의사들이 자신이 치료하는 중독자에게 종교 귀의를 통한 치료를 권장하고 있다. 많은 병들을 정신과의사나 심리학자, 상담가들이 고칠 수 있음은 분명하다. 그러나 어떤 병은 하나님의 개입과 치료가 필요한 병도 있다. 중독이 거기에 해당한다. 중독은 거의 불치병으로 인식되고 있다. 중독자 자신들도 '이 병은 죽어야 낫는 병'이라고 공공연히 말한다. 대부분의 정신과의사와 목회자들 역시 중독을 치유가 거의 불가능한 병으로 인식하고 있다.

오늘날 전 세계적으로 중독이 치유되고 있다는 보고가 계속 전해지고 있는 곳은 전 세계 200여개 국가에 뿌리를 내리고 있는 익명의 알코올중독자들의 모임인 AA 모임Alcoholics anonymous을 통해서이다. AA 모임에서 채택하고 있는 치료원리를 12단계 치료원리라 부르는데 이 12단계 치료원리는 철저하게 기독교 신앙원리에 의해 만들어진 것이다.

빌Bill과 밥Bob이라는 두 명의 알코올중독자들로터 시작된 AA 모임은 1935년에 태동되었다. 그리고 오늘날에는 전 세계 200여개 국에 전파되어 활발히 활동하고 있다. 이 AA 모임은 알코올중독자들에게서 비롯되었지만 지금은 익명의 마약중독자들 모임NA, 익명의 도박중독자들 모임GA, 익명의 성중독자들 모임SA 등등으로 그 적용범위가 확대되기에 이르렀고 모든 형태의 중독에 적용되는, 치유효과가 검증된 치료원리가 되었다.

최초의 AA 설립자인 빌Bill wilson은 에비Ebby를 통해 전도되었고, 에비는 롤란드Roland에 의해 전도되었는데 롤란드는 1921년 기독교신앙갱신 운동의 일환으로 시작된 옥스퍼드 그룹Oxford group 운동의 전도활동을 통해 회심함으로써 술을 끊게 되었고 자신의 경험을 에비에게 전하고, 에비 또한 그 경험을 빌에게 전함으로써 이들 모두 회심의 경험을 통해 술을 끊게 되는 놀라운 경험을 하였던 것이다. 그리고 마침내 이 경험을 모든 알코올중독자들에게 확대 적용하기 위해 빌과 밥이 만나 AA모임을 창설하여 오늘에까지 이르게 된 것이다. 전 세계에서 수많은 사람들이 이 모임을 통해 술을 끊었고, 새 삶을 찾은 영광과 기쁨을 누리고 있다.

옥스퍼드 그룹Oxford group 운동은 1921년 루터교 복음주의 목회자인 프랭크 부흐만Frank Buchman에 의해 창립되었다. 이 운동의 처음 명칭은 '제1세기 크리스찬공동체'First century Christian Fellowship였는데 이 이름 속에는 초대교회의 순수함과 정결함으로 돌아가자는 기본적인 메시지가 담겨 있었다. 이 운동은 '변화된 삶'을 목적으로 결성된 평신도 운동 중 가장 뛰어난 운동으로 평가받고 있는데 이 운동은 자신의 실수와 죄책감, 회개, 새로운 삶의 수용 등을 다른 사람들에게 진실하게 고백하는 확신단계와 자신이 받은 도움을 다른 사람에게 전해주는 지속단계로 이루어진다. 모임의 핵심은 나눔에 있었고 개인적으로 혹은 공개적으로 고백하는 일을 적극적으로 격려했다. 이 그룹의 신념은 다음과 같은 것이었다.

1. 인간은 죄인이다.
2. 인간은 변화될 수 있다.
3. 고백은 변화의 전제조건이다.
4. 변화된 영혼은 하나님께로 직접 나아갈 수 있다.
5. 기적의 시대가 다시 돌아왔다. 변화된 삶을 통하여
6. 변화된 사람은 반드시 다른 사람을 변화시켜야 한다.

이 그룹은 높은 수준의 도덕과 윤리를 강조했으며 수도원 전통을 따라 정직, 순결, 비이기심, 사랑을 네 가지 절대적 가치로 여기며 생활하였다. 이러한 삶을 소그룹 모임을 통하여 증거하고 간증하는 과정을 통해 그룹에 참석한 사람들의 내적 상태가 자연스럽게 치유되었고 이들 치유 받은 자들이 다른 사람들에게 그 경험을 전파하는 과정을 통해 하나님의 놀라운 치유와 회복, 부흥의 역사를 가져오게 되었던 것이다. AA 12단계는 철저하게 이

옥스퍼드 그룹의 신념과 가치들을 중독치유 목적에 맞도록 변형하고 적용한 결과물이다. 그리고 그것은 기독교적 신앙원리와 가치관을 충실히 반영한다. AA 12단계는 다음과 같다.

제1단계: 우리는 알코올_{중독}에 무력했으며, 스스로 생활을 처리할 수 없게 되었다는 것을 깨닫고 시인했다.

제2단계: 하나님_{우리보다 위대하신 힘}이 우리를 건전한 본정신으로 돌아오게 해 주실 수 있다는 것을 믿게 되었다.

제3단계: 하나님_{우리가 이해하게 된 대로의 신}의 보살피심에 우리의 의지와 생명을 맡기기로 결정했다.

제4단계: 철저하고 두려움 없이 우리의 도덕적 생활을 검토했다.

제5단계: 솔직하고 정확하게 우리가 잘못했던 점을 하나님과 자신에게, 어느 한 사람에게 시인했다.

제6단계: 하나님께서 우리의 이러한 모든 성격상 약점을 제거해 주시도록 우리는 준비를 온전히 했다.

제7단계: 겸손한 마음으로 하나님께서 우리의 약점을 없애 주시기를 간청했다.

제8단계: 우리가 해를 끼친 사람들의 명단을 만들어서 그들에게 기꺼이 보상할 용의를 갖게 되었다.

제9단계: 어느 누구에게도 해가 되지 않는 한, 할 수 있는 데까지 어디서나 그들에게 직접 보상했다.

제10단계: 계속해서 자신을 반성하여 잘못이 있을 때마다 즉시 시인했다.

제11단계: 기도와 명상을 통해서 하나님_{우리가 이해하게 된 대로의 신}과 의식적인 접촉을 증진하려고 노력했다. 그리고 우리를 위한 그의 뜻만을 알도록 해주시며, 그것을 이행 할 수 있는 힘을 주시도록 간청했다.

제12단계: 이러한 단계로써 생활해 본 결과 우리는 영적으로 각성되었고 알코올중독자들에게 이 메시지를 전하려고 노력했으며 우리 생활의 모든 면에서도 이러한 원칙을 실천하려고 노력했다.

AA 모임의 저변이 비기독교인들에게로 확장되면서 종교적 거부감을 희석시키기 위해 하나님God을 신god으로 표기하기도 하고, 위대하신 힘Higher Power, 저마다 이해한 대로의 신 등으로 표기하기도 했지만 그 출발에 있어서의 AA 12단계 원리는 철저히 기독교적 원리에 입각하고 있었던 것만은 분명한 사실이다.

AA 12단계 원리에서 가장 중요한 단계는 처음의 세 단계이다. 그리고 이 단계야말로 왜 중독치유가 영적 치유여야 하는지를 단적으로 보여준다. 이 단계는 이른바 세속적 가치관 혹은 인본주의 심리학과 그 반대편에 있는 기독교 세계관 및 가치관 사이의 전적인 차이를 보여준다. 인간본성에 대한 세속적 가치관과 인본주의 심리학의 주장은 '나는 할 수 있다. 나에게는 무한한 잠재력이 있다.'로 요약할 수 있다. 이에 반해 기독교적 세계관은 '나는 할 수 없다. 나에게는 능력이 없다.'이다. 전자는 'I'm special.'이라고 말하고 후자는 'I'm nothing.'이라고 말한다. 그러나 기독교 세계관은 여기에 머무르지 않는다. 누군가가 자기 자신에 대해 'I'm nothing'나는 아무 것도 아닌 존재입니다이라고 인식하고 고백하는 순간, 하나님께서 그를 매우 고귀하고 존귀한 존재로, 곧 'I'm very special.'한 존재로 전환시켜 주시고 높여주신다는 것이다. 그리고 "내게 능력 주시는 자 안에서 내가 모든 것을 할 수 있다"빌 4:13고 고백하게 되는 것이다. 이것이 기독교 세계관과 인간관에 내포된 입체적 진실이다.

"그러나 하나님께서 세상의 미련한 것들을 택하사 지혜 있는 자들을 부끄럽게 하려 하시고 세상의 약한 것들을 택하사 강한 것들을 부끄럽게 하려 하시며"고전 1:27

하나님은 세상의 미련한 것들과 약한 것들을 택하신다. 그리고 똑똑한 자들과 강한 자들을 능가하게 하신다. 그렇게 하심으로 하나님의 하나님 되심을 증거한다. AA 1단계가 의미하는 것은 바로 이것이다. '나는 아무 것도 아닙니다. 나에게는 힘이 없습니다. 그러므로 내 중독의 문제를 스스로 해결 할 수 없습니다. 중독이 내 삶에 미치는 영향을 어떻게 할 수가 없습니다. 나는 내 생활, 내 인생을 스스로 처리할 수 없습니다.'라고 고백하는 것이다. 그렇게 함으로 어쩔 수 없이 신의 도우심을 간구하기에 이르는 것이다. 수십, 수백 번의 실패와 좌절을 경험한 사람들만이 이 고백을 할 수 있다.

회복의 길을 걷기 시작한 수많은 초심자들이 이 1단계 규정을 읽고 AA 원리를 집어던졌음을 기억할 필요가 있다. 왜냐하면 나는 중독에 대해 이겨낼 힘이 없다powerless라는 1단계의 고백을 이해하고 받아들일 수가 없었기 때문이다. 힘이 없는데 어떻게 중독을 이겨나갈 수 있는지 의문이 들었기 때문이다. 자기의 나약함을 받아들이라는 태도가 영 마땅치 않았고 나아가서는 거부감마저 들었기 때문이다.

세상 사람들은 강한 것을 숭상하며 세상에서는 강자가 높임 받는다. 강함, 성공, 부유함, 권력, 인기 등은 모두 같은 개념이며 힘의 다양한 측면을 반영한다. 중독은 힘, 강한 것들을 추구하다가 생긴 병이다. 혹자는 그것을 추구하면서 생긴 지나친 긴장을 해소하려고 중독행위에 빠져들었고, 혹자는 그것들을 추구했으나 얻을 수 없어 좌절과 실의에 빠져 중독행위에 빠져들었다. 중독에 빠짐으로 결국 그들은 가장 힘없고 나약한 자로 전락하게 되었다. 그 때 오직 정직한 자들만이 자기 자신의 진정한 모습을 직면할 수 있다. 그리고 그런 자기의 모습을 받아들이기 시작한다. 그러나 대부분의 중독자들은 그 모습을 받아들이려 하지 않는다. 중독은 사람의 마음과 영혼을 거짓되게 하고 부패시키며 타락시키기 때문이다. 인간의 무력함과 나약함, 그것이 인간의 실존이다. 힘 앞에, 권력 앞에, 돈 앞에 무력하고 나약한 것이 바로 인간 실존의 모습 그 자체인 것이다. 그 나약함이 싫어 사람들은 기를 쓰고 힘을 추구하는 것이다. 그 나약함을 직면하고 인정하고 받아들이는 것이 정직이요, 겸손으로 가는 길이며, 순종으로 가는 길이다. 그리고 평안으로 가는 길이다. 그러나 많은 사람들, 대부분의 중독자들은 그러한 사실을 받아들이려 하지 않는다. 그것을 받아들이는 사람들은 인생의 도를 깨우친 사람들이라고 보아야 한다. 사실 중독으로부터 벗어나 회복으로 가는 길은 도의 길이다.

AA 12단계는 바로 그 길을 제시하는 것이다. 너의 무력함과 나약함을 인정하라. 그리하면 주께서 너희를 높이시리라. 그 분이 너희를 강하게 하여 주시리라. 이를 믿으라. 그 믿음이 너희를 변화시키며 너희를 높은 차원의 새로운 사람으로 변화시키리라. 그 분이 너희 성품을 변화시키며 너희가 다시는 죄와 악, 중독에 빠지지 않도록 너희를 변화시켜주시리라. 그 분께서 너희를 용서하신 것 같이 또 너희로 하여금 너희가 죄지은 모든 사람에게, 아픔을 준 모든 사람에게 나아가 용서를 구하고 빌며 보상하게 하실 것이며 그렇게 함으로 깨어진 모든 관계를 회복케 하시리라. 너희는 점점 더 영적인 사람이 되어 기도하는 사람이 될 것이며, 세속을 따르는 사람이 아니라 하늘의 높고 고상한 가치를 따르는 사람이 될 것이다. 그리고 너희의 변화를 너희와 같은 고통을 겪고 있는 사람들에게 널리 알려서 함께 회복의 길, 성화의 길, 행복의 길을 걷게 만드는 일꾼이 될 것이다.

이런 가치관과 세계관의 변화, 성품의 변화는 도대체 무엇으로 가능한

가? 그것은 아마도 뼈저린 실패와 좌절의 반복된 경험을 통한 인간 실존에 대한 깊은 통찰에 의해 가능해 질 것이다. 그 통찰을 불러일으키기 위해 오늘날 동기면담이라는 상담 영역이 생기기까지 한 실정이다. 그러나 나는 그 것은 신의 영역이요 신비의 영역이라고 말하고 싶다. 중독 치료의 첫출발부터 신의 현현, 혹은 신과의 접촉이라는 독특하고 신비한 내면의 경험이 이러한 변화를 가져오는 가장 확실하고 직접적인 동기이자 원인이라고 나의 17년 사역 경험은 증거하고 있다. 중독은 정녕 영적으로 치료되어야 하는 병인 것이다.

미국이나 유럽 여러 나라들에서와 마찬가지로 지난날에는 알코올중독을 철저하게 개인의 도덕적 결함에 따른 문제라고 보았다. 미국의 경우 1935년 AA모임을 통해 알코올중독이 병으로 인식되고 또 그 병으로부터의 치유와 회복이 가능한 것임이 증명되기 전까지 알코올중독자들이 잘못을 범하여 법정에 서게 되었을 때 변호사들은 변호를 기피하기까지 하였다. 그는 도덕적으로 문제가 있는 사람이기 때문에, 또 스스로 알면서도 자기의 의지로 그 범죄를 저지른 것이기 때문에 변호를 서 줄 가치조차 느끼지 못하는 사람 취급을 받았다. 그러나 오늘날에는 범죄한 사람들이 변호사를 통해 자신이 중독자임을 입증함으로써 감옥에 가는 대신 치료감호소치료공동체를 사법기관에 적용한 기관으로 우리나라는 공주 치료감호가 있다로 가서 치료를 받게 될 만큼 중독과 중독자에 대한 인식이 획기적으로 변화되었다. 이 모든 획기적 변화는 AA 활동을 통해 그 전기가 마련되었기 때문이다.

치료공동체Therapeutic community는 AA를 통해 회복되었지만 AA 조직과 활동의 느슨함에 실망한 찰스 데데릭Charles Dederich이 산타모니카에 설립한 시나논 그룹Synanon Group에서 처음으로 전개되기 시작했다. 찰스 데데릭은 그가 AA에서 발견 한 것 위에 여타의 철학적, 실용적, 심리학적 요인들을 통합하여 시나논 그룹을 출범시키고 이를 발전시켰다. AA와 시나논은 모두

자조를 통한 회복Self - help recovery을 전제하고, 치유와 변화의 능력은 개인 안에 있다는 믿음을 견지하였으며, 치유는 비슷한 상황에 처한 다른 사람들과의 치유적 관계를 통해 주로 발생한다는 믿음을 공유하였다. 그러나 AA에서 시나논으로의 변화 중 가장 주목할 것은 AA는 비거주형 세팅에서 정기적인 모임을 갖는 형태였지만 시나논 공동체는 24시간 거주형 공동체 세팅이었다는 것이다. 현대 중독 치유공동체의 전형으로 평가받는 데이탑 빌리지Daytop Village도 바로 이러한 흐름 위에서 1963년 카톨릭 신부인 윌리엄 오브라이언William O'brien에 의해 설립되어 미국 사회에서 중독치료의 주류를 형성하기에 이르렀다.

한국에 치료공동체가 소개되기 시작한 것은 2000년 미국의 데이탑 빌리지를 통해서 였다. 당시 한국약물상담가협회를 통해 미국 데이탑 빌리지 관계자들이 여러 차례 한국을 방문하여 치료공동체 세미나를 개최함으로써 그 실체가 한국에 알려지게 되었고, 한국의 중독치료 관계자들을 미국으로 초청하여 그 이론과 실제를 경험케 하고 연수하는 일련의 과정이 전개되기도 했다. 정부 차원에서도 중독치료공동체에 대한 관심이 높아져 남녀 알코올중독자들의 치료공동체인 감나무집과 향나무집이 설립 되기도 했다. 최근에는 카톨릭 산하 한국중독연구재단으로 운영 주체가 이관되어 운영되고 있다

기독교 중독치료공동체인 라파공동체를 창립하기까지는 여러 인물과 기관이 귀감이 되고 모델이 되었다. 공동체를 통한 중독치유의 가능성과 영감을 처음 발견한 곳은 아처 토레이대천덕 신부님에 의해 강원도 태백 산골짜기에 세워진 예수원이었다. 그곳에서 주님은 내게 예수원이라는 기독교 공동체의 모습을 보여주셨다. 예수원의 공동체 생활을 보며 내 마음에 중독치유의 가능성에 대한 소망이 생겨났다. '아, 이렇게 중독자들과 함께 생활하면 그들을 치유할 수 있겠구나. 날마다 성경을 묵상하고 기도하며, 자연 속에서 노동하며 세속으로부터 떨어져 경건한 생활을 하게 된다면 저들

을 치료할 수 있겠구나' 하는 희망이 생겼다. 물론 예수원의 창립자인 대천덕 신부님이 보여주신 행함이 있는 삶과 그 분이 실험하고 증명하신 기독교 사상들, 특히 코이노니아 사상은 내게 큰 영향을 주었다.

그리스도를 중심으로 하는 진정한 교제와 아낌없는 나눔의 삶, 예수님을 주님으로 모시고 살아가는 하나님주권Lordship이 분명한 삶에 대해서는 내 신앙의 모태가 된 모교회 목산교회와 김현철 목사님을 통해 배우고 익혔다. 사귐 곧 코이노니아가 왜, 어떻게 신앙생활의 근간이 되는지, 왜 교회敎會가 교회交會가 되어야 하는지를 셀그룹 활동을 통해 몸으로 배우고 익혔다.

공동체란 무엇이며, 공동체의 내밀한 삶의 모습은 무엇인지에 대해서는 정신장애인 공동체를 설립하고 운영한 장 바니에를 통해 깊은 감명을 받았다. 장 바니에의 저작, 특히 「공동체와 성장」과 그가 세운 라르슈 공동체에서 신앙의 갱신을 맛본 헨리 나우웬의 여러 저작들은 크리스찬 공동체 삶에 대한 나의 열망을 자극했다.

라파공동체 설립에 직접적인 영향을 준 것은 미국 치료공동체인 데이탑 빌리지와 영국 기독교 치료공동체인 켄워드 트러스트Kenward Trust였다. 데이탑 빌리지 세미나에 참석하면서 처음으로 치료공동체 이론을 소개받은 이후 나는 지체하지 않고 영국 켄트 주에 있는 알코올 및 마약 중독 치료공동체인 켄워드 트러스트를 섭외 방문하여 보름간을 견학하였다. 그리고 돌아오는 비행기 안에서 한국에 돌아가면 그들과 같은 기독교중독치료공동체를 세울 것을 결심하였다. 예수 그리스도의 이름으로, 그리고 전문적인 도움을 통해 많은 사람들이 중독의 사슬로부터 벗어난 사람들의 모습을 눈으로 직접 보았을진대 망설일 이유가 전혀 없었기 때문이다. 그 이듬 해 2002년 4월 1일 라파공동체가 창립되었다.

라파공동체를 창립하여 중독자들을 치료하여 오는 가운데 많은 도움을 받은 것은 심리학자들과 정신분석학자들이었다. 특히 대상관계이론가들에게 많은 도움을 받았다. 처음 성경만을 볼 때 그 속에서 중독을 발견하기란 쉽지 않았다. 그러나 이들 심리학자들과 정신분석학자들의 학문적 성취와 임상 경험을 가지고 성경 속으로 들어갔을 때 나는 거기에 중독과 치료에 대한 깊고 넓은 세계가 풍성히 펼쳐져 있음을 보게 되었다. 성경은 심리학을 포섭하고 심리학은 성경을 관철하고 있었던 것이다. 심리학과 성경은 하나님 안에서, 하나님의 창조 섭리 안에서 아무런 모순 없이 통합되어 있었던 것이다.

한국에서의 중독치유의 역사와 기원에도 하나님이 계신다. 한국에서 중독 치유의 역사가 시작된 것은 1980년대였다. 미8군부대 내에서 진행된 AA 모임에 한국인 중독자들이 참여하여 회복되면서 AA 12단계 치유원리가 한국에 소개되기 시작하였고, 다른 한편에서는 한국에 파송된 외국인 선교사들, 모 켈리 신부와 휴 맥마혼^{안성도} 신부를 통해 중독치유사역의 신 기원이 열리기 시작했다. 이들은 서울 상계동과 방배동에서 치유의 집을 운영하며 AA 원리를 소개하였고, 중독자들과 더불어 공동생활을 함으로써 치유공동체의 선구적 길을 걷기도 했으며, 중독치유 묵상집 등을 한국어 책으로 펴내기도 했다.

이렇듯 하나님께서는 외국인 치유선교사들을 이 땅에 친히 보내시어 치유선교의 새 역사를 친히 써 내려가셨던 것이다. 이 분들에 대한 역사자료를 잘 발굴하고 보존하여 한국 선교사역의 중요한 부분을 복원하는 것도 남아 있는 자들의 몫이다 버려져 죽어가는 한국의 알코올중독자들을 위해 선교사들을 부르시고 한국에 보내시기까지 하시는 하나님의 긍휼과 사랑을 이 분들로 인해 느꼈을 때 나는 얼마나 많은 눈물을 흘렸는지 모른다. 성경의 시대를 막론하고 기독교의 전 역사 속에서 "모든 병든 것과 약한 것"의 치유는 하나님의 선교, 특히 치유선교 사역, 돌봄의 사역의 핵심이 되어 왔으며 지금도 면면히 이어지고 있는 것이다.

이런 의미에서 중독치료 사역은 전적으로 하나님의 선교Missio Dei 사역, 치유선교사역의 연장이라 할 수 있다. 버려진 사람들, 알코올중독자와 각종 중독자들을 향한 하나님의 긍휼의 역사가 "때가 차매" 새롭게 전개되고 있는 것이다. 지난날 예수님이 이 땅에 오심으로 새로운 구원과 회복, 치유의 새 역사가 쓰여 진 것과 같이.

> "스불론 땅과 납달리 땅과 요단 강 저편 해변 길과 이방의 갈릴리여, 흑암에 앉은 백성이 큰 빛을 보았고, 사망의 땅과 그늘에 앉은 자들에게 빛이 비치었도다. "마 4:15-16

중독치유의 역사는 곧 성령님이 행하시는 하나님의 치유선교의 역사이다. "오직 성령이 너희에게 임하시면 너희가 권능을 받고 예루살렘과 온 유대와 사마리아와 땅 끝까지 이르러 내 증인이 되리라"행 1:8하셨던 명령의 구체적 실현이다. 중독자들이 있는 땅은 세상의 땅 끝이다. 땅 끝은 복음이 미치지 못하는 공간이자 영역이다. 옥스퍼드 그룹 운동과 미국에서 시작된 AA 모임의 영향으로 어두운 중독의 땅 끝에 "예수 그리스도의 얼굴에 있는 하나님의 영광을 아는 빛"고후 4:6이 어두운 땅 위에, 중독자들의 삶 위에 비추기 시작했다. 그리고 그 AA 모임으로부터 오늘날 중독치료의 주류 세팅으로 자리 잡은 치료공동체 모델이 창출되었고 이들의 활동과 사역을 통해 전세계 도처에서 중독을 이기고 새로운 인생을 찾은 사람들이 회복의 기쁨을 노래하고 있다. 버려진 인생의 땅 끝에서 사도행전 29장의 새 역사가 성령님의 놀라운 권능에 힘입어 오늘도 세계 도처에서 힘 있게 쓰여 지고 있는 것이다.

5. 마음의 병 중독, 그 기원

성경에서 사용 빈도수가 가장 많은 단어를 꼽으라면 아마도 '마음'이라는 단어일 것이다. '구원'이라는 단어가 541회 사용되고 있음에 비해 마음이라는 단어는 무려 1058회 사용되고 있다. 마음은 생각이성과 감정정서, 그리고 의지행동로 구성되어 있다. 또 다른 측면에서는 의식과 무의식으로 구성되어 있다. 사람의 행동을 결정하는 것은 곧 마음이다. 마음 중에서도 생각과 감정에 따라 사람들은 행동하게 된다. 중독이란 바로 이 마음이 병들게 되어 마음의 각 요소들이 따로 놀아 바르게 살고 바르게 행동하지 못하는 병이다. 건강한 인격은 건강한 마음에서 나온다. 건강한 마음이란 생각하고 느끼고 행동하는 것이 서로 일치되고 통합된 마음이다. 중독된 행위를 멈추어야겠다고 결심하고 그 결심에 따라 행동할 때 참된 행복이 주어질 것이라 믿으며 자기 마음속에 일렁이는 온갖 부정적 감정을 잘 다스려 단주 행동을 지속적으로 실천해 나가는 사람, 곧 생각과 감정과 의지를 잘 통합하는 사람은 누구나 중독의 사슬을 끊고 회복의 새 삶을 살아갈 수 있다.

그러나 중독은 오랜 시간에 걸쳐 고착되었고 그 과정에서 중독자들의 마음은 심하게 손상되었다. 그들은 바르게 생각하지 못하며 인지적 오류가 빈번히 나타난다. 이성과 판단을 관장하는 뇌의 전두엽도 상당히 손상되어 있다. 알코올중독자들은 '도 아니면 모'식의 흑백논리에 물들어 있어 융통성 있게 사고하지 못하며이분법적 사고, 한두 번 경험한 사건으로 부정적 결론을 도출하거나 상대방의 마음을 임의적으로 추론하여 읽고 해석한다임의적 추론. 수많은 정보 중 내가 원하는 정보만 취사선택하여 듣거나 내 강점 혹은 약점에 대한 이야기만 취사선택해 듣는 식의 사고^{선택적 추상화}에 익숙하며, 한두 번의 사건에 근거하여 일반적인 법칙이나 결론을 내리는 경향^{과잉 일반화}이 농후하다. 뿐만 아니라 어떤 상황이나 사건, 인물에 대해 과장과 축소가 빈번히 일어나며 자신과 관련지을 뚜렷한 동기가 없음에도 불구하고 그 사건을 자신과 관련지어 생각하는 경향^{개인화}도 뚜렷이 나타난다. 이런 왜곡된 인지사고 구조를 가지고 있기 때문에 그들은 진리를 알고 진리를 믿으며 진리에 따라 사고하고 행동하지 못하게 된다. 이런 왜곡되고 손상된 인지구조가 치료되고 변형되어야 그들은 중독으로부터 벗어날 수 있다. 인지치료는 그러므로 중독지유의 출발이라 할 수 있다.

중독자들은 감정을 다루는 능력 또한 심각히 손상당한 사람들이다. 중독자들의 내면에는 부정적인 인간관계 경험과 그로부터 기인된 수많은 부정적 감정들이 켜켜이 쌓여 있다. 중독자들의 마음 밑바닥을 채우고 있는 부정적 감정들은 수치심, 죄책감, 두려움, 분노, 원망, 외로움, 불안 등이다. 이러한 부정적 경험 역시 그들의 성장과정에서의 인간관계 경험에서 비롯된 것들이다. 중독치유의 핵심은 '감정치유'에 있다고 해도 과언이 아니다. 엄밀히 말해서 중독자들이 가지고 있는 인지구조의 왜곡은 이 부정적 감정을 억압하기 위한 필요로부터 발달된 것이라 할 수 있다. 너무 두렵고 외롭고 슬프고 화가 나는 상황을 이기기 위해서 나는 두렵지 않아, 외롭지 않아, 슬프지 않아, 화나지 않아 하는 식으로 자기의 사고를 조절함으로^{현실을 왜곡함으로} 자기를 엄습하고 있는 부정적 감정을 극복하려고 시도한다. 그리고 그러한 패턴이 반복되어 그렇게 생각하고 행동하는 것이 그 자신의 본래 모습인 것처럼 익숙해져 성격으로 고착화되는 것이다.

마음의 창조자는 하나님이다. 그 마음이 있음으로 인간은 다른 피조물들과 구별된다. 인간에게 있는 하나님 형상의 결정판은 마음이다. 그러나 인간의 마음은 원죄로 인해 더럽혀지고 타락했으며 부패하게 되었다.

"만물보다 거짓되고 심히 부패한 것은 마음이라. 누가 능히 이를 알리요"렘 17:9

예수님께서도 "너희는 스스로 조심하라 그렇지 않으면 방탕함과 술취함과 생활의 염려로 마음이 둔하여 지고 그 날이 뜻밖에 덫과 같이 너희에게 임하리라."눅 21:34고 말씀하시기도 하셨고 인간이 만든 전통을 하나님의 계명을 어기는 합리화 도구로 사용하는 바리새인과 서기관들을 질책하시면서 "마음에서 나오는 것은 악한 생각과 살인과 간음과 음란과 도둑질과 거짓 증언과 비방이니 이런 것들이 사람을 더럽게 한다."마 15:19-20고도 말씀하셨다.

마음에 대한 선명한 경계는 아마 잠언의 말씀 일 것이다.

"모든 지킬 만한 것 중에 네 마음을 지키라. 생명의 근원이 이에서 남이라." 잠 4:23

마음은 지켜야 하는 것이다. 무엇인가가, 누구인가가 사람의 마음을 훔쳐갈 수 있다. 빼앗길 수 있다. 마음을 빼앗기면 모든 것을 빼앗기는 것이다. 중독은 마음을 빼앗긴 것이다. 더 나아가 중독된 그것에 마음혹은 영혼을 팔아넘긴 것이다. 그리고 끝내 그것들에 묶여 노예가 되는 것이다. 압살롬이 암논을 죽이고 외가집에 피신해 있을 때 군사령관 요압은 다윗의 마음이 압살롬에게로 향하는 줄 알았기에삼하 14:1 그를 데려올 수 있었다. 또 압살롬이 아버지 다윗에 대항해 모반을 꾀할 때에 그가 가장 먼저 착수한 것이 이스라엘 백성의 마음을 훔치는 것삼하 5:6 이었다. 이와 같이 우리의 마음은 어디엔가로 기울기도 하고 누군가가 빼앗을 수도 있는 것이다.

"이 땅에 오직 주밖에 없네. 그 무엇도 나를 채울 수 없네. 주님의 평안 내 안에 있네. 그 누구도 빼앗을 수 없네"

우리가 즐겨 부르는 찬양 '이 땅에 오직 주밖에 없네'의 가사 그대로 오직 주님만이 우리 마음의 결핍을 채워주실 수 있으며, 주님만이 우리의 마음을 누군가가 빼앗아 가지 않도록 지켜주실 수 있다. 술과 도박, 섹스, 돈, 명예 등등의 것들이 우리 마음을 빼앗아가지 않도록 지켜주실 분은 주님이시다. 심리학의 큰 줄기로 인본주의 심리학이 있다. 그것은 인간이 가진 잠재력과 가능성을 높이 평가하고 이를 계발함으로 삶의 모든 문제를 능히 풀어갈 수 있다는 관점에 입각하고 있다. 이 관점은 네 인생의 주인은 너 자신이며 모든 것은 네 마음먹기에 달렸다고 주장한다. 그러나 그것은 진실의 일면이다. 이면의 진실이 있음을 우리는 잊지 말아야 한다. 누군가가, 무엇인가가 얼마든지 우리의 마음을 훔쳐가고 빼앗아갈 수 있음을 우리는 직시해야 한다. 내 마음이 나의 것인 것 같지만 꼭 그런 것만도 아니다. 진정으로 내가 내 인생의 주인이 되려면 그 주권을 하나님께 양도해 드리고 내 마음도 주님께 온전히 내어 드릴 때 우리는 비로소 온전함에 이를 수 있다. 주님께서 내 마음을 지켜주시고 인도하여 주실 것이기 때문이다. 중독자들은 중독된 물질이나 행위에 자기의 마음을 홀딱 빼앗긴 사람들이다.

사람은 세 번 태어난다. 첫 번째는 모태로부터 육체가 탄생하는 육체적 탄생이며, 두 번째로는 마음의 탄생심리적 탄생이며, 세 번째는 영적 탄생거듭 남이다. 육체의 탄생은 말 그대로 어머니의 자궁으로부터 살과 피를 가진 육신을 가진 존재로 태어나는 것이다. 세 번째의 영적 탄생은 거듭나는 것으로 신비의 과정이다. 그것은 전적으로 하나님께서 주도권을 가지시고 행하시는 선택이며 구원이다. 인간의 어떤 노력이나 공로로도 가능하지 않은 전적인 하나님의 주권에 속하는 영역이다. 다만 우리는 하나님께서 모든 인간이 영적탄생, 곧 구원에 이르길 원하고 계시며, 당신이 택한 때에 택한 자들을 구원하신다는 사실을 알고 있을 뿐이다.

오늘날 마음이 어디에 있느냐 라는 질문에 뇌생물학이나, 뇌신경생리학자들과 같은 뇌과학자들은 당연히 뇌에 있다고 말할 것이다. 뇌과학의 발달은 실로 눈부시다. 뇌과학의 발달로 뇌신경조직과 세포, 신경전달 물질의 분비 등에 영향을 미침으로써 인간의 생각과 감정을 조절하고 통제할 수 있는 길이 활짝 열리고 있음은 주지의 사실이다. 이로 인해 우울증과 조울증, 정신분열 등 여러 정신장애에 대한 치료 가능성은 크게 제고 되었다. 뇌과학과 의학의 발달은 인간의 육체뇌와 마음심리이 불가분의 관계에 있음을 더욱 확실히 증명해 주고 있다. 그러므로 중독 치료에 대한 뇌과학적, 의학적 접근도 필요하다. 다만 현재까지 중독을 치료할 만한 높은 수준의 약제들이 개발되어 있지는 못한 형편이다. 본고는 중독에 대한 의학적, 과학적 성취를 다루지는 않을 것이다. 본고는 중독에 대한 영적, 심리적 접근과 치료에 집중할 것이다.

본고에서 주목하고자 하는 부분은 특히 두 번째의 마음심리의 탄생에 대해서이다. 마음은 분명 하나님에 의해 창조되었고 육체를 가지고 태어나는 순간부터 인간에게 주어진 것이다. 그러나 그 마음 역시 인간의 육체가 성장하고 성숙하는 것처럼 동일한 성장 성숙의 경로를 걷는다. 앞에서 우리는 마음의 삼요소를 지이성 – 정감정, 정서 – 의의지, 행동로 규정하였다. 생각하고 느끼고 행동하는 것을 마음의 활동 혹은 마음의 작용으로 보는 것이다. 특별한 장애를 가지고 태어나지 않는 한 모든 인간은 태어나는 순간부터 지정의의 능력을 부여받고 태어난다. 사람마다 그 능력의 정도에 대해서는 차이가 있을 수 있지만 모든 인간은 생각하고 느끼고 행동하는 능력을 저마다 가지고 태어난다. 그리고 이 능력들은 서서히 성장하고 발전해 나간다.

그렇다면 마음의 탄생이란 무엇을 의미하는 걸까? 나는 그것을 아기가 자기 자신과 타자를 구별하고 그것을 언어로 표현하는 순간! 이라고 정의한다. 곧 아기가 자기 자신에 대해 '나'라는 표현을 사용할 때라고 생각한다. 조금 더 시간이 지나면 아기는 '내 거야'라는 표현을 사용할 것이다. 보통 아기들은 엄마, 아빠라는 단어를 먼저 배운다. 그리고 나서 나중에 나, 내 거 라는 표현을 사용하기 시작한다. 아기가 나라는 표현을 사용할 때는 이미 나는 누구인가에 대한 자기인식과 평가가 기본적으로 이루어진 이후이다. 많은 유아심리학자나 대상관계이론가들에 의하면 아기의 자기정체성은 기본적으로 생후 1년 이내에 주어진다고 본다. 그 기본정체성은 아기가 자기 자신을 '좋은 나'로 보느냐 아니면 '나쁜 나'로 보느냐로 구분된다. 아기가 처음 태어나서 접한 타자인 엄마 아빠가 자기를 사랑해 주면 아기는 자기가 사랑받을 만한 존재로 느끼고 자기를 좋은 나로 평가한다. 그러나 부모로부터 사랑받지 못한 아기들은 자기는 사랑받을 만한 자격이 없는 나쁜 나라고 느끼고 평가하게 된다. 한 살 된 아기의 뇌는 이러한 느낌이나 생각들을 외적으로 표현할 만큼 아직 성장하지 않았다. 그러나 자기 자신에 대한 이 느낌들은 무의식 속에 저장되어 평생에 걸쳐 그 사람의 인생에 영향을 미친다. 물론 그렇다고 해서 어린 시절에 무의식에 묻힌 이러한 자기 인식이 고정 불변인 것은 아니다. 어린 시절 받지 못했던 것을 인생의 다른 시기에 누군가를 통해 적절히 충족된다면 무의식에 내재된 자기정체성^{자기상}은 얼마든지 변화할 수 있다.

모든 인간은 육체적으로 탄생하고, 심리적으로 탄생하며, 또 영적으로 탄생한 이후 각 영역에서 성장과 성숙의 과정을 밟는다. 예수님도 그러하셨다. 예수님의 성장과 성숙 과정에 대해 성경은 이렇게 말한다.

"아이가 자라며 강하여지고 지혜가 충만하며 하나님의 은혜가 그 위에 있더라"^{눅 2:40},

"예수는 지혜와 키가 자라가며 하나님과 사람에게 더욱 사랑스러워 가시더라."눅2:52

이들 표현들로부터 우리는 예수님께서도 육체적 탄생 이후 육체와 마음과 영의 세 측면에서 성장하고 성숙하셨음을 알게 된다. 예수님은 성령으로 잉태되셨고, 성령 충만한 부모님 밑에서 성장하셨다. "아이가 자라며 강하여지고"는 육체의 성장과 성숙을 의미한다. "지혜가 충만하며"는 정신적, 심리적 성장과 성숙을 의미한다. "하나님과 사람에게 더욱 사랑스러워 가시더라"는 정신적, 심리적, 영적 성장과 성숙을 의미한다. 예수님은 육체적, 정신적, 영적으로 온전히 성장하며 성숙해 가신 것이다. 무엇보다도 하나님과 사람과의 관계에서 사랑을 주고 받으며 성장 성숙하셨기에 그의 내면은 결핍이 없는 충만으로 가득 차게 되었다.

인간의 성장 환경은 예수님과 다르다. 그들 모두는 성령으로 잉태된 것이 아니라 원죄를 가진 부모 밑에서 원죄를 가지고 탄생하였고 그들 슬하에서 자랐다. 인간의 모든 가정은 역기능가정이다. 그것은 인간 존재의 불완전성에 기인한다. 성경 속에는 역기능 가정의 수많은 사례로 가득 차 있다. 그 어떤 가정도 완전한 사랑과 평화의 가정을 이루지 못했고 그 어떤 부모도 온전한 부모상을 보여주지 못했다.

하나님의 사람들이라고 불리는 수많은 성경의 사람들의 가정생활 이야기를 통해 우리는 수도 없는 상처와 아픔의 흔적들을 발견한다. 아담과 하와의 가정은 어떠했는가? 큰 아들이 작은 아들을 죽이는 최초의 살인이 그의 아들들인 가인과 아벨 사이에서 일어나지 않았던가? 의인 노아 역시 포도주를 마시고 취하여 결국 둘째 아들 함을 저주하는 일마저 생기지 않았던가? 아브라함과 사라의 가정을 보자. 하갈에게서 난 아들 이스마엘을 내어 쫓은 상처가 오늘날까지 이삭의 후예들과 이스마엘의 후예들이 유대교와 이슬람교로 나뉘어져 중동을 전쟁터로 만드는 원인이 되고 있지 않은 가? 이삭과 리브가 역시 자식들을 편애함으로 에서와 야곱 사이의 길고 긴 갈등과 불화의 원인을 제공하지 않았던가? 야곱과 라헬, 레아의 가족은 어떠했던가? 그 자신이 편애의 희생양이었음에도 야곱 또한 요셉을 편애하여 결국 다른 배다른 형제들의 음모에 의해 가장 사랑하는 아들 요셉이 노예로 팔려가는 끔찍한 고통을 맛보아야 하지 않았던가?

제사장 엘리의 두 아들이 성전 안에서 행했던 파렴치한 행위들과 성적 문란의 행위는 어떠했으며, 이스라엘의 강건한 파수꾼이었던 선지자 사무엘의 두 아들이 부정과 부패로 인해 백성들의 원성을 샀던 일은 어떠했던가? 하나님의 마음에 합하였다던 다윗의 가정은 또 어떠했던가? 그가 왕좌에 오른 후 벌어졌던 자식들 간의 골육상쟁과 아들 압살롬의 반란과 반역, 그로 인해 피 흘린 역사들을 기억해 보라. 다윗의 가정처럼 그런 역기능 가정이 또 어디 있단 말인가?

성경은 이로써 우리들에게 인간 그 누구도 가정의 역기능성을 비껴갈 수 없고 모든 인간은 그러한 역기능 가정 속에서 저마다 마음의 상처와 아픔을 갖고 성장하며 성숙할 수밖에 없는 존재라는 사실을 적나라하게 보여준다.

중독의 심리적 핵심원인은 바로 그 누구도 피해갈 수 없는 가정의 역기능성과 그것으로 인해 인간의 마음속에 주어진 '결핍'에 있다. 대부분의 경우 그 결핍은 '사랑 결핍'애정 결핍 혹은 애착 결핍이다. 중독이란 바로 이 마음의 결핍을 스스로의 힘으로 채우기 위한 가없는 노력이라고 말 할 수 있다. 마치 밑 빠진 독에 물 붓듯이. 인간의 마음에 형성된 내적 결핍은 어떠한 외적 행위와 물질로도 결코 채워질 수 없는 것이다. 영은 영이고 육은 육이듯이요 3:6 사람 마음의 내적 결핍은 내적 충만으로 채워야 한다.

이 내적 결핍애정의 결핍은 어떻게 해서 생기는 것인가? 원인은 간단하다. 충분히 받지 못했기 때문이다. 물론 이 때의 '충분함'이란 지극히 주관적인 기준에 의해서 평가되는 것이기도 하다. 이를테면 한 아이가 동생을 갖게 되었을 때 그 아이는 부모님의 자기를 향한 사랑이 어느 날 갑자기 반으로 반감되는 것을 확연히 느끼게 된다. 그 때 그 아이의 내면에는 결핍이 발생한다. 아무리 부모가 두 아이를 똑같이 사랑하고 대우해 준다고 해도 첫 아이의 입장에서 부모의 사랑과 관심이 반으로 줄어든 것은 부인할 수 없는 분명한 사실이다. 이렇듯 인간 내면에 있는 결핍은 성장과정과 성장환경 하에서 누구에게든지 필연적으로 발생할 수밖에 없다. 형제 자매 없이 외동으로 자란 아이에게는 외로움이 내면화할 수밖에 없을 것이고, 오냐 오냐 자란 자식들spoiled에게는 박약한 의지력이 내면화할 수밖에 없을 것이다. 한 자녀에 대한 부모의 편애는 다른 자녀의 시기심을 조장하고 애정 결핍을 촉진하게 될 것이며 무서운 부모 밑에서 성장한 아이는 친밀감의 결핍을 내재화할 것이다. 불안정한 삶의 환경에서 자라난 아이는 불안을 내재화할 것이다. 늘 비교당하면서 자라난 아이는 열등감을 내재화할 것이고 지나친 기대를 받고 자라난 아이들은 부모의 기대와 욕구를 자기 인생의 짐으로 지고 허덕이며 사는 인생이 될 것이다. 아이가 성장하는 과정에서 충분히 사랑받고 인정받고 칭찬받고 수용받는 삶을 살 때 결핍은 발생하지 않는다. 그럴 때 그 아이는 '진정한 자기', '진정한 나'가 되며, 진정한 자기의 삶을 살아가게 된다. 그러나 완전한 부모는 이 세상에 없다. 그러므로 결핍이 없이 성장하는 자녀도 없다. 모든 인간은 정도의 차이만 있을 뿐 결핍된 내면을 가지고 있다. 그 결핍의 크기 정도가 중독으로의 진입 여부를 결정한다. 결핍이 큰 사람이 중독에 빠질 확률이 훨씬 높다.

　세상의 수많은 사람이 술을 마시고 도박을 한다. 그러나 이들 모두가 중독이 되는 것은 아니다. 성장 과정에서 내면의 결핍이 큰 사람이 중독이 되는 것이다. 성장과정에서 부모로부터 받아야 할 사랑을 받지 못하고 오히려 받지 않아야 할 폭력과 억압, 학대를 받은 아이, 부모가 너무 바빠서 혹은 무관심해서, 부모들이 서로 사랑하지 않음으로 해서 유기되거나 방치된 삶을 살아온 아이, 훈육이나 훈계 없이 오냐 오냐 자라서 모든 것을 제 멋대로, 제 맘대로 처리해 왔던 아이들은 이미 그들의 내면에 중독이 자리 잡을 커다란 결핍의 구멍을 예비하고 있는 것과 다름이 없다. 중독의 치료와 관련에서 진정한 자기와 성인아이에 대한 개념이 매우 중요한데 이는 뒤에서 상술하도록 하겠다

중독이 가족병이라는 것은 이와 같은 의미에서이다. 중독은 가족 안에서 배태된 것이다. 누군가를 중독으로 끌고 가는 내적 결핍은 가족 안에서의 성장과정에서 비롯된 것이다. 가족생활에 기반 한home based 공동체적 치유가 유력한 치유수단이 되는 근거도 여기에 있다. 이 부분에 대해서도 뒤에 가서 다시 상술하겠다 가족으로 인해 생긴 병이지만 가족의 도움과 협조, 사랑으로 치유될 수 있다는 점은 중독으로부터의 치유를 갈망하는 사람들에게 기쁜 소식이 된다. 중독은 우리 안에서, 가족 안에서 시작되었지만 그 치유의 희망도 우리 안에, 가족 안에 있는 것이다.

사람의 마음의 상태는 두 가지로 나뉜다. 하나는 결핍된 마음이고 하나는 충만한 마음이다. 전자는 중독의 마음상태이고 후자는 회복의 마음상태이다. 중독의 치료란 바로 이 결핍된 마음의 상태를 충만한 마음의 상태로 변형시키는 것이다.

우리 각 사람이 자기의 마음을 잘 지키고 가꾸어야 함에 대해서 예수님께서는 '씨와 땅의 비유'마 13:10-23, 막 4:13-20, 눅 8:4-15로 말씀하셨다. 그 비유는 지극히 상식적이다. 어떤 사람이 땅에 씨를 뿌렸는데 각기 길 가, 흙이 얕은 돌밭, 가시떨기 위, 좋은 땅에 뿌려졌다는 것이다. 여기서 씨는 하나님의 말씀이고 땅은 사람의 마음상태를 뜻한다. 길 가에 뿌려진 씨는 공중의 새가 와서 먹어버리는데 이는 마귀가 와서 말씀을 사람들의 마음에서 빼앗은 것이라고 설명하신다. 돌밭에 뿌려진 씨는 뿌리를 내리지 못해 말라버리는데 이는 말씀을 받을 때는 즉시 기쁨으로 받지만 환란이나 박해가 임할

때 곧 넘어지는 사람을 뜻하며, 가시떨기에 뿌려진 씨는 가시가 자라 기운을 막아 제대로 자라지 못함인데 이는 말씀을 듣기는 들었으나 마음이 세상의 염려와 재물의 유혹에 넘어가 말씀이 결실을 거두지 못함이며, 좋은 땅에 떨어진 씨는 삼십 배, 육십 배, 백배의 결실을 거두는 데 이는 말씀을 듣고 깨닫고 실천함으로써 삼십, 육십, 백배의 결실을 거두는 사람이라는 것이다.

이 비유의 말씀은 각 사람이 자기 마음을 잘 지키고 가꾸어야 함을 강조한다. 인간 문제의 핵심에는 마음이 있다. 문제는 마음이다. 마음의 상태를 맑고 밝고 깨끗하게, 거룩하고 정결하며 순수하게, 온갖 번뇌와 염려와 근심으로부터 평안하게 유지하여야 한다. 그것은 그 누구의 책임이 아니라 전적으로 나의 책임이다. 내 마음의 결핍은 타인에 의해 생긴 것이다. 그러므로 그 책임은 내게 아픔과 상처를 준 타인에게 있다. 그러나 그 결핍을 메우고 마음의 변화를 받아 새로운 삶을 살아가는 것은 전적으로 나의 책임이다.

마음의 존재야말로 창조주 하나님의 신묘한 솜씨를 드러내는 증거가 된다. 그것은 인간에게 부여된 특권이다. 지정의로 구성된 마음은 육체와 영과 연관되어 있어 서로 영향을 주고받는다. 그것은 사람의 내부에서 내적으로 연관되어 있는 것뿐만 아니라 외부의 사물이나 영적 존재와도 연관을 갖는다. 사탄이 우리의 마음을 빼앗아 갈 수도 있고 중독 물질이 우리의 마음을 유혹할 수 있다. 마음의 능력은 각 사람에게 육체의 탄생과 동시에 주어졌다. 그러나 그 마음이 건강하게 기능할지, 아닐지를 결정하는 가장 중요한 요소는 그가 어떤 가정에서 어떻게 성장하였는가에 달려 있다. 역기능가정에서의 성장은 사람들의 마음속에 필히 상처를 남기고 결핍의 빈자리를 남긴다. 그것은 그 사람의 건강하지 못한 자기상, 곧 분열되고 불안하며 열등한 자기상을 결과한다. 그렇게 될 때 그의 마음은 이제 더 이상 그의 것이 아니게 된다. 그의 마음은 내부의 강한 욕동과 외부의 자극과 유혹 앞에 무방비로 노출되어 그것들의 노예가 되는 중독의 과정으로 이행하게 되는 것이다.

중독으로부터 회복하려는 사람들은 각자의 마음 밭을 잘 가꾸어야 한다. 영적으로 깨어 있어서 그 마음을 마귀에게 빼앗기지 않아야 하며, 세상 욕심과 탐욕으로 인한 근심, 걱정, 염려를 떨쳐버려야 한다. 깨달은 것은 올곧게 실천하는 우직함과 충직함이 있어야 한다. 농부의 손길이 닿은 가꾼 밭과 방치된 밭의 차이는 명확하다. 회복하려는 사람들은 각자의 마음 밭을 옥토로 가꾸어야 한다. 곧 마음수련에 힘써야 한다. 마음의 이치를 잘 깨달아야 한다. 지정의가 통합되고 일치된 마음 상태를 가꾸고 유지해야 한다. 일상의 삶이 수덕의 삶이요 수도의 삶이어야 한다.

솔로몬 왕이 성전을 봉헌하는 날 감사의 기도를 드린 후 백성들에게 이렇게 당부한다.

"너희의 **마음**을 주께로 향하게 하라"^{왕상 8:58}
"너희의 **마음**을 우리 하나님 여호와께 온전히 바쳐라"^{왕상 8:61}

그 감동의 봉헌식이 끝난 후 이번에는 하나님께서 솔로몬에게 두 번째로 나타나셔서 말씀하신다.

"나는 네가 건축한 이 성전을 거룩하게 구별하여 내 이름을 영원히 그곳에 두며 내 눈길과 내 **마음**이 항상 거기에 있으리라"^{왕상 9:3}

마음과 마음이 만나는 이 장면을 보라. 이스라엘 백성의 마음이 하나님을 향하고, 하나님의 마음은 인간을 향한다. 하나님의 마음과 인간의 마음이 만나는 참으로 감동적인 장면이 아닌가!

그러나 솔로몬의 말년에 대해 성경은 또 다른 이야기를 전해 준다.

"솔로몬이 많은 여인을 사랑하였으니 … 그의 여인들이 왕의 **마음**을
돌아서게 하였더라 … 솔로몬의 나이가 많을 때에 그의 여인들이 그의
마음을 돌려 다른 신들을 따르게 하였으므로 왕의 **마음**이 그의 아버지
다윗의 **마음**과 같지 아니하여 그의 하나님 여호와 앞에 온전하지 못하
였으니 … 솔로몬이 **마음**을 돌려 이스라엘의 하나님 여호와를 떠나므
로 …"왕상 11:1-9

예수님께서도 "네 보물 있는 곳에 네 **마음**이 있다"마 7:21고 말씀하셨다.
삶의 지혜란 사랑해야 할 것과 사랑하지 않아야 할 것을 분별하는 것이다.
나이 많아 늙어갈 때 솔로몬의 총기도 빛을 잃어가고 있었는지 모른다. 말
년에 그의 마음이 하나님을 사랑하는 것보다 여인들을 더 사랑하였다고 성
경은 기록한다. 여인들이 왕의 마음을 돌려 다른 신을 따르게 하였다고 한
다. 이렇듯 처음의 마음을 잃지 않고 지키는 것은 우리 각 사람의 책임인 것
이다.

마음에 대한 이야기를 성경에서 인용하려면 성경 전체를 그대로 복사해
야 할 것이다. 성경은 마음에 관한 책일 뿐만 아니라 마음의 책이다. 마음에
관한 수많은 이야기와 가르침으로 가득 차 있고, 또 마음으로만 이해하고
해석할 때 의미를 갖는, 곧 "**마음**으로 믿어 의에 이르는"롬 10:10 책인 것이
다. 중독의 치유는 곧 마음의 치유이다.

6. 슬픈 중독의 자화상 I .. 사울

사무엘상의 중심인물은 사울과 다윗이다. 상하권 전체를 통해 사울과 다윗이라는 두 인물의 생애에 대한 풀 스토리가 비교적 풍부하게 다루어져 있다. 우리는 성경을 통해 닮지 않아야 할 표상으로서의 사울과 닮아야 할 신앙의 선배 다윗을 만나고 배운다. 통상적으로 우리는 사울을 실패한 신앙인으로, 다윗을 성공한 신앙인으로 규정한다. 사울은 흔들리는 믿음의 소유자였고 다윗은 굳건한 믿음의 소유자였음은 분명하다. 사울은 그의 흔들리는 믿음으로 말미암아 길보아 전투에서 블레셋에 패배해 세 아들과 함께 비참한 죽음을 맞음으로 인생을 마감한다. 반면 다윗은 일생 동안 이스라엘의 왕으로서 권좌를 지켰을 뿐만 아니라 가문의 적통을 계승하는 고대 왕권국가를 완성시켰고 이스라엘을 가장 강력한 국가로 발돋움 시킨 이스라엘의 칭송받는 왕이요 존경받는 믿음의 상징으로 그의 생을 마감한다. 하나님을 바르게 믿는 믿음에 관한 한 우리는 다윗으로부터 배워야 한다. 그것은 의심의 여지가 없는 일이다.

그러나 본고에서 조심스럽게 접근하고자 하는 것은 그 단순한 교훈 너머에 있는 인간 삶의 심리적 실재에 대한 것이다. 사울과 다윗, 두 인물에게서 우리는 공히 중독의 슬픈 자화상을 발견할 수 있다. 사울에게서는 권력을 오용하고 남용하는 권력중독자의 자화상을, 다윗에게서는 성중독자의 자화상을 발견하게 된다. 이 둘의 사례를 통해 우리는 중독은 누구에게나 있으며, 가능하고 또 발현될 수 있는, 인간 내면에 보편적으로 존재하는 마음의 병이라는 점을 확인하게 된다.

우리가 특히 이 두 사람을 흥미롭게 관찰하게 되는 것은 이 두 사람이 공히 "하나님의 기름 부으심"을 받은 택함 받은 지도자였다는 사실에 있다. 두 사람 다 하나님의 택함을 받은 지도자였으며 믿음의 사람들 이었다. 그러나 두 사람의 인생의 결과는 하늘과 땅만큼이나 달랐다. 왜, 무엇이 이들에게 이런 극명한 차이를 가져다 준 것일까? 이 질문에 답하는 과정에서 우리는 인간의 마음과 영의 상태는 서로 다른 것이면서 서로 영향을 주고받는 인간 내면의 존재양식이라는 점을 분명히 알게 될 것이다. 두 사람의 운명을 갈랐던 결정적 차이는 마음심리의 상태에 따른 차이였다고 말할 수 있다. 믿음에 관한 한 사울의 믿음은 파탄된 믿음이었지만 다윗의 믿음은 본받을 만한 참으로 견실한 믿음이었다. 다윗은 하나님을 향한 그의 믿음을 끝까지 신실하게 지켰다. 그러나 두 사람의 인생은 공히 고통스러운 아픔과 상처로 얼룩진 인생이었다. 권력중독자의 내면을 가진 사울의 인생과 성중독자의 내면을 가진 다윗의 인생은 왕이라는 화려함의 이면에 감추어진 고통스럽고 처절하며 비참하기 이를 데 없는 인간 삶의 어두움을 극명하게 드러내준다.

사울의 마음상태를 특징짓는 것은 시기와 질투, 초조심, 불안과 우울, 충동적 태도, 감정의 급격한 변화, 적개심과 폭력성 등을 들 수 있다. 이와 연관된 그의 믿음 역시 흔들리는 믿음이요 갈피를 잡을 수 없는 믿음이었다. 그의 내면 상태와 그에 이끌려 표출된 그의 행동양상 등을 종합적으로 보았을 때 그가 마음의 병정신장애을 앓고 있는 사람거의 환자 수준인, 권력중독의 증상을 보였던 사람이라고 판단할 수 있다. 거기다가 그는 악령의 영향을 받고도 있었다.

사울은 사무엘을 통해 기름부음을 받은 후 성령 충만을 경험한다.

"하나님의 영이 크게 임하므로 사울이 예언을 하는 일이 벌어지기도 하는데 이로부터 "사울도 선지자들 중에 있느냐"삼상 10:10, 11는 이스라엘의 속담이 생기기도 하였다. 하나님의 명을 받은 사무엘이 사울을 찾아가 그에게 기름을 부어줌으로써 하나님께서 그를 이스라엘의 초대 왕으로 택하셨음을 온 천하에 공표한다. 사무엘은 이스라엘 백성들을 미스바로 모이게 하고 그 곳에서 제비를 뽑아 사울이 하나님의 택한 지도자임을 증거한다. 그가 하나님께서 택하신 왕으로 제비 뽑혀그것은 이스라엘 열두 지파 12,000명 중에서 뽑힌 것이다. 삼상 10:19 그의 이름이 불릴 때 사울은 감히 앞으로 나서지 못하고 "짐 보따리 사이에 숨어" 있었다. 그가 불려왔을 때 그의 키가 다른 사람보다 어깨 위만큼 컸다고 성경은 기록한다. 그의 외모는 사람들의 눈에 뜨일 만큼 준수했던 것이다. "기스에게 아들이 있으니 그의 이름은 사울이요 준수한 소년이라. 이스라엘 자손 중에 그보다 더 준수한 자가 없었고 키는 모든 백성보다 어깨 위만큼 더 컸더라."삼상 9:2 그런 그가 앞으로 나서지 못하고 짐 보따리 사이에 숨어 있는 것이나, 사무엘이 사울의 집안을 높여주었을 때 "나의 가족은 베냐민 지파 모든 가족 중에 가장 미약하나이다"삼상 9:21고 말했던 장면 등에서 그의 자기를 낮추는 겸손을 보게 된다. 그러나 사울이 훗날 다윗을 시기하여 그를 죽이려는, 비합리적인 광분된 행동을 표출하였을 때의 모습을 상기해 본다면 그것은 아마도 겸손이라기보다는 열등감의 표출이었다고 판단하게 된다. 열등감은 통상 겸손의 가면을 쓰고 나타나는 법이다.

사무엘에 의해 미스바에서 왕으로 추대된 사울은 암몬과의 최초의 전쟁을 승리로 이끌고 길갈에서 명실상부한 왕으로 등극한다. 그 때 그의 나이 사십 세였고 삼천 명의 상비군을 거느리는 절대적 통치자가 되어 바야흐로 이스라엘에 절대 왕정이 시작되기에 이른다.삼상 13:1-2

그가 왕으로 등극하기까지는 모든 것이 순조로워 아무런 문제가 없는 듯했다. 그러나 오래지 않아 사울은 하나님으로부터 버림받기에 이른다. 그는 두 번에 걸쳐 하나님의 뜻을 온전히 이행치 않음으로써, 곧 순종하지 않음으로써 하나님으로부터 버림받게 된다. 첫 번째는 블레셋 대군이 이스라엘에 처들어왔을 때 제사장 사무엘이 드려야할 번제와 화목제를 자기가 손수 드리는 "망령된 행동"^{삼상 13:13}을 하였을 때와 아말렉과의 전쟁에서 사람과 동물 등 모든 것을 진멸하라는 하나님의 명령을 지키지 않고 적장인 아간을 살려두고 소, 양 등의 전리품 중 값이 나가는 것들을 진멸하지 않고 취했을 때였다. 이 두 번의 불순종으로 말미암아 사울은 하나님의 눈에 완전히 나게 되어 버림받게 되는 것이다. 이 때 선지자 사무엘은 사울에게 이렇게 말한다.

"순종이 제사 보다 낫고 듣는 것이 숫양의 기름보다 낫다"^{삼상 15:22}

이 대목을 공부할 때 대부분의 중독자들은 비슷한 반응을 보인다. 하나님께서 너무 하시다는 것이다. 그 정도의 일 가지고 사울을 버리실 필요까지는 없지 않느냐는 것이다. 그 일들이 뭐가 그리 큰 일 이기에 그렇게까지 가혹한 대가를 치르게 하시냐는 것이다. 그들은 사울의 심리에 쉽게 동화되고 반응한다. 그리고 하나님 편이 아니라 사울 편에 선다. 사울을 연민하고 하나님을 비판한다. 사울이 불순종한 것은 맞지만 그렇게까지 심한 대가를 치르게 할 것까지는 없었다고 말한다. 하나님께서 그를 버리셨기 때문에 이후의 사울의 일생이 더 꼬이게 되었다는 것이다. 그들에게는 사울이 문제가 아니라 하나님이 문제인 것이다!

사울도 이 두 사건에 대해서 비슷하게 반응한다. 첫 번째 사건에 대해서는 "백성은 내게서 흩어지고 당신^{사무엘}은 정한 날 안에 오지 않았으며 블레셋 대군이 이미 전투에 나선고로 부득이 번제를 드렸다"^{삼상 13:11~12}고 변명한다. 두 번째 사건에 대해서도 "백성들이 마땅히 멸해야 했을 전리품 중 가장 좋은 것을 취한 것은 당신의 하나님 여호와께 제사하려고 양과 소를 끌고 온 것"삼상 15:21이라고 변명한다.

자기 자신이 문제인 것이 아니라 늦게 온 사무엘 당신이 문제인 것이며, 내 말을 듣지 않은 백성들이 문제라는 것이다. 나아가서는 그런 지시를 내린 하나님도 문제라는 인식인 것이다.

이 두 사건의 와중에서 하나님은 사무엘에게 당신께서 사울을 왕으로 세운 것을 후회한다고 말씀하신다. 그날 밤 사무엘은 근심으로 온 밤을 여호와께 부르짖는다.삼상 15:11 그 고뇌의 밤을 지나고 다음 날 사무엘이 사울을 찾아갔을 때 사울은 아말렉과의 전쟁 승리를 기념하여 갈멜산에 "자기를 위하여 기념비를 세우고" 있었다.삼상 15:12

자, 과연 누가, 무엇이 문제인가? 이 질문에 답하기 위해 반드시 전제되어야 하는 것은 하나님은 누구신가에 대한 우리들의 이해이다. 하나님은 전지전능 하시며 절대적으로 옳으신 분이다. 이에 반해 우리 인간들은 불완전하다. 그리고 자기중심성이라는 죄성을 가지고 있다, 인간 존재의 불완전성과 연약성은 필연적으로 인간이 지닌 믿음의 불완전성과 연약함을 수반한다. 인간은 유한한 존재이기 때문에 무한한 존재로서의 하나님을 완전히 이해할 수 없다. 이해하기 때문에 순종하는 것이 아니라 순종하므로 하나님의 뜻을 이해해 간다. 그것이 하나님을 믿는 믿음이요 신앙이다.

사울에게서 나타난 문제들은 이런 것이다. 첫째는 사울의 내면이 블레셋의 강한 군대와 마주치면서 불안과 초조, 두려움으로 가득 차 있었다는 점이다. 둘째는 하나님께서 지워준 경계boundary − 왕과 제사장 직분 사이의 − 를 지키지 않았다는 것이다. 셋째 하나님의 명령을 임의적으로 해석하고 추론하여 적용하였다는 점이다. 넷째 자기의 잘못을 인정하는 대신 변명하고 합리화 하였다는 점이다. 다섯째 하나님께 영광을 돌리기보다 승전 기념비를 세우는 등 자기의 명예를 챙기기에 급급했다는 점이다.

이를 통해 우리는 하나님이 문제가 아니라 사울이 문제인 것이며 특히 그의 내면세계, 불안과 두려움, 교만과 욕심으로 가득 찬 그의 내면이 문제의 본질이라는 것을 알 수 있다. 그의 흔들리는 믿음은 그의 불안정하고 욕심으로 가득 찬 내면세계에 의해 영향을 받고 있었던 것이다. 그리고 그것이 하나님께로부터 버림받게 되는 근본 원인을 제공하게 되는 것이다. 사울의 믿음이 강했다면 그 믿음으로 그는 자기 내면에 일렁이는 불안을 잠재울 수 있었을 것이다. 그러나 역으로 사울은 내면에 일렁이는 불안과 두려움의 영향으로 믿음이 흔들리게 되었다. 이렇듯 심리 상태와 영적 상태는 서로 영향을 미친다.

하나님과의 관계가 멀어지면서 사울의 내면세계는 급격히 붕괴된다. 그리고 그에게서 권력중독Power abuse의 증상이 두드러지게 나타난다. 오용과 남용은 중독의 두드러진 특징이다. 약물사용의 오용과 남용을 방지하기 위한 잘 알려진 홍보문 그대로 "약 모르고 오용말고, 약 좋다고 남용말자" 그대로이다. 약물중독자는 약물을 오남용 하고, 알코올, 도박, 성 중독자는 알코올과 도박과 성을 오용하고 남용하는 것이다. 사울은 그에게 부여된 권력을 오용하고 남용한다. 그런 의미에서 역사상 모든 독재자들은 권력을 오남용한 권력중독자라 할 수 있다.

사실 모든 중독의 뿌리가 되는 근원은 권력중독과 관계중독이다. 다른 모든 중독은 이 중독의 파생물이라고 볼 수 있다. 모든 인간은 힘을 추구한다. 그리고 그것에 중독되어 간다. 권력이 힘이고 돈이 힘이다. 그래서 사람들은 그것들을 기를 쓰고 추구한다. 그리고 그것을 획득한 후에는 그 힘을 오용하고 남용한다. 왜 그럴까? 그것은 근본적으로 힘을 올바로 사용할 능력과 자질이 인간에게는 불완전하고 충분하지 않기 때문이다. 인간에게는 처음부터 선과 악을 알고 그것을 이룰 수 있는 능력이 완전하게 주어지지 않았다. 그리고 그것이 선과 악을 알게 하는 나무 열매를 따먹지 말라 명하셨던 이유였다.

인간 세상의 가장 큰 재앙은 '나는 선이며 너는 악이다'라는 이분법에서 시작한다. 인간 세상에서 일어나는 모든 분란의 배후에는 바로 이 선악을 따지려는 마음, 옳고 그름을 따지려는 시비의 마음이 있다. 그러나 정답은 무엇인가? 대부분의 경우 '너와 나는 틀렸다, 하나님께서 옳으시다'이다. 그렇다. 우리는 틀렸고 하나님은 옳으시다.

사울은 그에게 주어진 신성한 권력, 전적으로 하나님으로부터 부여된 권력을 오용하고 남용하였다. 왕의 위세를 등에 업고 단창을 들어 다윗과 요나단을 겨냥해 집어던지는 등 충동적이고 폭력적인 행동을 보이기도 하고,삼상 19:10, 20:33 신하들에게 다윗을 죽이라고 명령하기도 한다.삼상 19:1 다윗을 도와 준 아히멜렉을 비롯한 놉의 제사장 칠십 명을 살해하는 만행을 자행하기도 하며,삼상 22장 국가를 수호하기 위해 모병된 군사들을 이용해 아무런 죄도 없는 다윗을 잡아 죽이는 데 그의 반평생을 쏟아 붓는다. 사울의 집요한 추격을 견디다 못한 다윗은 마침내 적진인 블레셋으로 투항하기까지 한다.

논지를 정리해 보자면 이렇다. 사울은 괜찮은 가문의베냐민 지파 용모가 준수한 잘 생긴 청년이었다. 그가 하나님의 택하심을 받아 기름부음을 받고 이스라엘의 초대 왕으로 등극하였다. 그에게는 하나님을 믿는 믿음과 신앙이 있었다. 그러나 그의 내면에는 열등감과 불안, 교만이 자리 잡고 있었다. 그것들은 그의 내면에 뱀처럼 똬리를 틀고 있다가 적당한 때가 되어 겉으로 드러나게 된다. 강력한 블레셋 대군을 만나게 되었을 때 그는 불안과 초조, 두려움에 휩싸여 왕과 제사장의 경계를 허물고 제사장이 해야 할 번제와 화목제를 드리는 죄를 범한다. 다른 한편 그가 아말렉과의 전쟁에서 승리한 직후에는 승리감에 도취되어 자기를 위한 전승 기념비를 세우기에 급급하고 하나님의 명령을 가벼이 여겨 순종하지 않는다. 뿐만 아니라 자기의 죄가 드러났을 때 자복하고 회개하는 것이 아니라 변명하고 합리화하기에 급급하다. 변명과 합리화, 남 탓하는 것은 아담과 하와의 범죄 이후 원죄를 가진 인간의 본성적 특징이 되었고 중독적 자아의 전형이 되었다.

하나님과의 관계가 멀어질수록 그의 내면에 있는 부정적 요소들은 더욱 기승을 부린다. 그의 열등감에 사로잡힌 자아는 다윗에 대한 시기로 이어진다. "사울이 죽인 자는 천천이요 다윗이 죽인 자는 만만이로다"삼상 18:7는 백성들의 노래를 듣고 사울의 내면은 다윗에 대한 시기심으로 불붙고 왕좌를 빼앗길 것 같은 불안과 두려움에 휩싸이게 된다. 다윗은 적장 골리앗을 물리침으로써 왕실과 국가의 존망을 지켰고 또 음악치료사로서 수금을 타서 사울에게 임한 악령들을 치료해 준 - "하나님께서 부리시는 악령이 사울에게 이를 때에 다윗이 수금을 들고 와서 손을 탄즉 사울이 상쾌하여 낫고 악령이 그에게서 떠나더라."삼상 16:23 - 참으로 믿음직하고 충직한 신하였음에도 불구하고.

시기와 질투, 불안으로 사울의 눈과 귀가 먼다. 그러한 그의 내면은 그의 불안정성과 충동성을 강화하고 그에게 주어진 신성한 권력을 오용하고 남용함으로써 생의 귀중한 시간들을 허비하게 만들고 비참한 생의 최후를 예비하게 만든다.

그렇다면 사울의 내면을 특징짓는 열등감과 불안, 시기심과 충동성, 권력의 남용과 오용은 어디에서, 무엇으로부터 비롯된 것일까? 우리는 그 단초를 사무엘상 28:14절의 말씀에서 찾아볼 수 있다.

"사울이 그에게 이르되 그의 모양이 어떠하냐 하니 그가 이르되 한 노인이 올라오는데 그가 겉옷을 입었나이다 하더라. 사울이 그가 사무엘인 줄 알고 그의 얼굴을 땅에 대고 절하니라"삼상 28:14

블레셋과의 전쟁이 다시 발발하고 길보아 전투가 전개된다. 사울에게는 이것이 마지막 전투가 되는데 사울은 이 전투에서 패배하여 세 아들과 함께 비참한 최후를 맞는다. 블레셋과의 전쟁은 사울을 불안에 떨게 하는 일이었다. "사울이 블레셋 사람들의 군대를 보고 두려워서 그의 마음이 크게 떨린지라."삼상 28:5 그러나 사울이 언제나 블레셋과의 전쟁을 두려워했던 것은 아니다. 그러나 길보아 전투를 앞두고 사울은 큰 두려움을 느낀다. 그것은 아마도 자신의 마지막을 예견하고 있었던 것에서 기인한 것일지도 모른다. 이 전쟁이 벌어질 때의 상황을 성경이 어떻게 기록하고 있는 지 주목할 필요가 있다.

"사무엘이 죽었으므로"삼상 28:3

이것이 길보아 전투를 앞둔 정황이었다. 사실 사무엘의 죽음은 이미 25장에 기술되어 있다. 사무엘은 다윗이 엔게디 광야에서 도피생활을 하고 있을 즈음에 죽었고 이스라엘 백성들이 라마에서 그를 장사지냈다. 그리고 다윗은 엔게디 광야에서 바란 광야로 도피처를 옮긴다.삼상 25:1 그런데 28장 블레셋과의 길보아 전투 – 사울의 최후의 전쟁 –를 기술할 즈음 다시 사무엘의 죽음 소식이 그려진다.

사무엘이 죽었을 때 사울은 사무엘의 고향 라마에서 신접한 자와 박수무당들을 내어 쫓았다고 기록한다.삼상 28:3 사울의 마음속에는 죽은 사무엘이 아직 그리움으로 남아 있어 사무엘의 유지를 받들어 그의 고향 라마에서 우상을 섬기는 박수무당들을 축출하였고 그들의 행위를 금하였던 것이다.

그랬던 사울이 블레셋과의 전쟁이 발발하여 두려움이 크게 일자 변장을 하고 자신이 축출하여 활동을 금지시켰던 신접한 여인에게 나아가 사무엘을 불러올릴 것을 청한다. 그것은 무당을 통해 죽은 자를 불러 오는 초혼 굿 같은 것이었을 것이다 마침내 신접한 여인이 사무엘을 불러올리자 사울은 그의 얼굴을 땅에 대고 절을 한다. 그리고 자기 처지의 다급함을 호소한다. 적들은 강하고 하나님은 응답하지 않으신다고. 그래서 사무엘 당신을 불러 올렸다고.삼상 사울은 부성父性결핍자였다. 사울은 사무엘을 아버지처럼 따르고 마음에 품었던 것이다. 사울의 성장과정을 우리는 자세히 알지 못한다. 다만 현대 심리학이나 대상관계이론, 애착이론 등의 도움을 받아 밖으로 드러난 그의 삶의 모습과 결과를 근거로 그 행동의 근원을 추측해 보는 것이다. 사울은 육신의 아버지 기스와 친밀한 관계를 맺지 못하며 성장했을 가능성이 있다. 어쩌면 소원하고 두려운 관계였을 수도 있다. 사울이 잘 생긴 외모에도 불구하고 열등감을 가지고 있었던 것을 보면 그의 아버지는 사울을 다른 형들이나 이웃의 누군가와 비교하며 키웠을 수도 있다. 아버지로부터 충분한 지지와 인정, 칭찬, 사랑을 받지 못하고 자라날 때, 나아가 다른 사람과 비교당하며 자라게 될 때 그 아이의 내면은 열등감으로 가득 차게 되고, 아버지의 빈 구멍이 생겨나게 된다. 그것을 부성결핍이라 부른다. 내면에 이런 결핍을 가지고 자라난 아이는 그 결핍을 메우기 위한 노력을 하게 되는데 그 중의 하나는 다른 의미 있는 타인을 아버지로 여기고 그를 애착대상으로 삼아 내면의 결핍을 스스로 메우려 한다는 것이다.

아마도 사울에게는 사무엘이 그 애착대상이 되었을 것이다. 그러나 사울이 사무엘에게 기름부음을 받고 이스라엘의 왕으로 등극한지 얼마 되지 않아 사울은 앞서 살펴본 대로 내면의 불안과 두려움, 자기를 높이려는 욕심, 하나님 말씀을 대하는 임의적 태도와 결정 등으로 하나님과 사무엘에게 버림을 받아 고립된다. 아들인 요나단이 시기의 대상인 다윗과 연합하고, 또 마음에 아버지처럼 따랐던 사무엘도 다윗의 편으로 돌아서면서 그의 고립감은 극에 달한다. "다윗이 도피하여 라마로 가서 사무엘에게로 나아가서 사울이 자기에게 행한 일을 다 전하였고 다윗과 사무엘이 나욧으로 가서 살았더라."삼상 19:18

사람이 떠난다는 것은 모든 것이 떠나는 것이다. 그의 결핍감과 고립감이 더욱 커져만 갈 때 사울은 자기에게 남아 있는 권력을 휘두르기 시작한다. 사울에게 다윗은 사라져야 할, 자기가 가진 가장 소중한 것, 아들 요나단과 마음의 아버지인 사무엘마저 빼앗아 간, 정녕 사라져야 할 원수가 되어 버린 것이다.

부성결핍을 갖고 있는 사람은 그 결핍을 메우고 보상받기 위해 힘을 추구하는 경향이 있다. '힘'은 아버지의 상징이다. 그러므로 부성결핍자들은 아버지의 상징인 '힘'을 추구하고 획득하려는 경향이 있다. 그리고 이것을 사용할 때 결핍이 보상받는 것을 느낀다. 그것은 말로 설명할 수 없는 쾌감이요 보상이 된다. 알코올중독자가 술을 마신 후 과대자기가 되어 자기 자신이 마치 대단한 존재인 것처럼 행동하는 것이나 도박중독자가 돈을 따서 아버지를 눌러버리려고 하는 마음 등도 다 이와 연관이 있다

그러나 부성결핍자들의 마음 깊은 곳에 남아 있는 강렬한 열망은 아버지의 사랑, 인정, 지지를 받는 것이다. 그것을 받기 전까지는 아버지를 떠나보낼 수 없다. 마음이 허락지 않는다. 사무엘은 죽었지만 아직 사울의 마음속에서는 죽지 않았다. 그리고 위기의 순간에, 그의 생이 끝날지도 모르는 절박한 전투의 순간에 사울은 영매를 통하여 사무엘의 혼을 불러올리고 있는 것이다. 그리고 사무엘의 혼령이 나타났을 때 사울은 그 앞에 꿇어 엎드려 얼굴을 땅에 대고 절을 하였던 것이다. 아아, 그것은 생명을 향한, 사랑을 향한, 따뜻한 돌봄을 향한 상처 입은 영혼의 가장 슬픈 사부곡 이었을지도 모른다.

사울은 내면 깊은 곳에서 진실을 알고 있었다. 그러나 불안과 시기, 권력에 중독된 마음은 그가 진리 편에 서는 것을 허락하지 않았다. 영혼이 맑아졌을 때, 깨어 제 정신이 돌아왔을 때 사울은 진실을 말하고 참되게 행동했다. 그것은 다윗이 두 번에 걸쳐 사울을 살려주었을 때 일어났다. 한 번은 엔게디 동굴에서였고, 또 한 번은 십 광야 하길라 산에서였다. 다윗은 잠자던 사

울을 해칠 수 있었지만 그렇게 하지 않았다. 그는 사울의 겉 옷자락을 베어 취하거나 사울 소유의 창과 물병만을 취한 후 사울을 살려 보냈다. 그리고 돌아서는 사울에게 다윗은 자신의 결백을 호소하고는 했다. 그 때마다 사울은 이렇게 말했다.

"사울이 이르되 내 아들 다윗아, 이것이 네 목소리냐 하고 소리를 높여 울며 다윗에게 이르되 나는 너를 학대하되 너는 나를 선대하니 너는 나보다 의롭도다."삼상 24:16

"사울이 이르되 내가 범죄 하였도다. 내 아들 다윗아 돌아오라. 네가 오늘 내 생명을 귀하게 여겼은즉 내가 다시는 너를 해하려 하지 아니하리라. 내가 어리석은 일을 하였으니 대단히 잘못 되었도다 하는지라.삼상 26:21

"사울이 다윗에게 이르되 내 아들 다윗아, 네게 복이 있을지로다. 네가 큰일을 행하겠고 반드시 승리를 얻으리라"삼상 26:25

하길라 산에서의 만남이 사울과 다윗이 살아서 만난 마지막 만남이 되었다. 사울은 진리를 알았지만 진리대로 살지 못했다. 진리란 무엇인가? '내가 틀렸다. 내가 잘못했다. 내가 범죄하였다. 내가 문제였다.'는 것이다. 사울이 자기 자신에 대한 깊은 성찰과 마음 깊은 곳에서 우러나온 회개의 마음을 가지고 지속적으로 살 수 있었다면 그는 다윗을 아들 삼고 사무엘을 아버지 삼아 아름다운 인생을 살 수 있었을 것이다. 그러나 그의 내면의 취약성vulnerability은 그를 그릇된 길로 인도하였고 끝내 거기서 그는 헤어 나오지 못했다. 사울에게서 우리는 부성결핍의 취약한 내면을 가진 권력중독자의 슬픈 자화상을 발견하게 되는 것이다.

7. 슬픈 중독의 자화상 II .. 다윗

사울이 부성결핍에 의한 권력중독자의 모습을 보여주었다면 다윗은 모성결핍자로서의 성중독자의 자화상을 보여준다. 의인은 없나니 하나도 없는 것이다. 사울과 비교해 보았을 때 다윗의 탁월성은 두드러진다. 그러나 그것은 어디까지나 사무엘하의 전반부까지였다. 사울이 죽은 후 다윗은 유다지파의 왕으로 추대되고 이후 사울 가문과의 전쟁에서 승리함으로써 명실상부한 통일 이스라엘의 왕으로 등극한다. 그에게서 우리는 따라야 할 수많은 모범을 발견한다. 그러나 따르지 않아야 할 교훈도 아울러 발견한다. 다윗이 왕이 된 후에 그에게서도 역시 권력의 오용과 남용의 문제를 발견한다. 그 대표적인 사례가 밧세바와의 간음과 이로 인한 임신, 그리고 이 사실을 호도하거나 엄폐하려 했던 다윗의 책략, 그리고 그 책략이 통하지 않자 끝내 밧세바의 남편이요 충직한 부하 장수였던 우리아그는 목숨을 걸고 다윗을 따르며 지킨 이른바 삼십칠 용사 중 한 명이었다. 삼하 23:39를 술수를 써서 죽음에 이르게 하는 살인교사의 범죄행위에서 분명히 나타난다.

다윗은 정치력이 뛰어났고 백성의 마음을 읽을 줄 아는 뛰어난 정치가요 성군이었다. 그는 죽을 때까지, 그리고 죽음 이후 현대에 이르기까지 수많은 사람으로부터 칭송을 받아왔고 그의 신앙은 흠모의 대상이었다. 하나님께서 다윗을 "내 마음에 합한 자"행 13:22라고 여기셨음은 다윗이 남긴 수많은 시편들, 그가 위기의 순간이나 일상에서 보여주었던 신앙행위나 결단 등 가히 타의 추종을 불허할 만한 것이었음을 그의 삶을 통해 확인할 수 있다. 사무엘하 7-8장을 보라. 거기에 기록된 이스라엘의 태평성대의 모습을 보

라. 이스라엘 왕국의 기초를 공고히 세운 다윗의 뛰어난 업적과 그의 굳건한 신앙, 그리고 치세를 보라. 참으로 탁월한 성군의 모습이 아닌가!

그러나 본고에서 주목하고자 하는 것은 그의 삶 가운데에서 일어난 끔찍한 가정 내 비극과 그것을 가져온 근본 원인, 곧 다윗의 내면의 취약성에 대한 것이다. 다윗의 내적 취약성이 그의 삶에 가져다준 문제의 증상은 '여성편력'이었다. 성경에 나타난 이스라엘 지도자들의 여성편력 문제는 그리 많이 드러나지 않는다. 다윗과 그의 아들인 솔로몬^{정치적 통혼정책으로 수많은 여인}을 거느린, "후궁이 칠백 명이요 첩이 삼백 명이라", 왕상 11:3에게서, 그리고 사사 기드온^{아내가 많으므로 아들이 칠십 명이 되었고, 세겜에 첩이 있었으며, 삿 8:30-31}과 삼손^{딤나의 여인, 가사의 창녀 데릴라} 등에게서 볼 수 있다. 신약에서는 6명의 남편을 가진 사마리아 여인이나 간음하다 현장에서 잡힌 여인들에게서 비슷한 문제를 발견할 수 있다.

다윗의 여성편력은 그가 사울의 압제를 피해 도망자 생활을 할 때부터 드러나기 시작한다. 그는 도망자 신세였음에도 이미 광야에서 아비가일과 아히노암을 아내로 맞이한다. 이로써 그는 첫 번째 아내였던 사울의 둘째 딸 미갈을 포함해 세 명의 아내를 두게 된다. 그가 유다의 왕으로 추대될 즈음에는 미갈을 포함해 7명의 아내로 늘어난다.^{삼하 3:2-5} 그리고 그가 통일 이스라엘의 왕으로 추대되어 예루살렘에 정착하면서 처첩들을 더 두게 되고,^{삼하 5:13-16} 또 그가 늙어 기진하였을 때도 젊은 처녀 수넴 여인 아비삭을 가까이 하였다^{왕상 1:4}고 성경은 기록한다. 고대 노예제 사회에서, 그리고 중동이라는 지리적 상황에서 일부다처제는 일반적인 생활양식이었고, 또 고대 군주들이 처첩을 두는 것은 그리 이상할 것이 없는 일이라 할 수 있다. 그리고 그것들이 그 당시에는 범죄행위도 아니었다.

그러나 밧세바와의 간음사건^{삼하 11장}은 차원을 달리한다. 어떤 사람이 무엇에 중독되어 있는가를 보려면 그가 심심할 때, 한가할 때, 혼자 있을 때 무엇을 하는가를 보면 안다. 그럴 때 알코올중독자는 술을 마시고, 도박중독자는 도박을 하며 성중독자는 성적 행위를 한다. 밧세바와의 간음사건과 그의 남편 우리아 살해사건을 다윗의 생애에 있었던 1회적 사건이요 우발적 범죄로 볼 수도 있다. 실제로 이 사건 이후 다윗이 범죄 차원에서 여자와의 성적 문제를 일으킨 사실을 성경에서 찾을 수는 없다. 그러나 다윗에게서 성중독의 문제를 조심스럽게 제기 하는 이유는 그 사건 이후 그의 가정에서 일어난 일련의 사건들과 아버지로서 다윗이 취한 행동이나 태도가 모성결핍에 의해 형성된 성중독자의 심리적 특성을 그대로 반영하고 있다고 보여지기 때문이다. 이와 비슷한 현대적 실례는 비일비재하다. 미국 대통령 빌 클린턴과 인턴 직원이었던 모니카 르윈스키 사이에서 일어난 스캔들이나 국내외 교계 지도자들에게서 심심치 않게 터져 나오는 성적 스캔들 등이 그 예가 될 것이다.

중독 문제의 주요 특징 중의 하나는 외적으로는 성공적이거나 그럴듯한 삶을 살아온 사람도 내적인 가정생활은 엉망인 경우가 많다는 것이다. 다윗의 경우가 그랬다. 하나님께서 다윗을 "목장, 곧 양을 따르는 데에서 데려다가 이스라엘의 주권자로 삼으시고", "내가 너와 함께 있어 네 모든 원수를 네 앞에서 멸하여 주시며 네 이름을 위대하게 하여 주시고"삼하 7:8-9 "다윗이 어디로 가든지 이기게"삼하 7:6,14 해 주셨다. 하나님의 은혜에 힘 입어 다윗은 왕으로 세움 받고 모든 외부의 적들을 평정하여 이스라엘에 평화를 가져다주었을 뿐 아니라 "온 이스라엘을 다스리되 모든 백성에게 정의와 공의를 행한"삼하 8:15 참으로 영명한 군주였다. 그는 외치와 내치에서 성군으로 불려 마땅한 혁혁한 전과와 찬란한 업적을 쌓았던 것이다.

그러나 그의 가정생활은 그와 달리 형편없었고 엉망이었다. 문제는 그의 자녀들 사이에서, 그리고 그와 자녀들 사이에서 일어났다. 동서고금의 수많은 역사적 사실들로부터 우리는 왕권을 둘러싼 소위 "왕자의 난"이라는 피비린내 나는 골육상쟁의 역사가 있었음을 알고 있다. 성군 다윗에게도 그와 같은 일이 일어났다. 아들이 아들을 죽이고, 아들이 아버지에게 모반을 한 참으로 고통스런 가족 애사가 있었던 것이다. 그 고통은 전적으로 모성결핍에 따른 다윗 자신의 성중독적 성향으로부터 비롯된 것이라 볼 수 있다. 현대의 많은 육체적 질병, 이를테면 심장질환이라거나 뇌졸중이라거나 하는 것들이 모두 가족력을 가지고 있는 것처럼 마음의 병, 중독도 유전되는 경향이 있다. 그것을 심리학자 보웬은 "다세대 전수"라 불렀는데 그것은 의식적, 무의식적으로 학습되고 모방되며 유전되는 것이다.

다윗의 여성편력, 곧 이성에 대한 애착증상과 성적 범죄는 그대로 그의 큰 아들인 암논에게로 전수되었다. 더 길게는 그의 왕권을 이은 솔로몬에게서 더 크게 나타난다. 솔로몬은 그러한 성향을 국가정책 차원으로 확장해서 이방나라와의 통혼정책을 외교의 기본으로 삼기에 이르고 결국 국가적 차원에서 영적 혼합주의가 횡행케 되는 계기를 제공한다.

사무엘하 11장부터는 다윗 가문에 임한 끔찍한 재앙이 기술되고 있다. "이제 청하건대 종의 집에 복을 주사 주 앞에 영원히 있게 하옵소서. 주 여호와께서 말씀하셨사오니 주의 종의 집이 영원히 복을 받게 하옵소서."^{삼하} 7:29라고 기도했던 다윗의 감격의 기도가 있은 지 오래지 않아 11장에서 다윗은 밧세바와 간음하게 되고 이를 은폐하기 위해 그녀의 남편인 우리아 장군의 살해를 교사하는 끔찍한 범죄와 만행을 저지른다. 그는 선지자 나단의 훈계를 받아들여 깊이 회개함으로써 사태를 수습해 가지만 곧 이어 13장에서 하나님의 축복 받은 가문에 어울리지 않는 자녀들 사이의 비극적 사건, 아히노암의 아들인 왕자 암논이 그의 이복 여동생, 마아가의 딸인 공주 다말을 강제로 성추행 하고 강간하는 사건이 일어난다.

아버지 다윗이 밧세바와 부적절한 성관계를 맺었던 것처럼 큰 아들인 암논도 이복 여동생인 공주 다말과 부적절한 성관계를 맺는다. 부친의 죄와 성향이 아들에게 세대 전수 되고 있는 것이다. 공주 다말이 "내 오라버니여, 나를 욕되게 하지 말아주세요. 이런 일은 이스라엘에서 마땅히 행하지 못할 것이니 이 어리석은 일을 행하지 말아 주세요. 내가 이 수치를 지니고 어디로 가겠습니까. 차라리 아버님께 아뢰어 결혼을 허락받음이 좋지 않겠습니까?"삼하 12:12-13 라고 간절히 호소하지만 암논은 "그녀의 말을 듣지 않고 그녀보다 힘이 세므로 억지로 그녀와 동침"삼하 12:14 한다.

다윗은 그 이야기를 듣고 크게 화를 낸다. 그러나 아무 조처도 취하지 않는다. 그것은 개인적 차원이든, 가족 차원이든, 율법 차원이든, 사회정의와 국가 공평의 차원이든 그 범죄 행위에 상응하는 조처가 반드시 취해져야 했다. 그러나 오늘날에도 가족 내 성적 범죄는 대부분이 은폐된다 사무엘하 8장 15절 "다윗이 온 이스라엘을 다스려 다윗이 모든 백성에게 정의와 공의를 행할 새"와 비교해 보면 그는 가정사를 정의와 공평의 잣대로 올바로 처리하지 못하고 있는 것을 알 수 있다. 적어도 왕실 내부에서는 응분의 징계 조치가 내려져야만 했고 암논은 지은 죄에 대한 대가를 치러야 했다. 그러나 다윗은 침묵하였고, 다말과 그녀의 오빠인 압살롬도 침묵하였다. 압살롬의 마음에는 암논에 대한 미움이 가득하였지만 그는 이것에 대해 말하지 않았다. 누이 동생 다말에게도 침묵을 강요했다. 삼하 13:20, 22 역기능 가정의 주요 특징 중의 하나는 감정표현이 서툴고 억압되는 것이다. '느끼지 마라. 표현하지 마라'는 역기능 가정의 대표적인 가족규칙이다. 억압된 감정은 분노가 되고 원망이 되어 그 사람의 속에서 커져 간다. 그것은 세월이 흐를수록 작아지거나 씻어지지 않는다. 오히려 시간이 지날수록 더 커지고 깊어간다.

자식의 범죄 행위에 대한 다윗의 침묵은 마침내 2년 후 다말의 오빠인 압살롬 왕자에 의해 큰 아들 암논이 살해되는 비극으로 이어진다. 만 이년이 지난 후, 그 상처가 다 아물었을 것이라고 생각할 즈음에 압살롬은 복수의 칼날을 들이댄다. 그의 복수의 칼날은 아버지인 다윗과 이복 형 암논을 향해 겨눠진다. 다윗은 압살롬의 초청에 응하지 않음으로 화를 면하지만 큰 아들 암논은 바알하솔에서 있은 양털 축제에 초대되어 갔다가 술에 취한 상태에서 압살롬의 부하들에게 살해당한다. 그리고 압살롬은 외가 집인 그술 왕 달매에게로 도망한다.^{삼하 13장} 죄가 죄를 낳고, 있을 수 없는 일, 있어서도 안 되는 일이 그의 가문에 계속해서 일어난다. 그러나 더 문제가 되는 것은 이 일 후에 다윗이 보여주는 태도이다.

> "다윗 왕의 마음이 압살롬을 향하여 간절하니 암논은 이미 죽었으므로 왕이 위로를 받았음이러라"^{삼하 13:39}

압살롬이 도망한 지 3년째가 되었을 때 다윗의 마음은 압살롬에 대한 그리움으로 가득 차게 되었다는 것이다. 그리고 암논의 죽음에 대해서는 죄지은 자식 죗값 치렀다고 생각함으로 스스로 마음의 위로를 얻고 이제 남은 자식인 압살롬을 그리워하게 되었다는 것이다. 여기서도 우리는 다윗의 '공의 없는 사랑'을 만난다. 그것은 무분별한 사랑이요, 병든 사랑이다. 그리고 그것은 결핍된 모성을 역으로 자식들에게 투사하는, 무조건적으로 자식들을 감싸는 엄마와 자신을 동일시하는, 자녀들과 심리적으로 융합된, 미숙한 사랑이다. 공의 없는 사랑은 사랑이 아니요, 사랑 없는 공의도 더 이상 공의가 아니다. 공의와 사랑은 동전의 앞뒷면과 같고 변하지 않는 하나님의 통합된 속성이다.

압살롬은 다윗의 마음을 읽은 요압 장군의 중재를 통해 다시 예루살렘으로 복귀한다. 그러나 다윗은 2년 동안 압살롬을 만나주지 않는다. 그러나 2년이 지난 후 다윗은 왕궁에서 압살롬을 알현해 줌으로써 그를 복권시킨다. 아들 압살롬이 진정으로 회개하였는지에 대해 아무런 증거도 없고, 지은 죄에 대해 아무런 대가도 치루지 않은 상태에서 압살롬은 왕자의 신분을 회복한다. 그리고 절치부심, 그의 복수의 2막이 시작된다. 그 복수의 칼날은 이번에는 정확히 아버지인 다윗을 겨냥한다.

먼저 압살롬은 아버지의 것을 훔친다. 왕자의 신분이 복권되자 그는 예루살렘 성문에 서서 왕에게 재판을 청하러 오는 사람들에게 왕을 참칭해 송사를 주관하고 호의를 베푼다. 그렇게 함으로 그는 아버지의 것, 즉 아버지의 백성들의 마음을 훔친다. "이스라엘 사람의 마음을 압살롬이 훔치니라." 삼하 15:6 그렇게 백성들의 마음을 훔침으로 압살롬은 자기의 반란의 토대를 공고히 하고, 아버지 다윗의 평판에 흠을 내기 시작한다.

압살롬의 마음은 부성결핍에 의한 콤플렉스로 가득 차 있다. 그는 아버지를 시기한다. 아버지의 힘과 능력, 인기를 시기한다. 그것은 아버지가 더 이상 나의 아버지가 아니기 때문이다. 압살롬은 아버지 다윗과 인격적인 친밀감을 경험하지 못했다. 아버지는 그저 멀리 계신 아버지였을 뿐 가까이 있는 아버지가 아니었다. 가까이 가고 싶으나 언제나 멀리 있는 아버지는 내가 갖지 못한 모든 것, 권력, 명성, 인기 등을 가지고 있다. 압살롬이 원했던 것은 아버지의 사랑과 인정이었다. 압살롬은 아버지를 갖고 싶었으나 아버지를 갖지 못했다. 그래서 이제 아버지가 가진 것을 자기 것으로 빼앗으려 한다. 그래서 아버지의 것을 훔치기 시작한다. 아버지의 백성들의 마음을 훔쳐서 자기 것으로 삼기에 이른다. 이른바 나는 어떤 행위를 해도 괜찮다는, 나는 보상받아 마땅한 존재라는 자격감entitlement이 발동하여 죄책감도 없이 아버지의 것을 탈취하기 시작하는 것이다.

그렇게 백성들의 마음을 훔친 압살롬이 마침내 헤브론에서 거병하여 파죽지세로 예루살렘 성을 장악한다. 그리고 당대 최고의 지략가 아히도벨의 지략을 받아들여 다윗이 예루살렘 성에 남기고 간 10명의 후궁들, 곧 아버지의 여인들을 백주 대낮에 온 백성이 지켜보는 가운데 겁간하는 만행을 저지른다. 상처 입은 아들 압살롬의 아버지 다윗을 향한 시기심과 적개심은 인륜과 천륜을 짓밟고 행해지는 참으로 끔찍한 참변이었다.

물론 아히도벨의 그 같은 지략은 압살롬의 모반이 시위성 모반이 아니라 왕권 탈취를 목적으로 하는, 돌이킬 수 없는 길을 건넌 거병이었음을 만천하에 분명히 알리기 위한 책략의 일환이었을 것이다. 그리고 이스라엘 백성들에게 하나님의 뜻이 압살롬에게 있음을 알리려는 고도의 선전전이었을 것이다. 왜냐하면 다윗이 밧세바와 통간하고 그의 남편 우리아를 살해하였을 때 다윗에게 내려진 하나님의 심판의 말씀이 다음과 같았기 때문이다.

> "이제 네가 나를 업신여기고 헷사람 우리아의 아내를 빼앗아 네 아내를 삼았은즉 칼이 네 집에서 영원토록 떠나지 아니하리라 하셨고 여호와께서 또 이와 같이 이르시기를 보라 내가 너와 네 집에 재앙을 일으키고 내가 네 눈앞에서 네 아내를 빼앗아 네 이웃들에게 주리니 그 사람들이 네 아내들과 백주에 동침하리라. 너는 은밀히 행하였으나 나는 온 이스라엘 앞에서 이 일을 행하리라 하셨나이다 하니"삼하 12:10-12

사울의 경우에서 보았던 것처럼 사람의 시기심은 시기하는 그 대상이 사라질 때까지 없어지지 않는다. 압살롬은 여세를 몰아 다윗을 추격하여 그의 목숨을 끝장내려 한다. 그러나 결국 압살롬은 전열을 정비한 다윗군에 패퇴하면서 요압 장군에 의해 죽음을 맞이하게 된다.

압살롬과의 마지막 전투를 앞두고 다윗은 자기의 군지휘관들과 장병들에게 "나를 위하여 젊은 압살롬을 너그러이 대우하라"삼하 18:5고 명령한다. 또 압살롬이 죽었다는 소식을 들은 후에는 "왕의 마음이 심히 아파 문 위층으로 올라가서 울고, 올라가면서 내 아들, 내 아들 압살롬아, 차라리 내가 너를 대신하여 죽었더라면, 압살롬 내 아들아, 내 아들아"삼하 18:33하며 슬피 울었고, 목숨 걸고 싸웠던 병사들과 백성들이 왕의 슬픔에 동참해 "싸움에 쫓겨 부끄러워 도망함 같이 가만히 성읍으로 들어갔을 때"^{삼하 19:2}에도 다윗은 여전히 "그의 얼굴을 가리고 큰 소리로 부르되 내 아들 압살롬아, 압살롬아, 내 아들아 내 아들아"라고 비통해 하였다고 성경은 기록한다.

다윗의 태도는 석연치가 않다. 한 개인으로서 아들의 죽음을 맞는 아버지의 비통함을 인정한다 하더라도 다윗의 태도는 공정하지 않다. 그는 공인으로서의 태도와 사인으로서의 사사로운 감정을 구분해야 했고, 사랑스러운 아들로서의 아들 압살롬과 살인자요 반역자며 패륜적 범죄를 저지른 악인 압살롬을 분별해야 했다. 그날 그 전쟁에서 이만명 이상의 병사들이 죽음을 당했다는 사실을 기억해야 했다. 죄의 문제를 사사로운 감정으로 덮어서는 안 되는 것이었다.

굳건한 신앙인으로서, 정치 군사 경제 외교 등 내외치의 최고통수권자로서 다윗의 삶은 나무랄 데 없고 본받을 만한 아름다운 삶이었지만 그의 가족사 속에서 아버지로서의 다윗의 모습은 본받거나 흠모할 만한 것이 전혀 없는 실패자의 삶이었다. 그는 모성 결핍에 의한 성중독자였고 그의 중독 성향은 대를 이어 자식들에게 전수되었다. 그 죄로 인해 자식이 자식을 죽이고 심지어는 원한을 품은 자식이 아비를 축출하기 위해 모반을 꾸미고 자식이 아비의 여자들을 겁간하는 패륜적 행위를 서슴지 않고 자행했음에도 그는 공의로운 아버지의 모습을 보여주지 못했다.

뿐만 아니라 그가 좋은 남편이었다는 증거도 쉽게 찾아보기 어렵다. 특히 사울의 딸 미갈을 대했던 다윗의 냉정한 태도나 압살롬에게 겁간당한 열 명의 후궁^{자신은 도망가면서 왕궁을 지키라고 남겨둔 사람들이었는데}을 예루살렘으로 돌아온 후 평생 동안 별궁에 유폐한 행위 등은 반군의 수괴 압살롬을 향한 다윗의 과도한 슬픔, 피난길에 자기 자신을 저주했던 사울의 친족 시므이에 대한 관대한 용서^{삼하 19:23} 등의 태도와 비교하면 그가 좋은 남편으로서의 관대함을 지니고 있었다고 판단하기 어렵다.

그는 그저 자녀들과 융합된, 무분별한 맹목적 사랑으로 일관하는 엄마의 모습과 자신을 동일시하여 그것을 자녀들에게 투사하였던 것이다. 그는 자녀들을 훈육하는 법을 알지 못했다. 훈육하지 않는 다윗의 모습은 그의 통치 말년 또 다른 왕자의 난이 일어났을 때도 다시 나타난다. 압살롬의 이복동생이요 넷째 아들인 아도니야가 압살롬이 한 것과 똑같이 "병거와 기병과 호위병 오십 명"을 대동하여 "자기 자신을 스스로 높여 왕이 되리라"^{왕상 1:5}하며 왕을 참칭하며 거들먹거리고 행사하여도 다윗은 그를 훈육하지 않았다. "네가 어찌하여 그리 하였느냐고 하는 말로 한 번도 그를 섭섭하게 한 일이 없었더라"^{왕상 1:6}고 성경은 기록한다. 다윗이 아들 아도니야의 행태를 적절히 타이르고 훈육하였더라면 이후 솔로몬과의 왕자의 난을 통해 아들 아도니야가 비참하게 죽임을 당하는 일은 방지하였을 수도 있었을 것이다.

넷째 아들 아도니야에게서 일어난 또 하나의 세대 전수 문제가 있다. 왕자의 난을 통해 솔로몬에게 왕권을 빼앗긴 아도니야가 죽음에 이르게 되는 직접적인 계기는 다윗이 죽은 후 왕후인 밧세바에게 나아가 아버지 다윗의 마지막 시중드는 여인이었던 젊은 수넴 여인 아비삭을 자기의 여자로 달라고 청원하는 데서 비롯된다. 참으로 상식적으로 이해할 수 없는 일이 아닌가? 어찌 아비의 여자를 아들이 자기의 여자로 취하려 한단 말인가? 이 말을 듣자마자 솔로몬은 즉시 군사령관 브나야를 보내 아도니야를 처형한다. 솔로몬이 보기에 그것은 아버지 다윗의 권위를 이용하여 모반을 꾀하려는 마음으로 보였기 때문이었다. 이렇듯 아비 다윗의 성중독적 성향은 그대로 아들 암몬에게, 압살롬에게, 그리고 아도니야에게 대를 이어 전수되었던 것이다.

다윗의 성중독적 성향은 밧세바와의 사이에서 난 아들 솔로몬 왕에게 전수되어 가장 커다란 폐해를 가져 오게 된다. 솔로몬이 왕으로 행한 일이었기 때문에 그것이 개인적 차원의 범죄라고 말할 수는 없다. 그는 합법적인 테두리 안에서 이방국가와 통혼정책을 펼침으로써 수많은 여인을 거느렸다. "왕은 후궁이 칠백 명이요, 첩이 삼백 명이라."^{왕상 11:3} 그러나 그의 행위는 하나님께서 미워하시고 금하시는 것이었다.

"여호와께서 일찍이 이 여러 백성에 대해여 이스라엘 자손에게 말씀하시기를 너희는 그들과 통혼하지 말며 그들도 너희와 서로 통혼하게 하지 말라. 그들이 반드시 너희의 마음을 돌려 그들의 신들을 따르게 하리라"^{왕상 11:2} 하셨지만 솔로몬은 그 말씀을 따르지 아니하고 이방나라, 이방족속들과 전방위적인 통혼정책을 펼쳤다. 그리하여 "솔로몬이 나이가 많을 때에 그의 여인들이 그의 마음을 돌려 다른 신들을 따르게 하였으므로 왕의 마음이 그의 아버지 다윗의 마음과 같지 아니하여 그의 하나님 여호와 앞에 온전하지 못하게"^{왕상 11:4} 되어 시돈 여신 아스다롯, 암몬의 신 밀곰과 몰록, 모압의 신 그모스 등 온갖 이방 종교가 이스라엘에서 횡행하게 되어 종교 혼합주의의 혼탁한 시대를 활짝 열어놓게 되었던 것이다.

그리하여 "솔로몬이 마음을 돌려 이스라엘의 하나님 여호와를 떠나므로 여호와께서 그에게 진노하사"^{왕상 11:9} "네가 내 언약과 내가 네게 명령한 법도를 지키지 아니하였으므로 내가 반드시 이 나라를 네게서 빼앗아 네 신하에게 주리라"^{왕상 11:11}는 징계를 받기에 이른다. 통일 이스라엘 국가는 솔로몬이 죽자 곧 북 이스라엘과 남 유다로 분열된다.

다윗은 자녀들에게 그저 육신적 아버지였을 뿐 진정한 사랑과 신뢰, 공의로 자녀를 양육하는 심리적 아버지로서의 역할을 전혀 감당하지 못했다. 그의 아들들인 암논과 압살롬은 다윗을 그들의 내면에 아버지로 각인하지 못했다. 이들에게는 심리적 차원에서 아버지가 없었던 것이다. 그리하여 자식들은 아비의 부정적 행습을 따라 배우고^{암논}, 아버지를 시기의 대상으로 삼아^{압살롬} 가족관계가 파탄에 이르는 끔찍한 비극이 초래되었던 것이다.

그래도 다윗에게서 우리는 치유의 희망을 발견하는 것으로 이 장을 마무리해야겠다. 다윗은 자기 죄에 대해 엄청난 대가를 치러야 했다. 그는 자기 죄를 알고 있었고 겸손한 마음으로 그 대가를 받아들였다. 다윗의 말년은 그런 점에서 허허롭고 쓸쓸했다. 그러나 다윗은 그의 전 생애를 통해 하나님의 공의와 선하심을 잘 알고 있었다. 하나님께 대한 그의 믿음은 결코 흔들려본 적이 없었다. 하나님을 향한 그의 믿음은 살아 있는 믿음이었다. 신하들이 하나님의 언약궤를 메고 도피 길에 오를 때에 다윗은 그것을 예루살렘 성으로 다시 가져다 놓으라고 명한다. 언약궤를 믿는 믿음이 아니라 살아계신 하나님을 믿는 믿음이 그에게는 있었던 것이다.

> "보라 하나님의 궤를 성읍으로 도로 메어 가라 만일 내가 여호와 앞에서 은혜를 입으면 도로 나를 인도하사 내게 그 궤와 그 계신 데를 보이시리라. 그러나 그가 이와 같이 말씀하시기를 내가 너를 기뻐하지 아니한다 하시면 종이 여기 있사오니 선히 여기시는 대로 내게 행하시옵소서 하리라." 삼하 15:25-26

이런 마음으로 다윗은 언약궤를 돌려보냈다. 그의 믿음은 참 믿음이었다. 모든 것을 하나님께 믿고 맡기는 신뢰Ttrust의 믿음이었다. 다윗에게서 우리는 절망을 보지만 또한 소망을 본다. 중독으로부터 벗어나는 길에서 중독자들은 중독으로 인해 벌어졌던 모든 죄의 대가를 묵묵히, 겸손한 마음으로 받아들여야 한다. 하나님의 공의와 선하심을 인정하고 받아들여야 한다. 그리고 자신들의 회복의 삶을 신실하신 하나님께 완전히 의탁해야 한다. 그럴 때 그들의 삶은 하나 둘 복원되기 시작할 것이다. 잃어버렸던 모든 것들이 하나 둘 돌아오는 기쁨을 경험하며 누리게 될 것이다.

2부

중독으로부터의 탈출

버려진
땅에서
우리는
인간이
된다

8. 출애굽의 길을 따라서

하나님께서 천지를 창조하시고 마지막 날에 남자와 여자를 창조하셨다. 그리고 그들을 위해 에덴동산을 만드시고 아담과 하와를 부부로 세워주심으로 가정을 창설하신다. 그러나 그들이 범죄 하여 에덴동산에서 추방당하고 이후 추방당한 땅에서 인류의 역사는 시작된다. 창세기의 대부분은 아브라함이라는 한 족장의 가문의 이야기로 그의 손자인 야곱의 일족이 가뭄을 피해 애굽 땅에 정착하는 이야기로 끝을 맺는다. 창세기는 나름대로 해피엔딩으로 끝이 난다. 그러나 그 때로부터 430여년의 시간이 흘러출 12:40, 갈 3:17 처음 70여명에 이르렀던 야곱가문의 숫자창 46:27는 능히 하나의 민족을 이루기에 충분할 만큼 수백만 명에 이르게 된다. 아브라함에게 하나님께서 약속하셨던바 그의 후손들이 해변의 모래알만큼 많은 숫자로 불어나게 된 것이다. 그러나 그 때 이스라엘 민족은 애석하게도 이방 땅 애굽에서 비참한 노예 신세로 전락하여 애굽의 폭정과 고된 노역에 시달리게 된다. 출애굽기는 바로 이스라엘 민족이 애굽의 노예상태로부터 자유와 해방을 찾아 나아가는 웅장한 대서사의 기록이다. 그리고 그 과정은 중독의 노예 상태로부터 탈출하여 자유와 해방을 얻기 위해 걸어가야 하는 '중독으로부터의 탈출기'와 정확히 맥을 같이 한다.

애굽에서 노예 살이 하며 고된 삶을 살아가고 있는 이스라엘 민족에게 하나님의 때가 시작된다. 하나님께서 이스라엘 민족의 역사 속으로 개입하시는 순간이 찾아온 것이다. 그 때가 언제일는지 인간들은 확실하게 알 수는 없다. 그러나 성경의 통례를 통해 우리는 인간이 하나님 앞에 나아가 울부짖을 때가 바로 그 때 라는 점을 경험적으로 알고 있다.

> "이스라엘 자손은 고된 노동으로 말미암아 탄식하며 부르짖으니 그 고된 노동으로 말미암아 부르짖는 소리가 하나님께 상달된지라. 하나님이 그들의 고통 소리를 들으시고"출 2:23-24상
> "너는 내게 부르짖으라. 내가 네게 응답하겠고"렘 33:3 "너희가 내게 부르짖으며 내게 와서 기도하면 내가 너희들의 기도를 들을 것이요, 너희가 온 마음으로 나를 구하면 나를 찾을 것이요 나를 만나리라."렘 29:12-13

　노예상태로부터의 탈출, 중독으로부터의 탈출을 위해 가장 먼저 필요한 것은 고통을 느끼고 울부짖는 것이다. 일찍이 루이스C.S Lewis가 "고통은 하나님의 확성기"라고 불렀던 것처럼 고통은 인간을 하나님께 나아가게 한다. '바닥을 치는'hit bottom up 순간이 바로 이와 같은 순간이다. "고난당한 것이 내게 유익이"시 119:71 되는 순간인 것이다.

　이스라엘 민족의 삶에 개입하기 시작하면서 하나님은 모세를 출애굽의 인도자요 지도자로 세우신다. 이스라엘의 삶의 문제를 해결해 주기 위해 친히 인도자를 세워 주시는 것이다. 중독으로부터의 탈출에서도 마찬가지이다. 중독에서 벗어나려면 하나님께서 붙여주신 좋은 인도자를 만나야 한다. 그는 목사일 수도 있고, 상담가일 수도 있으며 회복의 동료일 수도 있다. 중독으로부터 탈출하기 원한다면 그에게는 반드시 회복의 인도자가 있어야 한다. 중독은 "스스로의 병"이다. 무슨 일을 하든지 제 멋대로, 남의 간섭 받지 않고 스스로 해결하려는 강한 속성을 가지고 있다. 중독자들은 대체로 권위자와 관계를 잘 맺지 못하는 경향이 있다. 물론 그 반대로 지나치게 맹목적인 충성을 보이는 경우도 있다. 그들은 권위를 인정하거나 받아

들이는데 서툴거나 반발한다.

모세의 말보다는 권세를 가진 압제자 바로를 두려워하여 그의 말을 먼저 듣던 이스라엘 백성들은 하나님께서 온갖 기적을 행하심으로써 바로의 강퍅한 마음을 꺾어 놓는 과정을 보며 모세와 하나님에게 마음을 열고 순종하며 따르게 된다. 하나님께서는 단호하게 바로에게 명령하신다. "내 백성을 보내라."출5:1 이스라엘 백성들은 그저 가만히 서서 여호와께서 그들을 위하여 행하시는 구원을 보기만 하면 되는 것이었다.출14:13 그렇게 해서 이스라엘 백성들은 애굽의 학정을 피해, 그들을 가로막고 있던 홍해라는 장애를 넘어 마침내 자유인이 된다. 이제 그들은 자유하게 된 것이다. 그러나 아직 아니다. 그들이 진정한 자유를 누리고 만끽하기 위해 뼈를 깎고 살을 에는 연단의 과정을 거쳐야 했다. 그들은 "유혹의 욕심을 따라 썩어져 가는 구습을 따르는 옛 사람을 벗어버리고, 오직 너희의 심령이 새롭게 되어 하나님을 따라 의와 진리의 거룩함으로 지으심을 받은 새 사람을 입어야"엡4:22-24 했던 것이다. 곧 노예근성을 벗어버려야 했던 것이다.

중독을 치료하는 과정도 이와 같다. 물리적 차원에서 노예상태에서 벗어나는 것이 중요하다. 애굽이라는 억압과 속박의 땅을 벗어나는 것이 먼저 이루어져야 한다. 마찬가지로 치료 초기에 중독자들은 중독을 부추기는 현장으로부터 물리적으로 격리되는 것이 필요하다. 중독 치료를 위해 치료공동체나 폐쇄정신병동과 같은 격리 환경을 수용해야 할 필요가 있다. 그러나 그렇게 격리되었다고 해서 중독이 자연적으로 치료되는 것은 아니다. 이스라엘 백성들이 애굽의 속박에서 벗어났다고 해서 그들이 즉각 자유인으로 살아갈 수 없었던 것처럼, 노예근성, 곧 중독의 근성을 뿌리 뽑기 위한 피나는 노력이 새롭게 시작되어야 했다. 그것이야말로 진정한 중독의 치료라 말 할 수 있다. 중독의 위협과 유혹으로부터 벗어난 안전한 환경 속에서 이제 진정한 중독의 치료가 시작되는 것이다.

이스라엘의 노예근성은 430년이라는 장구한 세월을 통해 마치 그들의 본성인 것처럼 근성화 한 것이다. 결코 하루아침에 생겨난 것이 아니다. 중독의 근성도 그와 같이 오랜 시간의 과정을 거쳐 형성된 것이기에 단기간에 해결할 수는 없는 것이다. 이스라엘의 노예근성은 그들의 의존적이고 유아적인 태도에서 드러난다. 그들의 마음 깊숙한 곳에는 원망과 불안, 두려움이 자리 잡고 있었다. 그들은 보이지 않는 것보다 보이는 것을 추구하는 물화物化된 삶의 태도를 갖고 있으며, 열등감으로 똘똘 뭉쳐 있었다. 그리고 권위에 대해 반항하고 반역하려는 마음을 숨기고 있었으며, 위기가 발생하면 과거로 돌아가려는 과거회귀의 마음을 가지고 있었다. 그들의 믿음 또한 연약하기 짝이 없어서 그들의 믿음은 늘 갈대처럼 흔들리는 것이었다. 중독의 심리도 이와 같다. 그것은 잘못된 것에 묶여 있었거나 묶여 있는, 노예된 자들의 공통된 특성이기 때문이다.

기적을 본다고 해서 노예근성이 치유되지는 않는다. 노예근성이 치유되기 위해서는 또 다른 먼 길을 걸어가야 한다. 광야 길을 걸어가야 한다. 거기서 그들의 낡고 부패한 노예근성을 다 벗어던져야 비로소 약속의 가나안 땅에 들어갈 수 있다. 그것이 출애굽기를 포함해 모세오경이 명백히 가르치고 있는 것이다. 그러기에 그들에게는 무려 40년이라는 긴 세월이 필요하였다. 애굽에서 나온 자 중에 오직 여호수아와 갈렙 만이 가나안 땅에 들어갔다. 다른 모든 사람들은 광야에 뼈를 묻어야 했다. 중독자들이 하나님께서 약속하신 회복의 가나안 땅으로 들어가려면 그들 역시 영혼의 뼛속 깊이 뿌리 내리고 있는 중독근성을 뿌리 뽑아야 한다. 그리고 새사람으로 거듭나야 한다. 오직 거듭난 자들만이 약속의 땅 가나안, 회복의 땅 가나안으로 들어갈 수 있다.

바로의 전차군단이 흙먼지 날리며 뒤쫓아 오고 앞에는 홍해바다가 입 벌리고 넘실거리는 상황은 회복으로 가는 길에서 누구나가 한 번쯤은 겪게 되는 실존적 상황이다. 그럴 때 필요한 것은 하나님을 믿고 그가 세워주신 인도자를 믿고 따르는 것이다. 그와 한 마음이 되어 살 길을 모색하는 것이다. 그러나 이스라엘 백성들이 취한 태도는 어떠했는가? 그들은 모세를 힐난하며 이렇게 말한다. "당신이 어찌하여 우리를 애굽에서 이끌어 내어 이 같은 꼴을 보게 하느냐, 애굽에 매장지가 없어서 우리를 이 광야까지 끌어내서 죽이려 하느냐? 우리가 이럴 줄 알았다. 그러기에 우리를 그냥 내버려 두라 하지 않았더냐. 이 광야에서 죽는 것보다는 애굽 사람을 노예로 섬기는 것이 더 나았으리라." 출 14:11-12

마라에서는 물이 써 서 못 마시겠다고 징징거리고출 15:23, 신광야에서는 먹을 것이 부족하다고 애굽 땅에서 종살이 할 때는 그래도 고기 가마 곁에서 고기를 얻어먹기도 하고 떡을 배불리 먹던 때가 있어서 그 때가 좋았다고 하며 차라리 거기에서 죽게 내버려 두지 이 광야까지 뭐 하러 인도해 내었느냐고 투정부린다. 출 16:3

만나와 메추리기를 내려 주심으로 먹을 것을 채워 주시지만 그들은 전에 먹던 고기가 먹고 싶다고 징징거리며 운다. 전에 애굽에 있을 때는 공짜로 생선과 오이와 참외와 부추와 파와 마늘을 먹었었는데 지금은 그런 것들을 먹지 못하니 기력이 쇠하였다고 온 백성이 장막 문에서 울어댄다.신 11:4-5

노예근성, 중독근성으로부터 벗어나려면 의존적이고 유아적인 태도가 변해야 한다. 그것은 책임 있는 자세와 태도를 취하는 것이다. 그것은 진지하게 내 탓이라고 말하는 자세와 태도요, 함께 고민하고 논의하고 협력하여 문제를 해결하려는 자세와 태도이다. 육신의 욕구를 적절히 제어하고 통제하는 성숙한 어른의 태도이다. 노예근성, 중독근성으로부터 벗어나려면 원망의 마음이 사라지고 감사의 마음, 자족하는 마음으로 가득차야 한다. "우리가 먹을 것과 입을 것이 있은즉 족한 줄로"딤전 6:8 알아야 한다.

노예근성, 중독근성의 핵심에는 열등감이 있다. 중독자들은 중독된 행위를 할 때 자기 자신이 대단한 존재가 된 것 같은 느낌을 갖는다. 순간적으로 중독행위를 통해 그것을 얻을 수는 있지만 그러나 그것은 실제의 삶에서 지속적으로 누릴 수 없는 순간의 착각이요 망상일 뿐이다. 이 열등감이 극복되고 하나님의 창조형상, 자기존엄성이 회복되어야 한다. 사람을 창조하신 후 하나님께서 발하셨던 바로 그 탄성 "보시기에 심히 좋았더라"창 1:31가 회복되어야 한다. 하나님은 전능하신 창조주이시다. 하나님께서 창조하신 모든 존재는 열등하지 않다. 열등한 인간은 존재하지 않는다. 왜냐하면 하나님은 불량품을, 열등한 존재를 만드는 분이 아니시기 때문이다. 이스라엘 백성들이 가나안에 들어가기 위해서는 오랜 노예생활을 통해 굳어진 그들의 열등감을 반드시 극복해야 했다. 열등감은 필히 자기 자신에 대한 평가절하와 자신감 부족, 두려움의 만연 상태를 초래한다. 노예로 430년을 살아온 백성들이 자존감을 갖고 살기를 기대하는 것은 사실 비현실적인 것이다. 그 긴 시간의 노예생활은 그들 자신의 존재 자체에 대해 깊은 열등감을 가져다주었을 것이다. 하나님께서 우리의 기도를 이렇게 오랫동안 들어주시지 않고 자기들을 노예상태로 내어버려두신 이유는 자기 자신들이 열등한 존재이기 때문이라고 생각하기가 십상이었을 것이다.

숱한 기적을 경험시키신 후에 마침내 하나님께서는 이스라엘 백성들 가운데 정탐꾼을 차출하여 가나안 땅을 정탐 시키신다. 그리고 돌아온 그들은 바란 광야 가데스에서 정탐한 것을 보고한다. 그들은 그 땅에서 가지고 온 과일을 보이면서 그 땅이 실로 "젖과 꿀이 흐르는 땅"임을 증거한다. 그러나 여호수아와 갈렙을 제외한 10명의 정탐꾼들은 이구동성으로 "그 땅 거민은 강하고 성읍은 견고하며, 심히 크며, 거기에 아낙 자손이 있으므로 우리가 능히 올라가서 그들을 치지 못하리라"고 말한다. 그리고 그 정탐한 땅을 악평하는 한편 거인족인 아낙 자손들과 자신들을 비교하면서 자신들은 그들 앞에 "메뚜기"에 불과한 존재였다민 13:25-33고 보고한다. 그러자 "온 회중이 소리를 높여 부르짖으며 백성이 밤새도록 통곡하였고" "모세와 아론을 원망하며 차라리 애굽 땅이나 이 광야에서 죽는 것이 나을 뻔하였다고 말하며 애굽으로 돌아가자"민 14:1-4고 말한다.

여기까지 오면서 이스라엘 백성들은 셀 수도 없는 하나님의 기적을 경험하였다. 그러나 그것들도 이스라엘 백성들의 뿌리 깊은 열등감을 해소할 수는 없었던 것이다. 여호수아와 갈렙이 분기하여 말한다. "여호와를 거역하지 말라. 그 땅 백성을 두려워하지 말라. 그들은 우리의 먹이라. 그들의 보호자는 그들에게서 떠나고 여호와는 우리와 함께 하시니 그들을 두려워하지 말라"고 외쳐대지만 오히려 그들은 "돌을 들어 그들을 치려"민 14:9-10 한다.

열등감은 근본에 있어 하나님의 창조를 부정하는 감정이며 하나님을 믿지 못하는 믿음 없음의 반영이다. 내가 이렇게 열등한 존재가 된 것은 하나님 당신 때문이며, 당신이 책임져야 한다는 아담식 사고방식의, 전형적인 원죄의 발로이다. 열등감은 그러므로 하나님 창조의 선함과 내 존재의 선함, 존엄성을 부인하는 죄가 된다. 이스라엘 백성들의 열등감과 두려움, 원망의 소리를 들은 하나님께서 모멸감을 느끼신다. 그리고 준엄하게 말씀하신다.

"진실로 내가 살아 있는 것과 여호와의 영광이 온 세계에 충만할 것을 두고 맹세하노니 내 영광과 애굽과 광야에서 행한 내 이적을 보고서도 이 같이 열 번이나 나를 시험하고 내 목소리를 청종하지 아니한 그 사람들은 내가 그들의 조상들에게 맹세한 땅을 결단코 보지 못할 것이요 또 나를 멸시하는 사람은 한 사람도 그것을 보지 못하리라"민 14:22-23고 하셨고 "너희의 자녀들은 너희 반역한 죄를 지고 너희의 시체가 광야에서 소멸되기까지 사십 년을 광야에서 방황하는 자가 되리라,"민 14:33 고 말씀하셨다.

이스라엘 백성들이 집단 열등감을 극복하고 하나님 백성으로서의 자기 존중감을 회복함 없이 약속의 땅, 젖과 꿀이 흐르는 땅, 회복의 땅 가나안에 들어갈 수 없었던 것이다.

물화物化된 삶의 방식도 반드시 치유되어야 할 노예근성중독근성의 핵심이다. 물화된 마음이란 물질적인 것을 추구하는 마음이다. 눈에 보이는 것을 추구하는 마음이다. 내적으로 결핍된 것을 외적인 물질, 눈에 보이는 그 무엇으로 채우려는 마음이다. 그 마음의 끝에는 불안이 있다. 물화된 마음은 필연적으로 우상숭배로 연결된다. 눈에 보이는 물화된 우상을 만들어 놓아야 불안한 마음이 진정되어 안심되기 때문이다. 모세가 시내 산에 올라가 40일이 지나도록 내려오지 않자 산 밑에서 기다리던 이스라엘 백성들의 마음에는 불안이 일기 시작한다. 그러자 아론에게 나아가 "우리를 위하여 우리를 인도할 우상을 만들라"출 32:1고 재촉하기에 이른다. 아론도 부화뇌동하여 그들에게서 귀금속을 걷고 그것들로 금송아지 우상을 만든다. 그 시간 하나님은 모세에게 십계명을 주시면서 "너희를 위하여 우상을 만들지 말라. 위로 하늘에 있는 것이나 아래로 땅 위에 있는 것이나 땅 아래 물속에 있는 것의 어떠한 형상도 만들거나 절하지 말며 그것들을 섬기지 말라"출 20:4-5고 명령하셨다. 애굽의 우상인 금송아지 우상을 만든 이튿날 그들은 일찍이 일어나 우상에게 번제와 화목제를 드리고 우상 앞에 앉아서 온 백성이 먹고 마시며 일어나서 뛰놀았다.출 32:6

이스라엘의 이 기막힌 행동에 하나님이 진노하신다. 그들을 진멸하겠다고 말씀하신다. 하나님의 사람 모세의 간곡한 호소가 겨우 하나님의 마음을 움직여 전면적인 심판은 유예되고 이스라엘 백성들은 하나님 앞에 다시 서서 계명을 수여받고 언약을 맺는다. 이스라엘 백성들은 하나님을 믿되 인격적 관계를 기초로 믿어야 했다. 하나님은 손으로 만든 우상이나 부적이 아니다. 금으로 부어 만든 신상도 아니다. 그 분은 비록 눈으로는 보이지 않지만 영혼을 통해 인격적으로 교제할 수 있는 살아 있는 신인 것이다.

이스라엘 백성들이 가나안에 들어가기 전에 반드시 버려야할 노예근성중독근성중 또 다른 하나는 배반하는 마음, 반역하는 마음이었다. 그것은 권력을 탐하는 마음이요, 시기심으로 가득찬 마음이며, 과거로 돌아가려는 강력한 반동의 욕구였다. 그것은 주어진 인간 권위에 대한 부정이자 불순종이며 궁극적으로는 그 권위의 원천인 하나님께 대한 불순종이자 반역이었다. 모세에 대한 최초의 반역은 형인 아론과 누이인 미리암으로부터 시작된다. 모세가 구스 여인을 취하는 잘못을 저지른다. 아론과 미리암이 이를 비난한다. 거기까지는 문제가 없어 보인다. 어떤 지도자든 그가 인간인 한 그에게 과오가 있을 수 있고 그것을 지적하는 것은 문제가 될 수 없기 때문이다. 그러나 아론과 미리암은 단순한 지적을 넘어 지도자의 과오를 자신들의 영달을 위한 근거로 사용한다. 모세의 과오를 빌미로 그들이 모세의 자리를 차지하려는 시도를 감행한다. "하나님께서 모세와만 말씀하신 것이 아니라 우리들과도 말씀하셨다"민 12:2고 주장하면서 흠이 있는 모세 대신에 자신들이 그 자리를 차지할 자격이 있음을 내비치고 있는 것이다. 하나님은 그 때 모세를 두둔하여 "이 사람 모세는 온유함이 지면의 모든 사람보다 더 하며", "그는 내 온 집에 충성하였다"민 12:7라고 말씀하신다. 그리고 미리암에게 나병을 내려 그들 마음의 추악함을 드러내 보이신다. 하나님이 세우신 지도자를 자기의 권력욕에 따라 임의로 바꿀 수는 없는 것이었다. 이런 점에서 사울을 죽일 기회가 두 번 있었음에도 여호와의 기름부음 받은 자를 죽일 수 없다한 다윗의 신앙이 대비된다.

모세가 당한 두 번째 반역은 고라와 다단 아비람 온이 주동이 되고 각 지파의 지휘관 250명이 들고 일어난 반역 사건이었다. 이 반란의 주모자는 레위 지파에 속한 고라였다. 이들의 반란 사유는 두 가지였다. 하나는 모세와 아론에게 집중된 권력을 분점하거나 탈취하려는 것이었고,민 16:3 다른 하나는 레위 지파에게 다른 지파들처럼 밭과 포도원 등 땅을 나누어 주지 않은 것에 대한 불만 때문이었다.민 16:14 그들은 회막에서 단지 수종드는 직무만 맡겨진 것에 불만을 품고 제사장의 직무를 분점하려는 요구를 내걸기도 했다.민 16:10 이들은 모세와 아론의 권위에 도전했지만 궁극적으로는 하나님의 명령에 반기를 든 것이다. 하나님이 지명한 지도자에게 반기를 들거나 거스르는 행동은 궁극적으로 하나님에게 반기를 드는 것과 다를 바 없는 일이다. 모세는 이 반란의 움직임에 대해 능력 대결로 맞선다. 각자 향로를 들고 회막문 앞에 모여 하나님의 심판을 구할 때 하나님께서는 땅이 갈라지게 하여 고라와 그의 집과 그에게 속한 사람과 모든 재물을 집어삼키게 하심으로 반란의 무리들을 심판하셨다.

노예근성의 맨 밑바닥에는 배신하는 마음, 반역의 마음이 있다. 그것을 통해서 자기의 이익을 도모하고 권력을 탈취하려는 마음이 있는 것이다. 노예로서 늘 죽어지내던 사람들의 마음 맨 밑바닥에는 권력에의 의지가 살아 있는 것이다. 그들이 가나안에 들어가기 위해서는 권위에 대한 반역의 씨앗들이 제거되고 기꺼이 순종하려는 순종의 씨앗들이 마음속에 심기고 자라나야 했다. 가나안은 기꺼운 순종으로만 들어갈 수 있는 하나님의 나라였기 때문이다.

노예들에게는 주인이 있다. 중독자들에게도 주인이 있다. 노예가 주인의 말을 절대적으로 따르고 순종하듯이 중독자들도 그들의 주인이 된 물질이나 행위를 절대적으로 따르고 순종한다. 중독의 아이러니는 중독자들 스스로는 자신들이 중독물질이나 행위를 통제하고 있거나 통제할 수 있다고 믿는것이다. 그러나 실상은 중독물질이나 행위가 철저하게 그들을 조종하거나 통제하는 것이다. 그것이 중독의 본질이며 중독이 지닌 인격화된 악마적 요소의 실상이다. 중독이 영적인 질병이며, 치료되어야 하는 결정적인 이유도 여기에 있다. 중독물질 혹은 행위에 대한 중독자들의 충성은 가히 맹목적이다. 그들의 마음은 중독을 향해 구부러져 있는 것이다.잠언에서는 구부러진 마음에 대해 얼마나 많이 언급하고 있는가! 그것이 노예근성의 무서운 실체이다. 겉으로는 변화하는 것 같지만 결정적인 순간이 오면 결국 노예근성이 그를 지배하게 된다.

우리가 중요하게 보아야 하는 것은 이스라엘 백성들이 드러내고 있는 이 다양한 층위의 노예근성중독자들에게는 중독근성이 하나님의 놀라운 기적을 수차례 경험하고 목도하였으며 그 기적 가운데 살고 있음에도 불구하고 여전히 그들의 실제적 삶에 나쁜 영향을 미치고 있다는 점이다. 기적이 사람을 변화시키지 못한다는 것이 이로부터 분명해 진다. 기적이 사람을 변화시키는 것이 아니다. 영혼의 속사람이 온전히 치유되고 변화되어야 그 사람이 변화하는 것이다. 그럼으로 그들에게는 계명이 필요했고 하나님의 임재를 늘 경험해야 할 성막이 필요했다.

출애굽기의 하이라이트는 십계명의 수여와 이를 매개로 한 언약체결, 그리고 성막의 설치에 있다. 계명과 성막은 성경의 핵심사상일 뿐만 아니라 중독치유의 핵심사상이다. 십계명을 지키며 살아가는 삶이야말로 가장 인간다운 삶이다. 계명은 하나님께서 노예가 아닌 자유인들과 자발적으로 맺은 언약이며 중독자들을 중독의 노예상태에서 벗어나 자유와 회복의 길로 이끄는 생명의 표지이다. 그것은 지금으로부터 3200년 혹은 3400년 전 어간에 하나님과 이스라엘 백성 사이에 체결된 언약의 중심축이었지만 장구한 세월을 지난 오늘날까지도 여전히 인간의 삶에 강력하고도 전면적인 효력을 발휘하고 있다. 개인이나 사회, 국가의 삶에서 십계명이 적용된다면 인간 삶의 아름다움과 행복은 저절로 주어질 것이다. 중독자들이 십계명을 준수하는 삶을 산다면 그들은 필연적으로 회복의 삶으로 인도될 것이다.

십계명은 관계의 계명이다. 첫째는 하나님과의 관계요,1-4계명 둘째는 세상 이웃과의 관계에 대한 계명5-10계명이다. 중독의 치료는 관계의 치료이다. 치료된 삶은 계명대로 사는 삶이다. 헛된 신을 섬기지 않고, 참신이신 여호와 하나님만을 섬기며, 자기를 위하여 우상을 섬기지 않고, 하나님의 이름을 망령되이 부르지 않으며, 안식일을 거룩하게 지키는 삶이다. 부모를 공경하고, 살인하지 않고, 간음하지 않으며, 도둑질하지 않고, 거짓증거 하지 않으며, 이웃의 소유를 탐내지 않는 삶이다.

그러나 중독의 삶이란 이 계명을 모조리 어긴 참으로 죄악 된 삶이다. 세상의 물질의 신을 섬기거나 자기 자신을 신으로 섬긴 것이고, 술판에서, 도박판에서 하나님의 이름을 망령되이 부른 죄이며 안식일에도 오직 중독행위를 위해 달려 나가던 죄로 물든 손과 발이다. 부모를 공경하기는커녕 패륜적인 삶을 살았으며 말로 눈치로 생각으로 수많은 사람을 죽이고 속이고 거짓말했으며, 이웃의 것들에 대해 끊임없는 탐욕을 부렸으며, 음란과 방탕함의 극치를 이룬 삶이었다.

노예상태로부터 해방된 삶, 중독으로부터 회복된 삶을 살려면, 계명 있는 삶을 살려면, 그들의 삶의 중심에 성막이 지어져 있어야 한다. 신약적인 언어로 말하자면 그들 자신이 성막이 되어야 한다. 하나님께서 모세에게 성막의 설계도를 보여 주시며 성막을 짓는 목적에 대해 말씀해 주신다. "내가 거기서 너희를 만나리라."출 29:42-43 성막은 이스라엘이 하나님을 만나는 거룩한 장소였다. 여호와의 영광이 성막에 충만하였다. 이스라엘 백성들은 가는 곳마다 성막을 지고 다녔다. 하나님은 성막에 임재하심으로 이스라엘과 동행하셨다.

이스라엘 백성들이 성막을 지고 다니며 하나님과 동행하는 삶을 살았듯이 중독자들도 주님과 동행하는 삶을 살아야 한다. 그들 자신이 하나님이 거하시는 성막이 되어야 한다. 살아계신 하나님의 성전고후 6:16이 되어야 한다. 그럴 때만 그들은 계명을 지키고 계명대로 살아가는 회복의 삶을 살아가게 된다.

이스라엘 백성들이 애굽에서 탈출해 젖과 꿀이 흐르는 땅 가나안으로 들어가기 위해서는 그들 속에 강고하게 형성되고 흡착되어 있는 노예근성을 벗어던져야 했다. 그러나 그 어떤 것도 그들의 노예근성을 벗어버리게 하지는 못했다. 심지어 하나님께서 베푸신 수많은 기적들조차도 그들을 온전히 변화시키지는 못했다. 계명도 거룩한 성막의 존재도 그들을 온전히 변화시키지 못했다. 가나안에 들어간 것은 출애굽 1세대들이 아니라 광야에서 나고 자란 2세대들이었다.

중독에서 벗어나 회복의 가나안 땅으로 들어가기 위해서도 광야 길이 필요하다. 광야체험이 절대적으로 필요하다. 광야는 하나님을 만나는 곳이다. 광야는 하나님의 도우심 없이는 살아갈 수 없는 곳이다. 광야는 인간 존재의 무력함을 절감하는 곳이다. 광야는 하나님의 은혜로 살아가는 곳이다. 그리고 결정적으로 광야는 이스라엘 1세대가 모조리 광야에서 죽고 그들에게서 난 2세대가 온전히 하나님께 의지해 새로운 삶을 시작했던 것처럼 옛사람이 죽어야 하는 곳이다. 회복의 가나안 땅으로 들어가기 위해 중독자들도 중독된 옛사람, 중독된 자아가 광야에서 완전히 죽고 거기에서 새로운 생명으로 거듭나야만 한다. 그것은 오직 광야에서만 이루어 질 수 있는 광야의 은총이다.

회복을 원하는 중독자들아, 광야의 은총을 노래하라!

9. 포로에서 돌아오라

중독이란 ~에 묶인 것, ~의 노예가 된 것 혹은 ~의 포로가 된 것이다. 성경은 유비의 책이다. 출애굽기와 민수기 등을 통해서 우리는 중독으로부터의 치유를 애굽의 노예상태로부터의 탈출과 유비하였다. 이번 장에서는 그것을 포로상태로부터의 돌아옴과 유비하도록 하겠다. 예수님께서도 수많은 진리를 유비로 말씀하셨음을 우리는 알고 있다. 바울 사도도 기독교 교리를 논증하기 위해 유비를 종종 사용하곤 했다. 유비는 진리를 표현하는 방식의 하나이다.

'회복'이란 말 그대로 다시 원래의 상태로 돌아오는 것을 말한다. 성경은 자신을 떠나간 백성들에게 다시 돌아오라고 말씀하시는 하나님의 간절한 호소문과도 같다. 집 나간 자식이 돌아오기를 기다리는 아비의 애끓는 사랑의 노래이다.

"이스라엘 자손들아 너희는 심히 거역하던 자에게 돌아오라." ^{사31:6}

버려지고 추방당한 땅에서 나의 나됨과 하나님의 하나님 되심을 깨닫게 되듯이 이스라엘 백성들도 포로로 잡혀간 이방 땅에서 영혼의 갱신을 맛보게 된다. 중독으로부터의 회복 또한 이와 같다. 포로로 잡혀 간 땅에서 그들의 영혼이 갱신되어 하나님 앞으로, 가족 앞으로 다시 돌아오는 것이다.

성경에서 가장 아름다운 단어로 나는 '돌아오다'는 단어를 꼽는다. 중독 치유의 현장에서 중독자들이 그들을 켜켜이 얽어매고 있던 중독의 사슬을 풀고 하나님과 교회, 그리고 가족 앞으로 돌아오는 장면은 아아, 얼마나 눈물겹고 감동적인 지… 우리가 우리의 죄악 된 길에서 영혼의 목자 되신 그분 앞에 돌아올 때 하늘의 하나님, 우리 영혼의 아버지께서 느끼실 감동도 아마 이런 것이리라 추측해 볼 수 있다.

허랑방탕한 삶을 살다가 거지가 되어 돌아온 탕자 아들을 보며 아버지가 말한다. "제일 좋은 옷을 내어다가 입히라. 손에 가락지를 끼우고 발에 신을 신기라. 살진 송아지를 잡으라. 이 내 아들은 죽었다가 다시 살아났으며, 내가 잃었다가 다시 얻었노라. 잔치를 베풀라. 우리가 먹고 즐기자."^눅
_{15:22-24}

구약성경의 약 삼분의 일 가량은 선지서들로 구성되어 있다. 삼분의 일은 모세오경, 나머지는 역사서와 지혜서로 구성되어 있다. 선지서들은 북이스라엘과 남유다에서 활동했던 하나님의 선지자들이 동시대를 향해 던진 하나님의 메시지로 앗수르에 멸망당하기 이전의 북이스라엘과, 바벨론에 멸망당하기 이전의 남유다를 향한 메시지로 구분된다. 다른 측면에서는 임박한 멸망에 대한 경고의 메시지와 바벨론에 포로로 끌려가 있는 이스라엘 백성들에게 전해진 본토 고향 땅으로의 복귀와 고토 회복에 대한 소망의 메시지로 대별된다.

이들 선지서들을 통해 우리는 어떻게 이스라엘, 특히 남유다가 멸망하게 되었는지, 그리고 어떻게 해서 그 먼 이역만리 바벨론으로 포로로 끌려가게 되었는지에 대한 상세한 전말을 알 수 있다.

옛 이스라엘이 바벨론에 포로로 끌려가게 된 모든 원인과 이유는 현대를 살아가는 모든 이들, 무엇엔가 포로가 된 사람들, 곧 중독된 이들에게도 그대로 적용된다. 그들이 왜 포로가 되었으며, 어떻게 하면 포로생활로부터 귀환할 수 있는지, 귀환해서는 어떻게 살아야 하는 지에 대해서도 마찬가지의 교훈을 얻게 된다. 인간의 문제는 삶의 정황만 바뀌었을 뿐 본질에 있어서는 예나 지금이나 다름이 없다.

이들 예언서의 말씀은 두 차원으로 구분할 수 있다. 첫째는 국가와 사회에 대한 예언의 말씀으로 정의로운 사회, 공평한 사회를 이루라는 말씀이고, 둘째는 국가 지도자들과 일반 백성들에 대한 예언의 말씀으로 바른 신앙을 회복하라는 충고와 명령의 말씀들이다. 여기 이스라엘 백성이 바벨론 포로가 되어 겪어야 했던 아픔을 노래한 애잔한 시가 한 편 있다.

우리가 바벨론의 여러 강변, 거기에 앉아서
시온을 기억하며 울었도다.

그 중의 버드나무에 우리가
우리의 수금을 걸었나니
이는 우리를 사로잡은 자가
거기에서 우리에게 노래를 청하며
우리를 황폐하게 한 자가 기쁨을 청하고
자기들을 위하여 시온의 노래 중 하나를 노래하라 함이로다.

우리가 이방 땅에서 어찌 여호와의 노래를 부를까?

예루살렘아 내가 너를 잊을진대
내 오른손이 그의 재주를 잊을지로다
내가 예루살렘을 기억하지 아니하거나
내가 가장 즐거워하는 것보다 더 즐거워하지 아니할진대
내 혀가 내 입천장에 붙을지로다. 시 137:1-6

하나님의 선택받은 백성, 이스라엘 백성들이 이방 나라인 바벨론에 끌려가 포로 생활을 할 때에 그들은 바벨론 강가에 나가 고향 땅 시온, 곧 예루살렘을 생각하며 눈물을 흘린다. 그런 그들에게 적국 바벨론 사람들이 이스라엘 백성들에게 너희들 고향 노래를 들려 달라고 요청한다. 그들은 "우리를 사로잡은 자들이요, 우리나라를 황폐케 한 자들"인데 자기들의 여흥을 위하여, 자기들을 기쁘게 하라고 노래를 부르라 명령한다. 그리고 너희 고향 노래, 너희가 즐겨 부르는 너희 하나님에 대한 노래를 불러보라고 명령한다. 이방인들 앞에서, 원수들 앞에서, "할례 받지 않은 자들" 앞에서 거룩하신 여호와 하나님의 노래를 불러보라 명령한다. 그렇게 함으로 그들은 이스라엘 백성과 그들의 하나님을 모욕하고 조롱하려 한다. 조상들의 죄 때문에 바벨론에 포로로 끌려온 것만도 원통하고 비통하기 짝이 없는데 이제는 그들 조상들의 죄와 허물로 인해 이방 족속들 앞에서 여호와 하나님마저 모욕을 당하는 치욕을 경험한다. 아아, 이방 땅, 끌려온 땅에서 어찌 거룩하신 하나님의 노래를 저들의 여흥을 돋우기 위한 노래로 부를 수 있단 말인가? 그 수치와 치욕을 견딜 수 없어 시인은 울부짖는다. 악기를 연주하는 오른 손이 차라리 그 재주를 기억하지 못하기를, 노래하는 혀가 입천장에 달라붙어 더 이상 노래할 수 없게 되기를… 그리고 마음속 깊은 곳에서 눈물의 기도를 드리게 되는 것이다. 하나님, 잘못했습니다. 저희가 잘못했습니다. 그러니 진노를 푸시고 이제 자비를 베풀어 주십시오. 저희가 바르게 살겠습니다. 정신 똑 바로 차리고 살겠습니다. 도와주세요… 제발… 제발….

북 이스라엘과 남 유다가 앗수르와 바벨론에 의해 멸망당한 이유는 그들이 하나님을 떠나 제 멋대로 살았기 때문이다. 특히 그들이 배부르고 등 따습고 잘 살게 될 때일수록 그들의 부패와 타락상은 깊어만 갔다.

왕들의 사치는 극에 달했다. 추운 겨울을 위해 따뜻한 남쪽에 겨울 궁을 만들어 놓았고 더운 여름을 위해 시원한 곳에 여름 궁을 만들어 놓았다. "겨울 궁과 여름 궁을 치리니 상아 궁들이 파괴되며 큰 궁들이 무너지리라. 여호와의 말씀이니라"암 3:15

여호와 하나님을 떠나 풍요의 바알 신을 섬기는 그들의 모습에 대해 "바알을 따르는 너희의 모습은 암낙타가 발 빠르게 자기의 욕정을 향해 달려감 같으며, 광야에 사는 들 암나귀들이 성욕을 주체치 못해 헐떡거림과 같았다"렘 2:23-24라고 예언서는 기록한다.

제사장을 비롯한 종교지도자들도 타락하였다. "그리하여도 이들은 포도주로 말미암아 옆 걸음 치며 독주로 말미암아 비틀거리며 제사장과 선지자도 독주로 말미암아 옆 걸음 치며 포도주에 빠지며 독주로 말미암아 비틀거리며 환상을 잘못 풀며 재판할 때에 실수하니 모든 상에는 토한 것, 더러운 것이 가득하고 깨끗한 곳이 없도다."사 28:7-8

정치지도자들도 타락하였다. "화 있을진저, 시온에서 교만한 자와 사마리아 산에서 마음이 든든한 자, 곧 백성들의 머리인 지도자들이여… 상아 상에 누우며 침상에서 기지개 켜며 양 떼에서 어린 양과 우리에서 송아지를 잡아서 먹고 비파소리에 맞추어 노래를 지절거리며 다윗처럼 자기를 위하여 악기를 제조하며 대접으로 포도주를 마시며 귀한 기름을 몸에 바르면서 요셉의 환난에는 근심하지 아니하는 자로다."암 6:1, 4-6 "백성을 인도하는 자가 그들을 미혹하니 인도를 받는 자들이 멸망을 당하는도다."사 9:16

백성들은 거짓과 기만으로 하나님을 섬겼다. "이 백성이 입으로는 나를 가까이 하며 입술로는 나를 공경하나 그들의 마음은 내게서 멀리 떠났나니"사 29:13

그들이 드리는 제사도 신령과 진정으로 드리는 것이 아닌 형식적이고 겉치레에 불과한 것이었기에 하나님께서 가증히 여기는 것이었다. "헛된 재물을 내게 다시 가져오지 말라 분향은 내가 가증히 여기는 바요 월삭과 안식일과 대회로 모이는 것도 그러하니 성회와 아울러 악을 행하는 것을 내가 견디지 못하겠노라. 내 마음이 너희의 월삭과 정한 절기를 싫어하나니 그것이 내게 무거운 짐이라 내가 지기에 곤비하였느니라."사1:13-14

부녀자들도 타락하였다. "사마리아의 산에 있는 바산의 암소들아 이 말을 들으라. 너희는 힘없는 자를 학대하며 가난한 자를 압제하며 가장에게 이르기를 술을 가져다가 우리로 마시게 하라 하는지라"암4:1

요컨대 이스라엘 모든 백성들이 타락하였고 부패하였다. "이는 그들이 가장 작은 자로부터 큰 자까지 다 탐욕을 부리며 선지자로부터 제사장까지 다 거짓을 행함이라."렘6:13

이것이 이스라엘이 바벨론에 멸망당하여 포로로 끌려가게 된 시대적 정황이었다. 임박한 멸망에 대한 이 경고의 메시지는 북 이스라엘과 남 유다가 비교적 잘 나가고 있을 때, 정치, 경제, 군사, 외교적으로 안정과 풍요를 누리던 시기에 주어졌다는 사실을 기억해야 한다. 예컨대 BC 8세기 북이스라엘의 여로보암 2세 시대에는 이스라엘의 부귀와 영광이 재현되는 시기였다. 여로보암은 왕국의 국경을 점차 확대했으며, 국가의 부는 크게 증대되었다. 그러나 이러한 국가의 부의 증대는 상대적으로 소규모의 제한된 주민들의 손에 집중되었다. 즉 재주 있는 상인들과 토지 소유주들은 소작인 계급을 희생시켜서 부유해졌던 것이다. 이렇게 이스라엘의 자유시민들 사이의 두 계층 사이에서 증대되는 불평등은 아모스, 호세아와 같은 선지자들의 강력한 저항에 부딪쳐야 했다. 안정과 풍요 속에 저주와 멸망의 씨앗이 심겨지고 있었음을 우리는 반드시 직시해야 한다.

이스라엘 백성들이 바벨론의 포로로 끌려가게 된 것은 믿음의 백성들 전체와 연관된 국가와 사회의 문제였을 뿐만 아니라 개개인의 신앙과 연관된 개인적 문제로부터 기인한 것이었다. 그것은 철저하게 하나님의 말씀을 어기고 살았던 그들의 총체적 삶에서 비롯되었던 것이었다.

오늘날의 중독의 문제도 이와 같다. 그것은 국가와 사회의 문제로부터 비롯된 것이기도 하며 개개인의 삶의 자세와 태도로부터 비롯된 것이기도 하다. 또한 그것이 믿음의 백성들이었던 이스라엘의 문제였던 것처럼 오늘날 믿음의 백성들인 교회와 그 구성원들인 교인 한 사람 한 사람의 삶의 자세와 태도와 연관된 문제이기도 하다.

과거에도 중독은 있었다, 그러나 그것이 한 개인과 가정, 사회의 기저를 흔들 만큼 파괴적이지는 않았다. 오히려 현대에 와서 그것은 기승을 부리기 시작하였다. 단자화 된 세상, 익명성이 요구되는 세상, 곧 공동체성이 파괴된 세상에서 중독은 만개하게 된 것이다. 중독은 아무데서나 발생하지 않는다. 중독이 발생할 적당한 조건 하에서만 발생한다. 향락과 물신주의에 물든 사회, 상대적 소외와 박탈감을 가중시키는 사회, 경쟁을 부추기며 승자가 독식하고 루저를 양산하는 사회, 이런 사회적 조건과 분위기가 중독이 자라나는 토양이 된다.

성인들이 인터넷 강국의 성공신화에 눈멀어 있을 때, 우리 아이들의 영혼을 갉아먹을 인터넷 중독의 독소는 이미 그 때, 거기에 있었다. 세상이 온통 경쟁의 논리에 정신을 팔고 앞으로 달려 나갈 때, 세상 속에서 루저들이 양산될 때 중독의 길은 열리기 시작했다. 절대적 빈곤을 넘어 세상 속에 풍요가 찾아왔을 때, 더 많이 가진 자들과 조금 가진 자들의 상대적 박탈감과 소외가 생겨나기 시작했을 때, 그 때 거기에서 중독의 대로는 활짝 열리기 시작하였다. 온통 세상이 물신주의에 휘둘리고, 배금주의사상에 물들어 있을 때, 맘몬이 세상을 지배하기 시작하였을 때, 중독은 사람들의 향락과 탐욕의 마음 속 깊은 곳에서 그 위력을 발휘하기 시작하였다. 그리고 지금은 쓰나미가 되어 온 사회를 초토화시키기 시작했다. 마치 맘몬을 섬기며 풍요를 만끽하던 이스라엘에게 앗수르와 바벨론이라는 대재앙이 예비 되고 있었던 것처럼. 맘몬에 물들고 지배당하는 세상이야말로 중독의 온상이요 토양인 것이다.

범죄하고 타락한 이스라엘을 바라보시는 하나님의 통분의 마음을 이사야는 이렇게 기록한다.

> "슬프다 범죄한 나라요, 허물 진 백성이요 행악의 종자요 행위가 부패한 자식이로다. 그들이 여호와를 버리며 이스라엘의 거룩하신 이를 만홀히 여겨 멀리하고 떠나갔도다." 사 1:4

그렇지만 하나님께서는 그들을 부르시고 또 부르신다.

> "오직 네 죄를 자복하라 … 배역한 자식들아 돌아오라." 사 3:12, 13
> "너희는 여호와를 만날 만한 때에 찾으라 가까이 계실 때에 그를 부르라." 사 55:6
> "악인은 그의 길을, 불의한 자는 그의 생각을 버리고 여호와께로 돌아오라. 그리하면 그가 긍휼히 여기시리라. 우리 하나님께로 돌아오라 그가 너그럽게 용서하시리라." 사 55:7
> "너희는 각기 악한 길에서 돌이키며 너희의 길과 행위를 아름답게 하라" 렘 18:11

그러나 이스라엘은 끝내 그들의 타락한 길에서 돌이키지 않는다. 그들에게 하나님은 예레미야 선지자를 통하여 경고하신다. 이제 바벨론의 포로가 될 것임을….

"이십삼년 동안 여호와의 말씀이 내게 임하기로 내가 너희에게 꾸준히 일렀으나 너희가 순종하지 아니하였느니라 … 그러므로 이 모든 땅이 폐허가 되어 놀랄 일이 될 것이며 이 민족들은 70년 동안 바벨론의 왕을 섬기리라."렘25:3, 11

끝내 북 이스라엘은 BC 722년 앗수르에 멸망당하고, 남 유다는 BC 586년 바벨론에 의해 완전히 정복당하고 수많은 사람들이 바벨론 포로로 끌려가게 된다. 물리적 의미에서의 이스라엘은 이제 더 이상 존재하지 않게 되었던 것이다. 그들은 영토 없는 백성이요, 주권 없는 백성이 된 것이다. 그러나 그 끌려간 땅에서 비로소 그들은 진정으로 하나님 나라의 백성으로 살아가는 길을 배우게 된다. 눈에 보이는 세상 나라와 구별되는 새로운 차원의 나라를 …. 물론 그 진정한 의미는 예수님께서 이 땅에 오신 이후에야 명확히 알려지게 된다

중독의 문제를 해결하기 위해 국가와 사회가 져야할 책임의 몫은 중독자 개인과 그 가정이 져야할 몫과 다를 게 없다. 양자 공히 책임이 있다. 중독이 발생하는 원인 중 국가 사회적, 문화적 요인의 차이는 실로 엄청나다. 한국의 경우 국가와 사회가 져야 할 책임은 여타 다른 나라들보다 더 크다 할 수 있다. 한국은 국가가 나서서 도박을 부추기는 나라다. 도박장이 주택가 곳곳까지 침투해 있을 정도이다. 도박장을 규제해야 할 정부와 지방자치단체가 앞장서서 도박장을 세수 증대 차원에서 개설해 주고 있는 실정이다. 수많은 영상 경마장들, 경마도 부족해서 경정, 경륜 등의 도박장 시설과 카지노 시설, 여기에 더해 사설 도박장과 불법 도박장에 이르기까지, 스포츠 토토와 로또 복권 등등 도박과 관련한 사행산업의 수준은 도를 지나치고 있다. 술에 대해 관대한 문화도 재고해 보아야 한다. 특히 술에 대한 광고 규제를 선진국 수준으로 끌어 올려야 한다. 담배에 대한 광고규제 수준으로 끌어올려야 한다. 아이돌 스타들이 술 광고에 출연하지 못하도록 규제해야

하며, 드라마에서 술 마시는 장면도 규제해야 한다. 영상 게임물에 대한 규제 대책도 보다 엄격해져야 한다. 인터넷 게임산업에 대한 정책도 깊은 숙고 가운데 집행되어야 한다. 게임산업이 성장하면 할수록 우리 자녀들이 게임중독자가 될 확률은 그만큼 커지는 법이다. 우리나라와 같이 사치 향락 사업이 횡행하는 곳도 많지 않다. 성을 사고 팔고, 성적 향락을 추구하는 성산업도 더 체계적으로 규제되어야 한다. 무엇보다도 인터넷 산업의 활성화는 수많은 사람들을 급격하게 중독으로 빠뜨리고 있다. 인터넷을 통해 누구나 클릭 한 번으로 도박의 세계, 포르노의 세계로 빠져 들어가는 참으로 무서운 세상 속에서 우리는 살고 있다. 스마트폰의 보급으로 우리 아이들이 이 무서운 세상에 무방비 상태로 노출되고 있음을 우리는 두렵게 받아들여야 한다. 알코올중독, 도박중독, 게임중독, 성중독 등 이른바 4대 중독에 대한 우리나라의 국가 사회적, 문화적 책임은 그 어느 나라보다, 그 어느 때보다 크고 막중하다. 국가 사회 각계각층에서 기독교인의 깨어 있는 외침과 활동이 절실히 요청되고 있는 실정이다. 정부 통계에 의한 중독자수가 1,000만 명이 넘고 있으니 가히 중독공화국이라 아니 할 수 없다

"그들이 네게 묻기를 네가 어찌하여 탄식하느냐 하거든 대답하기를 재앙이 다가온다는 소문 때문이니 각 마음이 녹으며 모든 손이 약하여지며 각 영이 쇠하며 모든 무릎이 물과 같이 약해지리라 재앙이 오나니 반드시 이루어지리라 주 여호와의 말씀이니라" 겔 21:7

중독은 우리 시대의 정신적 쓰나미요 재앙이다. 그것은 이미 닥쳐왔다. 바벨론에 멸망당하기 직전의 예루살렘도 이와 같았다. 그들에게는 국가적 재앙이 목전에 다가와 있었지만 아무도 그것에 주목하지 않았다. 오히려 수많은 선지자들이 거짓 예언을 하여 백성들을 기만하고 속이는 지경에 이

르렀다. 참된 선지자들이 바벨론에 의한 이스라엘의 멸망을 예언하고 있을 때 거짓 예언자들은 정반대로 하나님께서 바벨론을 멸망시키실 것이라고 예언했다.렘 28:2-4

모든 백성들의 탐욕으로 인해 하나님의 공의와 정의, 율법은 더 이상 지켜지지 않았다.

> "인자야 이 피흘린 성읍에 사는 자들로 그들이 행한 모든 가증한 일을 그들이 알게 하라 … 우상을 만들어 스스로 더럽히는 성아 … 너희는 부모를 업신여겼으며, 나그네를 학대하였으며, 고아와 과부를 해하였도다 … 나의 안식일을 더럽혔으며 … 이간을 붙이는 자도 있었으며 … 음행하는 자도 네 가운데 있었으며 … 뇌물을 받는 자가 있었으며 … 이익을 탐하여 이자를 받는 자가 있었으며 … 이웃의 것을 속여 빼앗았으며 … 그리하여 너희가 나의 찌꺼기가 되었느니라"겔 22:1-18
>
> "너희는 예루살렘 거리로 빨리 다니며 그 넓은 거리에서 찾아보고 알라 너희가 만일 정의를 향하며 진리를 구하는 자를 한 사람이라도 찾으면 내가 이 성읍을 용서하리라"렘 5:1
>
> "가난한 자를 삼키며 땅의 힘없는 자를 망하게 하려는 자들아 이 말을 들으라 너희가 이르기를 월삭이 언제 지나서 우리가 곡식을 팔며 안식일이 언제 지나서 우리가 밀을 내게 할꼬. 에바를 작게 하고 세겔을 크게 하여 거짓 저울로 속이며 은으로 힘없는 자를 사며 신 한 켤레로 가난한 자를 사며 찌꺼기 밀을 팔자 하는도다"암 8:4-6

이것이 번영과 향락을 구가하던 이스라엘의 실상이었다. 예루살렘 성에는 정의를 향하며 진리를 구하는 자가 한 사람도 없었고, 가난한 사람과 힘없는 사람을 돌보지 않았고 오히려 착취하였으며, 서로 속이고 빼앗고 뇌물을 주고받았으며, 음행을 일삼고 우상을 숭배하는 등 더럽고 피 묻은 성이 되었다. 모든 백성과 관리들은 돈에 눈이 멀어 안식일을 지키는 것도 아까워하였으며 헐값으로 노동자들을 사서 부렸다.

개인이든 국가든 가난해서 망하지는 않는다. 오히려 그 때는 열심히 일하고, 열심히 하나님을 찾으며 살아간다. 그러나 어느 정도 부가 축적되었을 때, 살만하게 되었을 때 인간의 탐욕, 탐심은 마각을 드러내기 시작한다.

하나님께서 에스겔 선지자를 통해 이스라엘에 들려주시는 간절한 호소는 "내가 여호와인 줄 너희가 알아라"는 것이다. 이 호소가 에스겔서에 수십 번 등장한다. 호세아 선지자의 주장도 마찬가지다. "그러므로 우리가 여호와를 알자 힘써 여호와를 알자"호 6:3는 것이다. 그리고 그 하나님께서 원하시는 나라를 이루자는 것이다.

> "오직 정의를 물 같이, 공의를 마르지 않는 강 같이 흐르게 할지어다"암 5:24

> "여호와께서 네게 구하시는 것은 오직 정의를 행하며 인자를 사랑하며 겸손하게 네 하나님과 함께 행하는 것이 아니냐"미 6:8

하나님께서 이스라엘에게 원하시는 사회는 한 마디로 정의가 물 같이, 공의가 강물 같이 흐르는 사회였다. 그 사회는 또한 사랑이 넘치는 사회였다. 하나님의 성품이 공의와 사랑인 것처럼 하나님께서는 하나님 백성이 세워가는 나라 역시 공의와 사랑의 나라가 되길 원하셨다. 그 기준은 곧 고아와 과부와 나그네로 대별되는 가난하고, 힘없는 사람들을 돌보아 주고 그들을 차별하거나 착취하지 않으며 공정한 기회를 보장해 주는 나라였다. 부정부패가 없고, 뇌물을 주고받지 않으며, 공정한 판결이 이루어지고, 저임금을 강요하지 않으며, 노동착취가 없는 사회였다. 부가 편중되지 않고 고르게 배분되는 사회였다. 하나님이 바라시는 사회의 모습은 예나 지금이나 다름이 없다. 선지자들을 통해 하신 말씀이나 예언서에서 우리가 읽게 되는 말씀들은 하나 같이 오늘을 사는 우리들에게 들려주시는 하나님의 간절한 현재진행형 호소이다.

경건의 외양만 있지 그 능력을 잃어 가고 있는^{딤후 3:5} 현대교회에 대해서도 하나님께서는 경종을 울려 주신다.

> "나는 인애를 원하고 제사를 원하지 아니하며 번제보다 하나님을 아는 것을 원하노라"^{호 6:6}

참된 경건에 대해 야고보서는 이렇게 말한다. "하나님 아버지 앞에서 정결하고 더러움이 없는 경건은 곧 고아와 과부를 그 환난 중에 돌보고 또 자기를 지켜 세속에 물들지 아니하는 그것이니라"^{약 2:27}

이스라엘이 멸망당하지 않았으려면, 멸망당하여 바벨론의 포로로 끌려가지 않았으려면 그들은 선지자들의 예언의 소리에 귀를 기울이고 그들의 말을 들어야 했다. 그러나 아무도 그들의 소리에 귀 기울이지 않았고 그들의 생명을 건 외침은 반향 없는 메아리에 그쳤다. 마침내 때가되어 이스라엘은 망했고 시드기야 왕은 두 눈이 뽑혀 결박당하여 바벨론으로 수많은 부하, 백성들과 함께 포로로 끌려가야 했다. 그들의 선조들이 애굽에서 노예생활을 했던 것처럼 그들 또한 노예생활과 다름없는 포로생활을 감당해야 했다. 나라와 백성들이 총체적으로 잘못된 길을 걸을 때 국가적 차원의 재앙이 어떻게 임하는가를 예언서들은 여실히 보여주고 있다.

우리가 처한 중독의 현실 또한 이와 같다. 중독은 이미 재앙이 되고 쓰나미가 되어 온 나라를 덮치고 있다. 전체 인구의 오분의 일에 달하는 천만 명의 사람들이 각종 중독에 빠져 있다고 정부 보고서는 말한다. 이쯤 되면 이미 나라가 망할 조건이 갖추어진 것이다. 유사 이래로 한 나라가 망할 때는 내부적인 요인이 늘 선행되었다는 것을 역사는 증언한다. 건강한 나라, 건강한 사회에서 중독은 발붙일 틈이 그리 많지 않다. 그러나 병든 나라, 병든 사회에서 중독은 기승을 부린다. 그것은 장차 그 나라를 망하게 하는 대재앙의 전조가 된다. 중독되어 자란 아이들이 나라의 주인이 될 그 때가 나라가 망할 때가 될 것이기 때문이다.

중독으로부터 안전한 나라는 건강한 나라다. 그것이 하나님께서 성경을 통해 특히 예언서를 통해 이스라엘에게 그리고 오늘을 사는 우리들에게 들려주시고자 하는 메시지인 것이다. 무엇보다 먹고 마시는 것 이상의 고귀한 것을 추구하며 탐욕과 탐심을 내려놓고 사는 삶을 살라는 것이다, 그것은 하나님의 나라, 하나님의 거룩과 탁월함을 추구하며 사는 삶이 될 것이다. 세상이 그렇게 변하기 힘들다면 적어도 그리스도인들만큼은 그렇게 세속에 물들고 세속적 가치를 추구하며 살아갈 것이 아니라 하나님의 가치를 추구하며 살아야 할 것이다. 그리스도인들이 세상의 빛과 소금이 되는 삶을 살아야 하는 것이다. 그래야 중독이라는 누룩이 퍼져나가는 것을 막을 수 있게 될 것이다.

중독은 세속적 가치를 추구하다 생긴 병이다. 세속적 가치를 추구하는 삶을 물화物化된 삶이라고 표현한다. 그것은 영혼과 정신의 고귀한 가치를 추구하는 대신 철저히 세속적 가치, 특히 돈과 향락을 추구하는 삶이다. 예수님께서 친히 말씀하신 바 "네 보물 있는 곳에 네 마음이 있다"마 7:21 하셨는데 이를 풀어 해석하면 네가 마음을 쏟고 있는 그 보물이 결국 너를 지배하고 네 인생을 끌고 갈 것이라는 말씀이다. 돈과 향락을 보물로 알고 추구하는 삶은 중독에 이르는 선행 조건이자 전제이다. 만일 한 국가와 사회가 그것을 조장하고, 한 개인이 그것을 추구하는 삶을 살 때 그가 중독에 빠질 가능성은 비할 바 없이 높아진다. 그를 삼키려 입 벌리고 있는 중독의 아가리 속으로 아무 생각 없이 터덜터덜 걸어 들어가고 있는 형국이 되는 것이다.

안돼! 거기서 멈춰! 돌이켜 거기서 나와!

구약의 예언서가 오늘을 사는 우리들에게 전해 주는 이 긴박하고 날카로운 경고음이 들려야 한다. "너희는 세상의 소금이요 빛이니"마 5:13,14 "먼저 그의 나라와 그의 의를 구하라 그리하면 이 모든 것을 너희에게 더하시리라"마 6:33는 주님의 음성 또한 들려야 한다. 그럴 때 국가와 사회, 개인들은 중독에 빠지지 않게 될 것이다. 그럴 때 중독에 빠졌던 자들도 다시 회생과 회복의 길을 걷게 될 것이다.

10. 거짓 자기로부터의 탈출

라파공동체에서 일상의 삶 중 가장 중요시 하는 일과는 매일 이른 아침에 이루어지는 성경묵상QT이다. 성경을 통해 말씀이신 하나님을 만나고, 하나님은 우리 각 사람에게 말씀하신다. 말씀에는 능력이 있어 중독자들을 치유하고 그들을 변화시키며 회복의 길로 이끈다. 말씀이 중독자들의 내면세계 깊숙한 곳에 생명의 빛으로 들어와 그들을 어둠에서 빛으로, 죽음에서 생명으로 이끈다. 말씀은 무엇보다도 그들의 내면을 밝히 드러나게 한다.

> "나는 세상의 빛이니 나를 따르는 자는 어둠에 다니지 아니하고 생명의 빛을 얻으리라." 요 8:12
>
> "감추인 것이 드러나지 않을 것이 없고 숨은 것이 알려지지 않을 것이 없나니" 마 10:26, 눅 12:2

때론 개인묵상 뿐만 아니라 집단 성경공부와 비블리오 드라마성경을 대본 삼아 행하는 역할극 등의 학습 도구들을 통해 우리들은 성경 속으로 들어간다. 그리고 그 시간들을 통해 그리스도 앞에서 발견되는빌 3:9 은혜를 입는다.

성경은 우리 자신을 발견케 해 주는 진리의 등불이다. 인류 최대의 미스테리는 인간 자신에 대한 것이다. 인간의 사유체계가 발달하기 시작할 때부터 인간 사유의 최대 화두는 '나는 누구인가?'였다. 이것은 오늘날도 마찬가지이다. 소크라테스의 위대한 정언 "너 자신을 알라!"는 오늘날에도 변함없는 인류 최대의 화두가 되고 있다. 과연 나는 누구란 말인가? 그리고 어디서, 어떻게 해야 나를 알 수 있단 말인가? 술 마시고 도박하며 성에 탐닉하는 나는 누구란 말인가? 그렇게 해서는 안 된다는 것을 알면서도 똑같은 짓을 반복하는 나는 도대체 누구란 말인가? 바울이 고백했던 바, "내가 원하는 바 선은 행하지 아니하고 도리어 원하지 아니 하는 바 악을 행하는"롬 7:19 이 사람은 도대체 누구란 말인가?

요한복음 8장 1-11절의 간음하다 현장에서 잡혀온 여인의 이야기를 비블리오 드라마를 통해 어떻게 접근하는지 사례로 들어보겠다. 연출자인도자의 의지와 그때그때의 상황에 따라 똑같은 본문이 수많은 다양성으로 표출된다는 것은 말할 필요도 없다. 여기서는 다만 한 사례만을 살펴보도록 하겠다.

성경 본문을 읽은 후 연출자인도자가 겉옷을 벗어 무대교육실 혹은 예배당 중앙에 던져 놓는다. 그리고 "자, 여기 간음하다 현장에서 잡혀온 여자가 쓰러져 있습니다. 그녀는 옷매무새도 제대로 갖추지 못한 채 지금 분노한 대중들 앞에 던져져 있습니다. 이제부터 여러분들은 이 여인이 되십시오. 그리고 이 여인의 마음을 읽어보십시오." 그렇게 잠시 묵상해보게 한 후에 각자가 생각하고 느끼는 것을 주인공의 입장이 되어 말하게 한다.

- 지금 말 할 수 없는 수치심을 느낍니다. 어디 쥐구멍이라도 있으면 숨고 싶습니다.
- 두렵습니다. 너무 무섭습니다. 오들오들 떨립니다.
- 후회가 막심합니다. 이런 날이 올 줄 알았습니다. 마침내 올 것이 온 기분입니다.
- 화가 납니다. 재수 더럽게 없어서 잡힌 것 같아 화가 납니다.
- 억울합니다. 나만 잘못한 게 아닌데, 모두 다 율법을 어기고 살아가는 데 나만 이렇게 잡혀서 억울합니다.

- 원망스럽습니다. 나를 이렇게 만든 세상이, 그 남자가 원망스럽습니다.

- 나를 이렇게 만든 그 인간을 용서할 수 없습니다. 죽여 버리고 싶습니다.

- 후회 없습니다. 나는 정말 그 남자를 사랑했습니다.

- 이제 모든 것이 끝났다고 생각하니 마음이 편합니다. 편하게 죽을 수 있으면 좋겠습니다.

- 이렇게 죽기 싫습니다. 살고 싶습니다. 정말 살고 싶습니다.

- 엄마 생각이 납니다. 엄마가 보고 싶습니다.

- 부모님 생각이 납니다. 부모님들은 나를 절대 용서하지 않을 겁니다.

- 아버지 생각이 납니다. 눈물 흘리실 아버지 생각이 납니다.

- 아버지 생각이 납니다. 무서운 아버지, 불호령을 칠 것만 같습니다. 아버지가 여기에 없어서 다행입니다.

- 무서워 죽겠습니다. 살고 싶습니다. 하나님 살려주세요, 도와 주세요 라고 외치고 싶은 심정입니다.

이런 식으로 성경 속으로 들어가 그 주인공이 되어 그의 자아가 되어 생각하고 느껴보게 하며 그 마음을 발표하게 한다. 동일한 본문을 사용해 돌을 들고 있는 군중이 되어 보게도 하고, 예수님이 되어 보게도 하며, 필요시에는 그 현장에 이 여인과 간통한 그 남자가 있다고 가정하고 그 남자가 되어 보기도 하며, 현장에 이 여인의 부모님이 있다고 가정하고 부모님이 되어 보기도 한다. 이러한 작업들을 통해 참가자들은 자기의 마음을 발견하게 될 뿐만 아니라 작업에 참가한 다른 사람의 마음도 알고 느끼게 된다. "물에 비치면 얼굴이 서로 같은 것 같이 사람의 마음도 서로 비치느니라." 잠27:19

사람들은 저마다 생각하고 느낀다. 각자의 생각과 느낌이 다르다. 그것은 틀린 것이 아니라 다른 것이다.Not wrong but different 이렇게 생각하고 저렇게 느낀다고 해서 누구도 틀린 것이 아니다. 다만 다른 것일 뿐이다.

어떤 사람은 이 여인을 연민하고 불쌍히 여기며 감싸주려 한다. 그러나 어떤 사람은 이 여인을 보고 분개하고 분노한다. 전자는 사람은 살다보면 실수 할 수도 있다고 생각하지만 후자는 그렇다 하더라도 이런 실수는 해서는 안 된다고 생각한다. 그것은 실수가 아니라 하나님의 계명을 어긴 크나큰 범죄행위이기 때문이라는 것이다. 이렇게 생각하고 느끼는 두 사람이 만나면 결국 싸움이 된다. 네가 옳으냐 내가 옳으냐의 싸움이 시작되는 것이다. 누가 더 옳고 누가 더 그른 것이 아니다. 다만 다른 것일 뿐이다.

왜 다를까? 그것은 각 사람이 자라온 환경과 경험, 그리고 그로 인해 형성된 각자의 내면세계가 다르기 때문일 것이다. 그 다름의 정도가 서로 수용할 수 있는 수준인 한 큰 문제가 되지는 않는다. 그러나 그 다름의 크기가 너무 크고 편차가 심하게 된다면 그때는 문제가 된다. 그 다름의 차이는 내면의 결핍의 크기와 정도, 곧 학대와 유기의 크기와 정도에 달려 있다. 그 사람이 어떤 사람인지를 알려면 그의 내면을 읽어야 하고, 그의 내면을 읽으려면 그의 성장과정과 환경을 보아야 한다. 그래서 찰스 거킨은 사람을 "살아 있는 인간 문서"라고 부르기도 했다. 잘 읽고 잘 해석해야 하는 텍스트와 같다는 것이다.

성격장애는 정신과적 치료를 요하는 정신장애의 일종이다. 이를테면 남에 대한 배려는 눈꼽만큼도 없이 자기 자신만을 이기적으로 챙기는 자기애적 성격장애, 좋아했다 싫어했다를 끝없이 반복하는 경계선적 성격장애, 무조건 손 벌리고 도와주기만을 바라는 의존적 성격장애, 무조건 의심하고, 자기의 생각과 판단 만을 믿는 편집적 성격장애, 책임지지 않고 문제가 생기면 도피하는 회피성 성격장애 등등 다양한 유형의 성격장애가 있다. 중독자들은 중독적 자아라는 독특한 자아의식을 가지고 있을 뿐만 아니라 이와 같은 성격장애도 겸하여 가지고 있는 경우가 적지 않다. 이것을 이중장애라고 부르는데 그것은 중독의 치료를 더 어렵게 만드는 요인이 되고 있다. 정도의 차이는 있으나 중독자들은 위와 같은 성격장애를 가지고 있거나 우울증, 조울증과 같은 기분장애를 동시에 가지고 있는 경우가 많다

중독치료의 핵심을 밝혀주는 구절은 아마도 에베소서 4장 22-24절일 것이다.

> "너희는 유혹의 욕심을 따라 썩어져 가는 구습을 따르는 옛 사람을 벗어 버리고 오직 너희의 심령이 새롭게 되어 하나님을 따라 의와 진리의 거룩함으로 지으심을 받은 새 사람을 입으라"

옛 사람은 누구이고 새 사람은 누구인가? 옛 사람은 중독된 나자기이고 새 사람은 회복된 나자기이다. 옛 사람은 욕심을 따라 낡은 오래된 습관을 따라 사는 나자기이고 새 사람은 하나님을 따라 새로 지음 받은 나자기이다. 옛 사람은 믿음 없이 우상을 따르며 살던 나자기였고 새 사람은 참 신이신, 유일하신 하나님을 믿고 따르는 나자기이다. 옛 사람은 거짓 나거짓 자기이고 새 사람은 참 나참 자기이다. 옛 사람은 흙에 속한 자의 형상이고 새 사람은 하늘에 속한 자의 형상고전 15:49이다. 참 나참 자기를 그래서 내게 새겨진 하나님의 형상이라고도 부르는 것이다.

중독의 치료란 거짓 나를 벗어 버리고 참 나를 입는 것이다. 참 나로 새로 지음을 받는 것이다. 내게 새겨진 하나님의 형상을 회복하는 것이다. 중독된 나는 거짓 나이고 회복된 나는 참 나이다. 오직 참 나로 살아갈 때 만 진정한 회복의 삶을 살아갈 수 있다. 나자기는 근본적으로 관계적 개념이다.

너대상 없이 나는 없다. 나는 너로부터 나왔다. 나는 너의 시선의 총합이다. '너'가 나를 어떤 눈으로 보느냐에 따라 '나의 나 됨'이 결정된다.

"나의 나됨은 하나님의 은혜"고전 15:10라고 고백했던 바울의 고백은 이 점을 분명히 해준다. 진정한 나는 하나님을 대면하여 그 앞에 섰을 때 발견되는 것이다. 나를 향한 하나님의 시선 안에서 찾아지는 것이다. 진정한 나는 하나님의 은혜 안에 있을 때, 은혜를 입을 때 찾아지는 것이다. 예수님을 만나기 전, 바울이 사울이었을 때 그것은 옛 사람이요 옛 나이며 거짓 나였다.

그리스도인들을 혹세무민하는 자들로 알고 그들을 잡아 감옥에 가두고 또 돌로 쳐 죽이는 등 율법과 유대교에 충실했던 사울은 거짓 나였다. 그는 "주의 제자들에 대하여 여전히 위협과 살기가 등등하였고… 멀리 다메섹에 있는 그리스도인들을 남녀를 막론하고 잡아 예루살렘으로 데려오려던"행 9:1-2 사람이었다. 그러나 그가 그 일을 위해 다메섹으로 가는 길 위에서 큰 빛으로 나타나신 예수님을 만나면서 인생이 180도 완전히 바뀌는 일이 일어난다. 그리하여 그리스도교의 강력한 옹호자요 기독교 역사상 가장 충직하고 충실한 그리스도의 제자요 사도가 탄생되었던 것이다. 진정한 나, 참 나자기는 오직 그리스도 예수를 만나야만 발견된다. 그것은 신비한 방법과 과정을 통해, 영이신 예수님과의 개인적이고 인격적인 만남을 통해 이루어진다. 사울처럼 자기 앞에 신비한 방법으로 큰 빛으로 나타난 예수님을 만나든, 간음하다 현장에서 잡힌 여인처럼 죽음의 위기의 현장에서 앞에 홀로 서 있는 예수님을 만나든 키에르케고르가 신 앞에 선 단독자로 인간을 묘사했던 것처럼 인간은 예수님을 만남으로써 그의 인생의 문제를 해결 받을 수 있고 참 나를 발견할 수 있다.

예수님의 공생애 시대에 예수님을 만나고 그의 음성을 직접 들은 사람의 수는 수 만, 수십만에 달했을 것이다. 그러나 그들 대부분은 눈이 있어도 보지 못했고, 귀가 있어도 듣지 못했다. 그들은 예수님과 개인적이고 인격적인 만남, 신비적인 경험이라고 밖에 말할 수 없는, 그런 경험을 갖지 못했다. 오직 성령을 받은 사람들만이 예수 그리스도와의 신비적인 인격적 결합을 경험함으로써 사도와 제자들이 되고 진정한 그리스도인이 된다. 진정한 나, 참 나가 된다. 영적인 나, 영적인 참 나가 되는 것이다. 육의 사람이 아니라 영의 사람이 되는 것이다. 그 사람은 거듭난 사람이요, 용서 받은 사람이며, 예수님을 그리스도요 주님으로 알고 믿고 따르는 사람이다. 하나님을 아버지로 알고 믿고 따르는 사람이 되는 것이다. 그 일은 우리의 의지와 노력으로 되는 것이 아니라 오직 하나님 아버지의 주권적 선택과 성령의 역사하심을 통해 이루어진다.

영적인 차원에서 뿐만 아니라 심리적인 차원에서도 참 나^{자기}를 찾고 회복하는 것은 중독의 치료에서 매우 중요하다. '내가 나에 대해서 느끼는 생각과 감정'을 자기감^{혹은 자아상}이라고 한다. 사람들은 이 자기감의 지배를 받거나 그것에 따라 행동하는데 그것은 비교적 아주 어린 시절에 형성된다. 0세부터 5세 사이에, 특히는 1세 이전에 아이의 자기감^{자아상}은 결정된다. 그러나 이러한 결정이 절대적인 것이라고 우려할 필요는 없다. 그렇게 손상된 자기감을 가진 아이라 할지라도 성장하는 과정에서 또 다른 의미 있는 타인을 만나 마음의 결핍감을 해소할 수 있다면 자기감은 변화될 수 있다. 그것은 치료 가능하다. '자기'는 치료될 수 있는 것이다.

그렇다면 이 심리적 자기^{자기감}는 언제, 어떻게 형성될까? 자기감은 '나에 대한 남의 시선의 총합'이다. 남이 나를 어떤 눈빛으로 보았는지, 어떤 태도로 대했는지에 따라 자기감^{자아상}이 결정된다.

중독자들은 대부분 역기능 가정에서 성장했으며 성장과정에서 학대와 유기를 경험하며 자랐다. 혹은 너무 오냐오냐 spoiled 하며 자랐다. 그것은 아이가 받아야 할 사랑과 관심, 돌봄을 받지 못했거나 지나치게 오버해서 받은 경우에 해당되는데 이 모든 경우 공히 부정적 자기감을 형성하게 된다. 나는 사랑받을 자격이 없다고 생각하거나 나는 무조건 사랑받아야 한다고 생각하게 된다.

이 같은 양육환경에서 자라난 아이들에게는 나쁜 나, 만족시킬 수 없는 나, 열등한 나, 무가치한 나, 완전해야 하는 나, 표현해선 안 되는 나, 이겨야 하는 나, 강해야 하는 나, 피해를 입은 나, 믿지 못하는 나, 불안한 나, 의존적인 나, 혼돈감에 쌓인 나, 자기중심적인 나, 물화物化된 나모든 인격적인 관계를 물적 관계로 대치하는 등등 다양한 형태의 부정적 자기상을 만들어내게 된다. 그리하여 그 부정적 자아상이 본래의 자기인 줄 알고 그에 따라 살아가게 된다. 설혹 그 부정적 자아상을 인식하고 이를 극복하고자 노력하여도 변화가 쉽게 일어나지 않고 제자리로 돌아오는 일들이 반복된다. 부정적 자기감자아상을 극복하고 새로운 자기 정체성을 갖는 것은 결코 쉬운 일이 아니다.

이런 내면을 가지고 있는 사람들이 영적인 변화를 겪는 것 역시 매우 어렵다. 하나님께서 나 같은 사람, 내가 보아도 내 자신이 마음에 들지 않는데, 그런 나를 하나님께서 좋아하실 리가 없다고 단정 짓고 하나님 앞으로 나아가지 못한다. 사도 바울은 에베소서 2장 18절, 3장 12절에서 이 나아감의 소중함을 이렇게 표현한다. "이는 그로 말미암아 우리 둘이 한 성령 안에서 아버지께 나아감을 얻게 하려 하심이라.", "우리가 그 안에서 그를 믿음으로 말미암아 담대함과 확신을 가지고 하나님께 나아감을 얻느니라."

그들은 하나님은 사람을 차별하지 않으시며 모든 사람을 공평하게 사랑한다는 사실을 믿지 못한다. 설혹 그 말을 믿는다 할지라도 나에게만은 예외라고 생각한다. 그들은 믿음을 갖기도 어렵지만 믿음을 가졌다 할지라도 그 믿음을 성장시키는데 큰 애로를 가지고 있다. 그들의 믿음은 쉽게 성장하지 않으며 정체되기 일쑤이다. 이 부정적 자기감자아상을 가지고 살아가는 나는 거짓 나^{자기}이다. 거짓 된 나는 필연적으로 중독된 나로 이행한다. 중독된 나의 뿌리에는 나에 대한 거짓 정체성이 있다.

참 나^{자기}는 존엄한 나이다. 가치 있는 나이다. 고유한 나이며 독특성을 가진 나이다. 좋은 나이며 믿을 만한 나이고 용납 받은 나이며 용서 받은 나이다. 창조된 나이고 택함 받은 나이다. 불완전하고 부족하며 연약해도 괜찮은 나이다.

이 자기감의 문제를 제대로 해결하지 않은 채 중독으로부터의 온전한 치료나 신앙의 성장과 성숙을 기대할 수 없다. 자기심리학의 근본 명제는 그에게 '자기가 있는가, 없는가?'의 문제이다. 예수님을 따르려면 이 자기의 문제가 해결되어야 한다. 혹은 예수님을 만나 진정한 자기를 찾게도 된다

> "이에 예수께서 제자들에게 이르시되 누구든지 나를 따라 오려거든 자기를 부인하고 자기 십자가를 지고 나를 따를 것이니라." 마 16:24, 막 8:34, 눅 9:23

거짓 나, 거짓 자기로 살아온 사람들에게는 예수님께서 말씀하신 '자기부인'의 명령이 참으로 곤혹스럽다. 부인해야할 대상으로서의 '자기'가 없기 때문이다.

자기가 있는가, 없는가? 이 질문을 쉽게 이해할 수 있는 방법이 있다. 알코올중독자의 아내들에게 "당신이 원하는 것을 찾아 해 보세요"라고 말했을 때 그녀들은 한참이나 생각하고 고민한다. 그리고 대부분 "나는 내가 원하는 것, 내가 하고 싶은 게 뭔지 잘 모르겠어요." 라고 답한다. 이럴 때 그 사람에게 '자기가 없다'라고 말하는 것이다. 자기가 원하는 게 뭔지를 모르는 이유는 그에게 자기가 없기 때문이다. 그러면 그에게는 누가 있는가? 그에게는 오직 술 마시는 남편만이 있다. 그녀의 생의 모든 관심은 오직 술 마

시는 남편에게 집중되어 있다. 그녀 자신의 삶, 감정, 생각 따위는 남편의 술 문제가 심해지면 심해질수록 점점 설 자리를 잃어갈 뿐이다. 존재하는 것은 그녀 자신이 아니라 그녀의 남편에 대해 '걱정하는 자기'뿐이다. 알코올중독자는 술에 중독되어서 자기를 잃었고, 아내들은 그 남편에 중독되어 _{동반중독, 동반의존} 자기 자신을 잃었다.

알코올중독자를 위시해 모든 중독자들은 자기가 없거나 자기를 잃은 사람들이다. 그들은 중독이 되기 전에 이미 자기를 상실했거나 자기가 없었던 사람들이었다. 그리고 자기가 조금이나마 남아 있던 사람들도 중독이 진행되면서 그나마 남아 있던 자기마저 완전히 상실하게 된다. 모든 중독자들의 내면세계에는 오직 술, 도박, 성, 게임, 마약 등등 중독 물질이나 중독 행위에 대한 갈망만으로 가득 차 있어서 그것들이 그 사람의 내면세계를 지배하는 주인이 되고 '자기' 자신은 더 이상 존재하지 않는 상태가 되어 버리는 것이다. 그리하여 '자기'가 없는, 자기 삶의 주인의식을 상실한 중독의 '노예'로 전락해 버리는 것이다.

심리적 존재로서의 인간과 자기심리학의 기본을 이해하기 위해서 널리 알려진 두 가지 실험이 있다. 하나는 '낯선 이Stranger 실험'이고 또 하나는 '원숭이 실험'이다. 두 실험 모두 유아가 가진 부모와의 애착관계를 밝히려는 실험의 일환이었다.

'낯선 이 실험'은 이런 것이다. 장난감이 있는 작은 방에 유아와 엄마가 함께 놀고 있게 한다. 그 때 낯선 여인을 슬그머니 그 광경 속에 동참시킨다. 그러다가 엄마가 아이만을 그 방에 남겨두고 자리를 떠났다가 약간의 시간이 지난 후에 다시 돌아온다. 그 때 모니터를 통해서 관찰자들은 낯선 이와 남겨 졌을 때의 아이의 반응과 엄마가 돌아왔을 때의 아이의 반응을 체크한다. 결론은 이렇다. 엄마와 애착관계 - 사랑과 신뢰의 관계 -가 잘 형성된 아이는 낯선 이와 있어도 크게 동요하거나 불안해하지 않는다. 그리고 엄마가 돌아온 이후에도 엄마 품에 안겼다가는 이내 자기가 하던 놀이에 열중하는 모습을 보인다. 그러나 엄마와 불완전 애착을 형성한 아이들은 – 엄마가 직장을 다니거나 우울증을 앓고 있는 등의 이유로 아이를 충분히 사랑으로 돌보아 주지 못한 경우 – 낯선 이와 함께 있는 것을 불안해 하고 문가에서 서성거리며 엄마를 찾아 울기도 한다. 엄마가 돌아온 이후에는 엄마에게 다가가지도 못하고 엉거주춤한 자세를 취하거나 엄마에게 달려가 다시는 놓아주지 않으려는 듯 엄마에게 달라붙어 그 곁을 떠나지 않는 등의 태도를 취한다. 이 실험을 통해 부모와 건강하고 친밀한 애착관계, 사랑의 관계를 맺어온 아이와 그렇지 못한 아이 사이에는 매우 다른 반응이 나타난다는 점을 알 수 있게 된다.

원숭이 실험은 이런 것이다. 새끼 원숭이에게 인형으로 만든 가짜 어미 원숭이를 만들어 준다. 어미 원숭이는 두 명인데 한 명에게는 거칠고 투박한 외형을 가지고 있지만 젖병을 물리게 하고 다른 어미 원숭이에게는 젖병은 없지만 부드러운 천으로 그의 외형을 감싸준다. 새끼 원숭이가 두 명의 어미 원숭이를 일정 시간 경험하게 한 후 적당한 시기에 새끼 원숭이에게 위급한 상황을 조성한다. 깜짝 놀란 원숭이는 화들짝 놀라 뒤돌아보지 않고 도망을 간다. 과연 이 원숭이는 어떤 엄마의 품으로 도망을 갔을까? 이 원숭이는 자기에게 젖을 먹여준 투박한 외형의 어미 원숭이에게 도망하는 것이 아니라 부드러운 품을 내어준 어미 원숭이에게 도망간다. 이 실험을 통해서 알 수 있는 것은 삶의 위기의 순간에 원숭이가 도망가는 대상은 생리적 욕구를 충족시켜준 엄마가 아니라 그에게 따뜻함을 제공해 주었던 엄마였다는 사실이다.

이 실험의 결과는 앞의 낯선 이 실험의 결과와 결론을 같이 한다. 원숭이에게서와 마찬가지로 모든 유아들에게 부모와의 애착관계, 사랑의 관계의 질이 유아의 '자기됨'에 결정적인 영향을 미친다는 것이다. 원숭이 실험의 결론은 생리적 필요를 채워주는 엄마도 필요하지만 따뜻한 터치를 제공해 주는 엄마도 필요하다는 것이다. 낯선 이 실험의 결과 역시 유아의 내면의 건강을 결정하는 것은 젖을 주고 밥을 주는 생리적 필요에 더해 엄마의 따뜻한 사랑과 돌봄, 부드러운 터치라는 심리적 필요의 공급이 필요하다는 것이다. 그렇게 자란 아이들이 건강한 내면, 건강한 자기를 갖게 된다는 것이다. 그 아이들은 홀로설 수 있는 마음의 능력, 그러면서 함께 더불어 살아가기에 충분한 능력, 곧 분화된 인격을 갖추게 되는 것이다.

유아가 부모로부터 따뜻한 사랑과 돌봄, 부드러운 터치와 같은 심리적 필요를 채움 받지 못할 때, 나아가서는 학대와 유기의 역기능적 환경에서 성장할 때 그 아이는 내면에 다양한 형태의 불안을 내재하게 된다. 그 시기가 이르면 이를수록, 크기가 크면 클수록 내재화된 불안의 심각성과 크기는 더 커져간다. 아기는 자기의 전 존재가 멸절될 것 같은 멸절불안이나, 외부 존재로부터 끊임없이 박해를 받을 것 같은 박해불안, 나를 사랑하는 사람, 혹은 사랑받아야 할 것 같은 대상이 나를 떠나 버릴 것 같은 분리불안, 사랑하는 대상이 나를 함입해서 내 존재를 말살시킬 것 같은 함입불안 등을 내재화 한다.^{페어베언, 멜라니 클라인, 위니캇, 말러 등「대상관계이론과 애착이론가들의 연구」}

이런 불안을 내재화 한 아기들은 자기 자신의 존재에 대한 확고한 정체성을 갖기가 매우 어렵다. 그들의 자기감은 언제나 흔들리며 모호하다. 이른바 '핵심자기'^{응축자기}가 형성되지 못한 상태, 곧 '자기가 없거나 지극히 미약한 상태'^{하인즈 코헛}에 빠져들게 되는 것이다. 그들은 자기 자신이나 대상을 믿지 못하고 끝없이 의심하고 회의한다.

자기가 없거나 자기감이 미약한 사람들의 특징은 자기에게 집착하거나 대상에게 집착하는 것이다. 혹은 이 둘 모두에 집착하는 경우도 있다. 자기에게 집착하는 사람은 자기 자신만을 이기적으로 챙기는 자기애적 성격장애자가 되고 자기의 결핍을 외적인 대상을 통해 채우려는 사람은 의존성 성격장애자, 곧 중독자가 된다.

이렇게 자기가 없거나 상실된 사람이 자기를 부인한다는 것은 너무 어려운 일이다. 자기를 채우고 채워도 모자라는 판에 자기를 부인하라니? 그렇지 않아도 자기가 없어서 텅 빈 존재의 공허를 느끼며 살고 있는데 그 마저도 부인하라니? 자기가 없는 사람들은 자기를 내려놓지 못한다. 그런 식의 요구에 대해 머리로는 이해하지만 그의 무의식은 이를 전면적으로 거부한다. 그러한 요구 앞에 설 때 이들은 멸절불안을 느낀다. 자기의 존재감이 박탈당하는 느낌을 받는다. 자기를 부인하라는 예수님의 말씀이 그들에게는 부당하게 들린다. 그들은 머리로는 예수님의 말씀을 예 하고 받아들이지만 가슴 속으로는 아니요 라고 저항한다. 예수님은 나를 채워주셔야 할 분인데 오히려 내 것을 빼앗아 가시는 분으로 느끼게 된다.

> "누구든지 제 목숨을 구원하고자 하면 잃을 것이요 누구든지 나를 위하여 제 목숨을 잃으면 찾으리라."마 16:25, 막 8:35, 눅 9:24

자기가 없는 중독자들이 이 말씀을 들을 때의 반응도 비슷하다. 그들은 텅빈 자기를 가지고 있기 때문에 '내가 너를 채워 주리라'는 약속의 말씀은 몹시 좋아하지만 '너의 것을 내게 바쳐라'는 요구는 싫어한다. 극한의 고통, 캄캄한 어둠 속에서 구원받아 거듭남의 은혜를 체험한 사람일지라도 그가 만일 텅빈 자기를 가지고 있는 사람이라면 그의 무의식은 여전히 자기 것을 내어 놓으라는 그리스도의 요구에 저항한다. 머리로는 그래야 한다는 것을 알지만 마음으로는 거부하는 것이다. 더군다나 다른 그 어느 것도 아니고 하나뿐인 목숨을 내어놓으라 하면 그 무의식적 저항은 더욱 커지기 마련이다. '하나님께 다 바치고 나면 그럼 나한테 남는 건 뭐야' 하는 박탈감과 상실감, 허탈감이 그들을 휘감는다. 이렇듯 심리적으로 허기진 자기는 영적 성장과 성숙, 진보를 방해한다.

때때로 중독자들은 자기 자신을 싫어하고 미워한다. 그러나 자기가 싫어하고 미워하는 그 자기가 진정한 자기 자신일 때도 있다. 내가 싫어하는 나가 진정한 나일 때도 있다.

여기 어리숙하고 어눌하며 우유부단한 사람이 있다. 그는 그런 자기가 너무 싫다. 자기 자신을 열등하다 느낀다. 그는 빠릿빠릿하고 언변이 좋으며 생각이 명쾌한 사람을 좋아한다. 그는 그런 사람이 되기 위해서 무던히 노력한다. 그리고 노력을 통해서 자기가 '되고 싶어' 하는 '자기'로 조금씩 변해 간다. 그런 자기의 모습이 좋다. 그러나 아무리 노력하고 노력해 봐도 그는 자기의 변화된 모습이 성에 차지 않는다. 많은 변화가 있었지만 아직 변하지 않은 모습이 더 커 보이고 그런 자기가 마땅치 않다. 언제까지 변해야 하나 하는 마음에 조바심이 일 때도 있고 어떤 때는 자기 자신에 대해 실망하고 좌절하기도 한다. 조금씩 변화하는 자신의 모습이 위로가 되기도 하지만 그의 마음속에는 늘 불만족함과 이루지 못한 공허감으로 가득 차 있다. 부단한 노력에도 불구하고, 일정한 성과가 있음에도 불구하고 그는 그의 삶이 언제나 허전하며 텅 비어 있는 것 같이 느낄 때가 많다. 그럴 때 그는 술을 마시거나, 도박을 하거나, 게임에 몰두하거나 여자를 찾아 나선다. 그 행위들을 통해 그는 자기의 노력을 보상받거나, 아니면 자기의 부족한 부분이 채워지는 것 같은 만족감을 경험한다. 요컨대 그는 아직 진정한 자기 자신으로 살아가고 있지 못한 것이다.

진정한 자기는 누구일까? 어떤 사람이 어리숙하고 어눌하며 우유부단한 성격을 가지고 있을 때 그것은 그 사람의 타고난 기질일 수도 있고, 억압적이고 비판적이며 무서운 부모 밑에서 성장함으로써 만들어진 성격일 수도 있다. 부모의 강요와 압박에 의해 만들어진 성격은 거짓 자기이다. 그것은 내 몸에 맞지 않는 옷과 같아서 벗어버려야 자유함을 얻는다. 그는 거짓 자기의 옷을 벗어버리고 그리스도가 주는 의와 진리와 거룩의 새 옷을 입어야 한다. 그리스도가 주는 옷을 입을 때 우리는 진정한 자기가 된다. 그것은 그리스도의 차별없는 완전한 사랑의 옷을 입는 것이다. 그리스도의 완전한 사랑으로 자기 자신을 채우고 그 사랑 안에 거하는 것이다.

어리숙하고 어눌하며 우유부단한 기질을 타고 난 사람에게 그것은 참자기이다. 그것은 진정한 나이다. 그러므로 고칠 것도 없고 바꿀 것도 없다. 그런 나로 살아가면 되는 것이다. 그러나 여기서 반드시 명심해야 할 것이 있다. 어리숙하고 어눌하며 우유부단하여 자칫 부정적으로 인식될 수 있는 그 사람의 기질 이면에는 말할 수 없이 귀중한 또 다른 기질과 성격이 자리 잡고 있다는 사실을 말이다.

겉으로 어리숙하고 어눌하며 우유부단하게 보이는 그 사람의 이면을 보면 그는 성실한 사람이요 충직하기가 이를 데 없는 사람이다. 거짓과 잔꾀가 없는 정직한 사람이다. 경거망동 하지 않는 신중한 사람이며 다른 사람의 마음을 헤아려 아프게 하지 않는 배려심 많은 사람이다.

내가 나에 대해 싫어하는 그 모습 이면에 나를 나 되게 하는 귀한 성품이 동시에 자리 잡고 있음을 보아야 한다. 그것이 우리의 불완전함 속에 깃든 온전함임을 알아야 한다. 인간에게는 신의 성품과 능력과 같은 완전함은 없지만 그 불완전함 이면에 그것을 보완해줄 온전함이 깃들어 있음을 알아야 한다. 지음 받은 그대로의 모습이 참된 나이다. 더 이상 내가 아닌 나를 추구하며 살아갈 필요가 없다. 나는 그저 지음 받은 그대로의 모습으로 살아가는 것이다. 그것이 가장 덕스러운 삶, 곧 완덕의 삶^{아레테의 삶}이다.

내가 싫어하는 내가 진짜 나일지도 모른다. 그것은 처음부터 내가 나를 싫어한 것이 아니라 나와 가장 가까운 사람들, 이를테면 나의 부모님이 그런 나를 싫어했기 때문에 생겨난 것일 수 있다. 내가 싫어하는 나의 모습을 자세히, 찬찬히 들여다보면 진정한 자기 자신을 보게 된다. 진짜 내가 보인다. 물론 이 과정은 짧지 않은 긴 명상과 통찰의 시간을 필요로 한다. 그리하여 보이는 바 그대로, 있는 그대로의 나를 사랑하게 되는 것이다. 참된 나로 살아가는 사람은 공허하지 않다. 온 우주에 충만한 존재감으로 살아가게 된다. 기억하라. 내가 싫어하는 내가 진정한 나일지 모른다는 사실을.

　모든 중독자들은 자기를 잃어버렸거나 자기에 대해 혼돈감을 가지고 있는 사람들이다. 그들은 내면 깊숙한 곳에서 끊임없이 묻고 또 묻는다. '나는 누구지?' 그들은 영적인 자기를 찾아야 할 뿐 아니라 심리적인 자기를 찾아야 한다. 그것이 진정한 자기 자신이 되는 길이며Be myself 중독으로부터 벗어나는 길이다.

11. 성인 아이에서 성인으로

중독의 치료에서 반드시 부딪치게 되는 심리적 문제는 '성인아이'Adult child 증후군이다. 모든 중독자들은 성인아이다. 성인아이란 몸은 성장하였지만 정신은 아이 수준에 머물러 있거나 정체하고 있는 것을 말한다. 중독자들의 정신세계는 어린 시절의 "결핍된 욕구"를 충족시키는 일에 집중되어 있다. 어른이지만 어린 시절 충족하지 못한 욕구, 이를테면 사랑받고, 돌봄받고, 인정받고, 있는 그대로 수용되는 등의 욕구를 충족 받지 못한 아이는 어른이 되어서도 그 결핍된 욕구에 고착되어 삶의 모든 목표를 그 결핍된 욕구의 충족에 두게 된다. 거듭 말하지만 중독은 바로 이 내적으로 결핍된 욕구를 외적인 행위나 물질의 섭취를 통해 해결하려는 가망 없는 노력이다. 내면의 결핍은 내적으로 채워져야 한다. 항아리를 거꾸로 세워놓고 아무리 물을 채우려 해도 그 항아리가 채워질 수 없음은 자명한 이치이다.

영적인 성장과 성숙에 있어서도 이와 비슷한 상황을 우리는 경험한다. 신앙생활 초기에 우리가 하나님을 대하는 태도나 하나님께서 우리를 대하시는 태도도 이와 비슷하다. 신앙 초기 우리의 기도 내용을 살펴보라. 징징 거리고 그저 두 손 내밀고 주세요, 주세요 하는 어린아이와 같지 아니한가? 그저 채워지지 않은 내 자신의 욕구 충족을 위해, 그것도 육체적, 물리적, 생리적 욕구의 충족을 위해, 나 자신의 욕구 충족을 위해 기도하지 않는가? 마치 어린 아이들이 육신의 부모들에게 떼쓰고, 매달리듯이 말이다. 주님께서 아무리 "너희는 먼저 그의 나라와 그의 의를 구하라 그리하면 이 모든 것_{육체적, 물리적, 생리적 욕구와 관련된} 먹고 마시는 것을 더하여 주시리라"^{마 6:33}고 약속하셔도 그 말씀이 들리지 않는다. 그것은 영적인 성장과 성숙이 이루어지면서 비로소 들리기 시작하는 것이다.

성인 아이 개념은 알코올중독자들의 특성을 연구하면서 도출되고 정립된 개념이다. 곧 모든 알코올중독자들은 성인 아이의 성향을 보이고 있다는 것이다. 그러므로 성인 아이의 특성은 곧 모든 중독자들의 인격적 특성을 반영한다.

성인아이^{중독자}는 무엇이 정상인지에 대해 잘 구분하지 못한다.

그들은 역기능 가정에서 성장함으로써 '정상감'을 적절히 발달시키지 못했다. 그래서 그들은 늘 말한다. 나도 정상적으로 살고 싶다고. 평범한 삶을 살고 싶다고. 그러나 정상적으로 사는 것, 평범한 삶을 산다는 것이 어떤 것인지 그들은 알지 못한다.

그들은 진실을 말하기 쉬운 때조차도 거짓말을 한다.

거짓말이 일상이 되었다. 그들은 근본적으로 자기 자신을 숨기고 싶어 하며, 중독에 빠져 든 이후에는 그런 자기 자신을 더욱 필사적으로 숨기려 한다. 그럴 때 거짓말은 참으로 유용한 도구가 되고 고착화된 습관이 된다. 알코올중독자의 아내가 절규한다. "내 남편이 하는 말은 모두가 거짓말입니다. 진실이라고는 하나도 없어요! 저 사람은 숨 쉬는 것 말고는 다 거짓말이에요." 그러자 다른 아내가 한 술 더 떠 말한다. "그건 약과죠. 나는 어떨 때는 내 남편이 숨 쉬는 것조차도 거짓된 것이 아닐까 의심스러울 때가 있어요."

그들은 무자비하게 자기 자신을 평가한다.

그들은 있는 그대로의 자기 자신을 수용하거나 만족하지 못한다. 그들은 언제나 지금 보다 더 나은 자기가 되려고 애쓴다. 그러나 돌아오는 것은 공허함과 부족함에 대한 자각이다. 그들은 그런 자기가 싫어 자기 자신을 무자비하게 평가한다. 그것은 자기 자신에 대한 평가절하 때문일 수도 있고 과대 자기에 대한 기대 때문일 수도 있다. 그들은 대체로 자기 자신에 대해 무자비 하지만 때로는 그것을 남에게 투사해서 남들을 무자비하게 평가하기도 한다.

그들은 즐거움을 느끼는 데에 어려움을 겪는다.

일상에서 즐거움을 느끼기 어렵기 때문에 그들은 중독물질을 사용하거나 중독행위에 빠져든다. 그 순간에 그들은 쾌락과 즐거움을 느낄 수 있기 때문이다. 대체로 그들은 우울감에 더 익숙하며 심한 경우에는 무쾌감증 환자가 되기도 한다. 중독을 끊으라고 할 때 그들이 보이는 반응은 한결 같다. "그럼 무슨 낙으로 살지요?" 중독이 낙樂인 것이다. 그들은 정상적인 일상생활을 통해 낙을 되찾고 발견해야 한다.

그들은 늘 심각하다.

그들은 근본적으로 자기정체성에 대한 혼란을 겪고 있기 때문에 자기 자신과 세계에 대해 끊임없이 생각하고 또 생각한다. 요컨대 그들은 늘 심각한 것이다. 단순, 명쾌, 쾌활, 명랑 등은 이들에게서 발견하기 어려운 성향이다. 그 심각함이 싫어서 그들은 중독에 빠져든다.

그들은 친밀한 관계를 가지기가 어렵다.

친밀감intimacy은 그들이 경험해 보지 못한 감정이다. 친밀감은 적절한 거리에서, 각자의 자기됨의 경계를 가진 사람 사이에서 느껴지는 사랑과 돌봄의 따뜻한 감정이다. 그러나 그들이 경험했던 인간관계는 감정적으로 지나치게 멀리 있거나 지나치게 융합되어 있었던 관계였다. 그들은 친밀감을 갖고 싶은 욕구로 가득 차 있지만 그것을 어떻게 얻을 수 있는지 알지 못한다. 그리고 친밀감을 느낄 때 그들은 당황해 하며 어색해 한다. 중독물질과 행위가 그들의 유일한 친밀감의 대상이다.

그들은 자기 자신이 다른 사람들과 다르다고 느낀다.

그것은 내가 아닌 나의 외적 투사이다. 내가 나에 대해서 낯설어 하듯이 늘 다른 사람과의 관계에서도 낯선 나를 발견한다. 그래서 다른 사람과 함께 하는 것, 깊은 연대감을 느끼고 누리는 것이 힘들고 어렵다.

그들은 지나치게 책임감 있거나 무책임하다.

어떤 사람은 지나치게 책임지려 한다. 그러나 어떤 사람은 지나치게 무책임하다. 그리고 또 어떤 때는 이 상반된 태도가 동시에 나타나기도 한다. 지나치게 책임지려고 하다가도 돌아서서는 전혀 무책임한 태도를 취하기도 한다. 그들은 삶과 일상에서 일관되게 책임 있는 자세와 태도를 견지하지 못한다.

그들은 충성할 대상이 아님에도 지나치게 충성한다.

그들에게는 맹목적인 성향이 있다. 그것은 무조건적으로 사랑받고, 사랑하고 싶은 결핍된 내적 욕구의 또 다른 표출일 수도 있고 강한 자가 되려 하는 왜곡된 신념의 반영일 수도 있다. 그들은 자신이 몸담고 있는 조직에서 맹목적으로 충성하는 충성심 강한 부하일 때가 많은데 그것은 상사에 대한 건강하지 못한 의존 때문이다.

그들은 대안이나 예상되는 결과에 대한 충분한 고려 없이 행동과정에 자기 자신을 몰입시킨다.

하고 싶을 때 해야 하는 충동성은 어린 아이들의 특징이기도 하지만 성인 아이인 중독자들의 특징이기도 하다. 그들은 욕구 충족을 적절히 지연하는 훈련을 받지 못했다. 그들은 엄격한 부모 밑에서 성장하면서 내적 욕구를 지나치게 억압했으며, 반대로 지나치게 융합된 부모 밑에서는 너무 쉽게 욕구를 충족했다. 그리고 어른이 되어 내 뜻대로 할 자유가 주어졌을 때는 만족감 획득에 초조해 하는 충동적 인격의 소유자가 되었다.

그들은 통제 욕구가 강하며 자신이 통제할 수 없는 변화에 대해 과도하게 반응한다.

그들은 주변에 있는 모든 것들 – 사람, 시간, 돈, 심지어는 하나님까지 – 을 통제하려고 한다. 통제될 때 그들은 안심하며 안정감을 느끼지만 통제되지 않을 때 불안감을 느낀다. 통제되지 않는 대상이나 상황에 대해 불같이 화를 내기도 한다. 그러나 자기 자신을 변화시키려는 시도에 대해서는 강력히 저항한다. 자기가 변화되어야 중독문제를 해결 할 수 있는데 그들은 자기의 변화 없이 중독문제를 해결하고 싶어 한다. 그들은 말한다. "나는 변하기 싫다. 그러나 중독은 끊고 싶다"고. 그러나 그것은 서로 모순된 진술이다. 존재 근원으로서의 "나"의 변화 없이 중독의 치유는 불가능 하다.

통제욕구와 관련되어 그들에게서는 완전주의 성향이 강하게 나타난다.

이것들은 흔히 청소, 청결, 정리정돈에 대한 완벽주의와 결벽증으로 나타나기도 한다. 이 성향으로 인해 그들은 늘 긴장되어 있을 수밖에 없고 그로 인해 사람들과의 관계에서 갈등을 일으키는 요인이 되기도 한다. 이런 성향으로 말미암아 그들은 일상에서 안식을 취하지 못하며 만족감을 경험하지 못한다. 이 완전주의 성향 때문에 어떤 이들은 실패에 대한 두려움, 달성하지 못할 것 같은 불안에 압도되어 오히려 우유부단한 태도를 취하기도 한다.

그들은 지속적으로 인정과 확인을 받고 싶어 한다. 그들은 인정에 목말라 있고 주려 있다. 그것은 어린 시절 인정받지 못한 내적 결핍의 정확한 반영이다. 그들은 인정받는 것에 목숨을 거는 경향이 있다. 그래서 인정중독이라는 용어를 사용하기도 한다 이것은 명시적으로 나타날 때도 있고 속으로 숨기고 있을 때도 있다. 그들은 인정받고 싶어 할 뿐만 아니라 지속적으로 이를 확인하고 싶어 한다. 인정을 받는 것은 칭찬을 받는 것이다. 그러나 정작 칭찬이 주어졌을 때 그들은 몹시 어색해 한다. 혹은 그 칭찬을 받아들이지 못하고 의심하기도 한다.

그들은 감정을 잘 느끼지 못하며 적절히 표현하지 못한다.

역으로 사소한 일에서도 감정적으로 반응하는 민감함을 보이기도 한다. 특히 분노 처리에 어려움이 있으며, 뚜렷한 이유 없이 공포감을 느끼거나 쉽게 당황스러워 하기도 한다.

그들은 어린 시절의 일부를 지나쳐버린 느낌을 가지고 있다.

그것은 먼 시절의 경험과 기억이 저 먼 곳에 아스라이 남아 있는 것을 말한다. 과거의 경험과 기억이 살아 있지 못하고 흐리고 뿌옇고 아릿한 것으로 남아 있어서 현재의 내가 시간과 공간 속에, 사람들 속에, 결혼한 이후에는 가족들 속에 깊이 뿌리내리고 있지 못하다는 느낌을 가져다준다. 과거가 흐릿한 사람들은 현실에 깊은 뿌리를 내리지 못한다. 그것은 공허와 알수 없는 불안의 원인이 된다.

그들은 권위에 대한 태도에 문제가 있다.

특정 권위자에 대해서는 맹목적인 충성을 바치려는 경향이 있기는 하지만 대체로 그들은 권위를 받아들이는데 인색하고 쉽게 권위에 순응하려 하지 않는다. 권위에 순응할 때는 권위자로부터 인정을 받고자 하는 경우가 많다. 중독을 치료하는데 있어서 이러한 성향은 치료자의 권위를 받아들이지 못하고 의심하는 모습으로 나타날 때가 많다. 그렇게 되면 치료자와의 굳건한 치료동맹이 어렵게 되어 치료에 심각한 장애가 되기도 한다.

성인아이의 내면은 참으로 불안정하고 예민하다. 매우 강퍅하고 완고하기도 하며 종잡을 수 없이 널뛰기도 한다. 이것인가 하면 저것일 때가 많다. 그들의 내면은 상처로 가득 차 있어서 상처받는 일에 지극히 민감하다. 중독적 자아, 혹은 중독의 심리에 대해 잘 알고 이들에게 접근해야 할 필요가 여기에 있다.

성인아이인 중독자들의 내면은 어린 시절 사랑받지 못한_{인정, 칭찬, 수용 돌봄} 욕구의 결핍으로 텅 비어 있다. 그들은 어린 시절 대체로 애어른으로 성장했다. 아이 시절에는 어른으로, 어른이 되어서는 아이로 살아가는 전도된 운명이 성인아이인 중독자들의 운명이 되어 버린 것이다. 그들은 어린 시절 당연히 누려야 했을 많은 욕구들을 억압해야 했다. 그들이 자라온 환경은 그들에게 어른이 되기를, 어른처럼 느끼고 생각하고 행동하기를 요구했다. 그 요구는 명시적인 것일 수도, 무언의 것이었을 수도 있다. 아무도 그것을 요구하지 않았지만 스스로의 판단과 선택에 의해서 스스로 애어른이 되기도 했을 것이다. 어떤 경우든 아이의 욕구는 억압되었고 성인이 될 때까지 그들의 마음 깊은 곳, 무의식의 심연 깊은 곳에 감추어지게 되었다. 그러나 사람의 내면에 억압된 것들은 반드시 밖으로 드러나게 되어 있다. 그것이 인간의 심리적 조건이며 현실이다. "감추어진 것이 드러나지 않을 것이 없는” 것이다.

앞장에서 살펴본 대로 중독자들은 거짓 자기를 가지고 살아 왔으며 또한 성인아이로 살아왔다. 그래서 그들은 진정한 내가 누구인지에 대해 알려고 하는 깊은 열망이 있다. 그것은 진정성authencity에 대한 깊은 열망이다. 그들은 진정한 것을 알고 싶어 한다. 그것을 찾기 위한 여정이 치료라고 말할 수 있다. 깊은 상담counseling과 높은 수준의 교육teaching, 그리고 철저한 훈련 training의 연단을 거쳐야 이 진정성에 도달할 수 있다. 중독의 치료란 병리적 성인아이를 진정한 어른이 되게 하는 것이다.

중독은 진행성 질병이다. 초기 단계에 있는 중독자들의 행동과 태도를 일반 정상인들의 그것과 구별하기는 쉽지 않다. 그 병의 진행 정도에 따라 중독자들은 다음과 같은 행동적 증상을 보인다. 모든 중독이 관계를 파괴하는 관계병이기에 중독자들은 병의 진행정도에 따라 점차 가정과 친구, 사회로부터 고립되어 외톨이가 되어 간다. 자신의 잘못을 변명하고 거듭된 약속의 파기를 숨기기 위해 거짓말이 늘어나고 위장된 태도를 취하게 된다. 혼자 고립되어 있는 시간이 길어짐에 따라 현실로부터 도피하는 도피적 태도가 증가하고 세상에 대해 비현실적 태도를 견지하게 된다. 중독물질과 행위에 대한 충동을 조절하지 못함으로 의지력은 고갈되고 만족감을 획득하기 위해 초조해 하는 행동과 태도가 증가된다. 길고 지루함을 견디지 못하며 참을성이 현저히 떨어지는 것 또한 중독자들의 주요한 행동적 특성이다. 만성적 단계로 진입해 가면서 반사회적 태도, 거부적이며 부정적인 태도가 만연되어 가며 폭력적 행동과 태도가 두드러지게 나타난다.

기독교 중독치유공동체에서의 치유란 그 전인간을 변화시켜 중독 아래서의 삶이 아닌 은혜 아래서의 삶을 살아가게 하는 것이다. 바울이 말한바 “또한 그로 말미암아 우리가 믿음으로 서 있는 이 은혜에 들어감을 얻었으며 하나님의 영광을 바라고 즐거워하는”롬 5:2 삶을 살아가게 하는 것이다.

전인간의 변화에서 중심적인 것은 영적, 인지적, 정서적 특성들이다. 치유란 이 병리적 증상들을 바르게 이해하고 이 증상들을 제거하거나 완화시켜 새로운 인간으로 변화시키는 것을 의미한다.

믿음 없음과 신뢰하지 못함

중독자들은 불신의 사람들이다. 그들은 자기 자신을 믿지 못할 뿐만 아니라 타인도 믿지 못한다. 때론 겉으로 공표하기도 했지만 대부분은 속으로 자기 자신에게 행한 단주의 맹세를 스스로 이행하지 못하는 경험이 반복됨으로 자기 자신조차도 믿지 못하는 사람이 되어 간다. 이렇게 내사된 자신에 대한 불신은 외부 환경 및 사람에 대한 불신으로 이어진다. 믿지 못한다는 것은 곧 자기 자신과 타인에 대해 신뢰하지 못함을 의미한다. 자기 자신을 포함해 인간관계 전반에 대한 불신과 신뢰의 상실은 사회로부터의 고립과 철회를 촉진하고 종교에의 입문을 방해한다. 자기 자신과 사람을 믿고 신뢰하지 못하는 것과 마찬가지로 그들은 신에 대해서도 믿음과 신뢰를 갖지 못한다. 자기 자신과 타인에 대한 불신과 신뢰하지 못하는 증상은 특히 그들의 '버려짐'의 경험과 깊은 연관이 있다. 대부분의 중독자들은 역기능 가정에서 성장한 경험을 가지고 있으며, 성장과정에서 가까운 타인들로부터 "버려짐"을 당한 경험을 가지고 있다.

죄책감Guilt과 수치심Shame

죄책감은 뭔가 잘못된 것을 행했을 때 생기는 구체적인 감정이다. 참된 도덕적 죄책감은 하나님의 절대성계명을 어긴 결과로 생겨난다. 중독자는 여러 가지 잘못된 선택을 하며 그러한 잘못된 행동에 반복적으로 빠져 왔기 때문에 죄책감의 깊은 문제가 있다. 또한 깨어진 관계, 기만, 우상숭배, 정욕, 자기중심성, 등등의 행동과 태도로 인해 깊은 죄책감을 가지고 있다.

사라지지 않는 죄책감으로 인한 손상된 양심으로 중독자들의 가장 깊은 곳에 있는 내적 존재는 끝없이 고뇌한다.

수치감은 죄책감을 포괄하는 보다 깊고 넓은 감정으로서 내가 뭔가 잘못된 것을 행했다는 사실을 깨달았을 때 생기는 고통, 창피, 자기거절, 자기증오의 감정인 것뿐만 아니라 자기 자신의 전 존재에 대해 갖게 되는 부적절감이라 말할 수 있다. 그것은 자신의 죄악 됨과 하나님의 기준에 미치지 못함을 인정할 때 생기는 것이기도 하지만 역기능 가정의 산물로서 완벽주의에 대한 추구와 지나치게 높은 기대를 세워 놓고 이에 도달하지 못했을 때, 곧 자신이 설정해 놓았거나 부모님으로부터 제시된 이상적인 목표나 자아상에 도달하지 못했을 때 자기 자신에게 갖게 되는 부적절감이기도 하다. 죄책감과 수치감은 모든 중독의 뿌리이며 원료이다. 중독자는 자신의 삶에 대해 느낄 때 자신이 완전히 실패자라는 느낌을 갖고 있으며 이것은 더 많은 수치감을 불러 일으켜서 더 깊은 중독에 빠지도록 자극한다. 죄책감과 수치감은 알코올중독자의 가장 중요한 심리정서적 증상으로 그것들은 '나쁜 나', '부적절한 나'의 자기상을 강화하고 악화시킨다.

혼돈감과 무기력

중독자들은 혼돈의 사람들이다. 중독이 진행되어 가면 갈수록 그들의 혼돈감은 증대된다. 흐리멍텅한 상태가 지속되며 결단하지 못한다. 양가감정이 지배적 감정이 되고 우유부단한 태도가 특징적으로 드러난다. 그들은 결정하려고 해도 무엇이 중요한 것이고, 무엇이 우선적인 것인지를 분별하지 못한다. 중독된 것에 대한 집착과 갈망은 모든 일에 대한 우선순위를 바꾸어 놓는다. 그들이 확고하고 분명한 태도를 취할 때는 오직 중독물질을 획득하고 그 행위에 몰두하는 순간뿐이다. 사랑과 미움, 존경과 멸시와 같은 주요한 감정들이 혼동되어 표현된다. 그들은 자기 자신이 진정으로 원하고 추구하는 것이 무엇인지 조차 혼동한다. 영적인 영역에서도 어느 것이 하나님의 말씀이고 사탄의 말인지를 혼동한다. 이들의 혼돈감은 무기력 감으로 연결된다. 선택하고 결정할 수 있는 능력의 퇴보는 그들의 무기력 감을 강화한다. 이들의 혼돈감은 창조시의 '혼돈과 공허'창1:2와 비교된다. 혼돈이란 '가득찬 것이 뒤엉킨 상태'를 말하며 공허란 '질서 없음'의 상태를 말하는데 중독자들의 마음속에는 사랑 받고 싶음, 인정받고 싶음, 존경받고 싶음, 증오, 원망, 야망, 죄책감, 수치심, 시기, 질투, 용서하지 못함, 자존감, 열등감, 불안, 초조 등 이루 말할 수 없는 감정과 이 감정들을 있게 한 수많은 사건들의 정보가 바르게 해석되지 못한 채 뒤엉켜 있다. 우주의 창조가 이 '혼돈과 공허'로부터 시작된 것처럼 알코올중독자들의 마음속에 해석되지 않은 채 뒤엉켜 있는 감정들과 사건들은 창조의 질서 속에서 재해석되고 재편되어야 한다.

불안, 두려움, 외로움, 희망 없음

불안과 두려움은 원죄로부터 기인하는 인간의 원초적 감정들이다. 중독자들은 정상인들이 느끼는 것 보다 훨씬 극심한 불안과 두려움의 감정을 공유한다. 뇌의 화학적 변화로 인하여 중독자들은 행위를 중단하고 있을 때 극심한 불안감을 느낀다. 불안감으로 그들은 안절부절 하지 못하며 불면에 시달린다.이것을 금단증상이라 한다 그리고 이 불안감의 해소를 위해 그들은 또 다시 중독행위에 몰두한다. 죄책감과 수치심, 믿음 없음과 신뢰하지 못함 등의 증상들은 이들의 불안과 두려움을 내적으로 강화해주며 가족과 사회로부터의 고립은 극도의 외로움을 가져다준다. 현재에 대해 느끼는 중독자들의 불안, 두려움, 외로움은 미래의 희망을 앗아간다. 인간의 희망은 생명이 자라나는 원천이며 변화에 대한 동력이다. 그러나 중독자들은 현재와 미래에 대해, 자기 자신과 외부 세계에 대해 아무런 희망을 갖지 못한 채 어둠 속에서 살아간다.

양극성

중독자는 극단을 오가는 사람들이다. 그 변환이 너무 쉽게, 예측 못할 정도로 일어나기 때문에 그들의 마음 상태는 마치 해어지고 해어져서 기울 수조차 없이 너덜거리는 낡은 천 쪼가리와 같다. 이것인가 싶으면 저것이고 저것인가 싶으면 이것이다. 이러한 극심한 사고와 감정의 변환들은 주위의 사람들을 힘들게 만들고 실망시키며 무기력하게 만드는 커다란 요인이 된다. 흥분감과 우울감을 오가는 극단적인 기분변화나 위험을 감수하고, 규칙을 깨뜨리며, 불법적인 것에 흥분을 느끼는 양상도 중독자에게 흔히 있는 현상이다. 거드름과 자기 연민, 지배와 의존뿐만 아니라 무력감과 통제감, 쾌락과 고통, 고취감과 절망감, 조증과 울증, 중독을 끊겠다는 강한 결심과 비참한 실패감과 같은 양극단이 존재한다. 그 결과 무력한 상태와 조절불능 상태를 피할 수 없게 된다. 뿐만 아니라 중독자들은 피해의식과 가해의식, 경직된 자아경계와 느슨한 경계, 율법주의와 율법폐기주의, 완전주의와 회피주의, 과대망상과 피해망상 사이를 끊임없이 오가는 특징을 보인다. 이러한 극단적 양극성으로의 끊임없는 변환은 알코올중독자들의 자아정체성의 혼란을 부추기는 원인이 되며 혼돈감을 조장한다.

분노Anger, 적개심Resent, 쓴뿌리Bitterness

분노는 중독의 배후에 뚜렷하게 잠재되어 있는 문제로서 자신을 향한 분노, 타인을 향한 분노, 하나님을 향한 분노로 나뉜다. 분노와 함께 비판주의, 짜증, 좌절감, 상처, 적개심, 쓴뿌리, 증오심, 게으름, 성급함, 시기, 질투, 우울 등이 함께 나타나기도 한다. 계속해서 실패하는 자신에 대한 분노는 중독자들에게 흔히 있는 현상이다. 분노는 단주, 단도박, 단약등을 결심하지만 또다시 재발하여 중독의 늪에 빠져드는 자신을 어리석다고 느끼는 깊은 감정에서 비롯된다. 완벽주의 중독자는 스스로 설정한 너무 높은 목표에 도달하지 못하는 실패감 때문에 또한 분노한다. 적개심과 쓴뿌리 역시 중독자의 삶에 뚜렷하게 나타나는 특징으로 타인으로부터 상처를 입을 때 수반되는 감정이다. 부모, 배우자, 직장동료, 다른 중요한 인물들에 대한 적개심은 중독자의 삶에 흔히 나타나는데 그것들은 종종 어린 시절에 받은 상처에서 비롯된다. 적개심과 쓴뿌리는 마귀에게 발판을 내주며 그 발판 위에 견고한 진을 쌓도록 허락하는 결과를 낳을 뿐 아니라 중독으로 향하는 문을 활짝 열어 놓는다.

초조감과 인내력 결여

중독과의 싸움은 어떤 의미에선 시간과의 싸움이다. 중독자들은 시간을 즐기지 못한다. 그들은 항상 무엇엔가 집착되어 있어야 한다. 많은 시간이 주어질 때 그들은 그 시간을 어떻게 사용해야 할지 당황해 한다. 무엇인가 하지 않고 있다는 것은 그들에게 지루함을 가져다준다. 뿐만 아니라 그럴 때 그들은 불안감을 느끼거나 죄책감을 느낀다. 그럴 때 그들은 술을 마시든 아니면 무엇인가를 해야만 한다. 그들은 늘 쫓기듯이 살아가며 오히려 그럴 때 안전감과 만족감을 느낀다. 그들은 너무나 많은 시간을 헛되이 보냈으므로 이제 시간이 얼마 남지 않았다고 느낀다. 그들이 원하는 것은 아직 이루어지지 않았고 시간은 없다고 느끼기 때문에 그들은 만족감 획득에 초조해 한다. 중독이 충동장애인 것처럼 그들은 또한 참을성이 현저히 부족하다. 그들은 충동적으로 결정하고 충동적으로 실행한다. 충동이 왔을 때 그것을 즉각적으로 실행해야 했던 그들의 행동은 일상생활을 지배하는 지배적 습관이 되어 버렸다.

이기적 자기중심주의

중독자들은 철저하게 이기적이며 자기중심적이다. 알코올중독자들은 「익명의 알코올중독자들」에서 그들 자신의 문제에 대해 "이기주의-자기중심주의! 이것이야말로 모든 문제의 근원이라고 우리는 생각한다"고 말한다. 그들의 이러한 경향은 때때로 매우 유아적인데 그것은 그들의 심리정서적 상태가 유아기 혹은 아동기의 정서적 상태에 고착되어 있기 때문이다. 성인아이 대다수 중독자들의 심리정서적 상태는 대체로 중독에 빠져들기 시작한 나이에 고착되거나 퇴보하는 경향을 보인다. 20세 이하의 초기에 알코올중독에 빠진 사람들에게는 재활rehabilitation, rebuilding보다도 새로운 습관의 정착 및 사회화, 인격화가 필요하다. 즉 정지된 상태로부터의 연령발달과업의 이행 및 습득habilitation, building이 필요하다는 것이다. 그들의 이기적이고 자기중심적인 경향은 또한 피해의식으로부터 유래되는데 중독자들은 대부분 그들 자신이 가족과 세상으로부터 피해를 입은 피해자라고 생각하는 경향이 있다. 그들은 더 이상 피해를 당하지 않기 위해서 이기적이고 자기중심적으로 생각하며 활동한다. 이들의 이기적 자기중심성은 인격적 미성숙의 단적인 표징이다. 그들은 심리정서적 치료를 통해 인격적 성숙에 도달해야 하며, 균형잡힌 전인성을 회복하거나 새로 구비해야 한다.

물화物化

중독자들은 대부분 물화된 사고를 가지고 있다. 그들은 친밀감에 문제를 가지고 있으며 인격적 관계를 바르게 맺는데 서툴다. 알코올이나 약물중독자들, 성중독자들은 종종 성적 방종과 타락으로 이끌리는데 이는 그들이 성적 접촉을 친밀감의 표현으로 이해하고 있거나 친밀감의 욕구를 해소하는 방편으로 성적 접촉을 선택하기 때문이다. 그들은 또한 자기 소유에 대해 지나치게 집착하는 경향을 보인다. '인격적 나눔과 배려'와 같은 친밀감의 능력이 결여되어 있기 때문에 그들은 인격적 관계를 물질적 관계로 대치해 버리는 경향이 강하다. 사랑과 위로의 마음을 전하는 대신 그들은 물질적인 선물을 보냄으로 그것을 대신한다. 물신物神주의적 경향은 중독자들의 주요 증상으로 그들은 특히 돈에 집착하는 태도를 보인다.

중독과 중독자를 이해하는 데서 성인아이 개념을 이해하는 것과 중독의 제반 심리정서행동적 증상을 이해하는 것은 매우 중요하다. 중독의 심리는 이상심리이다. 그러므로 깊이 연구하지 않으면 이해하기가 무척이나 어렵다. 중독을 치료하는데서 전문성이 필요한 소이도 여기에 있다. 그들의 마음이 내 마음과 같다면 그들을 이해하고 그들에게 가까이 다가가는 것이 한결 쉬울 것이다. 그러나 그들의 심리는 평범한 보통 사람들의 그것과는 상당한 괴리와 편차가 있다. 위에 열거된 수많은 심리정서행동적 특성이 한 사람의 중독자에게 모두 나타나는 것은 아니다. 이 사람에게는 이런 특성이, 저 사람에게는 저런 특성이 두드러지게 나타날 뿐이다. 그래서 그들을 개별적으로 만나보면 그들 사이에 아무런 공통점이 없는 것처럼 느껴질 때도 있다. 그러나 개별 중독자들이 가지고 있는 개인별 특성을 한데 모으면 위에 열거한 특성들로 집약이 되는 것이다. 그러므로 중독자 개개인을 깊이 이해하기위해서는 위에 열거한 다양한 중독의 특성을 통째로 깊이 숙지하는 것이 절대적으로 필요하다. 그렇지 않으면 중독의 숲에서 길을 잃고 헤맬 염려가 많다.

이 사역의 첫 시기는 엄청난 당혹의 시기였다. 중독자들의 행동이 도무지 이해가 되지 않았기 때문이다. 처음 노숙자 알코올중독자들에 대한 사역을 시작했을 때 명절이면 나는 늘 그들과 함께 있어야 했기에 명절이 지나서야 집에 다녀오고는 했다. 집에 갔다 오면 쉼터가 난장판이 되어 있고는 했는데 내가 없는 틈을 타서 중독자들이 모여 음주소동을 벌이고는 했기 때문이다. 내가 그렇게 술 마시지 말 것을 신신당부하고 그들도 그렇게 하겠노라고, 결코 선생님을 실망시키지 않을 것이라고 굳게 약속했던 그들이 어떻게 떼로 모여 음주할 수 있었는지 도무지 이해가 되지 않았다. 그 때 그들이 술마신 이유를 내게 이렇게 말해주었다. "선생님이 안계시니까 우리가 잘 해보자며 모여서 한 잔 했습니다."

　이렇게 말하는 그들이 도무지 이해가 되지 않았다. 잘해 보자며 한 잔 했다니! 그러나 이런 일들을 겪고 또 겪으면서 나는 그들이 그런 사람들이라는 것을 알게 되었다. 그들에게는 임의의 틈을 보이면 안 된다는 것을, 잘해보려고 결심 하는 등 심리적 에너지를 사용할 때 그들에게는 술이 필요하다는 것을, 함께 모여 중요한 얘기를 할 때 그들에게는 반드시 술이 있어야 한다는 것을, 그리고 그들 마음속에는 정말 잘해보려는 선한 마음이 있다는 것을, 때론 그 선한 동기조차도 술을 마시기 위한 방편으로 활용하는 교활함이 있다는 것을, 그들 행동의 가장 깊숙한 곳에는 항상 술을 향한 의식적, 무의식적 갈망이 있다는 것 등등을 말이다. 나는 중독자들을 이해하기 위해 내 기준을 내려놓고 그들의 말과 행동을 있는 그대로 받아들여야 했다. 그렇게 했을 때 그들이 보이기 시작했다. 그런 거듭된 경험 이후 나는 중독자들의 행동에 대해 도무지 이해할 수 없다는 표현을 더 이상 사용하지 않게 되었다. 누군가가 그렇게 얘기할 때마다 나는 이렇게 조언한다. "중독이란 그런 거에요"라고….

　어른이 어린아이의 내면을 가지고 행동하는 것을 이해하는 것은 쉽지 않은 일이다. 중독의 복잡 미묘한 심리정서행동적 증상을 이해하는 것 또한 마찬가지이다. 그러나 그들을 있는 그대로 받아들임으로써 우리는 그들을 이해하게 된다. 전문성이 추구하는 것도 결국은 그들을 있는 그대로 받아들이기 위해 필요한 것이다. 중독을 치료한다는 것은 바로 이 성인아이를 진정한 성인으로 성장, 변화시키는 것이며 허다한 심리정서행동적 증상을 완화하거나 소거하는 것이다. 그것은 매우 복잡하고 긴 시간이 요구되며 심리상담적 전문능력이 요구되는 신비로운 과정이다. 우리는 한 인간의 깊은 변화를 위해 심원한, 그리고 먼 길을 함께 걸어야 한다.

　주님은 우리에게 어린아이가 되어야 천국에 들어갈 수 있다고 말씀하셨다. 다른 한편으로는 어린아이에서 벗어나 어른이 되라고 말씀하셨다. 중독자들은 그들이 상처 입기 전의 어린 아이로 돌아가 아름다운 동심을 회복해야 한다. 그리고 그 순수한 마음 위에서 다시 성장하여야 한다. 그것을 촉진하고 인도하는 것이 바로 치료다.

"너희가 돌이켜 어린 아이들과 같이 되지 아니하면 결단코 천국에 들어가지 못하리라" 마 18:3

"내가 어렸을 때는 말하는 것이 어린 아이와 같고 깨닫는 것이 어린 아이와 같고 생각하는 것이 어린 아이와 같다가 장성한 사람이 되어서는 어린 아이의 일을 버렸노라." 고전 13:12

12. 억압된 감정의 치유

　중독의 치유는 감정의 치유다. 감정은 사람다움의 핵심적 지표이다. 감정을 제대로 느끼지 못하고 표현하지 못하는 것은 중독자의 내면적 특징이다. 그들은 대부분 '느끼지 말라, 표현하지 말라'는 암묵적 규칙을 가지고 있던 역기능 가정에서 성장하였다. 정도의 차이는 있을지언정 대부분의 중독자들은 자기 내면에 일어나는 감정을 느끼고 이를 표현하는 데 큰 어려움을 가지고 있다. 중독자들은 수많은 감정들을 억압하며 살아온 사람들이다. 그러므로 중독의 치유란 억압된 감정을 풀어놓아 주는 것이다.

　"즐거워하는 자들과 함께 즐거워하고, 우는 자들과 함께 울라!" 롬 12:15

　이 말은 공감하라!는 말로 요약할 수 있다. 중독자들은 공감능력이 제로에 가까운 사람들이다. 그들은 남들의 눈치를 보는 데는 비상하지만 그 사람의 깊은 감정을 읽는 능력은 제로에 가깝다. 중독자들은 자신의 감정을 읽는 능력도 현저히 떨어진다. 나의 감정을 읽지 못하니 그것을 표현하지 못하는 것은 당연한 일이다. 심한 경우 중독자들은 '감정'이라는 단어의 사용조차도 기피한다. 평생에 걸쳐 감정이란 단어를 한 번도 사용해 본 적이 없다고 말하는 형제가 있었다. 그에게 그럴 리가 있겠냐고 반문하자 가만히 생각해 보더니 "너 나한테 감정 있냐?"라고 말할 때 사용한 적이 있다는 말을 해서 크게 웃은 적이 있다.

　많은 중독자들이 자기의 감정을 해결하기 위해 이성을 사용한다. 중독자들을 이해하는 데서 이것은 매우 중요한 요점이다. 즉 이성^{생각}을 통해 감정을 조절하고 통제하려한다는 것이다. 어떤 중독자가 큰 슬픔을 느끼고 있다. 그런데 그 슬픔이 감당할 수 없는 크기의 것이다. 그럴 때 그는 생각을 바꾸어 슬픈 감정을 해소하려고 한다. '나는 지금 슬프지 않다'라고 자기 암시를 주거나, '이런 정도의 일이나 사건은 슬픈 것이 아니다' 또는 '이 정도의 슬픔을 이겨내지 못하면 나약한 것이다' 등등의 다양한 생각들을 통해 슬픔을 이겨내려 한다. 이렇게 생각을 바꾸면 감정을 극복할 수 있을까? 물론 극복할 수 있다. 슬픔을 가져다 준 사건이나 일, 사람에 대한 생각이나 해석을 달리함으로써 슬픔의 감정을 이겨나가는 것은 가능한 일일뿐 아니라 삶의 지혜요 인격적 성숙의 지표가 될 수도 있다. "생각을 바꾸면 행동이 바뀌고, 행동이 바뀌면 습관이 바뀌고, 습관이 바뀌면 인생이 바뀐다"는 윌리엄 제임스의 유명한 경구는 심리적 진실의 한 측면을 반영한다.

그러나 세상 이치가 그러하듯 그 말이 모든 경우에 유효한 것은 아니다. 무엇이 문제인가? 이성을 조작하여 자신의 감정을 다스리려 한다는 점이다. 다시 말해 자기의 감정을 어떻게 해서든 억압하고 드러내지 않으려 한다는 것이다. 그리하여 시간이 지나면 자기 속에 그런 감정이 있는 줄조차 모르게 되어 무감각, 무감정, 무감동의 사람으로 변해간다는 것이 문제인 것이다.

이렇게 이성을 사용하는 주지적 방법에 의해 감정을 억압하는 경우도 있지만 너무 큰 고통이나 상처, 아픔이나 슬픔 등을 '억압'이라는 무의식적 방어기제를 사용하여 그 사건이나 상황, 그로부터 발생한 부정적 감정들을 무의식의 기저에 꽁꽁 싸매어 묶어 두는 경우도 있다. 물론 그것 역시 모든 사람들에게서 일어나는 일반적인 심리작용이기는 하다. 그러나 중독자들은 일반인들에 비해 이와 같은 방어기제를 더욱 빈번히, 완고하게 사용하는 경향이 있다는 것이 또한 문제인 것이다.

이처럼 감정을 무의식의 내면 깊이 묻어두어 자기 자신이 감정을 소유하고 있는지 조차 모르거나 그것을 거의 표현하지 않는 중독자들이 있는 반면 감정에 지나치게 예민한 사람들도 있다. 감정에 예민하다는 말의 의미는 자기 자신이나 타인의 감정에 대해 취약함vulnerability을 가지고 있다는 부정적인 의미이다. 이들은 그렇게 느낄 필요가 없는데도 지나치게 느끼고,수치스럽다고 느낄 상황이 아닌데도 수치스럽게 느끼는 식으로 타인의 감정상태에 대해 살피고 눈치 볼 필요가 없는데도 지나치게 타인의 감정상태를 의식하고 눈치를 본다. 사실 그들이 그렇게 감정에 예민해 지게 되는 것도 알고 보면 그의 내면에 억압된 그 감정이 건드려지기 때문인 경우가 많다. 그런 의미에서 그는 자신이 억압해 놓은 그 감정에 의해 무의식적으로 조종되고 있다고 볼 수 있다 그러니 삶이 고달파지고 스트레스의 연속일 수밖에 없게 되는 것이다. 내 삶의 많은 에너지가 자기 안에 일어나는 감정을 억누르고 타인의 눈치를 보는데 사용되니 정작 나를 위해 사용할 에너지가 고갈될 수밖에 없고 그렇게 고갈된 에너지를 중독행위를 통해 채우려는 필사적인 시도를 반복하게 되는 것이다.

중독자들이 갖고 있는 부정적 7대 감정이 있다. 그것은 수치심, 죄책감, 분노, 외로움, 원망, 두려움, 불안이다. 이 외에도 무수한 부정적 감정들이 중독자들의 마음속에 똬리를 틀고 있다. 밝고 따뜻하며 긍정적인 감정들은 거의 발달되거나 경험되어 있지 않다. 중독 치유의 핵심은 재발을 방지 하는 것이다. 재발 방지를 위해 가장 필요로 되는 것이 감정의 치유이다. 왜냐 하면 중독자들이 재발하는 가장 빈번한 경우가 부정적 감정을 경험할 때이기 때문이다. 이외에도 대인관계에서 갈등을 느낄 때, 사회적인 압력을 느낄 때, 배고픔, 불면, 통증 등 생리적 필요를 느낄 때, 중독을 연상시키는 실마리에 이끌릴 때 등이 재발을 일으키는 대표적 범주이다

재발을 방지하는 훈련에서 아주 중요한 것은 트리거를 찾고 이에 대처하는 능력을 키우는 것이다. 그것은 재발을 불러오는 "격발상황"트리거=방아쇠

^{의 공이}을 잘 파악하고 이에 슬기롭게 대처하는 훈련이다. 각 사람마다 그 트리거는 다르지만 부정적 감정에 노출될 때 그것이 트리거가 되는 과정은 일반적이다. 즉 부정적 감정상태가 되면 그 자체가 이미 격발기가 되어 중독 행위에 대한 충동의 방아쇠를 당기게 된다는 것이다. 그러니 감정을 잘 다스리는 문제가 중독치유의 핵심이라고 아무리 강조해도 지나치지 않을 것이다.

감정을 잘 다스린다는 것은 자기 안에 그런 감정이 있음^{자기가 그런 감정을 소유하고 있음을}을 발견하고 인정하는 일이다. 그리고 그 감정을 마음속에 억압하지 않고 적절하게 잘 표현하는 것이다.

> "삶이 그대를 속일지라도 슬퍼하거나 노여워 하지 말라"^{알렉산드로 푸시킨}
> "슬픔도 노여움도 없이 살아가는 자는 조국을 사랑하고 있지 않다."^{니콜라이 네크라소프}

인구에 널리 회자되고 있는 러시아 두 시인의 시구는 서로 상반되는 것처럼 보인다. 푸시킨은 슬픔과 노여움의 감정들을 참고 잘 견뎌내라는 의미로 말하고 있는 반면에 네크라소프는 슬픔과 노여움의 감정을 표현하며 살아야 한다고 말하고 있다. 두 사람은 감정의 표출에 대한 삶의 두 정황을 표현하고 있는 것이다. 어떤 때는 감정을 참고 견뎌야 할 때가 있고 또 어떤 때는 감정을 가감 없이 솔직하게 표출해야 할 때가 있는 법이다. 심리적으로 건강하다는 것은 감정을 참아야 할 때 참고, 표출해야 할 때 표출하는 것이다. 그런데 심리적 병리를 가지고 있는 중독자들은 이를 혼동하기도 하고 반대로 드러내기도 한다. 참아야 할 때 표출하고, 표출해야 할 때 참는 것이다. 이렇게 되면 한 사람에 대한 안정감과 신뢰가 깨어지게 된다. 그 사람과 어떻게 관계해야 할지를 모르게 된다. 인격적 소통이 중단되고 고립의 황무함만 남게 되어 중독으로 가는 길이 활짝 열리게 된다.

사실 기독교 안에서도 인간의 감정을 어떻게 다룰 것인가에 대해서 크게 다른 양극단이 있다. 영적 황홀경의 경험, 이른바 누미나제의 영성을 강조하는 오순절 계통의 신앙과 신학이 있는 반면에 그러한 감정적 체험과 반응을 인간적, 인본주의적인 것으로 경계하고 오히려 감정을 지극히 절제하는, 말씀훈련과 경건생활 중심의 신앙과 신학을 강조하는 교단과 교파도 있다. 이 경우에도 한 편이 다른 편을 틀렸다고 말할 수 없다. 틀린 것이 아니라 신앙의 강조점이 다른 것이다.

예수님은 자기의 감정을 억압하거나 과잉으로 표출하시지 않았다. 인간으로 오신 예수님의 인간다움은 감정이 있는 지상에서의 삶을 통해 증명되었다.

예수님은 기뻐하셨다. 즐기고 놀 줄 아셨다. 오죽하면 예수님의 대적자들이 예수님에 대해 "보라 먹기를 탐하고 포도주를 즐기는 사람"눅 7:34이라고 공격할 정도였을까. 예수님은 이 땅에 오셔서 지상생활을 기쁨으로 즐기고 누리셨다. 기쁨으로 가르치시고 기쁨으로 교제하시며 주어진 인생을 축제의 날로 즐기셨다. 예수님은 또한 슬퍼하셨다. 마음 아파하셨다. 불쌍히 여기셨다. 병들어 아픈 수많은 이들을 측은히 여기셔서 고쳐주셨다. 나사로의 무덤에서 마리아와 무리들이 우는 것을 보시고 "심령에 비통함을 느끼시고 함께 우셨다."요 11:33, 35 자기를 따르던 굶주린 백성들을 보시고 그들을 불쌍히 여기셨다. 당신의 십자가 죽음과 고통이 임박했을 때 두려워 떠셨고 고민하며 슬퍼하셨고,마 26:37 애써 더욱 간절히눅 22:44 기도하셨다. 종교지도자들의 불의한 행동을 보시고는 분노하셨고 성전을 장사꾼의 소굴로 만든 이들에게 격노하사 "노끈으로 채찍을 만드사 양이나 소를 다 성전에서 내쫓으시고 돈 바꾸는 사람들의 돈을 쏟으시며 상을 엎으시기까지"요 2:15 하셨다. 또한 가식적이고 위선적인 종교지도자들에 대하여 "화 있을지로다" 하시면서 저주를 선포하셨고 "너희는 너희 아비 마귀에게서 났다"요 8:44며 의로운 분노를 표출하기도 하셨다.

예수님은 이렇게 자신의 감정을 적절히 잘 표출하셨을 뿐만 아니라 자신의 감정을 잘 절제하셨다. 나사로가 죽었을 때 예수님은 하나님의 영광을 위하여 슬픔을 참으시고 며칠을 유대 지역에서 머무르셨고, 마지막 체포되시기 직전 배반의 밤이 깊어갈 때 유다의 발을 씻겨주셨으며, 벌거벗겨 높이 들린 십자가 위에서 수치를 참아내시고 저들을 용서하셨으며, 심문받고 고문당하시는 과정에서 모욕을 참으셨으며, 베드로가 말고의 귀를 잘라 저항할 때 하늘의 어마어마한 군대를 동원하실 수 있었지만 자신의 분노와 능력의 행사를 스스로 절제하셨다. 고향에서 배척받으셨을 때의 상실감을 잘 견뎌내셨으며, 열두 살 어린 시절 예루살렘에서 부모님을 잃어버렸을 때의 두려움을 슬기롭게 극복하셨다. 예수님은 이런 힘든 인생의 여러 정황 속에서 발생한 부정적 감정의 순간들을 인격적 성숙함으로 잘 견디고 인내하셨으며 감정적으로 반응하지 않으셨다.

중독에 빠져 감정의 문제를 가지고 있는 중독자들에게 시편을 읽고 묵상하는 것은 감정의 치유를 위해 크나큰 유익이 된다. 특히 다윗의 시편을 다윗의 생애와 연관해 묵상 할 때 더 큰 유익을 얻게 된다. 다윗 신앙의 정수, 그 위대함은 시편을 통해 오늘을 사는 우리들에게 전수되고 있다. 다윗 신앙의 정수는 정직함과 솔직함, 그리고 그의 신실함에 있다. 다윗은 자기 마음에 일어나는 감정과 생각을 숨기지 않았다. 그는 자기를 포장하지 않았다. 있는 그대로의 자기 모습으로 하나님께 나아갔다. 특히 그는 하나님 앞에 나아가 그의 내면의 감정을 가감 없이, 스스럼없이 토로하였다. 시편을 통해 우리는 하나님과 다윗 사이에 깊고 깊은 인격적 교감과 교류가 있음을 보게 된다. 그리하여 하나님께서 다윗을 두고 왜 내 마음에 합한 자라고 그를 표현하셨는지에 대해 고개를 끄덕이게 되는 것이다.

성경 속에 시편이 있다는 것은 놀라운 축복이다. 사람에게 정녕 필요한 것이 무엇인지 잘 아시는 하나님께서 주신 놀라운 선물이라 아니할 수 없다. 모세오경과 역사서, 신약의 복음서는 일종의 이야기라 할 수 있다. 신약의 많은 부분은 교리적인 내용들과 윤리적인 지침들로 채워져 있다. 그것들은 주로 우리의 이성에 호소하는 것들이다. 그러나 시편은 시와 노래라는 문학적 독특성을 가지고 있어 읽는 사람의 상상력을 자극하고 감성을 불러일으킨다. 시편을 통해 느끼고 얻을 수 있는 특별한 매력과 유익이 거기에 있다.

> 여호와는 나의 목자시니 내게 부족함이 없으리로다
> 그가 나를 푸른 풀밭에 누이시며 쉴 만한 물가로 인도하시는도다
> 내 영혼을 소생시키시고 자기 이름을 위하여 의의 길로 인도하시는도다
> 내가 사망의 음침한 골짜기로 다닐지라도 해를 두려워하지 않을 것은 주께서 나와 함께 하심이라
> 주의 지팡이와 막대기가 나를 안위하시나이다
> 주께서 내 원수의 목전에서 내게 상을 차려주시고 기름을 내 머리에 부으셨으니 내 잔이 넘치나이다
> 내 평생에 선하심과 인자하심이 반드시 나를 따르리니 내가 여호와의 집에 영원히 살리로다 시편 23편 전문

이 시편을 읽고 묵상하면서 중독자 들은 안심하게 된다. '아아, 하나님이 나의 목자시고 나는 그의 어린 양이다. 그러니 두려워할 필요가 없다. 그가 나를 지켜 주실 것이다'는 마음을 갖게 된다. 아니면 하나님이 정말 나의 목

자가 되어주시고 나는 그의 어린 양이 되기를 갈망하는 바람을 갖게 된다. 상상력이 발동됨과 동시에 감정이 불러 일으켜 지는 것이다. 중독에 빠져 헤매던 시절에 중독자들이 꿈꾸던 삶은 평안한 삶이었다. 험한 폭풍우, 거칠고 황량한 벌판을 걷던 그들이 늘 꿈꾸던 것은 푸른 초장, 잔잔한 물가를 찾아 쉼을 얻고 누리는 것이었다. 시편을 읽으면서 그들의 내면에는 안전, 평안, 쉼, 돌봄, 위로, 소망과 같은 긍정적 감정이 불러일으켜 지는 것이다. 이것이 시편이 가지고 있는 치료적 효용성이다.

무엇보다도 시편에는 자기 자신을 가리거나 위장하지 않는 **정직함과 솔직함**이 있으며, 여과 없는 인간 **내면의 다양한 감정의 분출**이 있다. 시편의 저자들은 하나님 앞에 나아가 자신들이 겪고 있는 고통을 있는 그대로 표출한다. 그들은 **자신의 처지를 미화하거나 은폐하려 하지 않는다.** 고통스런 모습 그대로 하나님께 나아간다. 중독자들도 그렇게 해야 한다.

> "나는 물같이 쏟아졌으며 내 모든 뼈는 어그러졌으며 내 마음은 밀랍 같아서 내 속에서 녹았으며 내 힘이 말라 질그릇 조각 같고 내 혀가 입천장에 붙었나이다 주께서 또 나를 죽음의 진토 속에 두셨나이다 개들이 나를 에워쌌으며 악한 무리가 나를 둘러 내 수족을 찔렀나이다"^시
> 22:14-16

> "여호와여 나의 대적이 어찌 그리 많은지요 일어나 나를 치는 자가 많으니이다 많은 사람이 나를 대적하여 말하기를 그는 하나님께 구원을 받지 못한다 하나이다" ^{시31-2}

> "여호와여 내가 수척하였사오니 내게 은혜를 베푸소서 여호와여 나의 뼈가 떨리오니 나를 고치소서 나의 영혼도 매우 떨리나이다" ^{시6:2-3}

그들은 눈물로 하나님께 **호소하고 간청한다. 울부짖는다. 원수들을 궤멸**

시켜 주시기를 간청한다. 탄원한다. 중독자들도 그렇게 해야 한다.

> "내가 탄식함으로 피곤하여 밤마다 눈물로 내 침상을 띄우며 내 요를 적시나이다 내 눈이 내 모든 대적으로 말미암아 어두워졌나이다" 시 6:6-7

> "여호와여 일어나소서 나의 하나님이여 나를 구원하소서 주께서 나의 모든 원수의 뺨을 치시며 악인의 이를 꺾으셨나이다" 시 3:7

> "주여 나의 모든 소원이 주 앞에 있사오며 나의 탄식이 주 앞에 감추이지 아니하나이다" 시 38:9

> "하나님이여 그들의 입에서 이를 꺾으소서 여호와여 젊은 사자의 어금니를 꺾어내시며 그들이 급히 흐르는 물 같이 사라지게 하시며" 시 58:6-7

시편의 저자들은 하나님께서 자기를 버리시지는 않을까 하는 **불안한 마음**과 그들을 덮치고 있는 **우울의 깊은 그늘**을 숨기지 않는다. 이러한 감정들은 밖으로 꺼내는 순간 그 크기가 반감된다.

> "내 영혼아 네가 어찌하여 낙심하며 어찌하여 내 속에서 불안해하는가" 시 42:5

> "주께서 영원히 버리실까, 다시는 은혜를 베풀지 아니하실까 그의 인자하심은 영원히 끝났는가, 그의 약속하심도 영구히 폐하셨는가 하나님이 그가 베푸실 은혜를 잊으셨는가, 노하심으로 그가 베푸실 긍휼을 그치셨는가" 시 77:7-9

시편에는 **통렬한 자기고백**이 있다. 그것은 양심이 살아나는 소리이다.

고백은 중독으로부터 회복으로 이행하는 출입문과 같다.

> "사람이 흑암과 사망의 그늘에 앉으며 곤고와 쇠사슬에 매임은 하나
> 님의 말씀을 거역하며 지존자의 뜻을 멸시함이라"시 107:10-11
> "내가 나의 형제에게는 객이 되고 나의 어머니의 자녀에게는 낯선 사
> 람이 되었나이다"시 69:9
> "내 마음이 산란하며 내 양심이 찔렸나이다 내가 이같이 우매 무지함
> 으로 주 앞에 짐승이오나"시 73:22
> "무릇 나의 영혼에는 재난이 가득 하며 나의 생명은 스올에 가까웠사
> 오니 나는 무덤에 내려가는 자 같이 인정되고 힘없는 용사와 같으며
> 죽은 자 중에 던져 진 바 되었으며 죽임을 당하여 무덤에 누운 자 같으
> 니이다"시 87:3-4

시편에는 어리석은 인생에 대한 **엄중한 고발**이 있다. 중독자들은 이 엄중
한 고발의 음성을 들어야 한다.

> "어리석은 자는 그의 마음에 이르기를 하나님이 없다 하도다 그들은
> 부패하며 가증한 악을 행함이여 선을 행하는 자가 없도다"시 53:1
> "여호와께서 하늘에서 인생을 굽어 살피사 지각이 있어 하나님을 찾는
> 자가 있는가 보려 하신즉 다 치우쳐 함께 더러운 자가 되고 선을 행하
> 는 자가 없으니 하나도 없도다"시 14:2-3

시편에는 하나님의 진노와 **심판에 대한 두려움**이 짙게 나타난다. 중독자
들도 진정 두려워 할 것을 두려워해야 한다.

"하나님은 의로우신 재판장이심이여 매일 분노하시는 하나님이시로다 사람이 회개하지 아니하면 그가 그의 칼을 가심이여 그의 활을 이미 당기어 예비하셨도다" 시 7:11-12

그러나 시편에는 나의 편이 되어 주시며 나를 구원하여 주실 하나님에 대한 **신실한 믿음**, 내 기도를 들어주시리라는, 내 마음을 그대로 받아주시리라는 **절박한 믿음**이 절절히 표현되고 있다. 중독의 치료가 믿음의 치료인 것은 더 이상 말할 필요가 없다.

"여호와께서 자기를 위하여 경건한 자를 택하신 줄 너희가 알지어다 내가 그를 부를 때에 여호와께서 들으시리로다" 시 4:3
"내가 평안히 눕고 자기도 하리니 나를 안전히 살게 하시는 이는 오직 여호와이시니이다" 시 4:8
"여호와여 나의 말에 귀를 기울이사 나의 심정을 헤아려 주소서 나의 왕, 나의 하나님이여 내가 부르짖는 소리를 들으소서 내가 주께 기도하나이다" 시 5:1-2
"어떤 사람은 병거, 어떤 사람은 말을 의지하나 우리는 여호와 우리 하나님이 이름을 자랑하리로다" 시 20:7

그 믿음으로 그들은 두려움을 이기고 **담대한 마음과 용기**를 가지고 나아간다. 중독자들은 두려움과 만용 사이를 오간다. 중독을 이겨나가기 위해 진정한 용기와 담대함이 필요하다.

"천만인이 나를 에워싸 진 친다 하여도 나는 두려워하지 아니하리이다." 시 3:6

"주께서 나의 등불을 켜심이여 여호와 내 하나님이 내 흑암을 밝히시리로다 내가 주를 의뢰하고 적군을 향해 달리며 내 하나님을 의지하고 담을 뛰어 넘나이다"시 18:27-28

"여호와는 나의 빛이요 나의 구원이시니 내가 누구를 두려워하리요 여호와는 내 생명의 능력이시니 내가 누구를 무서워하리요"시 27:1

하나님께 나아가는 시편 저자들은 환난가운데 자신들을 품어주시는 하나님의 **따뜻한 위로**를 만난다. 중독자들이 평생 헤매며 찾았던 것은 바로 위로였다.

"실로 내가 내 영혼으로 고요하고 평온하게 하기를 젖 뗀 아이가 그의 어머니 품에 있음 같게 하였나니 내 영혼이 젖 뗀 아이와 같도다" 시 131:2

"하나님의 고독한 자들은 가족과 함께 살게 하시며 갇힌 자들은 이끌어 내사 형통하게 하시느니라 오직 거역하는 자들의 거처는 메마른 땅이로다"시 68:6

"내가 어려서부터 늙기까지 의인이 버림을 당하거나 그의 자손이 걸식함을 보지 못하였도다"시 37:26

하나님은 곤경에 빠져 허덕이는 자들을 건져주시고 그들이 넘어질 때마다 일으켜 주신다. **건짐과 세움**은 중독이 치료되고 있음의 생생한 증거이다.

"나를 기가 막힐 웅덩이와 수렁에서 끌어올리시고 내 발을 반석 위에 두사 내 걸음을 견고하게 하셨도다"시 40:2

"그는 우리 영혼을 살려두시고 우리의 실족함을 허락하지 아니하시는 주시로다"시 66:9

"주께서 내 영혼을 사망에서, 내 눈을 눈물에서, 내 발을 넘어짐에서 건지셨나이다"시 116:8

시편에는 **인생역전**의 아름다운 노래가 있다. 그것이야말로 중독자들이 꿈꾸는 인생이다.

"내가 나그네 된 집에서 주의 율례들이 나의 노래가 되었나이다"시 119:54

"고난 당하기 전에는 내가 그릇 행하였더니 이제는 주의 말씀을 지키나이다"시 119:67

"고난 당한 것이 내게 유익이라 이로 말미암아 내가 주의 율례들을 배우게 되었나이다"시 119:71

시편에는 무엇보다 깊은 좌절 가운데 빠져 있는 사람들에게 주시는 **소망의 메시지**로 가득하다. 중독에 빠져 있는 이들에게 소망은 회복의 원천이다.

"네 마음의 소원대로 허락하시고 네 모든 계획을 이루어 주시기를 원하노라"시 20:4

"그의 마음의 소원을 들어 주셨으며 그의 입술의 요구를 거절하지 아니하셨나이다"시 21:1

"그의 노염은 잠깐이요 그의 은총은 평생이로다 저녁에는 울음이 깃들일지라도 아침에는 기쁨이 오리로다"시 30:5

"또 여호와를 기뻐하라 저가 네 마음의 소원을 이루어주시리로다"시 37:4

"나의 영혼아 잠잠히 하나님만 바라라 무릇 나의 소망이 그로부터 나오는도다"시 62:5

"주 여호와여 주는 나의 소망이시라 내가 어릴 때부터 신뢰한 이시라 내가 모태에서부터 주를 의지하였사오며 나의 어머니의 배에서부터 주께서 나를 택하셨사오니 나는 항상 주를 찬송하리이다"시 71:5-6

시편에는 **찬양과 감사**가 있다. 그것은 회복의 가장 확실한 징표이다. 회복한 사람의 입에는 찬양이 그치지 않고 그들의 고백에는 늘 감사가 넘친다.

"여호와 우리 주여, 주의 이름이 온 땅에 어찌 그리 아름다운지요 주의 영광이 하늘을 덮었나이다"시 8:1

"이러므로 나의 평생에 주를 송축하며 주의 이름으로 말미암아 나의 손을 들리이다"시 63:4

"내가 평생토록 여호와께 노래하며 내가 살아 있는 동안 내 하나님을 찬양하리로다 나의 기도를 기쁘게 여기시기를 바라나니 나는 여호와로 말미암아 즐거워하리로다"시 104:33-34

"우리에게 향하신 여호와의 인자하심이 크시고 여호와의 진실하심이 영원함이로다 할렐루야"시 117:2

시편에는 풍요롭고 넉넉한 삶, **영화로운 삶**에 대한 약속이 있다. 중독의 치유란 가장 비참한 삶으로부터 가장 영화로운 삶에로의 경이로운 도약이다.

"주께서 밭고랑에 물을 넉넉히 대사 그 이랑을 평평하게 하시며 또 단비로 부드럽게 하시고 그 싹에 복을 주시나이다"시 65:10

"이는 여호와의 뜰에 심겼음이여 우리 하나님의 뜰 안에서 번성하리로다"시 92:13

"내게 줄로 지어 준 구역은 아름다운 곳에 있음이여 나의 기업이 실로 아름답도다 이러므로 나의 마음이 기쁘고 나의 영도 즐거워하며 내 육체도 안전히 살리니"시 16:6, 9

시편에는 **기쁨의 탄성** 소리가 곳곳에서 울려 퍼진다. 중독 치료의 과정에서 입가에 미소가 번지며, 운동을 하다가, 교제를 나누다가 파안대소하는 형제 자매들의 모습을 종종 보게 된다. 그들이 말한다. "이렇게 웃어본지가 언제인지 기억도 없어요." 회복의 열매는 기쁨이다.

"의인은 기뻐하여 하나님 앞에서 뛰놀며 기뻐하고 즐거워할지어다"시 68:3

"우리의 능력이 되시는 하나님을 향하여 기쁘게 노래하며 야곱의 하나님을 향하여 즐거이 소리칠지어다"시 81:1

"아침에 주의 인자하심이 우리를 만족하게 하사 우리를 일생 동안 즐겁고 기쁘게 하소서"시 90:14

"눈물을 흘리며 씨를 뿌리는 자는 기쁨으로 거두리로다"시 126:5

시편에는 하나님을 떠나 살지 않겠다는 **확고한 결단**이 있다. 그것은 다시는 재발하지 않겠다는 결단과 다를 바 없다. 하나님이 나의 증인이 되실 것이다.

"주께서 내 영혼을 사망에서, 내 눈을 눈물에서, 내 발을 넘어짐에서 건지셨나이다 내가 생명이 있는 땅에서 여호와 앞에 행하리로다"시 116:8-9

"내가 주의 영을 떠나 어디로 가며 주의 앞에서 어디로 피하리이까 내가 하늘에 올라갈지라도 거기 계시며 스올에 내 자리를 펼지라도 거기 계시나이다 내가 새벽 날개를 치며 바다 끝에 가서 거할지라도 거기서도 주의 손이 나를 인도하시며 주의 오른 손이 나를 붙드시리이다"시 139:7-10

"자기 허물을 능히 깨달을 자 누구리요 나를 숨은 허물에서 벗어나게 하소서 또 주의 종에게 고의로 죄를 짓지 말게 하사 그 죄가 나를 주장하지 못하게 하소서 그리하면 내가 정직하여 큰 죄과에서 벗어나겠나이다"시 19:12-13

시편에는 **하나님이 누구신지**에 대해 잘 나타나 있다. 회복자들은 그 분께 의지와 생명을 완전히 맡기기로 결단한 사람들이다.AA 3단계 그렇게 하기 전까지 그 분은 중독자들을 버려두신다. 그리고 기다리신다.

"내 백성이 내 소리를 듣지 아니하며 이스라엘이 나를 원하지 아니하였도다 그러므로 내가 그의 마음을 완악한 대로 버려 두어 그의 임의대로 행하게 하였도다"시 81:11-12

"주여, 주는 긍휼히 여기시며 은혜를 베푸시며 노하기를 더디하시며 인자와 진실이 풍성하신 하나님이시오니 은총의 표적을 내게 보이소서 그러면 나를 미워하는 그들이 보고 부끄러워하오리니 여호와여 주는 나를 돕고 위로하시는 이시니이다"시 87:15, 17

그 하나님은 우리 죄를 용서해 주시는 분이시다. 용서는 중독 치료의 꽃이다.

> "우리의 죄를 따라 우리를 처벌하지는 아니하시며 우리의 죄악을 따라 우리에게 그대로 갚지는 아니하셨으니 동이 서에서 먼 것 같이 우리의 죄과를 우리에게서 멀리 옮기셨으며 아버지가 자식을 긍휼히 여김같이 여호와께서는 자기를 경외하는 자를 긍휼히 여기시나니 이는 그가 우리의 체질을 아시며 우리가 단지 먼지일 뿐임을 기억하심이로다 "시 103:10-14

> "내가 이르기를 내 허물을 여호와께 자복하리라 하고 주께 내 죄를 아뢰고 내 죄악을 숨기지 아니하였더니 곧 주께서 내 죄악을 사하셨나이다"시 32:5

시편에는 하나님께 나아오는 자가 누릴 **축복의 약속**이 차고 넘친다. 그것은 회복자들이 누릴 축복이다.

> "주의 백성을 구원하시며 주의 산업에 복을 주시고 또 그들의 목자가 되시어 영원토록 그들을 인도하소서"시 28:9
> "주께서 나의 슬픔이 변하여 내게 춤이 되게 하시며 나의 베옷을 벗기고 기쁨으로 띠 띠우셨나이다"시 30:11
> "주께 힘을 얻고 그 마음에 시온의 대로가 있는 자는 복이 있나이다 그들이 눈물 골짜기로 지나갈 때에 그 곳에 많은 샘이 있을 것이며 이른 비가 복을 채워주나이다"시 84:5-6

하나님은 시편 저자들의 간구를 들어주시며 그들을 **새로운 영의 존재로**

다시 창조하신다. 시편에는 하나님 안에서 누리게 되는 **새로운 삶의 모습**이 아름답게 그려져 있다.

> "하나님이여 내 속에 정한 마음을 창조하시고 내 안에 정직한 영을 새롭게 하소서"시 51:10
>
> "내가 여호와께 바라는 한 가지 일 그것을 구하리니 곧 내가 내 평생에 여호와의 집에 살면서 여호와의 아름다움을 바라보며 그의 성전에서 사모하는 것이라"시 27:4
>
> "내가 산 자들의 땅에서 여호와의 선하심을 보게 될 줄 확실히 믿었도다 너는 여호와를 기다릴지어다 강하고 담대하며 여호와를 기다릴지어다"시 27:13
>
> "주의 궁정에서의 한 날이 다른 곳에서의 천 날보다 나은즉 악인의 장막에 사는 것보다 내 하나님의 성전 문지기로 있는 것이 좋사오니"시 84:10
>
> "인애와 진리가 같이 만나고 의와 화평이 서로 입맞추었으며 진리는 땅에서 솟아나고 의는 하늘에서 굽어보도다"시 85:10-11

기독교에 대한 선 이해나 교리적 지식이 부족한 사람이라 할지라도 시편은 쉽게 이해할 수 있다. 인간의 보편 감정과 정서를 대변하기 때문이다. 특히 삶의 곤경에 처한 사람들, 넘어지고 좌절하여 다시 일어설 힘조차 없는 사람들, 너무 쓰리고 억울한 마음을 가누지 못하고 사는 사람들, 자기 죄로 인해 말할 수 없는 수치와 죄책감을 안고 살아가는 사람들, 세상으로부터 너무 많은 상처를 입은 사람들, 가까운 사람들로부터 미움 받고 버림받은 사람들 —중독자들은 대부분 이 범주에 해당되는데— 에게 시편은 위로가 되고 희망이 된다. 무엇보다도 시편을 통해 그들은 시대를 넘어 전달되는,

마음이 상한 사람들이 주저함 없이 하나님께 나아가 상하고 눌리고 억울하며 분노한 마음을 있는 그대로 토로하고 울부짖는 모습에 깊은 공감을 느끼게 된다. 그 공감을 통하여 그들의 억압 되었던 감정이 되살아나고 그들 역시 자기의 솔직한 감정을 하나님께 토설하고 표출함으로써 감정이 살아 있는 인간으로 되돌아오게 된다. 감정을 억압하며 살아오기 이전의 지음 받은 본래의 모습으로….

무엇보다 시편을 통해 중독자들은 기도를 배울 수 있다. 기도는 보이지 않는 하나님과의 소통이다. 그것은 영적 산소이며 호흡이다. 라파공동체가 뭐하는 곳이냐고 누가 묻는다면 나는 형제님들에게 기도를 배우는 곳이라고 대답하라고 말한다. 거기서 도대체 무슨 일을 하느냐고 묻는 사람들에게는 기도한다고 답하라 말한다. 라파공동체는 기도를 배우는 곳이며 실제로 기도하는 곳이다. 기도를 배우는 가장 쉬운 방법 중의 하나는 시편 한 장 한 장을 그대로 읽고 그것을 기도문으로 바꾸어 기도하는 것이다. 그럴 때 울부짖음, 고통, 소망, 위로, 축복 등등 시편 저자들의 모든 것이 나의 것이 된다. 시편 저자들의 노래는 중독자들의 노래가 되고 기도가 된다.

> 너희 모든 중독자들아, 여호와를 찬양하며
> 너희 모든 회복자들아, 그를 찬송할지어다.
> 우리에게 향하신 여호와의 인자하심이 크시고,
> 여호와의 진실하심이 영원함이로다. 할렐루야. 시 117

13. 진리가 너희를 자유게 하리라

　중독은 묶이고 예속되는 것이다. 그러므로 치유란 풀어놓아 자유하게 하는 것이다. 죽은 나사로를 살리실 때 예수님께서 베에 묶여 무덤 속에 누어 있던 나사로를 살리신 후 주위 사람들에게 "풀어 놓아 다니게 하라"요 11:44 말씀 하실 때 나는 전율한다. 중독에 묶여 죽음을 향해 내몰려가는 중독자들에게도 그 말씀이 동일하게 필요하기 때문이다. 그 묶임으로부터 풀려나 자유롭게 되는 것, 그것은 중독으로부터의 탈출 혹은 치유에 대한 핵심적 국면을 반영한다. 이사야서를 인용하시며 "포로 된 자에게 자유를, 눈먼 자에게 다시 보게 함을 전파하며, 눌린 자를 자유롭게 하고 주의 은혜의 해를 선포"눅 4:18-19 하신 예수님의 첫 번째 설교는 모든 억압과 속박으로부터 인간의 자유를 선포하신 인간 삶의 근본에 대한 자유 대헌장이었다. 그것은 사람을 사람답게 하는 근본이 자유에 있음을 선포하신 것이다. 인류의 역사는 그 자유가 신장하는 방향으로 발전해 왔다. 그리스도의 사역에 대해서 사도 바울은 "그리스도께서 우리를 자유롭게 하시려고 자유를 주셨다"갈 5:1라고 요약하기도 했다.

　그 자유를 얻는 방법에 대해 예수님께서는 "진리를 알지니 진리가 너희를 자유롭게 하리라"요 8:32 말씀하셨고 또 당신 자신께서 "내가 곧 길이요 진리요 생명이다"요 14:6고 말씀하셨다. 중독의 묶임으로부터 놓이고 풀려 자유롭게 되려면 진리를 알아야 한다. 그 진리를 향한, 그리고 진리에 도달하기 위한 치열한 노정을 우리는 고난당한 욥의 이야기 속에서 발견한다. 욥에게서 우리는 "고난당한 것이 내게 유익이라 이로 말미암아 내가 주의 율례들을 배우게 되었다"시 119:71는 시편 저자의 고백을 확인한다. 고난은 우리를 진리로 인도하는 확실한 통로 중 하나임이 분명하다.

욥은 "온전하고 정직하여 하나님을 경외하며 악에서 떠난"욥 1:1 사람이었다. 그는 부자였고 서로 우애 있는 10명의 자녀를 둔 실로 "동방사람 중에 가장 훌륭한 자"욥 1:3라는 평을 받던 사람이었다. 그런 그에게 전혀 예기치 않은 재앙이 순식간에 불어 닥친다. 그 많던 재산을 하루아침에 탈취당하고 사랑하는 자녀들도 모조리 죽임을 당하는 끔찍한 재앙을 맞는다. 그러나 그 엄청난 재앙을 마주하면서도 욥은 하나님에 대한 신실한 믿음을 저버리지 않는다. 대재앙의 와중에서 그는 놀라운 고백을 한다. "이르되 내가 모태에서 알몸으로 나왔사온즉 또한 알몸이 그리로 돌아가올지라 주신 이도 여호와시요 거두신 이도 여호와시오니 여호와의 이름이 찬송을 받으실지니이다"욥 1:21라고 말한다. 또한 성경은 "이 모든 일에 욥이 범죄하지 아니하고 하나님을 향하여 원망하지 아니하니라"욥 1:22 라고 기술한다. 참 놀라운 신앙의 소유자라고 아니할 수 없다.

그를 향한 재앙은 그러나 여기서 그치지 않고 급기야 그의 몸에 발바닥부터 정수리까지 악성 종기가 발생하는 지경에 이르게 된다. 그 참을 수 없는 고통으로 인해 그는 재 가운데 앉아서 질그릇 조각을 가져다가 몸을 벅벅 긁기에 이른다.욥 2:7-8 그 모습을 보고 그의 아내가 말한다. 차라리 "하나님을 욕하고 죽으라."욥 2:9 이제 아내마저 그의 믿음을 비웃고 조롱하기에 이른다. 그 때에도 욥은 "우리가 하나님께 복을 받았은즉 화도 받을 수 있지 않느냐"욥 2:10며 믿음을 저버리지 않는다. 모든 것을 잃고 사랑하는 아내마저 자기 자신을 비웃고 조롱하는 비참한 지경에까지 이르렀어도 욥은 하나님을 향한 신실한 믿음을 저버리지 않았다.

그러나 욥의 꿋꿋함은 여기까지였다. 욥의 태도는 그의 친구들인 데만 사람 엘리바스와 수아 사람 빌닷, 나아마 사람 소발이 위로차 그를 방문하게 되었을 때 전혀 새로운 국면으로 들어가게 된다.

욥의 친구들 역시 욥만큼이나 대단한 인격을 소유한 참 좋은 친구들임은 그들이 욥을 만나러 와서 욥의 처지가 심히 민망함을 보고 "일제히 소리 질러 울며 각각 자기의 겉옷을 찢고 하늘을 향하여 티끌을 날려 자기 머리에 뿌리고" 밤낮 칠 일 동안을 욥과 같이 땅에 앉아 말없이 함께하였다는 사실 욥 2:12-13로부터 판단할 수 있다. 그들은 욥의 고통과 슬픔에 말없는 침묵으로 일주일을 함께 하는 깊은 사랑을 몸으로 보여주었다. 친구들의 욥을 향한 우정과 사랑도 우리의 일상에서는 쉽게 찾아볼 수 없는 대단한 것이었음을 알 수 있다.

그러나 그들의 우정도 여기까지였다. 일주일의 침묵이 끝나면서 욥과 친구들 사이에는 미묘한 갈등이 생기기 시작하고 급기야는 서로를 비난하며 저주하는 사태에까지 이르게 된다. 중독자들과 주위 사람들과의 관계도 이와 비슷하다. 그들의 관계 역시 처음에는 따뜻한 관심과 사랑, 우정에서 비롯되지만 종국에는 서로에 대한 비난과 저주로 끝을 보게 된다. 왜 그럴까? 그것은 인간의 본성 안에 깊이 내재된 '죄'의 문제와 연관되어 있다. 욥기의 중심 주제는 사실 이 '죄란 무엇인가?'에 있다고 해도 과언이 아니다. 욥기는 인간의 마음속에 내죄된 "죄의 본성"에 대한 변증서라고 볼 수 있다.

일주일이 지난 후 욥은 친구들 앞에서 자신의 생일을 저주하는 한탄을 쏟아내기 시작한다. 차라리 태어나지 않았더라면 더 좋았을 것을, 그리고 지금이라도 사는 것 보다는 죽는 것이 더 좋겠노라고 말한다. 믿고 의지할 친구들이 곁에 있게 되자 욥은 자기의 속마음을 털어놓기 시작한다. 그동안 경건으로 포장되어 왔던 그의 내면의 실체, 영적 실체가 민낯을 드러내기 시작한다. 하나님을 향해 결코 흔들릴 것 같지 않았던 그의 꿋꿋한 믿음 뒤에 감추어져 있던 내면의 구정물들이 쏟아져 나오기 시작한다. 경건의 허상이 깨어지기 시작한다.

이에 친구들도 격렬하게 반응하기 시작한다. 그것은 아마도 예기치 않았던 욥의 부정적 반응에 자극받은 것일 수도 있다. 그들은 평상시와는 전혀 다른 욥의 모습에 당황했을 수도 있다.

욥은 아마 친구들로부터 위로 받고 싶었을 것이다. 마음속에 응어리져 있는 날 것의 감정을 그대로 쏟아버리고 싶었을 것이다. 그것은 믿을 수 있는 친구들 앞에서만 가능한 것이었다. 경건으로 가려졌던 그의 내면이 여과 없이 쏟아져 나오기 시작한다. 격한 감정을 절제하는 것이 경건의 한 측면인 것은 분명하지만 때론 내면의 감정을 정직하고 솔직하게 토설함으로써 우리는 더 깊은 경건으로 인도되기도 한다. 이미 앞에서 우리는 솔직한 감정의 표현이 우리의 신앙과 경건을 성숙시키고 완성시키는 것과 상치 되지 않음을 이야기 한 바 있다. 특히 다윗의 시편들을 예로 들면서 다윗 신앙의 정수는 그의 솔직한 감정의 토로를 통해 성숙되었던 것에 있음을 밝힌 바 있다. 욥에게도 이러한 정황은 동일하게 적용된다. 욥은 하나님을 향한 경건의 신앙 이면에 억압되어 있던 하나님을 향한 원망의 마음, 억울한 마음을 친구들 앞에서 폭풍우처럼 쏟아내기 시작한다. 그런 그가 나중에는 그에게 폭풍우 속에서 폭풍우처럼 말씀하시는 하나님을 만나게 된다 그리고 자기를 방어하고 변호한다. 도대체 내가 무슨 죽을 죄를 얼마나 지었냐며, 나만큼 하나님을 경외하며 의롭게 산 사람이 얼마나 있냐며 따지고 든다. 아마도 욥은 친구들이 그런 자기를 받아 주고 동조해 주기를 기대했을지도 모른다. 그러나 친구들은 욥의 편에 서지 않았다. 하나님께 대하여 불경한 태도를 취하는 욥을 오히려 비난하고 나무랐다.

욥의 이같은 발언이 도화선이 되어 세 친구들과의 긴 격론이 시작된다. 그 격론의 내용은 이렇게 요약된다. 욥은 친구들에게 왜 내게 이런 일이 일어났는지, 하나님께서 왜 내게 이런 고통을 겪게 하시는지 모르겠다는 것이다. 그리고 자신에게는 이런 재앙을 당할 만큼의 잘못이 없다고 주장한다.

욥의 주장에 대한 친구들의 반론의 요점 또한 명확하다. 하나님께서 죄 없는 자에게 이 같은 고통을 주셨을 리가 없다는 것이다. 하나님은 절대로 그럴 분이 아니라는 것이다. 그러니 욥이 찬찬히 자기 삶을 살펴보면 그 죄를 깨닫게 될 것이고 하나님께 나아가 하나님의 용서와 자비를 구하는 것이 좋으리라는 것이다. 친구들은 나아가 욥이 감히 자기의 의를 주장하면서 하나님의 불의함을 논증하려는 죄를 저지르고 있다고 비난한다. 욥은 죄가 없다 주장하지만, 친구들은 그럴 리가 없다고 말한다. 왜냐하면 하나님께서 죄 없는 자에게 이런 재앙을 내리실 리가 없기 때문이라는 것이다. 하나님은 절대적으로 옳고 완전하신 분이기 때문에 실수하실 리가 없기 때문이라는 것이다. 친구들로부터 위로 받기를 기대했던 욥은 친구들을 원망한다. 그리고 좌절한다.

> "너희가 내 마음을 괴롭히며 말로 나를 짓부수기를 어느 때까지 하겠느냐 너희가 열 번이나 나를 학대하고도 부끄러워 아니하는구나"욥 19:1-2
>
> "너희가 힘없는 자를 참 잘도 도와주는구나 기력 없는 팔을 참 잘도 구원하여 주는구나 지혜 없는 자를 참 잘도 가르치는구나 큰 지식을 참 잘도 자랑하는구나"욥 26:1-2

친구들과의 격론의 과정이 그러나 욥에게는 기묘한 반전의 계기가 된다. 믿었던 친구들로부터 배신당하고 질책당하는 순간이 오고 나서야 욥은 비로소 절박하게 하나님을 찾기 시작한다. 가족들마저 그의 곁을 떠난 마당에 이제 그에게는 이 세상에 의지할 그 무엇조차 더 이상 남아 있지 않은 절대 고독의 심연 속에 다다르게 된 것이다. 요컨대 그는 인생의 맨 밑바닥에 내팽겨 쳐진 것이다. 바로 거기서 욥은 하나님을 갈망하기 시작한다. 버려진 땅에서 그는 비로소 인간이 되었고 전능하신 하나님을 갈망하게 된다. 이제 하나님을 향한 진정한 갈망이 새로운 생명의 탄생을 예비하는 순간에 다다른 것이다.

욥은 하나님과의 만남을 갈망한다.

> "그런데 내가 앞으로 가도 그가 아니 계시고 뒤로 가도 보이지 아니하며 그가 왼쪽에서 일하시나 내가 만날 수 없고 그가 오른쪽으로 돌이키시나 뵈올 수가 없구나"욥 23:9
> "그러나 내가 가는 길을 그가 아시나니 그가 나를 단련하신 후에는 내가 순금같이 되어 나오리라"욥 23:10

욥은 지난 날, 주님과 함께 동행 했던 날을 간절히 그리워한다.

> "나는 지난 세월과 하나님이 나를 보호하시던 때가 다시 오기를 원하노라 그 때에는 그의 등불이 내 머리에 비치었고 내가 그의 빛을 힘입어 암흑에서도 걸어다녔느니라"욥 29:1-2

욥을 사랑했던 친구들은 욥과의 길고 격렬했던 논쟁 끝에 욥에게 위로는 커녕 더 큰 상처와 아픔을 가져다주었다. 그들의 관계는 파탄 일보직전 까지 나아간다. 무엇이 문제였을까? 그것은 인간의 불완전함과 미숙함, 인간 본성 안에 내재된 죄 때문이었다. 그들이 보여준 태도는 전적으로 '바리새적'인 것이었다. 하나님과 하나님 나라에 대해 그들은 아는 것이 많았지만 그것을 모든 상황에 기계적으로 적용하는 죄를 범했다. 인간이 겪는 고난의 많은 부분이 자기의 죄 때문이기는 하지만 모든 경우에 그런 것은 아니라는 점을 그들은 알아야 했다. 그들은 친구인 욥의 경건하고 의로웠던 삶을 잘 알고 있었기에 그를 끝까지 믿고 지지해 주어야 했지만 그들은 섣부르게 욥을 교정하려 하는 선택을 했다. 오래 기다리고 그의 곁에 있어 그의 말을 들어주며 침묵하고 있으면 좋았을 시간에 그들은 참지 못하고 욥을 가르치려 하고 교정하려 했다. 그것 또한 죄였다. 그들은 상처 입어 고통을 겪고 자살충동을 가지고 있는 욥에게 네 죄를 잘 생각해보라고, 하나님을 믿는 믿음으로 나아가라고 다그치고 정죄했다. 그들은 욥의 문제를 진단하고 마음대로 판단하였으며 정죄하고 비난하는 죄를 저질렀다. 친구들은 자기를 옳게 보이기 위해, 자신들의 우월을 드러내기 위해 욥의 약점을 들춰내고 그의 존재를 평가절하 하고 깎아 내리는 죄를 저질렀다. 잘나가던 시절의 욥에 대한 시기와 질투를 그렇게 투사함으로써 그들은 욥을 더 큰 고통으로 몰아넣었으니 이 또한 죄가 아닐 수 없다. 요컨대 그들에게는 자기 자신을 다 내어주기까지 죄인들을 사랑한 그리스도의 그 사랑이 없었던 것이다. 욥을 향한 그들의 사랑은 아직 온전함에 이르지 못했고 온전함에 이르지 못한 사랑은 죄가 된다.

욥은 친구들과 격론을 벌이는 과정에서 진정으로 좌절한다. 친구들에게서 배신감을 느끼고 버려짐을 경험하면서 욥은 인간에 대해 좌절하며 자기 자신에 대해 좌절한다. 그 깊은 좌절과 절망감 속에서 욥은 진정한 자기를 발견한다. 그는 실로 경건한 자였지만 아직 온전함에는 이르지 못했다. 친구들을 만나자 욥은 경건의 가면을 벗어던지고 하나님을 원망한다. 자신의 억울함을 호소한다. 하나님께 따지고 묻는다. 발광한다. 그리고 친구들을 저주하며 악다구니를 쓴다. 그것이 인간이다. 경건의 외양 너머에 있는 인간의 본모습이다. 욥은 아직 참된 경건에 이르고 있지 못한 것이다.

그러나 그렇게 자기 내면의 솔직한 모습을 토설하고 표출하면서 욥의 내면은 정화된다. 그 쓰라린 배신감과 울분 속에서 무기력한 자기 모습을 발견한다. 그리고 그 자리에서 하나님을 바라보기 시작한다. 실로 깊은 진정성에 기초해 그는 하나님을 바라며 갈망하게 된다. 하나님을 향한 그 갈망은 그가 잘 나가던 시절, 그가 경건의 외양을 가지고 갈망 하던 그것과는 비교할 수 없는 깊은 것이 된다. 하나님의 마음에 합당한, 하나님께 받아들여질 만한 참된 갈망이 된다. 경건이라고 해도 다 같은 것이 아니며, 갈망이라고 해도 모두가 똑같은 것이 아니다. 그 깊음의 차이를 고난 속에서, 오로지 고난 속에서 욥은 깨닫고 체험하게 되는 것이다. 이제 그는 하나님을 다시 마음 속 구세주와 주님으로 받아들일 새 준비가 된 것이다. 새 술을 새 부대에 담을 때가.

욥의 마음에 좋으신 하나님에 대한 그리움이 생겨나고 참으로 절실한 바람으로 나타나기 시작할 그때쯤 세 친구와 욥의 격론을 보다 못한 젊은 친구 엘리후가 느닷없이 등장한다. 그는 욥과 세 친구들을 면박한다. 욥에 대해서는 "욥이 하나님보다 자기가 의롭다"욥32:2 주장하기 때문이며, 연장자인 욥의 세 친구에 대해서는 그들이 "능히 대답하지도 못하면서 욥을 정죄만 하고 있기" 때문이라는 것이다. 엘리후는 그들에게 "하나님의 영이 나를 지으셨고 전능자의 기운이 나를 살리신다"욥33:4고 말하면서 "내가 의로우나 하나님이 내 의를 부인하셨고 내가 정당함에도 거짓말쟁이라 하였고 나는 허물이 없으나 화살로 상처를 입었다"욥34:5-6는 욥의 주장을 하나님의 선하심, 의로우심, 완전하심을 예로 들며 반박한다. 엘리후는 거침없고 장엄한 언사로 하나님의 위엄을 증거한다. 그리고 욥에게 이렇게 촉구한다, "욥이여 이것을 듣고 가만히 서서 하나님의 오묘한 일을 깨달으라."욥37:15

엘리후가 등장하기 전에 이미 욥의 마음은 하나님을 향해 열려 있었다. 아니 엘리후가 웅변을 토하지 않더라도 그 이상으로 욥은 하나님을 잘 알고 있었다. 마침내 그의 믿음이 갱신되어야 할 때가 이르렀다. 알 수 없는 극한 고난이 그를 하나님 앞으로 인도했고 그가 생의 바닥을 쳤을 때, 극한의 무기력과 절망을 느꼈을 때, 하나님은 "폭풍우 가운데에서"욥38:1 그에게 현현하신다. 하나님의 현현을 체험하면서 욥의 믿음은 머리로만 아는 믿음에서 인격적 믿음으로 전환한다. 그 체험을 통해 욥은 전지전능하시며, 무소부재하시며, 엄위로우시며, 범접할 수 없는 장엄을 가지신 무한하시고 장대하시며 영원하신 하나님을 만난다. 20세기 가장 탁월한 신학자였던 칼 바르트가 말했던 "절대적 타자"로서의 하나님, 중세 신학의 거장 토마스 아퀴나스가 정의했던 모든 만물의 원인이 되시는 하나님_{일자, 부동의 동자}을 만나는 것이다. 그 때 비로소 욥은 자기 입을 손으로 가리게 된다. "보소서 나는 비천하오니 무엇이라 주께 대답하리이까 손으로 내 입을 가릴 뿐이로소이다"_{욥 40:3} 그 분은 무한대이시며 자기는 무한소임을 깨닫게 되는 것이다. 감히 하나님께 맞설 수 없는, 침례 요한의 표현대로 아무 것도 아닌 존재임을 머리가 아닌 마음으로 자각하기에 이른다. 그 때 욥은 하나님께 무릎을 꿇는다. 그리고 회개의 고백을 올린다.

> "나는 깨닫지도 못한 일을 말하였고 스스로 알 수도 없고 헤아리기도 어려운 일을 말하였나이다"_{욥 42:3}
> "내가 주께 대하여 귀로 듣기만 하였사오나 이제는 눈으로 주를 뵈옵나이다. 그러므로 내가 스스로 거두어들이고 티끌과 재 가운데에서 회개하나이다."_{욥 42:5-6}

욥은 무엇을 회개하였는가? 그것은 그 자신이 깨닫지도 못했고, 잘 알지도 못하는 것을 마치 잘 아는 것처럼 말한 죄였다. 욥은 친구들에 맞서 자기를 방어하는 자기방어의 죄를 저질렀다. 자기를 방어하기 위해 그는 자기의 의를 드러내기에 급급했다. 그렇게 자기 의를 드러내면서 욥은 친구들이 그에게 했던 것과 똑같이 친구들을 공격하고 비난하며 정죄했다. 그 역시 하나님의 이름으로 그 같은 일을 저질렀다. 자기의 의, 자기의 옳음을 논증하기 위해 결과적으로 하나님을 불의한 존재로 자리매김하게 되었다. 그것은 명백한 불의였으며 죄였다.

"하나님, 저는 의롭게 살려고 노력했으며 애를 썼습니다. 그러나 내 안에는 어떤 의로움도 없었습니다. 하나님이 내 안에 계실 때만, 내 삶의 모든 정황 가운데 함께 하실 때만 저는 의로울 수 있었습니다. 제가 의로웠던 것이 아니라 죄와 불의로 가득 찬 저를 하나님께서 의롭다 '칭'해주신 것이었을 뿐임을 이제야 깨닫습니다. 의로우신 분은 오직 하나님 한 분이심을 고백합니다. 제가 풍요 가운데 있을 때 저는 그것을 알지 못했습니다. 제가 의로운 줄로만 알았습니다. 그러나 이제 고난 가운데 제가 진실을 봅니다. 주님, 저는 연약한 죄인입니다. 그러므로 고난이 제게 유익이 되었습니다. 고난이 제게 은혜가 되었습니다."

이같은 고백이 아마도 욥이 하나님의 현현을 체험한 이후 드린 기도가 아니었을까.

욥이 하나님의 현현을 체험하는 장면을 생각할 때마다 나는 영화 「포레스트 검프」의 한 장면을 떠올린다. 영화 속 댄 중위는 명문가의 자제로 육군사관학교를 나온 촉망받는 인재였다. 월남전에서 포탄에 맞아 두 다리를 잃은 후 제대한 그는 실의에 빠져 마약과 여자에 빠져 살아간다. 영화 속 주인공 포레스트 검프를 만나 새우 잡이 배를 타게 된 그는 어느 날 밤, 살아 있는 모든 것을 멸절시킬 듯 쏟아지는 엄청난 폭우를 만난다. 그 위기의 순간에 댄 중위는 잘린 두 다리를 끌고 망대 위로 올라간다. 그리고 하나님께 맞선다. 그 폭풍우 속에서 댄 중위는 하나님을 향해 외친다. 폭풍우는 포효하고 댄 중위는 하늘을 향해 발악한다. 하나님, 마음껏 해보시라고. 이 배를 한 번 엎어보시라고. 내 인생을 이렇게 엉망으로 엎어 놓으신 것처럼 이

배도 뒤 엎어 보시라고. 댄 중위의 신을 향한 도발은 처절하고 장렬했다. 폭풍우가 세상 만물에 대해 포효할 때 댄 중위는 하나님을 향해 포효한다. 그 처절했던 밤이 지나고 아침 해가 떠올랐을 때 주변 해역 모든 배들이 좌초하고 침몰했지만 포레스트 검프와 댄 중위의 배만 좌초를 면했다. 그리고 그 밤 이후 댄 중위는 변했다. 그는 그 폭풍우 속에서 하나님을 만난 것이다!

그 이후의 어느 날 댄 중위는 월남전에서 자기의 생명을 구해준 부하 사병, 정상인보다 낮은 지능을 가지고 있는, 그래서 적당히 무시하며 대해 왔던 포레스트 검프에게 그동안 전하지 못했던 감사의 인사를 전한다. 내가 그동안 감사하다는 말 한 적 없지 라며. 그리고는 잘린 두 다리 상태 그대로 바다 속으로 풍덩 몸을 던진다. 두 다리가 없는 상태에서 댄 중위는 망망한 바다를 배영으로 헤엄쳐 나아간다. 그 장면을 회상하며 포레스트 검프가 말한다. "댄 중위님은 하나님과 화해한 것 같았어요."

장애를 입은 그 모습 그대로, 두 다리가 잘린 상태에서 바다에 풍덩 빠져 바다의 너른 품에 자기를 맡긴 채 유유히 배영으로 유영하는 댄 중위의 모습은 그가 자기를 묶고 있던 모든 것, 좌절, 실의, 환멸, 자기모멸, 극한 원망, 분노 등 온갖 부정적인 감정과 의식으로부터 결별하였음을 보여준다. 그는 하나님 안에서 자유를 얻은 것이다. 새 사람이 된 것이다. 신체장애가 더 이상 그를 구속할 수 없었던 것이다. 삶의 재앙이 그를 더 이상 묶어 둘 수 없었던 것이다. 인간의 삶 속에는 눈에 보이는 실제 이상의 그 무엇이 존재했던 것이다. 댄 중위는 그것을 보고 느꼈으며 그로 인해 180도 인생이 뒤바뀌게 된다. 요컨대 그는 신을 보았고 어리석게 살아왔던 자신의 삶을 되돌아보았으며 회개하기에 이른 것이다. 그는 의족을 만들어 차고, 정상적인 생활로 복귀하였으며, 결혼하여 가정을 꾸린다. 마치 욥이 폭풍우 가운데에서 하나님을 만나고 새롭게 되어 해피엔딩의 새 인생을 살았던 것처럼….

기독교의 진리는 신비의 영역이다. 보이지 않는 하나님의 현현을 체험하는 것도 신비요, 글로 쓰여진 성경의 말씀을 살아 있는 말씀으로 체험하는 것도 신비이다. 무엇보다도 기독교에서 말하는 진리는 하나님의 인격과 장엄한 신성을 '영의 오감'을 통해 체현하는 것이다. 육체로는 보고 듣고 느낄 수 없는 것들을 영적으로 보고 듣고 느끼게 되는 것이다. 그러나 이러한 영적 체험은 사라지지 않고 고스란히 육체의 뇌에 기록되고 저장되며 죽는 날까지 기억된다.

인생의 고난은 욥에게서와 같이 누구에게나 예기치 않게 찾아올 수 있다. 어떤 고난은 자초한 고난이요 이유가 있는 고난일 수도 있지만 그 이유조차 모르고 찾아오는 고난도 있다. 어쩌면 중독도 그 한 예가 될 수도 있다. 이 세상의 어떤 중독자도 그 자신이 중독자가 될 목적으로 술을 마시거나 도박, 성, 게임에 탐닉한 사람은 없을 것이다. 하다 보니 어느 날 그 자신이 헤어날 수 없는 중독에 빠져들게 된 것을 발견하게 되는 것이다. 물론 중독 치료 현장에서는 중독에 빠지게 된 다양한 원인들을 낱낱이 규명하려는 노력을 전개한다. 그러나 그 치열한 노력의 측면을 잠시 접어두고 볼 때 중독은 어느 날 어떤 사람과 가정에 예기치 않게 들이닥친 재앙으로 받아들여질 때가 많다. 그 누구도 원하지 않았고 기대하지 않았다는 점에서 그렇다. 여기 알코올중독, 도박중독, 마약중독 등으로 재산, 가족 등 모든 것을 잃고 몹쓸 병마저 얻어 더 이상 살 기력조차 없어 죽기만을 바라는 중독자가 있다고 가정해 본다면 그의 처지는 욥이 처한 처지와 그리 다르지 않음을 알 수 있다. 욥이 닥쳐온 고난과 인생의 재앙을 극복하고 새로운 삶을 찾아가는 과정은 중독이라는 삶의 재앙을 만난 중독자가 새로운 존재로 거듭나 행복을 찾아나가는 과정에 유비될 수 있다.

욥이 새로운 삶을 찾고 더 큰 축복을 누리는 삶을 살 수 있었듯이, 영화

포레스트 검프 속에서 댄 중위가 실의와 좌절을 이기고 새로운 삶을 시작할 수 있었듯이 중독자들도 새로운 삶을 시작할 수 있다. 욥기에 나타난, 중독 치유와 관련한 함의의 핵심은 진리와 자유이다. 그리고 그 중심에는 인간이 삶 속에서 겪게 되는 고난의 문제와 죄의 문제, 믿음의 문제가 있다.

의롭고 훌륭한 사람 욥에게 전혀 예기치 않은 고난이 닥쳐왔듯이 누구에게나 고난은 느닷없이 닥쳐 올 수 있다. 사람들은 그 고난의 원인과 이유를 잘 알지 못할 때도 있다. 어떤 고난은 하나님으로부터 주어진 것일 수도 있다. 중독도 그와 같아서 그 사람이 중독에 걸리도록 하나님이 내어버려둘 수도 있다. 그렇게 됨으로 그를 극한 고난과 재앙 속으로 밀어 넣을 수도 있다는 말이다. 그것은 예수님께 제자들이 "날 때부터 소경이었던 사람은 왜 그렇습니까? 그의 죄 때문입니까? 아니면 그의 부모의 죄 때문입니까? 라고 물었을 때 하신 대답에서 극명히 나타난다. 그 누구의 죄도 아니다. 다만 그에게 하나님께서 하실 일이 있으시기 때문이라는 것요 9:2-3이 답이었다. 하나님은 인간이 처하는 고난과 재앙을 허락하시는데 이는 그것들을 통하여서 당신이 하실 일을 나타내시기 위함이라는 것이다. 그가 하시고자 하는 일은 대체로 그 사람을 새롭게 하는 일이다. 중독의 치유에서 우리가 듣고 경험하는 가장 아름다운 말, 가장 감동적인 순간의 하나는 "중독이 내겐 은혜였습니다."는 고백을 들을 때이다. 이미 회복의 문에 들어선 사람들은 그 고백에 100% 동의한다. 그러나 아직 그 문에 들어서지 못한 사람들에게는 도저히 이해되지 않는 불가해의 영역이기도 하다.

감당 못할 고난을 당할 때 사람들은 흔히 하늘을 바라본다. 사람들의 마음 깊은 곳에는 하늘을 바라보는 본성이 숨겨져 있다. 그들은 하늘이라는 허공에 대고 호소하는 것이 아니라 하늘 어딘가에 있을 어떤 분, 곧 하나님에게 말하고 호소하는 것이다. 이것이 사람의 본성 깊숙이 감추어져 있는 영성이요 종교성이다. 결국 중독치료의 핵심은 욥이 그랬던 것처럼 자기의 죄를 깊이 깨닫고 회개하는데 있다. 그것이 바로 진리이다. 그 진리는 진리이신 하나님을 인격적으로 만나고 체험하는 것으로부터 획득된다. 그 진리를 깨닫고 나면 그 영혼은 이제 모든 묶인 것으로부터 자유를 얻는다. 그는 치유되었고 새로운 회복의 삶, 시온의 대로가 활짝 열리게 되는 것이다.

중독을 치유하는 진리란 그 진리를 깨달음으로써 행동이 바뀌고 삶이 변하는 결과를 가져오는 진리를 말한다. 그런 점에서 그것은 필연적으로 행동으로 귀결되는 '믿음'과 같다. 알코올중독자를 예로 들자면 진리를 깊이 깨달아 아는 순간 그는 더 이상 술을 마시지 않게 되고 새 사람이 되어 새로운 인생을 살아가게 된다는 것이다.

중독을 치료하는 출발은 자신이 중독자임을 인정하는가, 또 죄인임을 인정하는가 여부에 달려 있다. 거의 모든 중독자들은 부인의 방어기제를 사용하고 있기에 자기가 중독자라는 사실을 인정하지 않으려는 강퍅한 마음을 가지고 있다. 자신이 중독자임을 자각하는 과정이 가장 먼저 일어나고 다음으로는 그것을 인정하는 과정이 따라온다. 그러나 그 진정성의 깊이는 사람마다, 순간마다 천차만별이다. 나는 중독자가 맞다는 자각의 깊이도 천차만별이요 그 자각의 결과 역시 천차만별이다. 자신은 절대로 알코올중독자가 아니라고 주장하던 사람이 어느 날 자신이 중독자가 맞다고 인정하는 순간에 이를 때가 있다. 그러나 그러한 인정을 자기는 도저히 술을 끊을 수 없다는 방패막이로 사용하는 경우도 있다. 나는 중독자이기 때문에 도저히 술을 끊을 수 없다고 주장하게 된다는 것이다.

중독을 치료하는 진리란 내가 중독자입니다 라는 자각과 인정이 그러므로 "이제 다시는 술 마시지 않고 술을 끊겠습니다."라는 결단과 실행으로 이어지는 진리를 말한다. 그리고 진리가 그로 하여금 바르게 행동하고 바른 삶을 선택하게 하는 그것이 되어야 한다는 말이다.

내가 중독자라는 고백은 필연적으로 "내가 죄인입니다."라는 고백과 연결되어야 한다. 중독된 것이 죄라는 사실이 분명하고 확고해 질 때 그는 더 이상 술을 마시지 않게 되기 때문이다. 알코올중독자나 도박중독자들은 그들의 행동이 비난받을 때 흔히 "술 좀 마시고, 도박 좀 하는 게 죄냐?"라고 반문한다. 물론 이들은 '조금' 하는 게 아니다. 자신들의 행위를 객관화 하지 못하고 축소하고 있는 것이다. 그러나 이 말들에는 '만일 그것이 죄라면 멈출 용의가 있다'는 의미도 내포되어 있다. 그렇다. 만일 어떤 중독자가 자기의 중독 행위가 자신과 가족, 주위 사람들에게 해를 끼치는 나쁜 행위, 죄된 행위임을 자각하고 인정한다면 아마도 그는 중독 행위를 중단하게 될 것이다.

'내가 죄인입니다'라는 고백의 진정성 수준도 천차만별이다. "그래 내가 죄인이다 어쩔래?" 수준의 막무가내파가 있는가 하면 "정말 내가 죄인입니다. 내가 잘못했습니다. 나를 용서해 주십시오. 다시는 그렇게 살지 않겠습니다."라고 울며 회개하여 전혀 새로운 삶을 살아가는 사람이 있기까지. 후자의 경우를 두고 우리는 그가 진정성을 가지고 있다고 말하는 것이다. 이렇듯 중독을 치유하는 진리는 진정성 있는 자각과 인정이어야 하며 그것은 필히 깊은 회개와 결단, 그리고 전격적인 삶의 전환으로 귀결되어야 하는 것이다.

지금까지 우리는 개인적 차원에서의 회개의 사례로 욥의 사례를 검토해 보았다. 욥의 사례를 통해 우리는 회개는 한 개인의 깊은 통찰과 깨달음, 양심의 소리에 대한 반응과 책임지려는 자세와 태도 등으로 표현되는 것을 알았다. 욥의 사례에서 볼 수 있듯이 회개는 다분히 신비적 차원에서 이루어지는 것임도 알았다.

신약시대로 넘어오면서 이러한 신비적 현상은 더욱 두드러지게 나타난다. 그 대표적인 사례가 바울의 회심 사건이라 말할 수 있다. 그리스도인들을 핍박하고 잡아 죽이기까지 유대교에 충실했던 바울이 다메섹으로 가던 도상에서 홀연히 빛으로 나타난 예수님을 만나 극적으로 회심하여 그리스도인으로 거듭나는 과정은 폭풍우 속에서 하나님을 만나 회개하고 새 삶을 찾은 욥의 그것과 비슷하다. 우리는 바울의 생애를 통해 회심의 신비적 요소, 곧 성령의 신비로운 사역과 활동에 주목하게 된다. 예수를 그리스도로 믿는 믿음의 세계로의 진입을 원하는 사람들은 그것이 철저하게 죄에 대해서, 의에 대해서, 심판에 대해서 깨닫게 해 주시는 진리의 영이신 성령 사역의 결과요 16:8-11임을 인정해야 하며 그 분의 임재를 겸허히 기다리는 태도를 취하여야 한다. 믿음과 회심은 사람이 스스로의 노력을 통해 얻을 수 있는 것이라기보다는 성령님의 임재 혹은 강림하심을 통해 죄인들에게 주어지는 하나님의 선물이기 때문이다.

내가 누구인지, 정녕 내가 중독자이며 죄인인지를 진정성 있게 깨닫고 인정하며 그로부터 돌이키려는 일련의 과정과 상태를 우리는 진리에 도달하는 과정으로 이해한다. 그것은 철저하게 욥에게서 일어난 바로 그것이다. 욥의 진리에 대한 진정성 있는 통찰은 욥기 전체 42장 중에서 41장까지의 긴 여정을 거친 후에야 그에게 주어진다. 하나님의 현현 체험을 통해, 곧 인격적으로 하나님을 만나고 경험함으로써 그는 진리를 알아챘다. 사실 하나님 그 분 자신이 진리인 것이다.

"예수께서 이르시되 내가 곧 길이요, 진리요, 생명이라"요 14:6

14. 진짜 하나님 나라에서 살기

중독을 이해하고 치료하는 데서 '하나님 나라' 개념은 매우 유용하고 중요하다. 하나님의 나라는 사람들이 꿈꾸는 좋은 나라다. 누구나 가 보고 싶어 하는 나라다. 그런 나라가 정말 있다고 믿는다면. 예수님께서 이 땅에 오신 이유는 구약성경을 완성하고 그 예언을 성취하시기 위해서였다. 그것은 곧 하나님의 나라를 이 땅에 선포하시고 세우시기 위함이었다. 예수님은 정말 그렇게 하셨다. 이 땅에 오셨고, 하나님의 나라를 선포하셨으며, 그 나라를 친히 세우셨다.

> "예수께서 대답하여 이르시되 너희가 가서 듣고 보는 것을 요한에게 알리되 맹인이 보며 못걷는 사람이 걸으며 나병환자가 깨끗함을 받으며 못 듣는 자가 들으며 죽은 자가 살아나며 가난한 자에게 복음이 전파된다 하라."마 11:4-5

죽음을 앞두고 메시아의 도래를 확인하고 싶어 했던 세례침례 요한에게 전하라 하신 이 말씀이야말로 하나님의 나라가 이미 건설되고 있음을 알리라는 의미였다. 예수님께서 선포하신 첫 번째 메시지는 이것이었다.

> "회개하라. 천국이 가까이 왔느니라."마 4:17
> "이르시되 때가 찼고, 하나님의 나라가 가까이 왔으니 회개하고 복음을 믿으라."마 1:15

그것은 정녕 놀라운 선포였다. 그것은 마치 세계 2차 대전이 끝나갈 때 일본의 히로히토 천황이 일본의 패전을 선포하고, 대한민국 임시정부가 대한민국의 자유와 해방을 선포한 것과 똑같은 수준의 것이었다. 그 선포는 그저 말로만, 그저 단순한 희망사항을 피력한 것이 아니라 일본인과 한국인, 그리고 세계 전체 국민들을 향해 이루어진 선포요, 구체적이고 실제적인 힘으로 작용하는 선포였으며 실질적 구속력을 갖는 선포였다. 대한민국이 일본제국주의의 억압과 폭정으로부터 자기 민족의 자주권과 자결권을 실질적으로 확보한 실제적 차원의 자유와 해방의 선포였다. 그것은 그저 단순한 희구와 염원의 선포가 아니라 실제적인 삶속에 구현된 삶의 실제였다. 식민지 피억압민족이었던 대한민국의 백성이 이제 자유민이 된 것이다. 자기 나라를 되찾은 것이다. 이와 마찬가지로 예수님이 선포한 하나님 나라의 선포는 실제적 효력을 갖는 것이었다. 사람 사는 세상 속으로 육신을 입고 오신 하나님, 곧 예수님이 행하신 이 선포로 천국이, 하나님의 나라가 실제로 인류에게 가까이! 다가 온 것이다.

중독자들 역시 하나님의 나라, 천국을 추구해 왔다. 그들 역시 이 땅에서 하나님의 나라와 천국을 경험하기 원했다. 중독된 행위에 빠져 들었을 때, 분명 그들은 거기에서 하나님의 나라, 천국을 느꼈다. 헤로인 주사를 혈관 깊숙이 찔러 넣었을 때, 엄청난 알코올을 위장 가득히 들어부었을 때, 도박판에서 수많은 돈을 베팅했을 때, 성적 쾌락에 탐닉해 있을 때, 게임에 빠져 밤새는 줄 모르고 몰입되어 있을 때 그들은 천국의 짜릿한 느낌, 황홀한 느낌을 경험하였던 것이다. 천국을 경험하고 싶다는 강한 열망, 그것이야말로 그들을 중독으로 이끈 의식적, 무의식적 충동이요 동기였다. 그러나 그것은 가짜 하나님의 나라였고 가짜 천국이었다. 실제의 삶을 구속하고 현실의 삶에 영향을 미치는 그런 현실의 나라가 아니라 신기루와 같이 나타났다 사라져가는 허상의 나라였다.

그들은 현실에서 도피하기를 원했다. 그들은 지금의 자기 자신이 아니라 더 그럴듯해 보이는 과장된 자기 자신이 되기를 원했다. 그들은 모든 것을 잊어버리기 원했다. 그들은 극한의 쾌락과 스릴을 즐기기 원했다. 그들은 스트레스를 날려버리고 싶었고, 자기를 괴롭히는 열등감에서 벗어나고 싶었으며, 인생의 무거운 짐을 벗어버리기 원했다. 머리끝까지 탱천한 노기를 풀어버리고 싶었고 뼈에 사무치는 외로움을 벗어버리고 싶었으며, 자기 스스로를 정죄하는 수치심과 죄책감의 멍에를 벗어던지고 싶었다. 이 모든 것을 그들은 자연적인 정신상태에서 혹은 구체적인 삶의 현실에서 이룰 수 없었다. 그것들은 오직 특정 물질이나 중독된 행동을 통해서만 주어지는 신기루와 같은 것이었다. 중독에 탐닉함으로써 그들은 괴로운 현실을 떠나 파라다이스, 곧 천국의 삶을 경험하기 원했다. 그러나 그것은 일시적, 찰나적으로 주어지는 환각에 불과했다. 중독 행위가 끝나면 그들은 더 큰 공허감에 휩싸일 수밖에 없었고 그 공허를 해결하기 위해 또다시 중독행위에 몰입할 수밖에 없었던 악순환을 끝없이 반복하게 되었던 것이다. 그들이 추구했던 것은 가상의 하나님 나라요, 비현실적 하나님 나라였으며, 그저 환각과 망상의 나라에 불과했다.

가출해서 도시 뒷골목을 전전하다 본드중독이 된 청소년이 허름한 여관방에서 밤마다 행하는 일은 본드를 흡입한 후 가출한 엄마를 불러내는 것이었다. 몽롱한 환각의 상태에서 그가 엄마, 엄마 라고 부르는 순간 엄마가 그가 좋아하던 복장을 하고 고운 얼굴로 나타난다. 그리고 아들의 이름을 부른다. 아들아, 이리와. 엄마 품으로 오렴. 아들은 엉금엉금 엄마에게 기어가 그의 품에 안겨 운다. 엄마, 왜 나를 두고 그렇게 떠나갔어. 엄마가 말한다. 미안해 내 새끼. 내 사랑하는 아들아. 엄마가 미안해. 그렇게 그는 엄마 품에서 울다가 환각에서 깨어난다. 그의 인생의 목표는 이제 그 엄마를 만나는 것이다. 현실에서는 도저히 이루어질 수 없는 그 꿈같은 일이 본드를 흡입하면 이루어질 수 있는데 이 청소년이 그 행위를 멈출 이유가 도대체 어디에 있단 말인가?

이제 이 청소년의 삶의 목표는 정해졌다. 밤마다 엄마를 만나는 것이다. 엄마의 따뜻한 품 안에서 울다 잠드는 것이다. 그러려면 본드 값을 벌어야 하고 여관비를 벌어야 한다. 밝은 대낮에 그는 앵벌이를 나가며 지옥 같은 생활을 견뎌낸다. 밤이 올 것을 믿기에 그는 낮의 지옥 같은 삶을 견뎌낼 수 있다. 이제 밤이 오면 그는 엄마를 만날 것이다. 그것은 확실하다. 자기 손에 본드가 들려 있는 한 그는 자기 삶의 통제권을 자기 자신이 확고히 붙들고 있다고 믿으며 엄마를 불러 만날 시간만을 꿈꾸며 하루하루를 살아갈 것이다. 그에게는 그 시간, 거기가 하나님의 나라요 천국인 것이다. 자기 스스로 컨트롤해서 만들어 낼 수 있는 나라, 자기의 간절한 소망과 꿈이 이루어지는 나라 말이다.

여기 분명한 두 개의 나라가 있다. 예수님이 선포한 진짜 하나님의 나라와 중독의 환각상태가 가져다 준 가짜 하나님의 나라가 그것이다. 앞의 나라는 회복의 나라요 뒤의 나라는 중독의 나라다. 앞의 나라는 실제의 삶 속에 드러나는 나라요, 뒤의 나라는 가상의 나라, 허상의 나라다. 이것은 분명한 사실이다. 물론 그 나라는 믿음으로만 갈 수 있고 경험되는 신비한 나라이다. 그럼에도 불구하고 중독자들은 가상의 나라, 허상의 나라에 집착하고 거기에 머물러 있고 싶어 한다. 왜 그런가? 그것은 현실 때문이다. 현실이 너무 각박하고 힘들기 때문에 그들은 비현실의 세계로 도피할 수밖에 없다. 문제는 현실이다. 삶의 실제 현실이 변화되지 않는 한 비현실적 환각의 세계, 허상의 세계에 탐닉하는 중독적 행위를 끊을 수는 없을 것이다.

진짜 하나님 나라의 백성으로 살아간다는 것은 결코 쉬운 일이 아니다. 미국 시민으로 살아가기 위해 사람들이 미국으로 이민을 간다. 그러나 이민

가는 과정 자체도 힘들 뿐만 아니라 이민을 가서도 오랜 시간이 경과하여야 미국시민이 된다. 미국 시민이 되는 것도 아무나, 쉽게, 저절로 되는 것이 아닐진대 하나님 나라의 시민이 되고 백성이 되는 것이 쉬울 리가 만무하다. 하나님의 나라는 이 땅에 친히 오신 하나님의 아들 예수 그리스도를 통해 이미 실효성 있는 약속으로 선포되었다. 그러나 그 나라의 백성으로 살아가기 위해서는 그에 상응하는 합당한 삶의 자세와 태도를 취해야 한다. 침례 요한은 자기에게 침례 받으러 나오는 자들이 임박한 진노를 피하려는 목적으로 나아오는 것을 간파했다. 그가 말한다. "독사의 자식들아 누가 너희에게 장차 올 진노를 피하라 하더냐"눅 3:7 그리고 일갈한다. "그러므로 회개에 합당한 열매를 맺으라"눅 3:8

예수님께서도 산상수훈을 통해 "좁은 문으로 들어가라. 멸망으로 인도하는 문은 크고 그 길이 넓어 그리로 들어가는 자가 많고, 생명으로 인도하는 문은 좁고 길이 협착하여 찾는 자가 적음이라."마 7:13 말씀하셨다.

천국, 곧 하나님의 나라에 이르는 쉽고 편한 길은 없다. 좁은 길을 걸어야 도달할 수 있는 나라요, 자기의 전 재산을 팔아야 살 수 있는 나라마 13:44다. 그리고 무엇보다도 회개하여야 들어갈 수 있는 나라다. 회개야말로 중독치료의 문을 활짝 여는 열쇠다. 그것은 내가 100% 죄인이며 중독자임을 인정하는 일이며, 내가 100% 가해자임을 인정하는 일이다. 또한 내 삶속에 이루어진 그 모든 고통과 아픔들이 100% 내 잘못이며 내 탓임을 인정하는 일이다. 하나님을 100%로 떠나서 제멋대로 산 삶임을 인정하는 일이며, 하나님과 권위자들에게 불순종하고 스스로가 신이 되려고 했던 교만의 극치인 삶을 살았음을 인정하는 것이다. 그것은 중독에는 선한 것이 조금도 없음을 인정하는 일이며 다시는 그와 같은 삶을 살지 않겠노라고 결단하고 하나님 앞으로, 가족들 앞으로 돌아와 겸손히 무릎 꿇고 순종하며, 자기 자신을 의의 제물로 드리는 새로운 삶이다. 육으로 살았던 삶에서 영으로 사는 삶으로의 전격적이며 근본적인 전환의 출발이며 사탄의 나라, 세상 나라, 중독의 나라에서 하나님의 나라에 옮겨져 새로 심기고 자라나 꽃피우고 열매 맺는 삶의 출발이다. 회개는 중독자가 치유의 길에 들어서는 가장 강력한 증거이며 치유의 지속성을 보장하는 가장 좋은 근원이자 힘이요 능력이다.

중독자를 치유하는 회개는 영적 차원과 심리적 차원에서 넓고 깊게 전면적으로 일어나야 한다. 회복이 시작되어 진행되는 어느 여정에서 '아, 내가 정말 중독자였구나!' 하는 자각과 '아, 내가 정말 하나님을 떠나서 제멋대로 살았던 죄인이었구나!' 하는 자신의 전존재에 대한 자각의 때가 온다. 그것은 통상 애통의 눈물과 함께 온다. 애통하는 자는 복이 있나니 회개가 시작되는 것이다. 그리고 그 회개의 마음은 회복하는 평생의 과정을 통해 더욱 깊어져 간다. 그것은 거룩한 성화를 추동하는 힘이며, 충동을 물리치고 유혹을 이겨나가는 힘의 원천이 된다. 그런 의미에서 회개는 중독 치유의 모든 것이라고 말해도 과언은 아니다.

중독치료의 가능성과 전망은 전적으로 회개의 수준과 질에 의해 결정된다고 해도 큰 무리는 아닐 것이다. 회개의 수준과 질을 결정하는 요인은 진정성에 있다. 진정성의 수준이 어디에 있느냐에 따라 회개의 수준과 질이 결정된다.

중독은 기본적으로 회개치 아니하는 병이다. 중독의 기본 심리적 방어기제가 부인이라고 이미 여러 차례 말하였다. 중독은 자신이 중독자임을 부인하고, 일어난 모든 일이 자기 탓이 아니라고 부인하는 병이기에 대부분의 중독자들은 회개하지 않는다. 그러던 중독자들이 어느 시점에서 마음과 영혼에 변화를 받아 회개하기 시작한다. 그러나 그 회개도 다양한 수준에서 이루어진다. 첫째 단계는 입술로만 회개하는 경우이다. 둘째는 머리로만 회개하는 경우이다. 셋째는 마음으로 회개하는 단계이다. 넷째는 영혼으로 회개하는 단계이다. 다섯째는 행동으로 회개하는 단계로서 똑같은 잘못을 더 이상 저지르지 않는 단계, 곧 중독 행위를 지속적으로 끊어가는 단계이다.

입술과 생각으로 회개하는 단계는 나의 회개를 통해 상대방을 조종하려는 의도를 가지고 있는 단계이다. 나의 회개를 통해 상대방의 용서를 촉구하고 이것을 기대한다. 그런데 만일 상대방이 나의 기대나 욕구를 충족시켜주지 못하면 그들은 그만 마음이 상하여 다시 중독으로 되돌아간다. 내가 이렇게 까지 했는데도 소용이 없다고 생각이 되면 그들은 더 이상 단주행위를 지속할 동력을 얻지 못하고 과거의 중독된 생활로 다시 돌아가는 것이다. 그들은 여전히 남을 바라보고 그들에게 기대어 있다. 이것을 의존이라고 한다.

중독으로부터 회복하기를 진정으로 원하는 사람들은 반드시 마음으로 회개하고 영혼으로 회개하는 단계로 나아가야 한다. 이 단계에서의 회개는 주변 사람들이나 가족들을 의식하지 않는 나 자신에 대한 회개이며 하나님에 대한 회개이다. 회개의 결과로 무엇을 얻으려는 기대나 시도가 없는 순수한 회개이며 내가 저질렀던 죄와 허물, 잘못에 대해 어떤 대가라도 달게 받으려는 속 깊은 회개이다. 그 누군가를 의식하고 그들을 조종하려는 의식이 전혀 없이 내가 고통을 준 사람들과 하나님 앞에 겸손히 무릎 꿇고 조아리며, 자기 자신을 한없이 애통해 하는 회개이다. 이 단계를 거치면서 중독자들은 이제 진정으로 자기 자신을 위해 중독 행위를 끊어야겠다는 진정한 결단을 내리기에 이른다. 그리하여 단주, 단도박을 결정하고 일상의 삶 속에서 지속적으로 이를 유지함으로써 행동의 변화를 이루어내는 것이다.

중독자들은 부인의 방어기제가 성격화 되어 있어서 회개가 무척 어렵다. 그들의 상태는 "빛이 어둠에 비치되 어둠이 깨닫지 못하더라"요 1:5의 상태 그대로인 것이다. 놀랍지 않은가? 어둠에 빛이 비치었는데 어둠이 그 빛을 깨닫지 못하다니? 물론 이와 같은 취지의 말씀을 예수님께서는 공생애 전기간을 통해 귀에 못이 박히도록 말씀하셨다. 귀 있는 자는 들으라고. 수많은 사람이 귀가 있었고 청각장애인이 아니었음에도 불구하고 그들은 예수님의 진리의 음성을 들을 수 없었다. 들어도 듣지 못한다면, "회개하라 천국이 가까이 왔다"라는 주님의 말씀이 들려오지 않는다면, 그 말을 듣고 아무런 깨달음이 없다면, 그 어느 누구도 진정한 회개를 하지는 못할 것이다.

이 근본적인 영적 장애 외에도 중독자들의 진정성 있는 회개를 가로막고 있는 많은 요인들이 있다. 치유되지 않은 상처들로 인해, 특히 버려짐의 경험은 중독자들의 마음을 굳어지게 하고 강퍅하게 하여 회개에 이르지 못하게 한다. 그들은 자기 자신이 가해자임에도 불구하고 오히려 자기 자신을 피해자와 동일시하는 경향이 있다. 그리고 그들은 자기에게 상처를 준 사람들을 용서하지 못하는 경향이 있다. 자기가 용서를 구해야 할 텐데 오히려 자기 자신이 용서를 해 주어야 한다고 생각한다.

치유되지 않은 수치심과 죄책감 역시 그들의 회개를 방해하는 요인이 된다. 회개를 하려면 과거를 정직하게 직면해야 하는데 중독자들은 지난날의 과오와 허물을 좀처럼 직면하지 못한다. 과거를 직면하는 것이 너무 고통스러워 그들은 과거를 회피하거나 묻어두려는 경향이 강하다. 그래서 회개하는 대신 그들은 미래의 소망에 대해 말하기를 더 좋아한다. 수치스럽고 치욕스런 과거를 이제 그만 잊어버리고 덮어두려 한다. 그러나 그것은 잊히거나 덮어지지 않는다. 중독자들의 내면 깊은 곳에 독버섯처럼 자리를 잡고 앉아서 중독자들을 조종하고 통제한다. 과거의 아픔과 상처들이 회개를 통해, 공개적인 고백을 통해 마음 밖으로, 입술을 통해 꺼내어지지 않는 한 그것들은 마음 깊은 곳에 남아서 마음을 병들게 하고 부패하게 한다. 미래는 과거에 대한 철저한 고백과 회개를 통해서만 소망으로 다가오는 법이다. 과거 없는 현재 없고 현재 없는 미래 없다. 회개는 과거와 미래를 소망 가운데 통합시켜주는 접착제와 같다. 과거 중독시절에 대한 철저한 회개 없이 소망의 미래는 없다. 소망의 미래는 철저한 회개를 통해 회복의 실제가 되어간다.

회개를 너무 쉽게 하는 경우도 문제가 된다. 병리적인 죄책감을 가지고 있는 중독자들은 회개를 너무 많이 반복적으로, 습관적으로 한다. 그들은 자기가 잘못한 일이 아닌데도 자기의 잘못으로 받아들인다. 자기의 잘못이 아니라 다른 사람의 잘못인 것을 알면서도 그의 잘못에 마치 자기가 방조한 것처럼 생각하며 행동한다. 나의 잘못이든 누군가의 잘못이든 관계없이 모든 문제가 다 자기의 잘못으로부터 기인한다고 생각하고 느낀다. 그래서 그들은 너무 쉽게, 반복적, 습관적으로 회개하는 것이다.

부모로부터 너무 많은 총애를 받고 적절한 훈육 없이 오냐오냐 자란 사람들도 회개를 너무 쉽게 한다. 그들의 회개는 너무 가벼워 진중하지 못하다. 옅고 천박하다. 그들은 그들이 잘못했을 때마다 언제나 그들의 부모가 먼저 그를 받아주고 용서해준 것처럼 하나님도 그러하리라고 생각한다. 내가 먼저 잘못을 범하였으면서도 밥 안 먹고 문 걸어 잠그고 침울해 있으면 부모가 먼저 나서서 자기를 밥상으로 이끌고 모든 것을 용서해 주었듯이 하나님도 그러하실 것이라고 생각한다. 그들은 사실 진정한 의미에서 회개라는 것을 해 본 적이 없다. 그저 입술만으로 혹은 회개하는 척 하는 것만으로도 모든 잘못이 다 용서되었던 경험을 가지고 있기에 입술로 습관적으로 회개할 뿐 진정한 행동의 변화는 일어나지 않는다.

성경의 전 역사는 한 마디로 하나님의 선택한 백성, 이스라엘 민족의 죄와 회개의 역사라고 말할 수 있다. 성경을 관통하는 중심 주제는 죄지은 이스라엘과 회개하고 돌아온 이스라엘이라고 말할 수 있다. 하나님을 믿는 신앙도 구약성경에서는 주로 민족이라는 집단적 범주를 주체로 그 이야기가 전개되는 경향이 있다. 이에 비해 신약성경은 이미 멸망한 이스라엘 민족을 신앙의 주체로 전개하기보다는 그 제한된 범주를 넘어 팍스 로마나 시대를 배경으로 세계 시민 한 사람 한 사람을 신앙의 주체로 삼거나 구원받은 사람들의 무리인 교회를 신앙의 주체로 삼고 있는 경향상의 차이를 보이고 있다.

중독은 병이자 죄이다. 병은 고침 받아야 하며, 죄는 사함 받아야 한다. 고침 받고 사함받기 위해 반드시 전제되어야 하는 것은 회개다. 그것은 사회적, 민족적, 국가적 차원의 범주 안에서도 이루어져야 하지만 개인의 차원에서도 반드시 이루어져야 한다. 국가와 사회도 중독의 발흥에 일정한 책임이 있음을 인정해야 하며 회개해야 한다. 그와 더불어 중독자 개인 차원에서의 회개는 절대적으로 필요하다.

> "그 때에 그들이 말하기를 다시는 아버지가 신 포도를 먹었으므로 아들들의 이가 시다 하지 아니하겠고 신 포도를 먹는 자마다 그의 이가 신 것 같이 누구나 자기의 죄악을 말미암아 죽으리라"렘 31:29-30
> "그러나 그 날 후에 내가 이스라엘 집과 맺을 언약은 이러하니 내가 나의 법을 그들의 속에 두며 그들의 마음에 기록하여 나는 그들의 하나님이 되고 그들은 내 백성이 될 것이라"렘 31:33

하나님께서는 신앙하는 주체가 이제 민족과 집단 단위에서 개인 단위로 이동하리라는 점을 예레미야 선지자를 통해 명확히 밝혀 주셨다. 신약의 시대가 열리고 성령의 시대가 펼쳐지면서 기독교의 시대가 활짝 열렸고 개인적 차원에서의 회개와 구원이 더욱 두드러지는 시대가 대두되게 되었다.

중독으로부터 회복하기를 원하는 사람은 반드시 개인적 차원의 회개의 관문을 통과하여 한다. 그 누구도 그의 회복을 책임져 줄 수 없다. 그의 회복은 전적으로 그 자신에게 달려 있다. 아비가 신 포도를 먹었기에 그의 이가 시다고는 더 이상 말할 수 없는 시대가 이미 그리스도의 오심으로 도래하였던 것이다. 어떤 한 사람이 중독된 데에는 사회적, 가정적 원인이 있음을 부인할 수 없다. 중독이 권장되는 사회는 누군가의 중독에 분명 책임이 있고, 성장과정에서 충분한 사랑을 주지 못하여 내면의 결핍을 초래케 한 가정 역시 그 책임으로부터 자유롭지 못하다. 중독자들이 사회와 가정의 피해자 인 것은 분명하다. 그러나 회복은 기본적으로 그 자신의 책임이다. 남 탓하고 세상 원망하며 살아갈지, 아니면 회복하여 새로운 삶을 살아갈지는 전적으로 그 개인의 판단과 선택에 달려 있다.

성경에는 개인적 회개의 모범을 보여주는 수많은 믿음의 선배들의 사례가 있다. 회개함이 없이 온전한 신앙에 도달한 사람은 사실 아무도 없다. 신앙하는 사람들은 모두 이 개인적 회개의 관문을 통과하여야 했다. 회개는 그리스도를 만나는 영적 유전자와 같다. 예수님은 유다지파에 속하셨고 다윗 가문에 속하셨다. 유다와 다윗 모두 회개에 강한 하나님의 사람들이었다. 오늘날 그리스도를 구세주와 주로 믿는 사람들에게는 모두 이 회개의 유전자가 있다고 말해도 그리 틀리지는 않을 것이다. 그리스도가 유다와 다윗의 계보를 이었다는 것은 회개가 하나님의 백성이 되고 자녀가 되어 하나님의 나라에 들어가는 첩경임을 시사해주는 증거가 아닐까 싶다.

성경에 있는 수많은 회개의 사례 중에서 나는 유다의 회개를 인상 깊게 기억한다. 창세기의 대미를 장식하는 것은 유다의 회개와 요셉의 용서라 할 수 있다. 천지를 창조하시고 남자와 여자를 창조하신 하나님의 대역사를 기록한 창세기는 야곱 가문 자녀들 사이의 회개와 용서, 화해의 이야기로 대단원의 막을 내린다. 그 중심에 유다의 회개가 있다.

유다의 회개는 창세기에 두 번에 걸쳐 나타난다. 첫 번째는 창세기 38장에서 나타나고 두 번째는 창세기 43, 44장에 나타난다. 창세기 38장은 창세기 전체의 내러티브에서 돌출적인 느낌을 갖게 하는 장이다. 37장이 요셉을 노예상에게 판 형제들의 이야기이고 39장은 애굽에 노예로 팔려가 보디발의 가정 노예가 된 요셉의 이야기로 연결된다. 그런데 이 이야기의 중간인 38장에 이 사건과 전혀 연속성이 없는 뜬금없는 이야기가 등장한다. 그것은 바로 유다와 그의 며느리 다말 사이의 부적절한 성관계에 대한 이야기이다. 유다의 큰 아들에게 시집 온 며느리 다말은 남편 엘이 죽자 형사취수 제도에 의해 동생인 요난을 남편으로 취하여 자식을 낳으려 하지만, 요난은 형수에게 자기의 씨를 주려 하지 않는다. 여기에서 체외사정을 뜻하는 '오나니즘'이 나왔다 그것은 하나님 보시기에 악한 행동이었기에 그 역시 형과 마찬가지로 하나님으로부터 죽임을 당하기에 이른다. 두 아들이 비명횡사 하는 것을 지켜 본 유다는 셋째 아들 셀라도 죽임을 당할까 염려되어 그를 다말에게 내어주지 않고 오히려 며느리 다말을 친정으로 돌려보낸다. 시간이 흘러 유다는 아내의 죽음을 맞는다. 애도기간을 끝내고 유다는 친구인 아둘람 사람 히라와 함께 자기의 양털 깎는 인부들이 있는 딤나로 간다. 이 소식을 접한 며느리 다말은 상복을 벗고 창녀처럼 복장을 갖추고 시아버지인 유다를 찾아 딤나로 간다. 유다는 그녀를 창녀로 알고 도장과 끈과 지팡이를 담보물로 잡고 관계를 맺는다. 석 달 뒤 유다는 며느리 다말이 누군가와 부정한 관계를 맺어 임신하였다는 사실을 알게 된다. 그 말을 들은 유다는 노기탱천하여 "그를 끌어내어 불사르라"창 38:24고 불같은 엄명을 내린다. 그러자 며느리 다말이 성관계의 담보물로 잡아두었던 도장과 끈과 지팡이를 내보이며 이 물건의 임자가 이 아기의 아비라고 말한다. 그것들을 확인한 순간 유다는 이렇게 말한다.

"그는 나보다 옳도다. 내가 그를 내 아들 셀라에게 주지 아니하였음이로다"창 38:26

그가 옳고 내가 틀렸다! 유다에게서 우리는 정직하고 깨끗한 회개의 모습을 본다. 그는 그 모든 잘못이 자기에게 있음을 분명히 한다. 내가 내 아들 셀라를 주지 않았다. 그러므로 나의 잘못이다. 며느리 다말에게는 아무런 죄가 없다! 그는 너절하고 구차한 변명이나 합리화, 며느리 다말에게 책임을 전가하는 비열한 술수 등을 전혀 사용하지 않는다. 그의 회개는 담백하여 뒤끝이 없다. 며느리 다말은 마침내 쌍둥이 두 아들을 낳게 되고 큰 아들 베레스는 그리스도로 이어지는 계보에 이름을 올린다. 회개를 통한 진정한 계보가 이어지게 되는 것이다.

창세기 43, 44장을 통해 우리는 회개한 유다의 두 번째 모습을 발견한다. 요셉이 애굽의 총리가 되고 7년 기근이 중근동을 휩쓸게 되어 야곱이 아들들을 애굽에 보내어 식량을 얻어오게 했을 때 요셉은 애굽에 나타난 형들의 모습을 단번에 알아채고 그들을 시험한다. 시므온을 애굽에 인질로 잡아놓고 나머지 형들로 하여금 자기의 친동생인 베냐민을 데리고 다시 오도록 지시한다. 가나안으로 돌아온 아들들은 자초지종을 아버지 야곱에게 고하지만 야곱은 막내아들 베냐민을 또 잃을 수는 없다면서 애굽 총리의 요청을 거절한다. 그러나 거듭되는 기근으로 인해 아들들은 다시 아버지 야곱에게 베냐민을 대동하여 애굽에 다녀올 것을 간청한다. 그 때 결심하지 못하는 아버지 야곱 앞에 유다가 나선다. 그리고 말한다.

"내가 그^{베냐민}를 위하여 담보가 되오리니 아버지께서 내 손에서 그를 찾으소서 내가 만일 그를 아버지께 데려다가 아버지 앞에 두지 아니하면 내가 영원히 죄를 지리이다"^{창 43:9}

유다가 막내 동생 베냐민을 대신해 자기의 목숨을 내어 놓겠다고 말하는 것이다. 마침내 야곱도 아들들의 요청을 받아들여 아들들은 요셉의 친동생 베냐민을 데리고 애굽으로 떠난다. 친동생 베냐민을 확인 한 요셉은 이들을 돌려보내면서 다시 형들을 시험하고자 계략을 꾸며 베냐민을 애굽에 억류하고 형들과 함께 가나안으로 돌아가지 못하게 한다. 그 때 또 유다가 나선다. 아픈 가정사를 요셉 앞에 눈물로 털어놓으며 동생 베냐민의 석방을 탄원한다. 잃어버린 아들 요셉과 남겨진 아들 베냐민을 향한 아버지 야곱의 그리움과 절절한 사랑을 격정적으로 토로하면서 유다는 "아버지의 생명과 아이의 생명이 서로 하나로 묶여 있거늘 이제 내가 주의 종 우리 아버지에게 돌아갈 때에 아이가 우리와 함께 가지 아니하면 아버지가 아이의 없음을 보고 죽으리니 이같이 되면 종들이 주의 종 우리 아버지가 흰 머리로 슬퍼하며 스올로 내려가게 함"창 44:31 이라고 말하면서 "이제 주의 종으로 그 아이를 대신하여 머물러 있어 내 주의 종이 되게 하시고 그 아이는 그의 형제들과 함께 올려보내소서"창 44:33 라고 간청한다. 유다가 자기의 목숨을 걸고 동생 베냐민을 지키려 하는 것이다. 한 때는 동생을 노예상에게 팔아넘겼던 유다가 이제 회개한 심령이 되어 막내 동생을 위해 자기 목숨을 스스럼없이 내어놓고 있는 것이다. 그 모습을 보고 감동된 요셉은 그 정을 억제하지 못하고 신하들을 물리친 후 크게 울며 형들에게 자기의 신분을 드러낸다. 유다의 회개한 모습을 통해 깨어진 형제들의 관계가 복원되고 눈물 속에서 아름다운 화해의 잔치가 벌어진다. 죽은 줄 알았던 아들 요셉이 살아 있는 모습을 눈으로 보면서 야곱이 말한다.

"네가 지금까지 살아 있고 내가 네 얼굴을 보았으니 지금 죽어도 족하도다"창 46:30

창세기는 이렇게 해서 대단원의 막을 내린다. 하나님이 창조하신 아름다운 나라는 천지창조, 자연만물의 세계를 통해 그 장엄함을 드러내더니 마음 깊이 회개하고 용서하며 서로 화해를 이루는 아름다운 가족의 모습 속에 또 다시 그 모습을 드러낸다. 하나님의 나라는 바로 회개와 용서와 화해의 나라요, 주님께서 말씀하신 바 "하나님의 나라는 너희 안에"ᵉ 눅 17:21, 바로 우리의 마음 가운데 임하는 나라인 것이다.

중독에서 벗어나 회복의 삶을 살고자 하는 사람들, 곧 회복의 하나님 나라에서 살고자 하는 이들은 마음 깊은 곳으로부터 회개하여야 한다. 회개에 합당한 열매를 맺어야 한다. 유다가 보여준 바, 깨끗하고 담백한 회개를 하여야 하며, 나아가 자기 목숨을 기꺼이 자기 잘못의 대가로 내어 놓을 만큼 진정성 있는 회개, 책임 있는 회개를 행동을 통해서 증거해야 한다. 그럴 때 깨어진 모든 관계를 회복시키시는 하나님의 회복의 나라가 성큼 다가오게 된다. 중독 행위를 통해 얻게 되는 찰나의 나라, 환각의 나라가 아니라 삶의 실제 속에서 이루어지는 하나님의 나라, 아름다운 용서와 화해의 나라로 들어가게 되는 것이다.

3부

함께 걷는 회복의 길

버려진
땅에서
우리는
인간이
된다

15. 중독의 치유자 예수 그리스도

구약은 신약을 관철하고, 신약은 구약을 완성한다. 그리고 그 완성의 실체는 예수 그리스도 안에서 드러난다. 성경의 모든 약속은 예수 그리스도를 통해, 그 십자가 사역을 통해 완성된다. 예수님은 성경을 완성하기 위해 육신으로 이 땅에 오셨다. 예수님은 말씀이시며, 친히 인간의 땅에 내려오시고 인간의 몸에 들어오신 하나님이시다. 모든 길이 로마로 통하듯이 구원과 치유에 관한 모든 길은 그리스도로 통한다. 그리스도 자신이 구원이요 치유이며 그 완성이다. 일찍이 하나님께서 자기 자신을 여호와 라파, 치료의 하나님으로 계시하셨고출 15:26, 예수께서는 자기 자신을 병든 자를 고치러 온 의사요 죄인들을 구원하러 온 구원자마 9:12-13, 막 2:17, 눅 5:31-32라고 말씀하셨다. 뿐만 아니라 자기 자신에 대해 "길이요 진리요 생명"요 14:6이라고도 말씀하셨고, 자기 자신을 친히 그리스도라 인정하셨다.요 4:26

사복음서는 예수행전의 책이다. 예수님께서 나셔서 죽으시고 부활하시고 승천하실 때까지의 일들이 기록되어 있다. 예수님은 공생애 기간 내내 진리를 가르치시고 병자를 고치셨으며 복음을 전파하셨다. 그 예수님은 역사의 뒤안길로 사라지지 않으셨다. 무덤 속에 묻혀서 썩지 않으셨다. 그 분은 살아나셨고 하늘로 올리 우셨으며 지금도 살아 역사하시며 인간과 세계, 역사 속에 개입하시고 섭리하신다. 예수님은 죽은 자의 예수님이 아니라 산 자의 예수님이시다.막 12:27 그는 아브라함과 이삭과 야곱의 하나님이시며 사드락과 메삭과 아벳느고의 하나님이시다. 그리고 오늘 중독이란 천형에 걸려 신음하며 죽어 가고 있는 전 세계 모든 중독자들의 하나님이시다. 그 하나님이야말로 파스칼이 광세에서 고백한 살아계신 하나님이다

하나님의 영원성은 현재라는 시간 속에 나타난다. 하나님은 영원한 현재이시며, 영원한 현재로 역사하신다. 그 때 거기에서 일어난 일이 지금 여기에서의 일로 체험될 때, 성경의 모든 이야기, 진술들은 지금 여기에서 우리의 일들로 되살아난다. 그 때 거기의 하나님이 지금 여기의 하나님이 되시며, 아브라함의 하나님, 이삭의 하나님, 야곱의 하나님이 지금 여기에서 나의 하나님이 된다. 복음서에 기록된 모든 일들은 과거에 일어난 일회적 사건이 아니라 하나님의 영원성 속에서 현재의 시간 안에 끊임없이 재현되는 구속과 치유의 역사이다. 복음서의 역사가, 그 사건들이 오늘 나의 삶 속에서 지금, 여기에서 재현될 때 우리는 성경시대 사람들, 복음서 시대 사람들이 체험하고 겪었고 누렸던 황홀한 체험과 놀라운 기적의 역사를 재현할 수 있다.

예수님은 공생애 기간을 통해 참으로 많은 사람들, 다양한 영역의 병든 자들을 고쳐주셨다. 중풍병자, 혈루병자, 나병환자, 열병환자, 손 마른 병자, 사지마비장애인, 시각장애인, 청각장애인, 앉은뱅이, 귀신들린 자, 심지어는 죽은 자들을 살리시는 기적도 베푸셨다. 그 중에서도 우리는 요한복음 4장에 나타난, 당시로서는 이방인 대접을 받던 사마리아 여인을 예수님께서 치유하시고 구원하시는 장면을 통해 예수님 상담치유사역의 한 전형을 발견하게 된다. 그것은 성중독자에 대한 예수님의 상담치유사역이라 이름 붙일 만 하다.

이 여인의 삶의 정황에 대한 보다 구체적이고 자세한 설명이 없으므로 '사마리아의 이 여인'을 성중독자라고 무조건적으로 단정할 수는 없을 것이다. '성중독'이라는 단어가 병의 의미로 사용된 것도 현대에 이르러서의 일임을 감안할 때 성경에 그러한 단어가 사용되지 않았다는 것은 당연한 일일

것이다. 그러나 본문에 나타난 몇몇 증거들을 세심히 살펴볼 때 이 여인이 오늘날 병으로 진단되는 성중독자에 해당될 수 있다는 판단을 조심스럽게 내릴 수 있다.

첫 번째의 증거는 이 여인이 '여섯 번째의 남자'와 살고 있다는 점이다. 어떤 이유에서건 한 여인이 다섯 명의 남자와 헤어지고 여섯 번째의 남자와 살아간다는 것은 예사로운 일이 아니다. 더군다나 당시의 사회가 철저한 남성 중심의 사회였으며 남자들조차도 세 번 이상 결혼하지 않는 것이 관례였음을 감안할 때 이 여인의 상황이 정상을 벗어난 것임은 분명해 보인다. 현대에서도 그러한 판단은 동일하게 적용될 수 있다. 남자와 성에 대한 병적 집착이 있는 여인이 아니고서 여섯 번째의 남자와 살아가고 있다는 것은 정상인의 삶의 범주에서 이해하기 어렵다.

두 번째로 이 여인의 예수에 대한 태도는 그녀가 성중독자임을 나타내주는 또 하나의 단서가 된다. 제자들이 예수가 "여자와 말씀하시는 것을 이상히 여긴"요 4:27 이유는 사마리아 사람, 그 중에서도 특히 여자와 대화를 하고 있었기 때문이다. "유대 사람이 사마리아인과 서로 상종하지 않는 것"요 4:9이 일반적이었던 당시의 분위기에서 '유대출신의 남자'가 '사마리아 출신의 여자'와 마주 앉아 '공개적인 장소'에서 장시간 대화를 나눈다는 것은 있을 수 없는 일이었기 때문이다. 예수님께서 그 여인에게 다가간 것은 선교와 전도의 목적상 그럴 수 있는 일이라고 해석할 수 있지만 '유대인 남자'를 대하는 이 여인의 태도는 당시 여성의 일반적 태도를 넘어서는, 대담함이라고 밖에는 달리 설명할 수 없다. "물을 좀 달라"는 예수의 요구에 "당신은 유대인으로서 어찌하여 사마리아 여자인 나에게 물을 달라 하나이까?"라고 되묻는 이 여인의 태도에는 남자에 대한 관심과 성적 도발의 태도가 배어 있다. 본문에서 예수가 사용하는 '물'의 의미는 '영원히 목마르지 않는 생명의 물'요 4:14로서 그리스도 자신을 지시하는 영적 의미로 사용되고 있다.

반면에 이 여인에게서 '물'은 성적 욕망을 상징하거나 물리적 갈증을 해소해 주는 세속적 의미로 사용되고 있다. 성경에서 물은 다양한 메타포로 사용되는데 물이 성적인 메타포로 사용된 예는 잠언 5장 15-8절에 나타난다.

"너는 네 우물에서 물을 마시며 네 샘에서 흐르는 물을 마시라… 네 샘으로 복되게 하라 네가 젊어서 취한 아내를 즐거워하라."

"어찌하여 나에게 물을 달라 하나이까?"라고 여자가 되물었을 때 이 '물'의 의미는 '나와 성 관계를 원하는가?'라는 도발적 의미로 해석할 수도 있다. "부적절한 성적 행동과 노골적인 성적 접근"을 특징으로 하는 성중독자들은 성적 농담을 하고, 부적절한 방법으로 사람들과 접촉하며, 지나치게 많이 포옹하며 미묘한 눈으로 상대를 응시하는 경향이 있다고 그 자신이 성중독자였던 마크 레이저는 그의 책 「아무도 말하지 않는 죄」에서 말한다. 성중독자의 주요 특징의 하나는 모든 인간관계를 '성性的 관계'을 중심으로 바라보고 해석하는데 있다. 그들이 나누는 대화의 상당 부분도 성적인 비유나 상징을 표현하고 드러내는데 집중된다. 성중독자는 이중 의미를 가진 언어를 구사하는데 능숙하다. 그것은 단어나 문장이 두 가지 의미를 가진 경우이며, 그 중 하나는 반드시 성적인 것이다. 이를테면 뾰족한 것과 우묵한 것은 남녀의 성기를 뜻하는 것이다. 성화性化는 그들의 특징이다.

세 번째 단서는 이 여인에게서 나타나는 심리정서행동적 특성과 내면의 궁극적 관심, 그리고 예수와의 대화에서 나타나는 심리적 방어기제의 노출을 보고 판단 할 수 있다. 땡볕이 비추는 정오에 홀로 물 길러 나왔다는 사실요 4:6은 그녀의 수치심을 반영한다. 보통의 여인들은 선선한 아침과 저녁에 물을 길러 나오지 정오 땡볕에 물을 길러 나오지 않는다. 그녀는 사람들을 피해, 사람들이 없는 땡볕 정오에 물 길러 나올 수밖에 없는 내면의 수치심을 가지고 있다고 볼 수 있다. 예수님께서 "영원히 목마르지 않는 물"을 소개하자 즉각적으로 "그 물을 내게 주사 내가 목마르지도 않고 또 여기 물 길러 오지도 않게 해줄 것"요 4:15을 청하는 태도는 수치를 당하지 않아도 되는 상태에 대한 그녀의 갈망과 즉각적 만족을 추구하고 인내하지 못하며 초조감에 시달리는 중독자들의 내적 상태를 반영한다. 예수님께서 이 여자의 죄의 핵심, 곧 부정한 남성 편력을 날카롭게 직면했을 때 "나는 남편이 없나이다"요 4:17라고 말하며 곤혹스런 상황을 모면하려고 하는 모습은 모든 중독자들의 전형적인 심리 방어기제인 '부정'의 모습을 드러낸다. 예수님의 직면으로 부정의 방어기제가 깨진 이 여인은 20절부터 느닷없이 영적인 관심을 표명하기 시작한다. 이것은 중독자들이 내면 깊이 견지하고 있던 '영적 관심과 갈망'의 표출이다. 모든 중독자들은 중독이 진행되어 갈수록 '막연한 종교에의 귀의'를 꿈꾸는 경향이 있다.

사마리아 여인에 대한 예수님의 치유사역은 모든 중독자들에 대한 '상담을 통한 치유 사역'의 한 전형을 제공한다.

예수님의 치유사역은 '신적 기원'에서 출발한다. 이 일은 예수님께서 유대를 떠나 갈릴리로 돌아가는 길에서 일어났다. 통상적으로 유대인들이 유대를 떠나 갈릴리로 가는 길은 사마리아를 우회하는 방법이었지만 예수님께서는 전통을 깨고 사마리아로 가는 길을 선택한다. 왜, 무엇 때문에 예수님은 다른 길을 제쳐두고 "사마리아를 통과하여야만 하셨을까?"요 4:4 여기서 사용된 '해야만 한다'는 의미의 단어는 원어로 '데이'dei의 부정과거형인 '에데이'edei이다. 신약성서에서 당위의 뜻을 갖는 '데이'dei가 사용될 때 그것은 그 행동의 근원이 '하나님으로부터 비롯됨'을 의미한다.장동수, 「신약성서의 신적 dei에 관한 연구」 그러므로 그리스도 예수의 사마리아 행은 그 자신의 의지에서 비롯된 것이 아니라 하나님의 뜻에 의해 결정된 것인 바 성중독자인 사마리아 여인과 예수님과의 만남은 신적 기원, 곧 하나님의 인도하심에 의해 가능하게 되었다는 뜻이다.

예수님은 하나님의 뜻에 순종하여 사회적 통념을 깨고 성중독자인 사마리아 여인에게 먼저 다가가신다. '먼저 다가감'은 성육신한 그리스도로서의 예수 구원사역과 치유사역의 출발이다. 수치심과 죄책감, 고립감 속에서 살아가는 중독자들에게 치유자들이 먼저 다가가는 것은 치유의 기회를 제공하는 출발점이 된다. 예수님은 그의 제자들에게도 '가라'고 명령하신다. 그리고 "아버지께서 나를 보내신 것 같이 나도 너희를 보내노라"요 20:21고 말씀하신다. 하나님의 보내심을 받고 모 켈리 신부님과 안성도 신부님도 알코올중독자 치유사역을 위해 한국에 파송되었다.

수용과 존중은 상담 치유사역의 실질적인 출발점이다. 그들은 많은 경우 낮은 자기존중감을 갖고 있으며 어린 시절 버려짐과 거절당함 등을 경험하고 있는 경우가 많다. 중독이 된 이후에 이런 감정과 느낌들은 더욱 심해지고 강화된다. 세상은 더욱 더 그들을 버리고 거절하며 끝내는 가장 가까운 배우자와 가족들마저 그들을 떠난다. 사회적 고립과 위축이 심해지고 자신들 스스로를 쓸모없는 존재로 여기게 되며 그들의 자아상은 황폐화되기에 이른다. 이런 이유로 중독자들의 내면에는 진정한 수용에 대한 갈망, 인격적으로 존중받고 싶은 갈망이 잠재하게 된다. 자신의 모습 그대로 받아들여지고, 가치 있는 인격체로 대우받고 존중받을 때 중독자들의 마음은 치료를 향해 열리기 시작한다. "사람의 속을 다 아는"요 3:25 예수님께서는 그 여인을 있는 그대로의 모습으로 수용하였고 그에게 친밀함으로 먼저 다가가셨으며, 낮은 자세로 "물을 좀 달라"요 4:7고 요청함으로써 그녀의 자기효능감Self-Efficiency을 높여 주셨다.

예수님의 다가섬과 수용, 인격적 존중에 사마리아 여인은 열린 자세로 대응한다. 그러나 그녀의 반응과 태도는 여전히 중독의 영향력 아래 놓여 있다. 성적 충동과 갈망, 자신이 처한 현재 상태로부터의 즉각적 탈출에 대한 초조감등이 중독의 영향력 하에 있는 사마리아 여인의 심리정서적, 행동적 상태를 반영한다. 예수님은 그녀의 갈망과 욕구를 바르게 해석해 준다. 그녀의 육체적, 세속적, 물신적 욕구는 보다 귀중하고 영원한 가치로 바뀌어져야 한다. 마시고 나면 다시 목마른 '물'을 추구할 것이 아니라 영원히 샘솟는 '목마르지 않는 물'을 추구하며 살아야 할 것이었다.

'물'에 대한 새로운 해석을 받아들인 사마리아 여인은 예수의 존재에 관심을 집중시키며 그의 신뢰를 확인하고자 한다. "당신이 야곱보다 큰 사람입니까?"요 4:12라는 질문 속에는 그렇게 되기를 바라는 간절한 바람이 함축되어 있다. 훌륭한 조상 "야곱"이 만든 우물물을 마시고 마셔도 이 여인의 갈증은 해결될 수 없었다. 이 여인의 갈증을 해결하려면 "야곱"보다 더 뛰어난 누군가가 절실히 필요했다. 사실 그녀의 갈증은 물에 대한 것과, 성적 욕망에 대한 것을 뛰어 넘는 그 무엇인가에 대한 것이었다. 이 여인의 간절한 바람에 예수는 자신을 '야곱보다 큰 사람'으로 계시한다. 예수님은 야곱이 줄 수 없는 '목마르지 않는 물'요 4:14을 줄 수 있는 사람으로 자신을 계시하신다. 예수님의 자기 계시에 여인은 믿음과 신뢰로 반응한다. "당신"요 4:9이란 칭호가 "주"요 4:15로 바뀌고 '영원히 목마르지 않는 물'을 예수께 간청한다. 그녀는 진정 자기 자신에게 필요한 것이 무엇인지를 깨닫기 시작한다. 영원히 목마르지 않는 물은 영적이며 심리내적 차원에서 충족될 수 있는 것이었다.

중독자 치유사역에 있어 중대한 전환은 '직면'의 국면에서 일어난다. 상담사역의 성패는 어떻게, 잘 직면시키느냐에 있다고 해도 과언이 아니다. 그것은 도덕적 설교나 조언 등과는 차원이 다른 것이다. 예수님과 여인 사이에 신뢰의 관계가 형성되고 여인이 의뢰적 태도를 보이자 예수님은 매우 강력하고 날카롭게 여인의 '죄'를 직면시키신다. 죄를 직면시키는 예수님의 태도는 추상과 같다. 예수님은 전체 본문 중 가장 짧은 구절인 16절에서 가라! 부르라! 오라!의 세 개의 동사를 사용한다. 16절을 원문 그대로 번역하면 "나는 네게 말한다. '너는 가라! 네 남편을 부르라! 그리고 이리로 오라!'"가 된다. 여인은 당황하여 부정의 방어기제를 사용하여 "나에게는 남편이 없다"요 4:17고 말함으로 진실을 회피하려 하지만 죄를 직면시키려는 예수님의 단호한 태도는 여기서 멈추지 않는다. 17-18절을 통해 예수님은 남편이 없다는 여자의 말을 "네 말이 참되도다"요 4:17는 아이러니적 표현을 통해 여인의 성중독의 실체남성 편력를 끝까지 직면시키신다. 그 여인의 말은 참으로 옳은 것이다. 그 여인이 맺고 있는 남성 관계는 진정한 남편으로서의 관계가 아니라 성적 탐닉의 대상으로서의 남자에 불과한 것이기 때문에 그녀의 말 그대로 그녀에게는 지금 남자는 있으나 책임 있는 관계로 맺어진 남편은 없는 것이다. 마침내 여자는 예수님을 "선지자"요 4:19로 고백하면서 자신의 죄를 직면하고 인정한다. 그녀는 자기의 죄와 허물을 능히 꿰뚫고 있는 비범한 선지자를 지금 만나고 있는 것이다.

예수님의 상담 치유사역의 결정적 국면은 영적 구원에 있다. 영적 구원이야말로 중독으로부터의 회복을 보장하는 확실한 담보가 된다. 자신의 죄를 직면하고 인정한 사마리아 여인은 이제 궁극적 관심사인 영적 영역으로 대화의 방향을 전환한다. 중독이라는 죄를 직면하고 인정하여 벗어버리면서 이 여인은 '진정한 예배'에 대한 갈망을 표출한다. 여인의 관심은 아직 예배의 외적 형식이나 장소에 국한되어 있지만요 4:20 예수님은 참된 예배는 장소에 구애됨이 없이 "성령과 진리 안에서"요 4:23 이루어질 것임을 가르치신다. "하나님은 영"요 4:24이시므로 우리도 영으로 예배드리게 될 것이며 하나님은 예배드리는 자를 찾고 계시므로 우리의 영도 또한 깨어 있어야 한다고 가르치신다. 영이 깨어난다는 것은 곧 예수님을 그리스도로 영접하는 것이다.

마침내 여자는 예수님에게 고백 형태로 결정적인 질문을 던진다. "나는 메시야, 곧 그리스도라 하는 이가 오실 줄을 알고 있습니다." 요 4:25 이 고백적 질문 속에는 '당신이 혹시 바로 그 메시아가 아니십니까?' 라는 반어적 확신이 깃들어 있다고 볼 수 있다. 여인의 내면의 변화를 꾸준히 관찰해온 예수님은 자신이 그리스도이심을 스스로 드러내신다. "내가 바로 그라." 요 4:26 마침내 여인은 예수를 그리스도로 영접하고 동네로 돌아가 "와 보라. 이는 그리스도가 아니냐?" 요 4:29며 즉각적인 전도에 나선다.

중독으로부터의 회복을 나타내는 두 개의 징표가 있다. 하나는 사회적 지위와 신분을 회복하는 것이고, 다른 하나는 자신에게 일어난 일을 타인에게 증거 하는 증인이 되는 일이다. 사마리아 여인은 마을 사람들의 눈을 피해 아무도 없는 정오에 물 길러 나왔지만 이제 그리스도를 만나 그의 병과 죄를 고침 받고 사함 받은 후에 당당히 마을로 돌아간다. 그녀가 마을로 돌아갔다는 것은 마을의 한 구성원으로서의 지위와 신분이 회복되었다는 것을 의미한다. 이와 같이 오늘날 중독으로부터의 회복은 건강한 시민으로서의 지위와 신분을 회복하는 것을 의미한다. 알코올중독자 치유에 있어서 직업훈련과 같은 사회복귀훈련이 필요한 것도 바로 이 때문이다. 예수님의 공생애 치유사역과 관련해 치유가 사회적 지위와 신분의 회복을 뜻하는 '카타리조'로 표현되는 것도 이와 같은 맥락일 것이다.

그러나 중독 치유에 있어서 가장 중점을 두는 부분은 그들의 인격의 변화에 두어져야 한다. 그들은 지금까지의 중독의 낡은 삶의 방식과 태도 등을 버리고 새로운 삶의 양식을 선택해야 한다.

병 고침과 죄 사함을 받은 사마리아 여인이 보여준 첫 번째 행동은 물동이를 '버려두고' 마을로 '들어가는' 것이었다. 요 4:28 여기서 사용된 두 개의 동사 아페켄afeken, 아펠쎈apelthen은 2절에서 예수께서 유대를 '떠나' 아페켄 갈릴리로 '가실새'^{아펠쎈}에서 사용한 것과 똑같은 단어이다. 헬라어 아페켄은 단순한 공간적 이동을 뜻하는 동사이기도 하지만 '버려두다'라는 의미도 가지고 있다. 예수께서 유대를 떠난 이유는 1절에서 보여지는 바 자신의 사역을 시기하고 위해하려는 마음을 가지고 있었던, 결정적으로는 예수의 가르침과 사사건건 대립하는 율법주의적 바리새인들 때문이었다. 예수님은 이들을 '버려두고' 아버지 하나님의 작정을 따라^{에데이} 사마리아로 들어선 것이다. 이와 마찬가지로 사마리아 여인도 육체의 갈증을 해소시켜 주는 도구였던 '물동이'를 '버려두고' 마을로 들어간다. 이제 그의 관심은 육체적이고 세속적인 가치에 머물지 않고 영적인 가치를 추구하기 시작하는 것이다. 그녀는 이제 물동이로 비유되는 목말랐던 과거의 삶과 단절하고 영원히 목마르지 않는, 자기 내부에 샘물을 가진 영적인 삶으로 변화되었다. 변모한 그녀의 모습은 예수님의 부름을 받고 '즉시' 어부의 생업을 떠난 제자들의 삶과 너무도 유사하지 않은가? 여인은 즉시 마을로 들어가 마주치기를 꺼렸던 마을 사람들에게 외친다. 일찍이 예수님의 제자들이 "와 보라!"^{요 2:46}고 했던 것 그대로 여인은 마을로 가 그리스도를 아직 만나지 못한 사람들에게 전도하기 시작한다. 더 이상 과거의 죄와 '수치심'이 그녀를 붙들어 매지 못한다. 여인은 새로 태어났고 즉각적으로 새로운 삶에 합당한 행동을 취하기 시작한다. 여인의 선포에는 능력이 있어 마을 사람들은 그들의 삶의 터전에서 '나와' 그리스도 앞으로 '인도된다.' 여인의 치유와 구원은 여기서 정점에 이른다. AA 12단계에서 제시하고 있는 바, "우리는 영적으로 각성되었고, 알코올중독자들에게 이 메시지를 전하려고 노력했으며, 우리 일상의 모든 면에서도 이러한 원칙을 실천하려고" 노력하는 회복의 삶으로의 일대 전환이 이루어진 것이다. 회복의 새로운 삶을 위해 모든 중독자들은 그들의 낡은 삶의 방식, 습관, 가치관, 신념, 등등에서 떠나야 한다. 그 변화는 가히 전복적이고 래디컬^{존 스토트}한 것이어야 한다. 중독치유와 복음은 그 태생에서부터 전복적인 것이었다. 낡고 익숙한 것으로부터의 전격적 떠남이 없이 새로운 삶은 결코 주어지지 않는다.

사마리아 여인이 치유 받고 구원받은 이야기에서 우리는 치유란 무엇인가? 어떻게 치유하는가? 치유자에게 필요한 것은 무엇인가? 등에 대해 배운다. 그 여인이 예수님을 만나 치유 받고 구원받았듯이 오늘날의 중독자들도 예수님을 만나 치유 받고 구원받아야 한다. 그리고 옛 사람을 벗어던지고 그리스도를 전하는 자가 되어야 한다.

"여자가 물동이를 버려 두고 동네로 들어가서 사람들에게 이르되 내가 행한 일을 내게 말한 사람을 와서 보라 이는 그리스도가 아니냐"요 4:28-29

16. 유혹을 이기신 예수님

　중독으로부터 벗어나기 위해 예수님에게서 꼭 배워야 할 것이 있다면 그것은 유혹을 이기신 예수님 이야기에서 일 것이다. 중독 치유의 가장 단순한 목표는 중독된 그것을 끊는 것이다. 술과 마약을 끊고 도박을 끊고 그릇된 성적 행동을 끊는 것이다. _{조절하는 것이 아니라 끊는 것임을 명심해야 한다} 끊으려면, 곧 재발^{relaps}을 방지하려면 반드시 그것들의 유혹을 이겨나가야 한다. 중독자는 그 유혹을 이겨 나갈 힘이 없다. 알면서도 어쩌지 못하는 무력함이다. 그래서 "우리는 중독에 무력했으며 내 삶을 처리할 수 없었다."^{AA 1단계}라고 고백하게 되는 것이다. 유혹을 이길 그 힘을 어디서, 어떻게 구할 수 있을까?

　공생애를 시작하시기 전에 예수님은 성령에 이끌려 광야에서 마귀에게 시험을 받으셨다. 이 장면은 사복음서 모두에 등장한다.^{마 4:1-11, 막 1:12-13, 눅 4:1-13, 요 1:32-34} 하나님께서 시험의 주관자가 되시고 마귀가 유혹자가 되는 상황이 벌어진 것이다. _{그것은 욥기의 구도와 비슷하다} 시험 없고 유혹 없는 인생은 없다. 시험은 통과해야 하며 유혹은 이겨내야 한다.

　하나님께서 우리에게 "감당하지 못할 시험을 허락하지 아니하신다"^{고전 10:13}는 말씀은 조심스럽게 해석되어야 한다. 그 말씀의 진정한 의미는 우리가 당한 시험들은 사실상 모두 감당할 만한 시험이었다는 전제를 가지고 있다.^{"사람이 감당할 시험 밖에는 너희가 당한 것이 없으니", 고전 10: 13 전반} 그렇지만 만일 그 시험이 감당하지 못할 시험처럼 느껴진다면 그 때에는 "감당하지 못할 시험 당함을 허락하지 아니하시고 시험 당할 즈음에 피할 길을 내어주시

는"^{고전 10:13 후반} 하나님을 믿고 의지함으로써 그 시험과 유혹을 이겨나가라
는 말씀인 것이다. 감당 못할 것처럼 느껴지는 시험과 유혹에 봉착한 사람
들이 만일 굳센 믿음을 잃지 않는다면 그 시험은 감당할만한 시험으로 바뀌
게 된다는 것이다. 그렇게 본다면 하나님께서는 우리에게 감당 못할 시험을
이길 믿음을 이미 주신 것이다. 그래서 우리는 이 믿음을 굳건히 지켜야 하
며 그 믿음으로 주어진 시험들을 이겨낼 수 있는 것이다.

예수님께서 시험받으시는 배경은 광야에서 40일을 굶주리셨을 때이다.
이미 보통 사람들이라면 감당 못할 상황이 주어진 것이다. 유혹은 그 때, 거
기에서 시작된다. 음녀에게 유혹 당하는 장면을 잠언은 얼마나 실감나게
서술하고 있는가? "저물 때, 황혼 때, 깊은 밤 흑암 중"^{잠 7:9} 유혹은 늘 그렇
듯이 인간의 취약한 상황을 틈타 전개된다. 완전한 신성을 가지셨던 예수
님은 또한 완전한 인성을 가지신 분이셨다. 사탄의 유혹은 예수님의 몸의
본능과 연약한 인성을 향해 전개된다. 인성의 취약성을 향해 집요하게 전개
되는 사탄의 유혹에 맞서 예수님은 신성을 무기로 이에 맞선다. 예수님은
하나님의 신성한 말씀에 힘입어 사탄의 유혹을 물리치신다.

사탄이 예수님을 시험한 세 가지는 인류의 역사 속에서 모든 인간이 부딪
쳤으며, 오늘을 살아가는 우리 모두가 날마다 부딪치는 유혹이다. 그것은
인간이 가진 본성적인 욕구와 욕망을 자극한다. 사탄은 예수님이 누구신지
에 대해 잘 알고 있었다. 사탄은 두 번의 시험 모두에서 "당신이 하나님의
아들이라면"이라는 단서를 달고 유혹한다. 그것은 예수님께서 하나님의 아
들임이 분명하다는 것을 전제하면서 그 신성의 힘과 능력을 발휘하도록 유
도하는 시험이었다. 시험받으시는 예수님은 신성의 예수님이 아니라 인성
을 가지신 예수님으로 시험받으시는 것임을 기억할 필요가 있다. 그것들은
예수님께서 자기가 가진 신성의 힘과 능력을 스스로 제한하고 발휘하지 않

으면서 그 시험과 유혹을 인성으로 참고 견뎌야 하는 시험이었다. 우리가 예수님의 사역과 생애를 다룰 때 유의해야 할 대목이 바로 여기에 있다. 사람들은 예수님께서 광야의 유혹을 이기신 장면을 신이시니까, 하나님의 아들이시니까 능히 이겨낼 수 있었다고 생각하는 경향이 있다. 그렇게 함으로써 사람들은 자신의 실패를 합리화 하려고 한다. 그러나 이 유혹과 시험은 100% 예수님께서 육신으로 오신 인성으로 감당하셨던 시험이며 유혹이었다. 예수님은 인성을 향해 가해지는 시험과 유혹을 하나님의 말씀, 곧 신성의 무기바울은 그것을 에베소서 6장 17절에서 성령의 검으로 표현한다를 사용하여 이겨나가셨다. 그것은 장차 자기를 따르려는 사람들에게 친히 보여주신 모범이었고, 인성을 가진 모든 사람들이 믿음을 통해, 믿음의 능력으로, 하나님의 신성의 말씀을 무기로 감당하고 극복해야 할 시험과 유혹이었던 것이다.

첫째 시험은 40일 금식으로 굶주리고 허기진 예수님에게 "이 돌들로 빵을 만들어보라"는 유혹이었다. 육체적이고 생리적인 욕구를 자극하는 유혹이었다. 대부분의 중독자들은 몸이 부르는 이 일차 유혹을 견디지 못한다. 돌들로 빵을 만들 능력이 없는 것이 한탄스러울 뿐이지 그럴 능력이 있다면 사탄의 시험과 유혹이 오기 전에 중독자들은 이미 돌을 빵으로 만들고, 물을 술로 만들어 마셨을 것이다. 예수님께서는 하나님의 아들이시므로 당연히 돌들로 빵을 만드실 능력이 있었다. 그러나 예수님은 그 능력을 발휘하지 않으셨다. 다만 신명기의 말씀으로 사탄의 유혹을 물리치셨다. "사람이 떡으로만 사는 것이 아니요 하나님의 말씀으로 산다"신 8:3 떡으로 사는 것도 중요하지만 인생에는 떡 이상의 더 중요한 것이 있다는 말씀이다. 좀 더 고귀한 것, 탁월한 것을 추구하며 살아야 한다는 것이다. "영혼을 거슬러 싸우는 육체의 정욕을 제어"벧전 2:11해야 하는 것이다.

두 번째 유혹은 "예루살렘 성전 꼭대기에서 뛰어내려보라"는 유혹이다. 네가 하나님의 아들이기 때문에 필히 하나님께서 천사들을 보내어 너를 받쳐줄 것이기 때문에 뛰어내려보라는 것이다. 그것은 인간의 교만과 과시욕, 만용을 자극하는 유혹이다. 믿음을 시험하여 보라는 유혹이다. 물론 하나님께서는 위급한 상황에서 예수님을 구원하여 주실 것이다. 그것은 확실하다. 확실하므로 시험해볼 필요가 없다. 그런데 마귀는 지금 예수님의 믿음을 살짝 건드린다. 네 믿음을 확증해보라고 유혹한다. 그것도 다른 데서가 아닌 예루살렘 성전 꼭대기에서 시험해 보라고 한다. 믿음의 유혹은 이렇게 성전 안에서, 예배당 안에서 일어난다. 성도들 사이에서, 안전하다고 확신하는 곳에서 일어난다. 이 유혹에 대해 예수님은 "주 너의 하나님을 시험치 말라"신 6:16는 말씀으로 극복하신다. 물론 사도 바울은 그리스도인의 성장과 성숙, 일꾼 됨과 관련해 믿음을 시험하라헬-도끼마조고 말하기도 했다. 그 때의 시험은 성숙한 그리스도인이 되기 위해 반드시 통과해야 하는 시험이다. 하나님을 시험하려는 태도야말로 죄가 아닐 수 없다. 아담과 하와의 죄도 '설마 하나님이 우리를 죽이시기야 하겠어'라며 하나님을 시험하려는 죄였음을 기억할 필요가 있다.

세 번째 유혹은 천하만국의 화려함과 사치, 영광을 보여주며 "내게 절하라"는 유혹이었다. 무릎 한 번만 꿇으면 엄청난 것을 얻을 수 있다. 내가 하는 행동 보다 그 행동으로 인한 보상이 어마어마하게 주어지는 수지맞는 제안이라 아니할 수 없다. 무릎 한 번 꿇어주면 세상의 화려함, 성공에 대한 야망, 명예욕, 편안하고 안락한 삶 등을 얻을 수 있는 것이다. '까짓 거 무릎한 번 꿇어주지 뭐' 하면서 얼마든지 무릎을 꿇을 수 있는 상황이다. 그러나 예수님은 그렇게 하지 않으셨다. "주 너의 하나님께 경배하고 다만 그를 섬기라"신 6:13는 말씀으로 유혹을 물리치셨다. 예수님께서 무릎 꿇고 경배해야 할 유일한 대상은 오직 하나님 한 분 뿐이셨기 때문이다.

사탄은 "자기를 광명의 천사로 가장 해서"고후 11:14 사람들을 유혹한다. 사탄이 사람을 유혹하는 방법은 마음속에 속삭이는 것이다. 마음속에 생각을 집어넣는 것이다. 부추기며 꾀는 것이다. 기다리지 않고 행동하게 하는 것이다. 허무한 것에 굴복하게 하는 것이다.

사탄은 정체성을 건드린다. 육신으로 오신 예수님의 정체성, 인성을 가지신 정체성이 중심이 되어야 할 때 하나님의 아들이라는 또 하나의 신적 정체성신성을 거론하면서 정체성의 혼란을 초래하고 불필요한 행동을 하도록 유혹한다. 그 과정에서 심리적 자격감entitlement을 강화한다. 너에게는 그렇게 해도 괜찮은 충분한 자격이 있다고 부추긴다.

알코올중독자를 비롯한 모든 중독자들에 대한 마귀의 유혹도 이와 같다. 그것은 감미롭고, 부드럽다. 결코 위압적이거나 공격적이지 않다. 중독자로서의 정체성과 회복자로서의 정체성을 모호하게 만들고, 그들의 근거 없는 자격감을 고취한다. 알코올중독자들은 중독자이기 때문에 술을 마셔서는 안 되는데, 사탄은 역으로 중독자니까 술을 마시는 게 어쩔 수 없다고 유혹한다. 이 세상 모든 사람들이 내 편이 아닐 때, 사탄은 중독자의 편이 되어 중독자를 위로해 주고 감싸준다. 아아, 누군가가 끝까지 내 편이 되어 나의 모든 잘못을 이해하고 위로해 주고 감싸주기를, 내가 아무리 크나 큰 잘못을 저질러도 끝까지 나를 감싸주고 이해하며 사랑해줄 사람을 중독자들은 얼마나 갈구했던가? 사실 그렇게 하실 수 있는 분은 오직 하나님 한 분 밖에 없다 사탄은 알코올중독자를 이렇게 유혹한다.

　－괜찮아. 한 잔만 마셔. 한 잔만 하고 더 안 마시면 되잖아.

　－오늘만 마셔. 내일부터 안 마시면 되잖아.

　－오늘 같은 날은 마셔도 돼. 누가 뭐라고 하겠냐. 다 이해해 줄 거야.

　－너는 마실만한 자격이 있어. 지금까지 얼마나 수고했냐. 오늘은 너자신을 축하해 주어도 괜찮아.

– 너도 이젠 능력이 생겼어, 어제의 네가 아니야. 이제 더 이상 중독
자가 아니라구. 더 이상 중독자로 살 필요가 없어. 남의 눈치 이제
그만 보고 살아도 돼.

– 지금 주머니에 돈이 있잖아. 그게 어떻게 번 돈인데. 너 자신을 위
해서 써도 돼. 술 마신지도 참 오래 되었잖아. 한 잔쯤은 너 자신을
위해 마셔도 될 거야.

– 이렇게 화나고, 이렇게 외로운데 어쩌겠냐? 그냥 눈 딱 감고 마시
는 거야. 내일 일은 내일에 맡기는 거지 뭐.

– 내가 봐도 그건 너무한 거 같아. 나 같아도 더 이상은 도저히 참을
수 없어.

– 네가 그렇게 참는다고 사람들이 알아줄 것 같아. 알아주지도 않
아. 거기다가 요구하는 건 계속 늘어날거구. 그러니 여기까지만 하
자. 술 끊고 사는 게 얼마나 어려운데 그런 것도 안 알아주고. 이젠
그만 해.

– 한 잔 하고 다 잊어버리는 거야. 지금 네게 필요한 건 잊어버리는
거야. 한 잔 마시고 편히 쉬어버리는 거야. 그러면 다 잘 될 거야.

중독행위 혹은 중독물질에는 마성이 포함되어 있다는 점에 주목해야 한
다. 그것들은 사람의 감정과 이성에 호소하는 능력을 가지고 있다. 그것은
돈에 마성이 존재하는 것과 같은 이치이다. 예수님께서 "하나님과 재물을
겸하여 섬길 수 없다"눅 16:13고 하셨을 때 그 재물은 곧 신격화 된 돈으로서
의 '맘몬'을 의미하는 것이었다. 사람들은 흔히 돈에 대해 가치중립적 태도
를 취한다. 내가 돈에 대해 어떤 태도를 취하느냐에 따라 돈이 우리 삶에 유
용한 것이 되기도 하고 우리를 유혹에 빠뜨리는 마귀의 도구가 될 수 있다
고 생각한다. 그러나 사실은 그 이상이다. 돈에는 이미 인격화된 마성이 깃

들어 있어서 사람들을 적극적으로 유혹한다.마치 영화 「반지의 제왕」에 나오는 마성이 깃든 반지처럼 술도 도박도 마약도 게임도 성도 마찬가지다. 그것들은 사람의 마음에 적극적인 영향을 미칠 수 있는 마성을 가지고 있다. 따라서 우리는 하나님 편에 설지 아니면 마귀 편에 설 지를 결정해야 한다. 그것이 영적 세계의 냉정한 실제다. 영적 세계에서 인간이 가지고 있는 힘과 의지 능력은 신적 존재인 하나님과 마귀와 비교하면 어림도 없이 유약한 것이다. 흔히 하는 말로 돈이 사람을 속이지 사람이 돈을 속이는 것은 아니라는 것이다.

마귀의 유혹을 받았을 때 예수님께서는 그의 유혹에 짐짓 넘어가셨을 수도 있었다. 자신 안에 있는 신성의 능력을 발휘하여 돌을 떡으로 만들고, 성전 높은 곳에서 나비처럼 날아오르심으로써 마귀의 유혹에 혼 구멍을 내실 수도 있었을 것이다. 온 우주와 하늘의 온갖 진귀한 것이 그분의 것일진대 이 지구상의 화려함과 세속적인 영광을 취해서 안 될 것이 무어란 말인가? 그런데 중요한 것은 무엇인가? 무엇이 이 시험의 핵심인가? 그것은 '할 수 있지만 하지 않는 절제력self control의 확인!' 거기에 이 시험의 핵심이 있었음을 우리는 잊지 말아야 한다. 그것은 예수님께서 장차 행하실 공생애의 역사 가운데 반드시 필요로 되는 덕목이었기 때문이다. 사실 아담과 하와에게 필요로 되었던 것도 바로 이 절제력 이었다. 선악을 알게 하는 나무의 열매를 따먹어 보라는 뱀의 유혹을 이겨내기 위해서는 자기 마음속의 교만과 탐욕을 다스릴, 곧 자기 자신을 다스릴 절제력이 반드시 필요했던 것이다. 무엇보다 하나님과 피조물 사이의 경계를 절제 있게 지켜야만 했다.

두 번째로는 그 유혹이 마귀로부터 온 것임을 알아채고 대처하는 분별력이 필요하다는 점이다. 마귀의 목적은 처음부터 하나였다. 마귀의 목적은 하나님의 사람들을 파멸시키는 것이다. 그러므로 마귀와는 그 어떤 협상도, 절충도 필요하지 않다. 우리에게 필요한 것은 마귀를 분별하는 분별력과 그들을 대적하는 전투적 자세와 준비다. 바울 사도도 우리에게 "마귀의 궤계를 능히 대적하기 위하여 하나님의 전신갑주를 입으라."엡 6:11고 말했고 베드로 사도도 "근신하라. 깨어라. 너희 대적 마귀가 우는 사자같이 두루 다니며 삼킬 자를 찾나니 너희는 믿음을 굳건하게 하여 그를 대적하라." 벧전 5:8-9고 말했다.

베드로 사도는 "예수님께서 우리에게 본을 끼쳐 그 자취를 따라오게 하셨다"벧전 2:21고 말한다. 중독자들도 재발의 유혹 앞에 섰을 때 예수님의 본을 받아 하나님의 말씀으로 그 유혹을 물리쳐야 한다. 어떤 유혹은 사탄으로부터 오기도 하고 어떤 유혹은 삶의 조건과 환경으로부터 오기도 한다. 그러나 그 유혹의 상황이 어떠할지라도 유혹을 이기는 가장 좋은 방법은 신성한 하나님의 말씀으로 유혹을 물리치는 것이다. 예수님도 유혹 받으셨음을 늘 기억해야 한다. 하물며 우리 같은 피조물들, 중독자들이야말로 더 말해 무엇 하랴.

주님께서 당부하신, "늘 깨어 있으라"는 말씀이 우리 영혼에 깊이 새겨져야 할 것이다. 또한 "오직 각 사람이 시험을 받는 것은 자기 욕심에 끌려 미혹됨이니"약 1:14의 말씀처럼 내 마음의 욕구와 욕심을 잘 다루도록 절제력 self control을 함양하는데 힘써야 한다. 사실 이 절제력은 성령님께서 우리 속사람 가운데 이루어주시는 인격의 열매요 선물이다.

"오직 성령의 열매는 사랑과 희락과 화평과 오래 참음과 자비와 양선과 충성과 온유와 절제니 이같은 것을 금지할 법이 없느니라"갈 5:23

유혹을 이겨낸 대표적인 성경의 사례는 창세기의 요셉이다. 요셉은 노예로 팔려간 보디발의 집에서 그의 아내로부터 성적 유혹을 받는다. 처음에 보디발의 아내가 "눈짓하며 동침하기를 청하였을 때"창 39:7 요셉은 일언지

하에 그녀의 요청을 거절한다.

> "요셉이 거절하며 자기 주인의 아내에게 이르되 내 주인이 집안의 모든 소유를 간섭하지 아니하고 다 내 손에 위탁하였으니 이 집에는 나보다 큰 이가 없으며 주인이 아무 것도 내게 금하지 아니하였어도 금한 것은 당신뿐이니 당신은 그의 아내임이라 그런즉 내가 어찌 이 큰 악을 행하여 하나님께 죄를 지으리이까?"창 39:8-9

유혹을 이겨낸 요셉의 삶은 한마디로 코람데오coram Deo의 삶! 곧 하나님 앞에서의 삶이었다. 그러나 유혹자는 여기서 멈추지 않는다. 보디발의 아내는 집요하게 요셉을 유혹한다. 날마다 요셉을 유혹하였다고 성경은 기록한다. 이 집요한 유혹에 대해 요셉은 그녀의 말을 듣지도 않을 뿐 아니라 함께 있지도 아니함으로 곁을 주지 않았다고 기록한다.

> "여인이 날마다 요셉에게 청하였으나 요셉이 듣지 아니하여 동침하지 아니할 뿐더러 함께 있지도 아니하니라"창 39:10

그리고 그 결과는 우리 모두가 잘 알고 있다시피 보디발 아내가 강제로 요셉과의 동침을 시도하자 이를 뿌리친 요셉이 그 자리를 벗어나면서 붙잡힌 옷자락을 남기고 나오게 되고 그것을 빌미로 보디발의 아내가 요셉을 남편에게 무고함으로써 결국 요셉은 감옥에 갇히게 된다.

유혹을 이겨나가는데 있어서 요셉이 감옥에 갇히게 되는 이 과정도 무척이나 중요하다. 유혹을 물리친 결과는 때론 이렇게 불이익으로 나타날 수 있음을 알고 대처해야 한다. 때론 그것을 감수해야 한다. 내가 불이익을 당할지언정 단호하게 유혹을 뿌리쳐야 한다는 것이다.

유혹을 물리치지 못한 사람은 가룟 유다이다. 유다가 왜 예수님을 배반하고 예수님을 대제사장과 유대교 지도자들에게 팔아 넘겼는지에 대해 우리는 그 이유를 자세히 알지 못한다. 성경은 유다가 "돈을 좋아하였고", "은 삼십 냥"에 예수님을 팔아 넘겼다고 기록한다. 그는 돈 때문에 예수님을 팔아넘겼을지 모른다. 그러나 예수님이 잡혀서 고난 받는 장면을 보고 유다가 은 삼십 냥을 다시 대제사장에게 돌려주는 장면은 그가 돈 이외의 다른 이유로 예수님을 그들에게 넘겨준 것은 아니었을까 추측하게 한다. 대제사장을 비롯한 종교지도자들과 예수님 사이에서 벌어지고 있는 일촉즉발의 적대적 긴장 관계를 정치적 차원에서 해결하기 위해 예수님과 그들과의 만남을 주선하는 차원에서 돈도 벌고 양자 사이의 긴장관계도 풀기 위한 목적으로 예수님을 그들에게 넘겼다고 보는 설도 있다. 그 정확한 이유를 우리는 알 수 없지만 아무튼 가룟 유다가 예수님을 그들에게 판 것은 분명한 사실이다. 그 어간에 가룟 유다에게 일어난 일을 성경은 이렇게 기록하고 있다. 사탄이 문제의 원인이었다는 것이다.

"유다에게 사탄이 들어가니"눅 22:3
"마귀가 벌써 시몬의 아들 가룟 유다의 마음에 예수를 팔려는 생각을 넣었더라."요 13:2
"떡 한 조각을 받은 후 곧 사탄이 그 속에 들어간지라."요 13:27

초대교회는 시험과 유혹 속에서 성장했다. 시련과 핍박은 교회를 하나로 묶고 기도하게 했다. 그러나 시험과 유혹은 교회의 존립을 근저로부터 위태롭게 하는 것들이었다. 사도행전 4장에서 우리는 모든 교회가 꿈꾸는 아름다운 교회의 모습을 본다.

"믿는 무리가 한마음과 한 뜻이 되어 모든 물건을 서로 통용하고 자기 재물을 조금이라도 자기 것이라 하는 이가 하나도 없더라 사도들이 큰 권능으로 주 예수의 부활을 증언하니 무리가 큰 은혜를 받아 그 중에 가난한 사람이 없으니 이는 밭과 집 있는 자는 팔아 그 판 것의 값을 가져다가 사도들의 발 앞에 두매 그들이 각 사람의 필요를 따라 나누어 줌이라"^{행 4:32-35}

초대교회의 특징은 재물을 통용하였다는 것이다. 그로 인해 교회에 가난한 사람이 없었다는 것이다. 이 얼마나 놀라운 일인가? 돈 지갑과 금고가 열려 아무도 그 안에 있는 것이 나의 것이라고 주장하지 않고 하나님의 것이라고 주장하며 실제로 그렇게 살았다는 것이다. 초대교회는 돈을 이기고 재물을 이긴 교회였던 것이다. 그래서 사도행전 5장의 아나니아와 삽비라 사건은 교회의 기초와 본질이 무엇이 되어야 하는 지에 대한 하나님의 시각을 반영한다. 하나님이 꿈꾸시는 교회란 어떠한 교회인지에 대해 우리는 알게 된다. 그것은 돈을 이긴 교회, 맘몬을 극복한 교회였다. 아나니아 삽비라 사건의 핵심 의미는 돈의 유혹에 교회가 어떻게 대처해야 하는가? 였다. 아나니아와 삽비라 부부는 다른 교인들이 그렇게 했던 것처럼 자기들의 재산을 팔아서 사도들에게 내어놓았다. 그러나 그 부부는 그 값의 일부를 남기고 일부만을 사도들에게 내어 놓았다. 이것이 문제였다. 이 부부의 거짓됨을 알아본 베드로가 일갈한다.

"아나니아야 어찌하여 사탄이 네 마음에 가득하여 네가 성령을 속이고 땅 값 얼마를 감추었느냐 땅이 그대로 있을 때에는 네 땅이 아니며 판 후에도 네 마음대로 할 수가 없었더냐 어찌하여 이 일을 네 마음에 두었느냐 사람에게 거짓말 한 것이 아니요 하나님께로다"^{행 5:3-4}

이 일로 아나니아 삽비라 부부는 죽임을 당한다. 이 엄중한 사건을 통해 교회를 향한 하나님의 뜻이 분명히 드러났다. 하나님은 교회가 유혹을 이기고 거짓을 이기고 정직의 토대 위에 세워지기를 원하셨던 것이다. 이 사건을 대할 때 사람들은 '하나님께서 꼭 그 부부를 그렇게 죽이셔야만 했는가? 그들의 죄가 그렇게 큰 것인가?'라는 의문을 표하기도 한다. 더구나 용서와 사랑의 하나님께서 너무 심하신 것이 아닌가 생각한다. 물론 하나님은 그들 부부를 용서하시고 다른 방식으로 그들을 대하실 수 있었을 것이다. 그러나 이 대목에서 하나님은 그렇게 하지 않으셨다. 아나니아와 삽비라 부부의 생명을 거두어 가심으로써 하나님은 새롭게 지어져 가는 교회의 기초가 무엇이 되어야 하는지, 교회를 위협하는 적이 무엇인지를 분명히 하시고자 하셨던 것이다. 교회의 기초는 교인 한 사람 한 사람의 탐심 없는 깨끗한 마음이어야 하며 유혹을 능히 이겨나가는 굳건한 믿음과 신뢰여야 하며, 거짓 없는 정직함과 투명함이어야 하며 교회의 기초를 위협할 최대의 적은 바로 재물, 돈이 되리라는 점을 분명히 하신 것이었다. 돈은 초대 교회 때나 오늘날이나 교회의 최대의 적이며 위협임을 우리는 잊지 말아야 한다. 돈은 그저 단순한 물물교환의 도구요 수단인 것을 넘어 사람과 교회의 마음을 훔치고 미혹하는 마성을 지닌 미물임을 경계해야 한다.

베드로 사도는 아나니아 성도에게 말한다. 네가 땅을 팔지 않아도 되었고, 또 땅을 판 값의 전부든 일부든 네 마음대로 헌금할 수 있었다고 말한다. 한 푼도 헌금하지 않을 수도 있었다는 것이다. 하나님께서는 우리에게 자유를 주셨다는 것이다. 그러나 문제가 된 것은 거짓을 말하고 행하였다는 것이다. 땅 판 돈의 일부를 헌금하면서 전부라고 거짓을 말하였다는 것이다. 하나님께서는 그 거짓된 행동을 용서하지 않으신다는 것이다. "마귀는 처음부터 살인한 자요 진리가 그 속에 없으므로 진리에 서지 못하고 거짓을 말할 때마다 제 것으로 말하나니 이는 그가 거짓말쟁이요 거짓의 아비가 되었음이라"요 8:44는 예수님의 말씀 그대로 거짓은 사탄의 것이기 때문이다. 그는 왜 거짓을 말하고 행하였을까? 그것은 아마도 불안 때문이었을 것이다. 만약의 경우를 대비해서 재물을 조금은 남겨두어야겠다는 마음이 들었을 것이다. 사탄이 그의 마음을 흔들어 놓았을 것이다. '너 그러다가 큰일 난다. 훗날을 위해서 얼마는 남겨 놓아야지. 남들도 사실은 다 그렇게 하고 있어' 라며 유혹했을 것이다. 아나니아와 삽비라 부부는 그 유혹에 넘어가 마침내 거짓을 말하게 되었을 것이다. 아나니아와 삽비라 부부는 선한 일을 하려는 귀한 마음을 가지고 있었지만 그러나 그 일을 행함에 있어 거짓이 없어야 했다.

> "오직 각 사람이 시험을 받는 것은 자기 욕심에 끌려 미혹됨이니 욕심이 잉태한즉 죄를 낳고 죄가 장성한즉 사망을 낳느니라"약 1:14-15

우리는 "이기는 자"가 되어야 한다. 예수님께서도 "세상에서는 너희가 환난을 당하나 담대하라 내가 세상을 이기었노라"요 16:33 말씀하셨다. 마지막 성경인 요한계시록의 중심사상 역시 이김이다. "이기는 그에게는 내가 감추었던 만나"계 3:17를 주시겠다 하시며 "이기는 자와 끝까지 내 일을 지키는 자에게 만국을 다스리는 권세"계 3:26를 주시겠다 하신다. "이기는 자는 이와 같이 흰 옷을 입을 것이요 그 이름이 생명책에서 결코 지워지지 않을 것"계 3:5이라 약속하셨으며, "이기는 자는 내 하나님 성전에 기둥이 되게 하리라"계 3:12 하셨고 "이기는 그에게는 내 보좌에 함께 앉게 하여 주기를 내가 이기고 아버지 보좌에 함께 앉은 것과 같이 하리라"계 3:21 말씀하셨다.

중독으로부터 회복하기를 꿈꾸는 사람들은 이기는 자가 되어야 한다. 환란과 핍박을 이기고, 거짓을 이기며, 온갖 유혹을 이겨야 한다. 그 때 비로소 새 하늘과 새 땅이 열린다. 새로운 세상이 임한다. 하나님은 그들 이긴

자들과 함께 하시며 모든 눈물을 그 눈에서 닦아 주시며 다시는 사망이 없고 애통하는 것이나 곡하는 것이나 아픈 것이 다시 있지 아니하며 처음 것이 다 지나가 만물이 새롭게 되는 새 세상을 이루어 주시리라 말씀하신다. 계 21:3-5 계시록에 표현된 이 새 하늘 새 땅은 먼 훗날 최후의 심판의 날에 이루어질 뿐만 아니라 그 날은 바로 오늘 지금 여기에서 이미 이루어지고 있는 현실임을 우리는 알아야 한다. 하나님의 나라, 천국은 이미 우리에게 왔으되 아직 완성되지 않았을 뿐이다. 이기는 그 사람은 하나님의 나라를 상속받을 것이요, 하나님의 아들이 될 것이다.

"나는 알파와 오메가요 처음과 마지막이라 내가 생명수 샘물을 목마른 자에게 값없이 주리니 이기는 자는 이것들을 상속으로 받으리라 나는 그의 하나님이 되고 그는 내 아들이 되리라" 계 21:6-7

중독으로부터 회복한다는 것은 시험과 유혹에 굴복하는 자가 아니라 그것을 당해 능히 이기는 자가 되는 것이다.

17. 아버지와 아들의 복음

　예수님께서 유혹을 이겨나가신 힘의 궁극적 원천에 대해 더 깊이 알아볼 필요가 있다. 그것은 이 책의 주된 흐름과도 연관이 있다. 문제는 중독을 이겨나갈 힘이다. 그 힘은 영혼의 힘이요, 마음의 힘이다. 과연 어디서, 무엇으로부터 그 힘을 얻을 수 있을까? "여호와께서 나의 힘이시라!"는 고백은 시편 전체를 꿰뚫는 다윗 신앙의 정수일 뿐만 아니라 신앙을 통해 중독으로부터 벗어나 회복의 길 걷는 모든 이들의 한결같은 고백이다. 하나님이 나의 힘이 되어 주셔서 중독을 이기고 회복의 길을 걷게 되었다는 것이다.

　하나님께서 실제적이고 현실적으로 나의 힘이 되시는 경우는 첫째는 그분께서 영으로 나와 함께 하실 때이다. 그것은 내주하시는 성령의 역사이기도 하며, 때때로 위로부터 임하는 성령의 역사이기도 하다. 두 번째는 내 마음 속에 힘을 주시는 심리적 아버지로 하나님께서 내 안에 살아 있을 때이다. 예수님께서 유혹을 이겨나가실 수 있었던 것은 그 분 안에 유혹을 이겨나가실 힘이 있었기 때문인데 그 힘의 원천은 바로 위와 같은 두 가지 사실로부터 연유한 것이었다.

　예수님께서 마귀에게 시험받고 유혹받으시는 장면이 요단강에서 세례침례 받으신 직후 이루어졌다는 사실에 주목할 필요가 있다.

　　"예수께서 세례침례를 받으시고 곧 물에서 올라오실 새 하늘이 열리고 하나님의 성령이 비둘기 같이 내려 자기 위에 임하심을 보시더니 하늘로부터 소리가 있어 말씀하시되 이는 내 사랑하는 아들이요 내 기뻐하

는 자라 하시니라."마3:16-17

요단강에서 세례침례를 받으시고 돌아오셨을 때의 모습을 누가는 "성령
의 충만함을 입어 요단강에서 돌아오신 후"눅4:1 라고 기록한다. 이것이 유
혹을 이기는 힘의 첫 번째 비밀이다. 인간의 속사람이, 영혼이 성령으로 충
만케 되었을 때, 성령께서 그의 안에 내주하실 때에, 때때로 위로부터 임하
여 힘을 주실 때에 사람들은 그 힘으로 시험과 유혹을 이겨나갈 수 있다. 그
것은 늘 깨어 있는 삶이요, 내 삶의 모든 것, 일거수일투족이 하나님 앞에서
이루어진다는 코람데오의 자의식이 있는 삶이다. 요셉이 보디발 아내의 유
혹을 물리친 힘도 여기에 있었다. "내가 어찌 하나님께하나님 앞에서 죄를 짓겠
습니까?"창39:9

예수님께서 유혹을 이겨 나가실 수 있었던 두 번째 비밀은 아들 예수님과
아버지 하나님 사이의 심리적이고 인격적인 관계에 있다. 예수님께서 세례
침례 받으실 때에 하늘로부터 소리가 났는데 그 내용은 지금 세례침례를 받는
이 사람이 하나님 당신의 사랑하는 아들이요, 하나님께서 자랑스러워하시
고 기뻐하시는 아들이라는 음성이었다. 서로 사랑하고 서로 기뻐하는 아버
지와 아들의 이 관계가 유혹을 이겨 나갈 힘의 원천에 대한 두 번째 비밀이
다. 요컨대 예수님께서는 심리적으로 '건강한 자기'를 가지고 계셨던 것이
다. 그리고 그것이 유혹을 이겨 나가게 된 심리적 힘의 원천이 되었던 것이
다.

앞에서 이미 우리는 자기심리학적 관점에서 성경을 이해하려는 시도를
전개해 왔다. 인간의 수많은 심리적 문제의 핵심에 '자기의 문제'가 있음을
진술했다. '자기가 없거나 자기가 미약한 사람들', 곧 병든 자기를 가지고
있는 사람들이 중독에 빠져든다고도 했다. 중독자들은 하나같이 상처 입은
자기, 병든 자기를 가지고 있는 사람들이다. 그러나 이들과 달리 예수님은

명백히 하나님 아버지와 친밀한 사랑의 관계 속에서 성장했고, 영원한 사랑의 관계 속에서 존재하는 지극히 건강한 자기를 가지고 계셨던 것이다.

영혼 혹은 마음은 일종의 '힘'이다. 그것은 에너지의 원천이다. 치유의 힘과 능력도 거기에서 나오는 것이다. 모든 사람들의 영혼과 마음에는 힘이 있다. 이것은 에너지 보전 불변의 법칙처럼 하나의 법칙이다. 그 힘이 있기 때문에 사람들은 마음을 먹고 무엇인가를 행하게 되는 것이다. 건강한 자기를 가지고 있는 사람들은 그들 내부에 있는 영혼과 마음의 힘을 사용해 건강한 일을 행한다. 그러나 병든 자기를 가지고 있는 사람들은 똑같은 에너지를 가지고 부정적인 일과 행동을 한다. 어떤 사람이 유혹을 받았을 때 자기 안의 에너지를 이 유혹을 물리치는 데 사용할지, 아니면 유혹에 굴복당하는 데 사용할지는 그의 '자기의 상태'가 결정적인 영향을 미치게 된다. 술도 마실 수 있는 힘이 있어야 마시는 것이고, 끊을 수 있는 힘이 있어야 끊게 되는 것이다.

아들 예수님과 아버지 하나님 사이의 관계가 어떠하였는지를 보다 구체적으로 알려주는 책은 요한복음이다. 요한복음을 나는 개인적으로 '아버지와 아들의 복음'이라고 부르기를 좋아한다. 요한복음 도처에서 우리는 "아버지가 내 안에, 내가 아버지 안에"라는 놀라운 진술을 만난다. 그것은 요한복음의 백미이며, 자기심리학의 확실한 증거다. 나는 개인적으로 성경의 가장 놀라운 말씀의 하나로 이 말씀을 꼽는다. 그것은 말씀 중의 말씀이요, 성경의 핵심이며, 기독교 진리의 근본이다. 그것은 영적인 진리와 심리적 진리가 인간 안에 통합되어 있음을 잘 보여준다. 아버지가 내 안에, 내가 아버지 안에 있다는 말씀은 아버지와 아들이 사랑과 신뢰의 인격적 관계 안에 있다는 것을 의미하는 것이다.

요한복음이 중독치유와 관련해 특히 의미가 있는 것은 바르고 건강한 '아버지와 아들의 관계'에 대한 예수님의 진술로 가득 차 있기 때문이다. 대부분의 중독자들은 성장하는 과정에서 부모와의 관계에 문제를 가지고 있었다. 엄마와의 관계가 인격적 분화가 덜 이루어진 융합의 관계라면 아버지와의 관계는 너무 멀리 떨어진, 그러나 가까이 하기에는 너무 먼 무서운 관계였다. 늦둥이, 혹은 독자로 자라나 지나친 과잉보호 속에서 성장한 경우는 예외지만 중독치유 현장에서의 경험을 통해 엄마와의 관계의 문제보다 아버지와의 관계의 문제가 사람들을 중독에 빠지게 하는 더 깊고 넓은 원인이라는 사실을 종종 발견하곤 한다.

엄마와의 관계의 문제가 중독에 빠지게 된 심리적 원인을 제공하는 경우는 대체로 '엄마의 부재', 이를테면 부모가 이혼을 했다거나 엄마가 나를 버리고 집을 떠났을 때, 혹은 이런 저런 이유로 엄마의 품을 떠나 친척집이나 고아원과 같은 곳에 맡겨진 경험 등이 버려짐의 기억이 되고 커다란 상처가 되어 중독에 이르는 원인을 제공하는 경우가 많았다. 이에 비해 아버지로 인한 상처는 아버지의 부재 때문이 아니라 아버지와 함께 하는 삶을 통해 주어지는 경우가 훨씬 더 많았다. 아버지는 그들의 삶 속에서 부재하지 않았다. 그러나 그들의 마음속에서는 부재하였다. 요한복음의 백미, "아버지가 내 안에, 내가 아버지 안에"가 이루어지고 있지 않은 것이다. '부재한 엄마'에 대한 감정은 그리움으로 집약된다. 그 그리움을 해결하기 위해 중독자들은 중독 행위를 통해 그 감정을 해소하려 한다. 이와는 반대로 "함께 있으나 마음속에 부재한 아버지"에 대한 감정은 두려움이다. 이들은 성장과정에서 두려운 대상인 아버지가 있는 집이 싫어 집으로 들어오기를 꺼리고 집 밖에서 서성이고 방황하였다. 그들 마음속에는 '집'이 없으며, '엄마와 아빠'가 없고 결국 '자기'가 없게 되었던 것이다. 중독에 빠져들 심리적 조건은 그렇게 구비되었던 것이다.

이미 6, 7장에서 우리는 사울과 다윗의 경우를 예로 들어 부성 결핍과 모성 결핍의 사례를 중독적 관점에서 살펴본 바가 있다. 그것은 건강하지 못한 부모 자녀 관계가 사람의 심리구조 형성에 부정적 영향을 미치는 사례에 대한 것이었다. 그러나 요한복음에서 우리는 바르고 건강한 부모 자녀 관계의 이상을 만난다. 그것은 하나님 아버지와 아들 예수님과의 관계였다. 요한복음을 내가 '아버지와 아들의 복음'이라 부르기를 좋아하는 이유는 첫째는 하나님 아버지와 아들 예수님이 전해주신 복음이야기라는 의미에서이고, 둘째로는 아버지와 아들이 바르고 건강한 관계를 맺고 살아야 한다는 메시지 자체가 복음이란 의미에서이다. 아버지는 아버지다워야 하고 아들은 아들다워야 한다. 곧 파더십Fathership과 선십Sonship이 분명해야 하는 것이다. 같은 의미에서 지도자는 지도자다워야 하고Leadership, 친구 사이는 친구다워야 Friendship 한다.

아버지와 아들이 바르고 건강한 관계를 맺고 살게 될 때 그 인생은 행복한 인생이 된다. 신앙생활을 하든, 중독으로부터 회복 생활을 하든, 우리에게는 여러 명의 아버지가 다양한 차원에서 존재하는 것을 경험하게 된다. 영적으로 하나님 아버지와 바르고 건강한 관계를 맺어야 한다. 육적인 부모와도 그러해야 한다. 그리고 영적 성장의 길목에서 내 실제 삶의 인도자가 되어줄 영적 아버지삶의 인도자가 또한 있어야 한다. 이 세 차원의 아버지와 바르고 건강한 관계를 맺는 것은 중독으로부터의 회복의 지속성과 질, 그리고 온전성을 담보해주는 관건이 된다.

중독 치료의 현장에서 나는 하나님을 아버지라 부르기를 꺼리거나 어려워 하는 사람들을 많이 만나고 경험했다. 그것은 성장 과정에서 자기를 힘들게 했던 육신의 아버지 경험이 전적으로 하나님께 투사된 결과임은 자명하다. 그들은 기도할 때 하나님! 하고 부르기는 했지만 하나님 아버지! 라고 부르는 것은 힘들어 했다. 하나님이 아버지가 아니었으면 좋겠다는 얘기도 했다. 그들은 기도할 때 하나님! 혹은 하나님 아버지! 라고 부르기 보다는 예수님! 혹은 주님! 이라고 부르기를 더 선호하였다.

하나님 성품의 요체는 공의와 사랑이다. 공의 없는 사랑 없고 사랑 없는 공의 없다. 그것은 떼려야 뗄 수 없는 하나님 신성의 앞면과 뒷면이다.

"공의와 정의가 주의 보좌의 기초라 인자함과 진실함이 주 앞에 있나이다" 시 89:14

예수님은 이 땅에 친히 육신을 입고 오셔서 하나님이 누구신지를 보여주셨다. "본래 하나님을 본 사람이 없으되 아버지 품속에 있는 독생하신 하나님 외아들 예수님이 나타내셨다" 요 1:18라고 요한복음은 기록한다. 공의와 사랑은 하나님 아버지의 성품이면서 아들 예수님의 성품 그 자체였다. 보이지 않는 신의 성품을 성육신 하신 아들 예수님의 삶을 통해 당시의 제자들은 보고 느낄 수 있었다. 그리고 이후 믿음의 선물을 받은 신자들은 성령님의 임재를 통해 동일한 깨달음과 체험을 할 수 있게 되었다. 하나님의 이 신성한 성품은 그리스도를 구세주와 주로 믿고 고백한 사람들에게 선물로 공여된다. 성화되어 간다는 것은 곧 이러한 신의 성품에 참예케 됨을 말한다. 공의로운 사람, 사랑이 많은 사람이 되어 가는 것이다. 베드로 사도는 믿는 자들의 성화에 대해 이렇게 말했다.

"너희로 정욕을 인하여 세상에서 썩어 없어질 것을 피하여 신성한 성품에 참여하는 자가 되게 하려 하셨으니" 벧후 1:4

라파공동체의 대표로 사역하고 있는 나에게는 다양한 층위의 기능과 직분이 있다. 나는 한 교회의 담임목사이기도 하고 중독치유상담가이기도 하며 중독 나라에 파송된 치유선교사이기도 하다. 치유공동체를 운영하는 행정가이기도 하고 성경과 신앙, 그리스도인의 삶에 대해서 가르치는 교사이기도 하다. 그리고 이 모든 기능에 더해 하나님의 집, 하나님 가족의 아버지이기도 하다. 영적 아버지로서의 나의 위상과 기능에 대해 지나치게 강조할 필요도 없지만 그렇다고 지나치게 축소할 필요도 없다. 사도의 기능과 직분이 크게 강조되었지만 사도 바울도 종종 하나님의 사역자인 자기 자신을 영적 아버지로 인식하기도 했다.

"내가 너희를 부끄럽게 하려고 이것을 쓰는 것이 아니라 오직 너희를 내 사랑하는 자녀 같이 권하려 하는 것이라 오직 그리스도 안에서 일만 스승이 있으되 아버지는 많지 아니하니 그리스도 예수 안에서 내가 복음으로써 너희를 낳았음이라 그러므로 내가 너희에게 권하노니 너희는 나를 본받는 자가 되라"고전 4:14-16 고 말하면서 젊은 목회자였던 디모데를 "주 안에서 내가 사랑하는 신실한 아들"고전 4:17, 딤전 1:2, 딤후 1:2이라 부른다.

빌레몬서에서는 노예 신분인 오네시모에 대해서도 "갇힌 자 중에서 낳은 아들 오네시모"빌 1:10라고 부르기도 한다. 베드로 사도 역시 마가를 "내 아들 마가"벧전 5:13라고 부르며, 요한 사도도 그의 편지를 받아 보는 그리스도인들을 "나의 자녀들아"요일 2:1라고 부른다.

구약시대의 엘리야와 엘리사의 관계도 그러했다. 엘리야가 죽었을 때에 회오리바람을 타고 하늘로 올라갈 때에 엘리사가 소리 질러 외친다. "내 아버지여, 내 아버지여, 이스라엘의 병거와 마병이여."왕하 2:12 제자 엘리사에게 스승 엘리야는 영적 아버지이기도 했던 것이다.

중독을 치유하기 위해서는 다양한 접근을 해야 한다. 그 중 무엇보다도 필요한 것은 그들에게 새로운 가족 경험을 제공하는 것이다.이에 대해서는 공동체와 관련된 부분에서 더 자세히 설명할 것이다 그 가족 경험 중 으뜸은 좋은 아버지를 다시 경험하는 것이다. 내면에 아버지가 결핍된 사람들은 반드시 그 결핍된 욕구를 외적으로 투사하게 되어있다. 그것이 심리! 곧 마음의 이치다. 라파공동체의 삶 속에서 나는 어쩔 수 없이 아버지의 위상을 부여받는다. 입소한 모든 분들에게 의식적이든 무의식적이든 아버지로서 인식되고 받아들여진다는 것이다. 그것은 중독 치료를 위해 좋은 기회를 제공해 준다. 내가 좋은 아버지로서 잘 기능하고 그런 관계를 치료 중인 형제, 자매들과 잘 맺으면 치료는 급속도로 좋아진다. 그러나 그 역의 경우라면 치료에 난관이 조성된다.

　중년의 나이에 이 사역을 처음 시작했을 때 나는 이 사역을 하다 죽기로 작정했다. 그 때 나의 묘비명에 '중독자들의 벗, 여기 잠들다'라고 써 달라고 했다. 그러나 그 때보다 더 나이를 먹은 지금은 '중독자들의 아버지, 여기 잠들다'라고 써야 하는 건 아닌지 하는 생각이 들 때가 있다. 처음 사역을 시작할 때는 나보다 나이 많은 형제님들이 더 많았다. 그러나 지금은 나보다 나이가 아래인 형제 자매들이 더 많아졌기 때문이다. 나이를 더 먹어갈수록 중독자들의 벗에서 중독자들의 아버지로의 기능 전환은 더 자연스러운 일이 되어 가고 있다.

　'집'과 '아버지'의 문제가 나의 가정에도 큰 아픔을 가져오기도 했다. 내게 하나밖에 없는 딸이 중독치료공동체와 함께 성장하면서 받은 상처는 결코 가벼운 것이 아니었다. 그것은 공동체에 입소해 치료 중인 중독자 형제 자매들에게 '나의 집'을 빼앗기고 '나의 부모'를 빼앗긴 상실감에서 비롯된 것이었다. 나의 딸에게 이 공동체는 나의 공동체요 집이 아니라 저들의 것이었고, 나의 부모 역시 나의 것이 아니라 저들의 부모처럼 느껴졌다는 것이다. 나의 딸이 공동체를 받아들이고 치유 중인 형제 자매들을 자기 가족으로 받아들이기 까지는 긴 성장과 성숙의 시간, 그러나 고통스럽고 아픈 시간들을 통과하여야 했다. 중독 치유의 과정에서 많은 형제 자매들이 내 딸과 나의 관계를 부러워하고 시샘했다. 좋은 아빠를 둔 내 딸이 그렇게 부러울 수 없었다는 것이다. 그리고 내 딸이 가진 것들을 빼앗고 싶었다는 것이다. 그리고 실제로 빼앗기도 하였다. 그들은 나의 관심을 끌어 주목받고 싶어 했고, 나의 시간을 빼앗았으며, 나에게 응석 부렸다. 내적 결핍을 가지고 있던 치유 중인 형제 자매들에게 그것은 피할 수 없는, 자기의 결핍을 채우려는 필사적인 노력이었다. 그 치유 현장에서 내 어린 딸은 유탄을 맞아 마음의 상처를 입고는 했던 것이다. 그것이 이 사역을 감당하면서 내가 짊어져야 했던, 내가 결코 원치 않았던 십자가였다. 내면의 집과 부모가 없던 사람들에게 내 집과 내 몸을 내어준 나와 내 가족이 감당해야 할 그리스도의 남은 고난이었으며, 그것은 치료 현장의 피할 수 없는 숙명이었다.

요한복음의 대미를 장식하면서 예수님께서는 빈 무덤 앞에서 울고 있는 막달라 마리아에게 이렇게 말씀하신다.

"너는 내 형제들에게 가서 이르되 내가 내 아버지 곧 너희 아버지, 내 하나님 곧 너희 하나님께로 올라간다 하라"요 20:17

십자가에서 뜻하신 모든 일을 다 이루시고요 19:30 마침내 부활의 육신으로 살아나신 예수님께서 무덤 앞에서 시신을 탈취당한 줄 알고 울고 있던 막달라 마리아에게 나타나셔서 하신 말씀이다. 이제 그만 울고 제자들에게 가서 전하라 하시며 주신 말씀이다. 이 말씀 속에 예수님의 지상 사역의 모든 것이 다 정리되어 있다고 해도 과언은 아니다. 예수님은 이 땅에 당신의 하나님이요, 당신의 아버지이신 여호와 하나님을 제자들의 하나님이요 아버지로 계시하셨을 뿐만 아니라 이를 믿는 제자들에게 그것을 삶의 실제가 되게 하기 위해 이 땅에 오신 것이다. 예수님께서 당신의 아버지이신 하나님을 우리의 아버지요, 하나님으로 허여하여 주신 것이다. 빵과 생명의 수여자giver이시며 계명의 수여자인 예수님께서 마침내 하나님을 우리의 아버지로 기꺼이 수여해 주시고 나누어 주신 것이다. 그렇게 하심으로 이제 하나님은 믿는 모든 이들의 '나의 아버지'가 되신 것이다. 그러기 위해 예수님은 자기를 한껏 낮추셔서 우리의 형제가 되셨다. 끝없이 높임받기에 부족함 없으신 그 분께서 한 없이 자기를 낮추시고 낮추셔서 죄 많은 우리들, 중독되어 삶을 방황하던 우리들의 형제가 되어주신 것이다. 아아, 이것이 바로 복음이 아닌가! 치유의 실제가 아닌가! 예수님은 우리를 불러 당신의 가족 삼아 주시려고, 새 가족을 선물로 주시려고 친히 이 땅에 오셨고 십자가에서 죽으셨으며 부활하셨고 하늘로 올리우셨으며 당신의 영을 우리에게 보내 주사 이 모든 하늘의 신비를 알게 해 주시고 그것을 우리 삶의 실제가 되게 하여 주신 것이다.

예수님께서는 아들인 당신과 아버지 하나님과의 관계에 대해 이렇게 말씀하셨다.

> "나의 양식은 나를 보내신 이의 뜻을 행하며 그의 일을 온전히 이루는 이것이니라." 요 4:34
>
> "내 아버지께서 이제까지 일하시니 나도 일한다" 요 5:17
>
> "아들이 아버지께서 하시는 일을 보지 않고서는 아무 것도 스스로 할 수 없나니 아버지께서 행하시는 그것을 아들도 그와 같이 행하느니라." 요 5:19
>
> "내가 아무 것도 스스로 할 수 없노라. 듣는 대로 심판하노니 나는 나의 뜻대로 하려 하지 않고 나를 보내신 이의 뜻대로 하려 하므로 내 심판은 의로우니라." 요 5:30
>
> "내가 하늘에서 내려온 것은 내 뜻을 행하려 함이 아니요, 나를 보내신 이의 뜻을 행하려 함이니라." 요 6:38-39
>
> "만일 내가 판단하여도 내 판단이 참되니 이는 내가 혼자 있는 것이 아

니요 나를 보내신 이가 나와 함께 하심이라."요 7:16

"예수께서 대답하시되 내가 내게 영광을 돌리면 내 영광이 아무 것도 아니거니와 내게 영광을 돌리시는 이는 내 아버지시니 곧 너희가 너희 하나님이라 칭하는 그 이시니라."요 8:54

"내가 내 목숨을 버리는 것은 그것을 내가 다시 얻기 위함이니 이로 말미암아 아버지께서 나를 사랑하시느니라."요 10:17

"나와 아버지는 하나이니라"요 10:30

"아버지여, 아버지의 이름을 영광스럽게 하옵소서 하시니 이에 하늘에서 소리가 나서 이르되 내가 이미 영광스럽게 하였고 또다시 영광스럽게 하리라 하시니"요 12:28

"내가 내 자의로 말한 것이 아니요 나를 보내신 아버지께서 내가 말할 것과 이를 것을 친히 명령하여 주셨으니 나는 그의 명령이 영생인 줄 아노라. 그러므로 내가 이르는 것은 내 아버지께서 내게 말씀하신 그대로니라."요 12:49-50

"그 날에는 내가 아버지 안에, 너희가 내 안에, 내가 너희 안에 있는 것을 너희가 알리라."14:20

"오직 내가 아버지를 사랑하는 것과 아버지께서 명하신 대로 행하는 것을 세상이 알게 하려 함이로라."요 14:31

"아버지께서 나를 사랑하신 것 같이 나도 너희를 사랑하였으니 나의 사랑 안에 거하라."요 15:9

"무릇 아버지께 있는 것은 다 내 것이라. 그러므로 내가 말하기를 그가 내 것을 가지고 너희에게 알리시리라 하였노라."요 16:15

"아버지께서 내게 하라고 주신 일을 내가 이루어 아버지를 이 세상에서 영화롭게 하였사오니"요 17:4

"아버지여 창세 전에 내가 아버지와 함께 가졌던 영화로써 지금도 아

버지와 함께 나를 영화롭게 하옵소서."요 17:5

요한복음을 통해 예수님은 바르고 건강한 아버지와 아들의 관계를 당신 자신과 하나님 아버지와의 관계를 들어 예시해 주셨다. 그것은 아들은 아버지를 공경하고 아버지는 아들을 자랑스러워 하는 관계이며 아들은 아버지를 신뢰하고 아버지께 기꺼이 순종하는 관계이다. 아버지와 아들은 함께 일하는 관계이며 비전과 사명을 함께 나누며 이루는 관계이다. 아들은 아버지의 모범을 통해 배웠고 그것을 그대로 따라하는 관계이다. 친밀감 있는 관계이자 서로 깊이 사랑하는 관계이며 고난과 희생, 영광의 길을 함께 걷는 관계이다. 서로에게 영광을 돌리며 영화로운 삶을 함께 하는 관계이고 서로 안에 머물며 하나가 되는 관계이다. 그리고 모든 것을 공유하고 나누며 함께 하는 투명한 관계이다. 이 모든 관계의 총합을 '사랑을 행하며 공의를 이루는 아버지와 아들의 친밀한 관계'로 요약할 수 있다.

중독자들의 성장과정에서의 아버지와 아들의 관계는 이와는 정반대의 것이었다. 아버지와 아들 사이에 사랑도 없었고 공의도 없었다. 친밀감도 없었다. 있어야 할 사랑은 없는 대신 없어야 할 폭력과 유기만 있었다. 아버지와 아들 사이에 깊은 대화도 소통도 없었고 함께 놀고 웃고 즐겼던 기억도 없었다. 아버지는 아들을 자기감정의 배출구로 삼아 함부로 대했고 자신이 못 이룬 꿈의 대리 성취자로 만들기 위해 아들을 혹사 시켰다. 지나친 기대로 아들의 어깨 위에 감당키 어려운 짐을 올려놓기도 했고 더 높이 더 빨리 나아가라고 재촉하고 채근했다. 아들은 늘 비교당해야 했고 왜 그 정도 밖에 못하느냐는 비난에 시달려야 했다. 한 형제는 자기는 양육 받은 게 아니라 사육 당했다고 말하기도 했다.

아버지와 그런 관계 속에서 자란 아들은 아버지를 미워하였으며 두려워하였다. 아버지는 결코 닮고 싶지 않은 사람이었다. 불순종과 반항의 마음이 언제나 마음 밑바닥에 가득 차 있었고 때론 그것들을 격렬하게 표출하기도 하였다. 그러나 더 많은 아들들은 그런 표출조차 시도조차 못해보고 자기의 감정을 억압하며 살아야 했다. 삶은 무기력한 순종으로 일관했고 가식으로 점철된 것이었다. 늘 열등감에 시달려야 했으며 집이 싫었고 자기 인생을 살지 못했다. 무엇보다도 그렇게 살아가고 있는 자기 자신이 싫었다.

아버지와 그런 관계 속에서 자란 아들은 자라서 어느 날 아버지와 같은 중독자가 되어있는 자기 자신의 모습을 발견하고 소스라치게 놀랐다. 그러나 이미 때는 늦었고 그는 돌이킬 수 없는 중독에 빠져 허우적거리게 되었다. 그렇게 싫었던 아버지, 미워하고 혐오하가까지 했던 아버지, 그런 감정을 노출하기 싫어 아예 의식에서 조차 지워버리고 살았던 그 아버지의 모습이 바로 지금 자기의 모습이 되어 있었던 것이다.

그리스도인들이 아버지와 아들의 사랑 안에서 하나 되어 기쁨의 삶을 살아가는 것은 예수님의 마지막 순간의 간절한 기도제목이었다.

> "거룩하신 아버지여, 내게 주신 아버지의 이름으로 그들을 보전하사 우리와 같이 그들도 하나가 되게 하옵소서."요 17:11
> "지금 내가 아버지께로 가오니 내가 세상에서 이 말을 하옵는 것은 그들로 내 기쁨을 그들 안에 충만히 가지게 하려 함이니이다."요 17:13
> "그들을 진리로 거룩하게 하옵소서. 아버지의 말씀은 진리니이다."요 17:17
> "아버지여, 아버지께서 내 안에, 내가 아버지 안에 있는 것 같이 그들도 다 하나가 되어 우리 안에 있게 하사 세상으로 아버지께서 나를 보내신 것을 믿게 하옵소서."요 17:21

"곧 내가 그들 안에 있고 아버지께서 내 안에 계시어 그들로 온전함을 이루어 하나가 되게 하려 함은 아버지께서 나를 보내신 것과 또 나를 사랑하심 같이 그들도 사랑하신 것을 세상으로 알게 하려 함이로소이다." 요 17:23

"아버지여, 내게 주신 자도 나 있는 곳에 함께 있어 아버지께서 창세 전부터 나를 사랑하시므로 내게 주신 나의 영광을 그들로 보게 하시기를 원하옵나이다." 요 17:24

"내가 아버지의 이름을 그들에게 알게 하였고 또 알게 하리니 이는 나를 사랑하신 사랑이 그들 안에 있고 나도 그들 안에 있게 하려 함이니이다." 요 17:26

평생 아버지를 그리워 하다가 중독자가 된 한 형제가 있었다. 그의 위로 여러 형님이 있었지만 모두 다 아기 때 죽음을 당했다. 어렵게 얻은 이 아들이 너무 귀해서 아버지는 자기가 그를 사랑하고 아끼면 속된 말로 부정 타고 마가 껴서 그 아들마저 잃을까 두려워하였기에 그 아들을 먼발치서 바라만 보며 길렀다. 아들은 아버지에게 가까이 다가가 만져보고 안겨보고 싶었지만 그 일은 이루어지지 않았다. 아버지는 언제나 먼 곳에 그대로 있었다. 그 텅 빈 공허를 채우기 위해 아들은 술을 마셨고 중독자가 되었다. 그리고 어느새 자라 그 자신이 아버지가 되었다. 그러나 그는 아버지이지만 아버지가 아니었다. 자기 자식에게는 절대적인 사랑을 주리라 맹세했지만 술 마시는 그의 곁으로 자식들은 나아오지 못했다. 그 스스로도 자식들 앞에 떳떳하지 못했고 먼저 다가가지도 못했다. 언제나 그의 간절한 소망은 아버지가 되는 것이었지만 그가 술 마시는 동안 그 소원은 이루어질 수 없었다.

그 형제님은 어렸을 때 아버지를 일찍 여의고 말았다. 어린 발걸음으로 아버지의 영정 사진을 들고 상여를 따라가는 아들의 발걸음은 재기만 했다. 아버지의 유산을 노리는 것만 같은 작은 아버지, 삼촌들 틈 속에서 그는 발걸음을 재게 놀려야 했다. 그는 뒤쳐져서는 안 되었는데 어른인 그들과 보폭을 같이하는 것이 그의 반열을 증명이나 하는 것 같았기 때문이었다. 그는 자기가 아버지의 상속자임을 아버지의 마지막 가는 길에서 확인하고 싶었다. 멀리만 떨어져 있었던 아버지는 그의 마음속에 부재하는 존재였다. 그는 상속자로서의 자기의 정당성과 합법성, 정통성을 스스로 잃지 않기 위해 잰걸음으로 그 상여를 뒤따라가야만 했던 것이다. 아버지, 아버지, 어찌하여 나를 버리고 나를 이렇게 홀로 남겨두고 떠나셨나요. 부르짖으면서… 존재했지만 멀리 떨어져 있던 아버지는 그의 마음속에서는 부재한 존재였다. 객관적으로 그는 유일하고 확실한 상속자였지만 아버지와의 깊고 친밀한 관계를 경험하지 못한 그는 자기 정체성의 혼란을 늘 느껴야 했고, 영혼은 텅빈 공허와 불안에 늘 휩싸여 있었다. 그저 술을 마셨을 때만 그는 확고한 자기 존재감을 느낄 수 있었다. 술은 그의 존재감을 찾아주는 것뿐만 아니라 그를 살아있다고 느끼게 해 주는 마법과 같은 것이었다.

그가 술을 끊고 맑은 정신을 회복하면서 모든 것이 돌아오기 시작했다. 무엇보다도 아버지의 권위가 살아나기 시작했다. 그는 자기를 그렇게 대할 수밖에 없었던 아버지의 연약함과 자기를 향한 사랑을 보았고 아버지를 용서했다. 아버지를 용서함으로써 그는 비로소 아들이 되었다. 집안의 대소사를 자식들이 의논해오기 시작하면서 그는 아버지의 자리를 되찾기 시작했다. 아버지의 추모기일이 되면 그는 추도식을 주관하고 말씀을 전했다. 그리고 자식과 며느리 손자, 손녀들에게 복음을 전하기 시작했다. 영적인 아비로서의 그의 권위가 복원 되기 시작했다. 공동체 생활을 할 때 그의 확고한 기도제목의 하나는 '아버지로 죽고 싶습니다' 였다. 단주생활을 통해 이제 그의 간절한 기도는 응답되었다. 파더십Fathership이 회복된 것이다. 그것은 그 형제에게 이루어진 예수님의 기도 – 저들도 우리 사랑 안에서 우리와 같이 하나가 되게 해 달라는 – 의 응답이자 실현이었다.

아버지가 되어 가면 갈수록, 자녀들과의 관계가 정상이 되면 될수록 그의 단주의지는 더욱 확고해져 갔고 그는 술로부터 멀어져 갔다. 어떤 유혹이와도 내면의 힘으로 능히 이겨나가게 되었다. 술에 취해 자기의 인생을 책임지지 못하는 술주정뱅이 아버지가 아니라 자기의 생을 당당히 책임져 나가는 좋은 아버지가 되었던 것이다.

"거룩하신 아버지여, 내게 주신 아버지의 이름으로 그들을 보전하사 우리와 같이 그들도 하나가 되게 하옵소서."요 17:11

예수님의 간절한 기도처럼 아버지와 아들이 사랑 안에서 하나가 되는 성장과정을 거친 아이는 건강한 자기, 건강한 내면의 힘을 가진 어른으로 성장하여 간다. 그리하여 어떤 유혹도 물리칠 수 있는 내면의 힘을 겸비하게 되고 자기의 인생을 온전히 보전하게 된다. 그 무엇도, 그 누구도 그의 인생을 빼앗아가거나 훔쳐갈 수 없게 되는 것이다.

하나님 아버지와 아들 예수님 사이의 관계는 요한복음 마지막 21장에서 가장 선명하게 드러난다. 21장에서 부활하신 예수님은 제자들에게 세 번째로 나타나신다. 제자들을 향한 당신의 마지막 기도 "아버지여, 저들도 우리와 같이 하나가 되게 하옵소서"를 당신 스스로 베드로에게 적용시키신다. 아마도 좌절과 실의에 빠져 어찌할 바 모르고 있다가 옛 습관대로 고기나 잡으러 나간 베드로와 그 일행들에게 나타나신 예수님께서는 베드로의 회심눅 5장 사건과 닭 울기 전 세 번 부인한 사건을 의도적으로 회억시키셔서 베드로를 죄책감으로부터 자유하게 해 주신다.

그 과정과 분위기에서 우리는 의기소침해진 아들을 격려하고 용기를 주시는 친근한 아버지의 모습을 보게 된다. 그 깊고 친밀한 아버지의 사랑 안에서 베드로는 자기를 향한 예수님의 뜻, 하나님 아버지의 뜻을 가슴으로 받아 안는다. 아버지 하나님과 아들 예수님이 하나이신 것처럼, 베드로와 예수님 사이에도 동일한 현상이 일어나고 있는 것이다. 그 부활의 현현 현장에서 예수님은 베드로에게 내 양을 먹이고 치라는 사명을 부여해 주신다. 너는 나를 따르라는 확고한 메시지를 전달해 주신다. 이제 그는 장차 거꾸로 십자가에 매달려 거룩한 순교를 맞이하게 될 것이다. 그러나 그 고난과 죽음을 통해 베드로 사도 또한 하나님 아버지께 영광을 돌리게 될 것이며 그 역시 하나님의 아들로서 자랑스러운 삶을 살다가 아버지 품으로 돌아가게 될 것이다. 죽어도 죽는 것이 아닌 영원 안에서 아버지와 하나가 될 것이다.

18. 복음서에서 배우는 중독 치유의 실제

　사복음서는 예수행전이다. 예수님의 공생애 사역을 전하는 책이다. 예수님은 공생애 사역의 30-40%를 병자들을 고치시는 사역에 할애하셨다. 예수님은 불치병자들을 고쳐주셨으며, 귀신들린 자를 자유하게 하심으로 치유해 주셨고, 심지어는 죽은 자를 살리기까지 하셨다. 죄인들을 구원하러 오신 예수님의 사역은 대부분 치유행위와 연관되었다. 예수님 생애 당시 치유와 구원은 거의 동의어 수준이었다. 구원을 뜻하는 헬라어 소조sozo의 사용례를 보면 이것을 확연히 알 수 있다.

　누가복음 8장에는 소조가 다양한 의미로 사용되고 있음을 한 눈에 알 수 있는 본문이 있다. 12절은 믿음에 의한 영적 구원을"이에 마귀가 가서 그들이 믿어 구원을 얻지 못하게 하려고", 36절은 귀신으로부터의 구원을"귀신들렸던 자가 어떻게 구원받았는지를 본 자들이 그들에게 이르매", 48절의 경우는 질병에서의 치유를"딸아 네 믿음이 너를 구원하였으니 평안히 가라", 50절의 경우는 죽음에서 일으킴을 의미한다."두려워하지 말고 믿기만 하라 그리하면 딸이 구원을 얻으리라" 복음서에서 이 단어가 포괄적으로 적용되는 것은 기독교의 치유개념과 구원 개념이 서로 중첩되어 사용되고 있음을 보여준다.

　중독의 치유와 관련해 예수님의 영역과 인간의 영역을 분별하는 것이 필요하다. 예수님의 영역은 신비의 영역이며 신성의 능력이 우리 가운데 거하는 영역이다. 오직 주님이시며 그리스도이신 예수님께서 행하시고 고쳐주시는 영역이다. 그것은 궁극의 치유요 완전한 치유이며 영적인 존재로의 거듭남이다. 이에 비해 인간의 영역에서의 치유는 심리적 차원에서의 치유이며 불완전하다. 그것은 마음의 병을 고치는 데는 이를 수 있지만 영혼을 구원하지는 못한다. 다만 구원자이신 예수님 앞으로 그들을 인도할 뿐이다.

중독으로부터의 치유를 '중독 행위를 끊고 맑은 정신을 유지해 일상적인 삶을 유지할 수 있도록 하는 것' 수준에서 정의한다면 심리적 차원에서의 접근을 통해 그 목표를 달성할 수 있음도 인정할 필요가 있다. 영적으로는 구원받지 못했지만 중독이라는 병으로부터 치유 받은 사람들도 현실적으로 존재한다. 이 점에 대해 믿음을 가진 우리는 겸손해질 필요가 있다.

중독의 치유에서 경계해야 할 요소 중의 하나는 "영적 환원주의"이다. 영적 환원주의란 모든 문제를 영적 문제로 환원하는 자세와 태도 혹은 신조를 말한다. 그것은 인간 삶의 모든 문제를 영적인 관점에서만 바라보는 경향이요, 인간이 영과 혼과 육으로 구성된 전인적 존재임을 망각하는 관점이다. 또한 그것은 도덕적이고 기계적으로 하나님 말씀을 적용하는 '율법주의'의 전형일 뿐만 아니라 하나님과 인격적 관계를 맺지 못한 채 신앙행습에 매달리는 종교중독자들의 관점이다.

모든 병을 사탄과 마귀가 가져다주는 것으로 보고 축귀의식을 통해 해결하려 하는 것은 영적 환원주의의 대표적인 예가 될 것이다. 병에는 육체의 병이 있어서 의사가 치료해야 하는 영역의 병도 있고, 정신의 병이 있어서 상담가나 정신과 의사가 치료할 수 있는 영역의 병이 있다. 물론 한 사람의 영혼 전체가 사탄과 마귀에게 사로잡힌 영적인 병도 있다. 이 세 번째의 경우는 마땅히 영적 은사를 가진 사람들을 통해서 병을 치유하여야 할 것이다. "정신병이 마귀 들린 것입니까?"라고 묻는 설문에 개신교 목회자의 절반 이상이 "그렇다"라고 응답했다는 리서치 결과도 있는데 이는 우려할 만한 일이라 아니할 수 없다. 현대의학의 관점에서 분별이 되지 않을 만큼 어려운 수준의 정신장애는 그리 많지 않다. 필자가 만난 수많은 중독자들 중에서 마귀 들려 중독 증상을 보이고 있는 사람은 거의 없었다. 몇몇 비슷한 사례가 있었지만 필자는 그것이 마귀 들림 현상이었다기보다는 조증이라든가 정신분열 등의 정신병 현상이었던 것으로 판단하고 있다.

중독 치유의 실제에서 문제가 되는 영적 환원주의는 목회자들뿐만 아니라 대부분의 신앙인들 사이에서 일상적으로 광범위하게 일어난다. 사실 이 대목이 중요한데 그런 태도는 중독의 치료를 어렵게 할뿐만 아니라 중독자들을 교회와 하나님으로부터 더 멀리 격리시키는 원인을 제공한다. 중독의 문제를 호소하는 사람들에게 통상적으로, 흔히, 그러나 어떤 의미에서는 유일하게 적용되는 권고는 말씀과 기도에 힘쓰라는 권고이다. 말씀과 기도에 힘쓰면 중독이 치유될 수 있다는 점은 분명하다. 그것은 재론의 여지가 없다. 그러나 문제는 중독에 사로잡혀 있는 중독자들이 말씀과 기도에 착념하는 것 자체가 근원적으로 어렵고 힘들다는 사실이다. 말씀이 눈에 들어오지 않고, 단 일 분도 온전히 기도할 수 없는 정신 상태에 빠져 있는 중독자에게 말씀과 기도에 전념하라고 하는 권고는 어떤 의미에서는 영적 폭력일 수도 있다. 중독을 치유하기 위해서는 그 이상의 훨씬 깊고 전문적인 지식과 기술이 필요하다. 말씀과 기도가 중요한 것은 알지만 정작 그것에 착념하지 못하게 하는 멘탈 붕괴와 착란의 정신상태심리학에서도 이런 상태를 이상심리학이라 부른다에 대한 깊은 이해와 전문가적 식견이 필요하다는 것이다.

말씀과 기도가 중독을 치유하는 매우 유용하고 강력한 영적 도구임은 분명하다. 그러나 그것은 전가의 보도도 아니요, 마술적 도구도 아니다. 말씀과 기도라는 영적 수단에 아예 접근조차 못하는 사람이 있는 반면, 어떤 사람은 마치 그것을 주술처럼, 부적처럼 사용하는 사람도 있다. 그리고 대부분의 중독자들은 말씀과 기도를 오용하고 남용하며 왜곡한다. 그들은 자기 입맛에 맞춰서 성경말씀을 해석하고, 자기의 헛된 욕망을 위해 기도한다.

예수님은 자기에게 나아온 병든 환자들에게 말씀 보라, 기도 하라 말씀하시지 않았다. 그냥 고쳐주셨다. 마귀들린 사람에게서는 마귀를 꾸짖어

내쫓아주셨고, 어떤 이에게는 안수해서 고쳐 주셨다. 대부분은 말씀으로 치료되었음을 선포하시는 방식으로 고쳐주셨다.

> "예수께서 온 갈릴리에 두루 다니사 그들의 회당에서 가르치시며 천국 복음을 전파하시며 백성 중의 모든 병과 모든 약한 것을 고치시니 그의 소문이 온 수리아에 퍼진지라 모든 앓는 자 곧 각종 병에 걸려서 고통당하는 자, 귀신 들린 자, 간질 하는 자, 중풍병자들을 데려오니 그들을 고치시더라"마 4:23-24

사복음서를 통해 우리는 치유 받은 수많은 사람들을 만난다. 그리고 그들의 치유사례를 통해 오늘 우리에게 필요한 교훈들을 도출할 수 있다. 그것들은 다음과 같이 요약될 수 있다.

네 믿음이 너를 치유하리라

"예수께서 그들의 믿음을 보시고 중풍병자에게 이르시되 작은 자야 안심하라 네 죄사함을 받았느니라"마 9:1

"딸아 안심하라 네 믿음이 너를 구원하였다 하시니"마 9:22

"이에 예수께서 그들의 눈을 만지시며 이르시되 너희 믿음대로 되라 하시니"마 9:29

"회당장에게 이르시되 두려워하지 말고 믿기만 하라"막 5:36

중독치유와 관련해 복음서에서 얻게 되는 첫 번째 교훈은 믿음에 대한 것이다. 기독교 입장에서의 중독치유는 근본에 있어 "믿음 치유"라고 말할 수 있다. 그 믿음은 예수 그리스도를 믿는 믿음이다. 예수님을 나의 치유자요 구원자로 믿는 믿음이다. 중독자들의 믿음의 수준은 다양하다. 첫째는 믿음이 없는 경우인데 이 경우에도 기독교를 강하게 거부하는 타입과 기독교에 우호적 관심을 가지고 있는 타입으로 나누어진다. 둘째는 믿음이 있는 경우인데 이 역시 깊은 믿음이 있는 경우와 옅은 믿음을 가진 경우로 나누어진다. 때때로 사람들은 질문한다. "깊은 믿음을 가진 사람도 중독에 걸릴 수 있습니까?" 물론이다. 깊은 믿음을 가지고 있는 믿음의 사람들도 얼마든지 중독에 걸릴 수 있다. 성중독에 빠져 목회를 망친 이 시대의 수많은 목회자들을 생각해 보는 것만으로도 그 근거는 충분할 것이다.

믿음이 없는 중독자들에게는 복음을 전함으로써 그들을 믿음의 길로 인도해야 한다. 깊은 믿음을 가지고 있지만 중독이 된 이들에게는 믿음의 갱신이 필요하며, 옅은 믿음을 가진 중독자들은 바르고 참된 믿음, 굳건한 믿음으로 인도되고 연단되어야 한다.

믿음은 때론 능동태로 존재하기도 하며 수동태로 존재하기도 한다. 어떤 이들은 능동적으로 믿어 구원에 이르는 경우도 있고 어떤 이는 성령의 은사를 받아 믿음을 갖게 되는믿어지는 경우도 있다.고전 12:9 대체로 그리스도를 믿게 되는 최초의 믿음은 선물로 주어지는 경우가 많다. 그래서 믿음을 "거룩한 수동태"라고도 말하는 것이다. 능동태로서의 믿음은 대체로 성화를 이루는 믿음이다. 믿음을 가진 이들이 믿음을 통해 거룩한 성화로 나아가게 되는 것이다. 이 두 경우의 믿음이 모두 치유와 구원을 가져오고 그것을 지속가능하게 해주는 가장 확실한 '통로'가 된다. 그리스도의 치유하시는 능력은 치유 받을 자들의 '믿음'을 통하여 역사하기 때문이다. 그리하여 예수님께서는 병자들을 치료하신 후 "네 믿음이 너를 치유구원하였다"라고 말씀하시곤 했던 것이다. 치유 받으려면 이렇게 당사자의 믿음이 중요하지만 예수님께서는 종종 다른 이들, 이를테면 그의 부모라거나 직장 상사, 혹은 친구들의 믿음을 보시고 치유하여 주신 적도 많았다. 아픈 이들의 치유는 종종 그를 사랑하는 다른 이들의 중보기도를 통해 이루어지기도 한다. 이 믿음은 궁극적으로는 영적대상인 하나님을 믿는 믿음을 의미하는 것이지만 다른 한편으로는 심리적 차원에서 자기를 치유해주고 상담해 주는 치유자를 믿는 믿음에 결부되기도 한다.

네가 정녕 낫기를 원하느냐?

"한 나병환자가 나아와 절하며 이르되 주여 원하시면 저를 깨끗케 하실 수 있나이다 하거늘"마 8:2

"예수께서 머물러 서서 그들을 불러 이르시되 너희에게 무엇을 하여 주기를 원하느냐 이르되 주여 우리의 눈 뜨기를 원하나이다"마 20:32-33

두 번째는 치유의 동기와 열망에 대한 것이다. 병자들을 치료해 주시려 할 때 주님은 "내가 네게 무엇을 해 주기를 원하느냐?" "네가 무엇을 원하느냐?" 라고 물으시곤 했다. 여리고성 성문 어귀에서 구걸하며 지내던 맹인 거지 바디매오를 치유해 주실 때에도 동일한 일이 일어났다. 소경 바디매오는 예수님의 이 질문에 기다렸다는 듯이 대답한다. "보기를 원하나이다"마 10:51

많은 중독자들이 치유 받지 못하는 이유는 치유에 대한 열망이 없기 때문이다. 중독 안에서 현실도피의 대안과 즐거움, 쾌락 등을 발견한 중독자들은 그 중독행위를 어떻게 해서든 계속하려 할뿐 결코 중단하려 하지 않는다. 설혹 그러한 마음이 있다 할지라도 그 마음은 엷기가 한량없다. 간혹 치료를 열망하는 경우를 만나기도 하는데 이 때에도 치료 동기가 자신을 위해서가 아니라 남을 위해서인 경우가 많다. 치료는 궁극적으로 자신을 위한 동기에서 출발하는 것이 가장 좋다. 처음에는 배우자나 가족들을 위해 치료받으려 하는 사람도 있지만 궁극적으로는 그 동기가 자신을 위한 것이어야 한다. 남을 위해 중독을 치료하려는 사람들은 결국 그 남들 때문에 다시 재발할 가능성이 크다. 치유는 어디까지나 자기 자신을 위한 것이어야 하며 그 모든 책임도 자기 자신에게 두어야 하는 것이다.

요한복음 5장에는 38년 동안 몸을 제대로 가누지 못하는 병에 걸린 사람의 이야기가 나온다. 베데스다 연못이 움직이게 될 때 먼저 몸을 담그는 자가 치유를 받는다는 기적을 믿고 그 우물가에 진치고 있던 그에게 예수님께서 나타나셔서 "네가 낫고자 하느냐?"요 5:6는 동일한 질문을 던지셨을 때 이 병자는 '네 낫고 싶습니다' 라고 답하지 않고 "나를 못에 넣어주는 사람이 없어 내가 가는 동안에 다른 사람이 먼저 내려가나이다"하면서 남 탓을 한다. 그 병자도 예수님께서는 물론 치료해 주셨다. 그러나 치료받고 난 이후의 태도는 요한복음 9장의 실로암 못가에서 눈을 뜨게 된 소경과 판이하게 다르다. 두 사람 다 안식일에 치유를 받았다. 그리고 안식일 율례를 어겼다는 이유로 유대인들의 심문을 받는다. 전자는 예수님을 밀고하다시피 하면서 자신의 책임을 면하려 한다. 그러나 후자는 자기를 치유해준 예수님을 적극적으로 옹호한다. 치료의 동기와 열망이 자기 안에 분명히 있는 사람들은 치료 이후의 삶을 값있게 잘 꾸려나갈 수 있다. 그러나 그 동기와 열망이 분명치 않은 사람들은 치료의 선물을 귀히 여기지 못하고 가벼이 여겨 재발에 이르게 된다.

수치와 굴종을 참고 간절함으로 예수께로 나아오라

"이는 내가 그의 옷에만 손을 대어도 구원을 받으리라 생각함일러라" 막 5:28

"개들도 제 주인의 상에서 떨어지는 부스러기를 먹나이다"마 15:15

세 번째는 결단과 행동에 대한 것이다. 치료받기를 원하는 사람들은 치료받기로 결단하였고 치료 가능성에 대한 소망을 붙잡고 예수님 앞에 나아오는 행동을 보여주었다. 열두 해를 혈루병에 걸려 고생하고 치료받는데 재산을 다 소진하였으나 아무 효험이 없었고 오히려 병이 더 깊어진 한 여인이 예수님께 나아와 치료받는 장면은 가히 압권이다. 혈루병은 율법에 따라 부정을 타는 병으로 대중 앞에 나타나서는 안 되는 병이었지만 이 여인은 치료받고 싶다는 간절한 열망으로, 그 분의 옷에만 손을 대어도 나으리라는 믿음으로, 수치를 극복하고 예수님께 나아와 마침내 그 옷자락을 만진다. 그리고 그 즉시 치유의 기적을 경험한다.

딸이 귀신들려 고통을 겪고 있었던 수로보니게 여인 역시 이방 여인으로서의 수치를 무릅쓰고 예수님께 나아와 딸의 치유를 호소한다. 그 때 예수님께서는 혹독한 말씀으로 그 여인을 시험하신다. "나는 이스라엘 집의 잃어버린 양 외에는 다른 데로 보내심을 받지 않았다"마 15:24고 하시며 여인의 청을 매정하게 거절하신다. 그러나 이 여인은 이에 굴하지 않고 더 적극적으로 앞으로 나와 절하며 도움을 간청한다. 예수님께서는 더 혹독한 말씀으로 여인의 청을 물리치려 하신다. "자녀의 떡을 취하여 개들에게 던짐이 마땅하지 아니하다" 이스라엘 백성을 자녀로, 이방 백성을 개에 비유한 것이다. 그럼에도 불구하고 이 여인은 물러서지 않는다. 주여, 당신의 말이 옳습니다. 그러나 "개들도 제 주인의 상에서 떨어지는 부스러기를 먹나이다"고 하면서 굴종을 감내하며 간청한다. 그런 모욕을 당하면서까지 그렇게 굴종적으로 간청할 만한 사람들이 몇이나 있을까? 마침내 이 여인이 이겼다! 이 여인은 굴종의 시험을 통과하였고 딸이 치유되는 은혜를 입었다.

이와 같은 사례를 우리는 구약에서 문둥병 걸린 아람의 나아만 장군이 엘리사에게 나아와 치유 받는 장면에서도 확인할 수 있다. 이스라엘의 적국 아람의 장군이었던 나아만이 치료를 위해 수치를 무릅쓰고 엘리사에게 나아왔을 때 엘리사는 그에게 요단 강 물에 내려가 몸을 일곱 번 씻으라는 명을 내린다. 이 명에 나아만은 큰 모욕감을 느끼고 분노하여 다시 아람으로 돌아가려 한다. 내 나라에도 맑고 깨끗한 강물이 많다고 하면서. 그러나 종들의 간청을 결국 받아들여 요단강에 몸을 일곱 번 담고 그의 문둥병을 치료받기에 이른다. 때론 수치와 굴종을 넘어야 치유의 은혜를 입게 되는 것이다.

중독 치유의 현장에서 굴욕감을 참고 앞으로 나아가는 것은 매우 중요한 의미를 갖는다. 수치심이 깊이 내재화 되어 있는 중독자들은 사소한 일에서도 수치와 모욕감, 굴종감을 느낀다. 건강한 수치심은 좋은 것이다. 수오지심이라는 말이 있듯이 건강한 수치감은 사람들을 바른 길로 인도하는 양심의 바로미터라 할 수 있다. 그러나 중독자들에게 내면화된 수치심은 병리적 수치심이다. 그들은 수치와 굴종을 느껴야 할 상황이 아닌데도 수치와 굴종을 느끼는가 하면 그 반응도 지극히 격렬하고 폭발적인 경우가 많다. 치유과정에서 많은 사람들이 수치와 굴종감을 이기지 못하고 공동체를 뛰쳐나가는 것을 나는 수없이 지켜봐야만 했다. 사실 중독자로서의 삶 자체가 수치이며 굴종의 삶인 것은 의심의 여지가 없다. 그러므로 그러한 감정을 느끼는 것은 마땅한 일이다. 그 감정을 이기고 치료의 길로 계속 걸어가는 것이 중요하다. 수치를 수치로 여기고, 굴종감을 굴종감으로 여기고 받아들이는 것이 중요하다. 그것이 진정한 겸손이다. '겸손한'을 뜻하는 영어 단어 humble에서 겸손을 뜻하는 단어 humility와 굴종을 뜻하는 단어 humiliation이 함께 파생되었다. 굴종을 넘어야 겸손을 이루고 겸손한 자가 치유의 은혜를 입는다.

물동이를 던져버려라

"여자가 물동이를 버려 두고 동네로 들어가서 사람들에게 이르되"요 4:28

네 번째는 내려놓음에 대한 것이다. 공동체 치유를 통해 치유 받은 사람 중에는 재발하여 옛사람의 모습으로 되돌아가 지난날과 똑같이 중독자의 삶을 사는 사람도 있고, 모든 것을 버리고 예수님을 따르며 예수님의 가르침대로 살아가는 사람도 있다. 예수님과의 상담치유를 통해 치유받은 사마리아 여인은 물동이를 던져두고 마을로 들어간다. 그리고 말한다. "내가 행한 모든 일을 내게 말한 사람을 와서 보라 이는 그리스도가 아니냐"요 4:29 마을 사람들의 눈길을 피해 정오에 물 길러 올 수 밖에 없었던 이 여인에게 가장 중요한 것은 물동이였다. 수치를 무릅쓰고라도 물은 마셔야 했기에 그녀는 물동이를 이고 우물가로 날마다 나갈 수밖에 없었다. 그런데 그리스도를 만난 후 그녀의 삶은 전격적으로 180도 바뀌게 된다. 그 소중한 물동이를 버려두고 그녀를 얽어매고 있던 죄와 수치의 사슬을 끊어버리고 마을로 들어간 것이다. 그리고 예수 그리스도를 증거한다. 그녀는 이제 더 이상 정오에 물 길러 갈 필요도 없으며 물동이에 얽매어 살아가지 않아도 되는 새로운 삶을 얻게 되었기 때문이다.

중독의 치유에서도 동일한 이치가 적용된다. 물동이는 먹고 사는 삶의 도구이자 수단이다. 그것은 물론 중요하다. 그러나 회복은 그 이상의 무엇을 더 요구한다. 물동이 보다 더 중요하고 귀한 것, 먹고 사는 것보다 더 중요하고 귀한 것이 있다는 것이다. 진정으로 지속적인 회복을 하려면 물화된 세계관, 물신주의적 가치관을 버려야 한다. "너희는 먼저 그의 나라와 의를 구하라 그리하면 이 모든 것을 더하여 주시리라"마 6:33는 말씀이 실제의 삶에 적용되어야 한다. 알코올중독자든 도박중독자든 물동이에 집중하면 결국 그 물동이로 인해 다시 재발하게 될 것이다. 회복의 길을 걷기 시작하는 중독자들에게 흔히 1~2년 정도는 직장생활을 하는 것 보다는 회복자 자조 모임에 집중하라고 조언하는 경우가 왕왕 있는데 이는 물동이에 집중하게 될 때 따라오는 재발의 위험성을 경고하기 위함이다.

은혜를 은혜로 갚으라

"예수께서 대답하여 이르시되 열 사람이 다 깨끗함을 받지 아니하였느냐 그 아홉은 어디 있느냐"눅 17:17

누가복음 17장에는 치료받은 열 명의 문둥병자 이야기가 있다, 열 명의 문둥병자들은 당시의 규례대로 성문 밖으로 쫓겨나 단체생활을 하고 있었을 것이다. 그들에게 예수님이 나타나자 그들은 단체로 예수님께 나아와 "우리를 불쌍히 여기소서"하며 치유를 호소한다. 예수님께서는 "가서 제사장들에게 너희 몸을 보이라"고 명령하신다. 그들 열 명의 문둥병자들은 그 말에 순종하여 제사장에게 나아가던 중 그들이 치유 받았음을 알게 된다. 그러나 그들 열 명 중 예수님께 다시 돌아와 발아래 엎드려 감사를 드린 사람은 이방인 취급을 받던 사마리아 출신의 문둥병자 한 명 뿐이었다.

중독에서 벗어난 사람들은 감사를 잊지 말아야 한다. 회복의 은혜를 저버리지 말아야 한다. 그것은 일차적으로는 구원과 치유의 선물을 주신 하나님께 대한 것이다. 그리고 이차적으로는 나를 회복의 길로 이끌어준 인도자와 함께 회복의 길 걸으며 도움을 주고받는 동료들, 그리고 어려운 시간들을 인내로 참고 견디며 사랑의 끈을 놓지 않은 가족, 친지, 친구들에 대한 것이다. 감사가 사라지는 것은 재발의 가장 위험하고 확실한 신호 중의 하나다. 감사의 출발은 이제 내가 더 이상 중독에 빠져 허우적거리며 살지 않아도 된다는 사실 그 자체에 있다. 정상적이고 평범한 삶을 살 수 있는 존재가 되어 있다는 사실 자체가 감사의 조건이다. 그것을 늘 기억하고 잊지 말아야 한다. 지난날 중독에 빠져 살았던 날들의 암울함을 잊지 말아야 한다.

회복의 과정에서 처음에는 감사가 넘치는 삶을 느끼며 누리게 되지만 오래지 않아 곧 장벽단계로 진입하게 된다. 모든 것이 무의미하며, 내 존재가 초라하게 느껴지고, 남들에 비해 뒤지고 가진 것 없는 자기 자신을 보게된다. 나를 향한 주위 사람들의 관심과 지지도 시큰둥하게 느껴지고 미래는 여전히 불확실하고 불투명하기만 하다. 중독 행위를 통한 자극에 익숙해 있던 몸이 다시 그 자극을 추구하는 몸부림을 치기 시작한다. 그리고 재발로 이끄는 악마의 부드럽고 교활한 속삭임이 들려오기 시작한다. 위기의 순간이 닥쳐온 것이다. 그 때 어떻게 대처할 것인지는 회복훈련을 얼마나 충실하게 이행했는지의 수준에 달려 있다. 재발방지훈련을 충실히 이수한 사람들은 이러한 순간이 오리라는 것을 충분히 예견하고 있었기에 그런 순간이 오면 훈련받은 대로 당장 무릎 꿇고 기도하거나 동료들에게 전화한다. 가족이나 인도자 등에게 나아가 상담을 요청하든가 자기 내면의 솔직한 심경을 토로한다. 그런 대처방식을 통해 충동은 제어되고 욕구는 물러간다. 그리고 하나님과 내 주변의 사람들이 나의 방패, 나의 산성, 나의 피난처, 나의 도움이 됨을 깨닫고 감사하게 된다. 보잘 것 없는 나를 위해 온 우주가 나를 돕고 있음을 깨닫게 된다. 나는 그렇게 사랑받고 있으며 인생은 살만한 것으로 확증된다. 그것이 은혜인 것이다. 회복의 삶이란 그러므로 은혜를 알고 은혜 안에 머물며 은혜를 갚는 삶이다.

다시는 죄짓지 말라

"나도 너를 정죄하지 아니하노니 가서 다시는 죄를 범하지 말라"요 8:11

은혜를 은혜로 갚는 가장 좋은 길은 똑같은 죄를 다시는 짓지 않는 것이다. 요한복음 8장에서 간음하다 현장에서 잡혀 온 여인을 구원해 주시면서 예수님께서 당부하신 마지막 말씀은 "가서 다시는 죄 짓지 말라"는 것이었다. 중독자들에게는 가서 다시는 중독 행위를 하지 말라는 말씀일 것이다. 앞에서 우리는 중독이 죄라고 말한 바 있다. 마약과 도박의 경우에는 실제 형법에도 저촉되는 범죄행위로 규정되어 있다. 기독교에서 '죄'의 개념은 실정법상의 범죄행위를 포함해 영적, 도덕적, 윤리적 차원을 포괄하는 광의의 개념이다. 중독을 치유하기 위해 그것을 '죄'로 인식하는 것이 재발을 방지하는 가장 중요한 요점이 되는 것에 대해서는 진정한 회개와 관련해 누누이 강조한 바가 있다. 회복의 삶이란 다시는 중독 행위를 반복하지 않는 삶이다. 중독 행위를 반복하지 않으려면 회복자들의 마음과 일상의 삶이 참으로 깨끗하고 거룩해야 한다. 유혹을 능히 이길 마음의 힘이 갖추어져 있어야 하며, 확고한 죄의식이 견지되어야 한다. 무엇보다도 간음하다 현장에서 잡혀온 이 여인이 경험하였듯이 중독자들 한 사람 한 사람에게 나타나셔서 개별적으로 말씀하시는 주님의 그 자비로운 음성, 그 단호한 음성을 들어야 하며 늘 잊지 말고 기억해야 한다. 나의 의지와 나의 결심은 그리 믿을 것이 못된다. 내 모든 마음의 결심과 그것을 지켜나가려는 힘은 원천적으로 주님께로부터 나오는 것이어야 한다. 그럴 때 회복자들은 다시는 죄짓지 않고, 중독 행위를 반복하지 않는 기쁨을 맛보며 살아갈 수 있게 된다.

돌아가 전하라

"집으로 돌아가 주께서 네게 어떻게 큰일을 행하사 너를 불쌍히 여기신 것을 네 가족에게 알리라"막 5:19

주님은 많은 사람을 고쳐주시면서 그들에게 살던 곳으로 돌아가라 말씀하셨고 또 가서 네게 일어난 일을 전하라 말씀하셨다. 심지어는 예수님을 따르겠다고 고백하는 사람에게 자신을 따를 것을 허락하지 않으시고 집으로 돌아가라 말씀하시기도 하셨다. 나병환자를 고쳐주신 후마 8:4에는 가서 제사장에게 몸을 보이고 치료되었음을 인정받은 후에 가정과 사회로 돌아가라 말씀하셨다. 거라사 지방에서 귀신들려 고통당하는 사람을 고쳐주신 후에도 예수님과 함께 있기를 간구한 그에게 자기를 따르라 말씀하시지 않았다. 그는 집과 마을로 돌아가 "예수께서 자기에게 어떻게 큰일을 행하셨는가를 온 성내에 전파하였다"눅 8:39고 성경은 기록한다. 치유 받은 사마리아 여인 역시 물동이를 버려두고 마을로 들어가 예수의 그리스도 되심을 수치에 개의치 않고 전파한다. 이렇게 치유 받고 건짐 받은 환자들에게 예수님은 당장 자기를 따르라 말씀하지 않으시고 대체로 집으로 돌려보내셨다.

그리고 일상생활의 현장에서 하나님을 증거 하라 하셨다.

누군가에게 중독은 "큰일과 감당하지 못할 놀라운 일을 하려고 힘쓰다" 시 131:1 생긴 병이다. 이러한 경향은 회복의 길을 걷는 과정에서도 불쑥불쑥 나타난다. 지나친 과욕과 열심이 그것이다. 회복의 과정에서 당장 주님을 위해 목숨이라도 바칠 듯이 신앙적 열심을 낼 수도 있고 직장생활이나 맡겨진 일들에서 능력 이상의 책임을 지려 할지도 모른다. 주님은 자기를 따르려는 회복자들에게 집으로 돌아가 자기에게 일어난 일들을 그저 전하라고만 하셨다. 그들에게 모든 것을 버리고 나를 따르라 말씀하시지 않았다. 이제 막 회복하는 사람들에게는 가정으로 사회로 일단 돌아가 평범한 일상을 다시 배울 필요가 있기 때문이다. 그저 자기에게 일어난 일들을 주변에 있는 사람들에게 알리면서 회복의 기쁨과 경이를 알리고 그들 속에서 새로운 삶을 인정받고 주어진 삶을 즐기고 누리는 과정이 먼저 필요했기 때문이다. 열정은 그 다음이다. 그들은 다른 그 무엇보다 먼저 평범한 일상의 삶 속에서 지속적인 회복을 이루어 가는 법을 배우고 몸에 익혀야 하는 것이다.

성경은 우리의 인생문제에 답을 주는 참으로 실질적이고 실제적인 책이다. 그것은 중독의 치료에도 전적으로 적용된다. 예수님께서 수많은 병자들을 치료하여 주신 사례들은 중독이라는 병으로부터 회복을 꿈꾸는 모든 중독자들에게 주시는 살아 있는 사례집이요 교훈집이다. 예수님은 죄인들을 구원하시고 병자들을 치유하시기 위해 이 땅에 오신 그리스도이시기 때문이다.

19. 산상수훈을 따라서 .. 심령이 가난한 자여, 내가 치유될 것이다

진리를 알고 진리를 행하는 삶을 살면 중독은 치유된다. 왜냐하면 중독은 거짓이며 어둠이기 때문이다. 중독은 어둠에서 나왔고 어둠에 머물러 있는 것이다. 그 어둠은 참으로 놀라운 것이어서 "빛이 비치어도 그 빛을 깨닫지 못하는 어둠"요 1:5이다.

빌라도가 예수님께 질문한다. "진리가 무엇이냐?"요 18:38 빌라도의 이 질문은 "네가 유대인의 왕이냐?"요 18:33라고 물었던 빌라도의 질문에 "그렇다. 내가 왕이다. 내가 이를 위하여 태어났으며 이를 위하여 세상에 왔나니 곧 진리에 대하여 증언하려 함이다. 무릇 진리에 속한 자는 내 음성을 듣느니라."요 18:37는 예수님의 대답에 이어 나온 것이다.

이 질문과 답변의 핵심은 무엇인가? 로마 총독이었던 빌라도가 식민지 속국인 이스라엘, 거기서도 변방에 속하는 아주 작은 촌마을 나사렛 출신의 청년에게 묻는다. 네가 유대인의 왕이냐고. 그러자 그 예수라는 청년이 그렇다. 내가 유대인의 왕이라고 답한다. 예수님 스스로 자기 자신이 유대인의 왕이라고 말씀하셨다. 예수님께서 십자가에서 죽으셨을 때 그의 명패에는 유대인의 왕이라고 쓰여 있었다. 정말인가? 정말 예수님은 유대인의 왕이셨는가? 그렇다. 예수님은 유대인의 왕이실 뿐만 아니라 왕 중의 왕이시며 천지만물의 주재이시다. 그러나 빌라도는 그 말을 믿지 않았다. 예수님을 십자가에 매단 종교지도자들도 구경꾼들도 예수님이 유대인의 왕이라는 사실을 믿지 않았다. 예수님께서 명백히 자기 자신이 유대인의 왕이라고 말했음에도 불구하고 그들은 믿지 않았다. 그들이 그것을 알고 믿었더라면 예수님을 십자가에 죽이지는 않았을 것이다.

여기서 우리는 우리가 믿는 진리는 믿음이라는 프리즘을 통과해서만 볼 수 있고 알 수 있음을 깨닫게 된다. 지금 말하고 있는 그 대상을 믿고 신뢰하는가와 연관되어 있는 것이다. 예수님을 믿는 사람들은 그가 그렇다! 라고 말하면 그런 줄 안다. 그가 자신이 유대인의 왕이라고 말씀하셨으므로 그는 유대인의 왕인 것이다.

요한복음 14장 21절 "예수께서 이르시되 내가 곧 길이요 진리요 생명이니"라고 말씀하셨을 때 그것은 진리의 인격성을 정확히 표현하신 것이다. 예수님 자신이 진리, 그 자체이신 것이다. 이 말씀에 비추어 보면 빌라도는 진리이신 예수님을 앞에 두고 그 진리에게 "진리가 도대체 무엇이냐?"고 묻고 있는 것이다. 그는 지금 진리를 마주하고 있지만 그 진리를 보지 못한다. 예수님의 전 존재, 그의 말씀과 행동, 그의 삶 모든 것이 그 분 자신이 진리인 것을 증거하고 있지만 그는 그 진리를 보지 못한다. 빌라도뿐만 아니라 살아계신 예수님을 직접 눈으로 본 당시의 종교지도자들과 수많은 군중들이 그 진리를 보고서도 알지 못했다.

사실 신약성경에서 우리가 만나는 가장 광범위한 중독은 '종교중독'이라 할 수 있다. 중독의 주요 특징 중의 하나는 모든 인격적 관계를 물화物化 시키거나 물화된 관계로 전치하는 것이다. 모든 중독은 또한 눈이 있어도 보지 못하고 귀가 있어도 듣지 못하는 영적, 심리적 상태를 드러내 준다.

신약성경에서 예수님의 대적자들, 곧 당시의 종교 지도자들이었던 바리새인, 사두개인, 서기관들 대부분은 이중 니고데모나 아리마대 요셉과 같은 이들을 제외하고 종교중독자들이라고 볼 수 있다.

그것은 과거의 먼 이야기가 아니라 살아 있는 오늘의 이야기임을 우리는 잊지 말아야 한다. 오늘날 이단에 빠진 사람들도 종교중독에 빠진 사람들이라고 볼 수 있다. 자칭기독교인이라고 말하는 사람들에게서 가장 광범위하게 나타나는 중독도 종교중독이라고 말 할 수 있다. 오늘날 성직자나 목회자들에게서 나타나는 또 하나의 광범위한 중독 현상은 일중독이다. 종교중독이나 일중독은 하나님을 추구하는 대신 일과 목표, 비전을 추구한다. 사역 그 자체와 사역을 통한 성공을 추구한다. 그들은 사역이라는 이름으로 안식일에도 일하고 교인들을 비전과 목표를 향해 '동원'한다. 진정한 하나님과의 인격적 친밀감을 느끼지 못하며 사역을 통해 하나님을 만나려고 한다. 그러므로 성직자들이나 목회자들, 평신도 기독교인들이 현대의 바리새인, 사두개인이 될 위험은 언제나 상존하고 있다.

바리새인과 사두개인, 그리고 서기관은 계명과 율법을 알았지만 그것을 주신 하나님을 깊이 알지 못했다. 그 진정한 의미를 이해하지 못했다. 깊은 진리를 알지 못했다. 그들은 율법과 진리가 지닌 인격성을 이해하지 못했다. 하나님과의 깊고 친밀한 인격적 교제 없는 그들의 믿음은 형식적이거나 왜곡되었고 뒤틀렸다. 그들에게 뜨거운 열심은 있었지만 참은 없었다. 그들은 자기들이 진리를 잘 알고 있었고 자신들 스스로를 진리의 담지자로 여겼지만 그것은 자기 의, 인간의 의였지 하나님의 의가 아니었다.

그들은 자신들이 진리를 잘 안다고 생각했고 자신들이 진리의 수호자인 것처럼 행동했지만 사실은 자신들의 명예, 자신들이 믿고 있는 것, 자신들의 이익을 먼저 생각하는 사람들이었다. 그들의 눈은 가려졌다. 특히 시기심이 그들의 눈을 가렸다. 사울이 시기심으로 다윗을 죽이려 했던 것처럼 그들은 시기심으로 예수님을 죽였다. 빌라도는 "대제사장들이 시기심으로 예수를 죽이려"마 27:18, 막 15:10 한다는 사실을 잘 알고 있었다.

기독교 진리 중의 진리는 예수님이 누구신지, 왜 오셨는지, 왜 죽으셨는지에 대한 것이다. 주님은 중독자들을 위해 이 땅에 오셨고, 중독자들을 위해, 그들의 죄 때문에 십자가에서 피흘려 죽으셨다. 성경공부 시간에 한 중독자가 묻는다. 아무리 생각해 보아도 예수님께서 왜 십자가에서 죽으셨는지 이해가 되지 않는다고. 그는 왜 십자가에서 죽으셨습니까? 라고 묻는다. 그에게 고린도전서 15장 3절 말씀을 보여준다.

"성경대로 그리스도께서 우리 죄를 위하여 죽으시고"

구약성경에 이미 예언되고 약속된 대로 예수님은 우리 죄를 위하여 죽으신 것이라고 설명해준다. 그것이 정답이다. 그러나 정답이 앞에 제시되어 있음에도 불구하고 그는 말한다. "이해할 수 없어요. 왜 죽으셨죠? 그렇게밖에 하실 수 없었나요? 뭐 다른 방법은 없었나요?"

우리가 믿는 기독교 진리란 이런 것이다. 답을 가르쳐 주어도 알지 못하고 믿지 못하는 것이다. 역으로 믿지 못하므로 알지 못하는 것이다. 얼마나 많은 그리스도인들이 자기 죄 때문에 십자가에서 돌아가신 예수님의 진실을 깨닫고 눈물 흘리며 그 분 앞에 무릎으로 나아왔던가?

결국 기독교의 진리는 인간의 의지와 노력, 능력으로 깨달아지는 것이 아니다. 성령님께서 우리 각 사람 안에 들어오셔서 깨닫게 해 주시기 전에 그 깊은 진리를 스스로 깨닫고 알 수 있는 사람은 아무도 없다. "진리의 영"요 14:17이신 성령님께서 우리에게 오셔서 친히 "죄에 대하여"요 16:8 깨우쳐 주시기까지 우리는 기독교 진리를 알 수 없다.

기독교의 진리는 세상의 진리와 같지 않다. 기독교의 진리는 역설적 구조를 가지고 있다. 기독교의 진리는 믿음이란 안경을 써야만 알 수 있다. 그리고 그 진리는 매우 높은 수준의 윤리적 가치와 기준을 제시한다.

심령이 가난한 자는 복이 있나니, 천국이 그들의 것임이요.
애통하는 자는 복이 있나니, 그들이 위로를 받을 것임이요.
온유한 자는 복이 있나니, 저희가 땅을 기업으로 받을 것임이요.

의에 주리고 목마른 자는 복이 있나니, 그들이 배부를 것임이요.

긍휼히 여기는 자는 복이 있나니, 저희가 긍휼히 여김을 받을 것임이요.

마음이 청결한 자는 복이 있나니, 그들이 하나님을 볼 것임이요.

화평하게 하는 자는 복이 있나니, 저희가 하나님의 아들이라 일컬음을 받을 것이요.

의를 위하여 박해를 받은 자는 복이 있나니 천국이 그들의 것임이라.

산상수훈은 새 시대의 십계명이다. 그것은 모세의 십계명, 시내산의 십계명을 새 시대, 새 부대에 담은 것이다. 하나님께서 모세를 통해 십계명을 주신 것은 인간의 행복을 위해 주신 것이다. 인간이 행복하게 살기 위한 길을 알려 주신 것이다. 행복하게 살기 위한 삶의 원리와 구체적인 지침인 것이다.

모세의 십계명이 하나님과의 관계와 인간과의 관계에 대한 계명이었던 것처럼 예수님의 산상수훈도 하나님과의 관계와 인간과의 관계에 대한 계명이라 할 수 있다. 그것은 중독으로부터 회복으로 이르는 첩경을 보여준다. 산상수훈의 8복의 메시지를 회복을 열망하는 중독자들에게 주시는 메시지로 이렇게 전달할 수 있다.

회복에 이르기를 꿈꾸는 중독자여, 네 안에 가득한 탐욕과 세상 성공을 바라는 마음을 내려놓고 마음을 비워 심령이 가난한 자가 되어라. 다만 하나님을 전심으로 간절히 바라는 심령이 되어라. 그러면 네가 천국을 소유하게 될 것이다.

회복을 꿈꾸는 중독자여, 중독의 허물을 쓰고 살아온 전 생애와 그로 인해 저질렀던 모든 죄악과 고통을 진정으로 슬퍼하여라. 회개하여

라. 애통의 눈물을 흘려라. 그리하면 네가 이제 더 이상 버림받지 아니하고 위로를 얻을 것이다.

회복을 꿈꾸는 중독자여, 너의 충동적인 성정을 다스려 온유한 자가 되어라. 순종하는 자가 되어라. 남의 말을 귀담아 듣는 자가 되어라. 그리하면 네가 삶의 터전을 얻는 행복을 누리게 될 것이다.

회복을 꿈꾸는 중독자여, 하나님과 네 주변의 모든 사람들과 올바른 관계를 맺도록 힘써라. 또한 불의와 불법을 떠나 하나님의 옳음을 추구하며 사는 사람이 되어라. 그리하면 네가 궁핍에서 벗어나 의에 배부르게 될 것이다.

회복을 꿈꾸는 중독자여, 네 자신과 주변을 긍휼의 눈으로 바라보아라. 원망과 적개심을 내려놓고 네 자신과, 아내와 자식들을 긍휼의 눈으로 바라보고 느껴보아라. 그러면 하나님께서 너를 긍휼히 여기사 네게 자비를 베푸실 것이다.

회복을 꿈꾸는 중독자여, 마음이 청결한 자가 되어라. 더럽고 추하고 악하며 때 묻은 마음을 버리고 두 마음을 품지마라. 그러면 너희가 하나님을 눈으로 만나게 될 것이다.

회복을 꿈꾸는 중독자여, 지난날에는 네가 트러블메이커Trouble maker였지만 이제 평화를 가져다주는 피스메이커Peace maker가 되어라. 그리하면 저주받은 자식들이라 손가락질 당했던 너희가 이제 하나님의 아들이라 칭찬받게 될 것이다.

회복을 꿈꾸는 중독자여, 하나님과의 바른 관계를 지키기 위하여, 깨어진 관계를 회복하기 위하여, 하나님 나라의 의를 지키기 위하여 손해를 보고 핍박을 받을지라도 타협하지 말고 두려움 없이 살아가거라. 그리하면 네가 천국의 생활을 누리게 될 것이다.

예수님은 구약을 완성하러 오신 분이다. 예수님은 모세의 십계명을 새로운 차원에서 완성하셨다. 그것은 그 말씀을 들은 사람들에 의해서 확증되었다. 그 말씀을 들은 사람들은 하나님의 권위와 권세를 느꼈던 것이다. 곧 신성의 위엄과 권위를 느꼈다. "예수께서 이 말씀을 마치시매 무리들이 그의 가르치심에 놀라니 이는 그 가르치시는 것이 권위 있는 자와 같고 그들의 서기관과 같지 아니함일러라.마 7:28-29

산상수훈은 일종의 선전포고였다. 그 시대의 왜곡된 시대정신을 질타하고 그 시대의 대제사장과 바리새인, 사두개인등과 같은 종교지도자들에 대한 도전이자 새 시대의 개막을 알리는 선포였다. 이제 새 술을 새 부대에 담아야 하는 새 시대가 개막되기에 이른 것이다. 그러나 우리가 기억해야 할 것은 새 시대는 이미 주어진 구약성경의 본래 정신을 바르게 해석하고 정립하는 일이었다는 점이다. 예수님은 구약을 부정하신 것이 아니라 구약을 완성하러 오셨다. 예수님 스스로도 산상수훈의 말씀을 통해 "내가 율법이나 선지자를 폐하러 온 줄로 생각하지 말라 폐하러 온 것이 아니요 완전하게 하려 함이라"마 6:17 말씀하셨고 "천지가 없어지기 전에는 율법의 일점일획도 결코 없어지지 아니하고 다 이루리라"마 6:18 말씀하셨다.

예수님의 도전은 당시 종교지도자들이 가지고 있었던 성경해석과 적용, 그리고 실제 행동에 대한 것이었다. 하나님이신 예수님이 인간의 몸을 입고 이 땅에 직접 성육신 하신 이유 중의 하나는 구약에 명시된 하나님의 계명 혹은 말씀들의 진정한 의미, 본래 의미를 명확히 하기 위함이었는데 그것은 예수님께서 사역 초기에 행하신 긴 설교, 산상수훈의 말씀에 그대로 담겨 있다.

중독을 치유한다는 것은 사실 시대정신과의 싸움이라 할 수 있다. 중독은 개인적 차원에서 발병하기도 하지만 사회적 차원, 시대적 차원에서도 발

병의 원인이 있음을 직시할 필요가 있다. 특히 중독은 현대라는 시공간 속에서 더욱 기승을 부리고 있는 병이다. 과거에도 중독은 있었지만 오늘날과 같은 정도는 아니었다. 현대라는 시공간이 중독이란 병을 발생시키는 온상이 되고 있는 주요 이유는 인터넷의 발달, 공동체성의 파괴, 물신주의의 극대화, 극한적이고 무한한 경쟁체제 등에서 발견할 수 있다. 이러한 시대상황 하에서 사람들은 극한적으로 돈을 추구하고 극한적인 경쟁을 벌이며 살아간다. 재독철학자 한병철이 그의 책 「피로사회」에서 나와 너의 장벽이 철폐된 현대사회에 이르러 사람들은 오직 자기 자신과 경쟁하고 자기의 성과를 극대화해야만 하는 "피로사회"에 도달했다고 갈파했던 것처럼 현대를 살아가는 모든 사람들은 극단적으로 피폐한 영혼을 가지고 살아가고 있다. 가정과 사회의 공동체성이 파괴됨으로 현대인들은 고립, 소외, 외로움, 공허, 허탈감에 깊이 빠지게 되고 이들에게 현대 문명의 꽃인 인터넷은 이들을 온갖 종류의 중독으로 이끄는 악의 온상이 되기에 이르렀다. 문명의 도구인 인터넷이 악한 것이 아니라 인터넷을 이용하고 활용하는 인간의 악한 심성으로부터 오늘날 인터넷은 인간의 삶을 파괴적으로 이끄는, 온갖 중독을 양산하는 온상으로 자리 잡기에 이르렀다. 클릭 한 번으로 낯 뜨거운 포르노를 마음대로 볼 수 있고, 클릭 한 번으로 수많은 돈을 베팅할 수 있다. 클릭 한 번으로 마약을 구매할 수 있고, 클릭 한 번으로 환상의 게임 속으로 빠져들 수 있는 세상이 도래한 것이다.

예수님의 산상수훈은 당시 시대정신에 대한 통렬한 질타였다. 당시 종교지도자들이 가지고 있었던 왜곡된 성경해석과 동 시대의 주류 가치관에 대한 매우 명백한 도전이었다. 그리고 그것은 현대를 살아가는 우리들에게도 그대로 적용된다. 진리는 시공을 초월하는 것이기 때문이다. 하나님의 말씀은 시대를 초월해 언제, 어디서나 적용될 수 있고 적용되어야 하는 불변하는 진리의 말씀천지가 없어지기 전에는 일점일획도 없어지지 않을이다.

예수님께서 행하신 산상수훈은 우리가 어떻게 하면 하나님의 나라에서 행복하게 살 수 있는가에 대한 8복의 설교에서 시작되었다. 그것은 주로 우리의 내면세계와 상태에 대한 것이었다. 일찍이 예레미야를 통해 예언되었던 것처럼 이제 하나님의 말씀이 우리의 마음에 새겨지고 우리의 내면세계의 상태에 따라 천국이 주어지는 새로운 시대가 열리기에 이른 것이다.

> "그러나 그 날 후에 내가 이스라엘 집과 맺을 언약은 이러하니 곧 내가 나의 법을 그들의 속에 두며 그들의 마음에 기록하여 나는 그들의 하나님이 되고 그들은 내 백성이 될 것이라 여호와의 말씀이니라." 렘 31:33

우리가 행복하게 살 수 있는 길을 일러주신 후 주님은 곧바로 세상 속에서의 믿는 자들의 정체성을 분명히 일깨워주신다. "너희는 세상의 소금이요 빛이다!" 소금은 음식을 만드는 데 없어서는 안 되는 필수 양념이며, 인체에 반드시 있어야 하는 필수 생명요소이기도 하다. 소금이 있으므로 음식은 맛깔스럽게 되고 인체의 생명현상이 유지된다. 이와 같이 그리스도인들은 세상 속에 반드시 있어야만 하는 존재가 되어야 한다. 또한 믿는 사람들은 세상의 빛이 되어야 한다. 어둠을 밝히는 빛이어야 한다. 언덕 위에서 밝게 빛나는 빛이어야 한다. 그것은 진리의 빛이자 생명의 빛이며 또한 희망의 빛이다. 그 빛을 통하여 사람들은 믿는 그리스도인들의 착한 행실을 발견하게 되고 그들을 그렇게 변화시킨 하나님께로 시선을 돌리게 한다. 그렇게 함으로 하나님께 영광을 돌리게 되는 것이다.

중독자들은 세상의 오물이요, 어둠이었다. 그들의 삶의 모습은 정녕 그러했다. 중독자들은 그것이 자기 정체성의 본질이라 생각하며 살아왔다. 그런 그들에게 주님은 말씀하신다. "아니다. 너희는 하나님의 존귀한 자들이다. 그리고 세상을 맛깔스럽게 할, 없어서는 안 될 소금과 같은 존재며, 세상의 어둠을 몰아내고 진리의 불빛을 밝혀줄 빛과 같은 존재다."라고 말씀하신다. 이 말씀이 귀에 들려오고 믿어지게 될 때 중독으로부터의 치유는 시작된다. 중독자들이 회복의 길을 걷기 시작할 때 그들의 존재 자체, 회복의 삶 자체가 자기존재감을 잃고 어둠 가운데 살아가는 수많은 사람들에게 소금이 되고 빛이 되어 간다. 중독의 치유란 결국 거짓된 자기정체성, 자아정체성을 벗어버리고 참된 자기정체성, 자아정체성을 새롭게 정립해 나가는 과정이다.

새로운 자기정체성, 자아정체성을 갖는다는 것은 자기 존재의 의미에 대한 새로운 자각과 각성의 기초 위에 새로운 가치관, 세계관, 신념체계를 세워 나가는 것을 의미한다. 기존에 가지고 있던 자기만의 강고한 틀을 벗어버리고 새로운 가치관과 신념에 따라 이전과는 다른 삶을 살아내는 것이다. 무엇보다 중독자들은 바르게 살려고 노력해야 한다. 그들의 의가 서기관과 바리새인들 보다 더 나아야 한다. 그렇지 않으면 그들은 결코 회복의 천국에 들어가지 못할 것이다.마5:20

중독자들은 말한다. 내가 무슨 도적질을 했고, 무슨 살인을 했냐고? 그저 술 좀 마시고 도박 좀 한 걸 가지고 왜 그렇게 난리들을 치냐고? 중독자들은 늘 분노해 있고 원망으로 가득 차 있다. 그런 그들에게 주님은 말씀하신다. "가까운 가족, 형제들에게 분노하고, 그들을 바보 천치라 부르고 모욕하는 자들아, 너희가 심판을 받고 지옥 불에 떨어지게 되리라"마5:22 또한 진정한 예배를 드리려면 네게 원망의 마음을 가지고 있는 사람들과 먼저 화해하고 그런 후에 와서 예배를 드리라고 말씀하신다.

예수님은 중독자들에게 간음하지 말라고 말씀하신다. 육체의 간음뿐만 아니라 마음으로도 간음하지 말라고 말씀하신다. 마음에 음욕을 품은 것 자체가 간음이라고 말씀하신다. 눈에 보이는 육체뿐만 아니라 눈에 보이지 않는 마음의 순결을 촉구하신다. 모든 중독은 육체의 방탕에서 시작해 영혼의 방탕으로 이어지는 참으로 추한 병이다.

예수님은 중독자들에게 함부로 맹세하지 말라고 말씀하신다. 얼마나 많은 중독자들이 하나님의 이름으로, 아버지의 이름으로, 조상님의 이름으로, 자기의 이름으로 등등 온갖 이름을 걸고 술을 끊고 도박을 끊을 것을 맹세하였던가? 그러나 그 맹세는 언제나 거짓된 맹세요, 지켜질 수 없는 맹세였다. 예수님은 중독자들에게 자기의 한계를 잘 알고 분수를 잘 지키라고 말씀하신다. 지나치게 자기를 믿고 행하지 말라고 말씀하신다. 그저 옳습니다, 아닙니다 라고 단순히 말하라고 가르치신다.

"눈에는 눈, 이에는 이"라는 당한 만큼 갚겠다는 보응과 보복의 가치관을 버리라고 예수님은 말씀하신다. 오히려 "원수를 사랑하고 박해하는 자를 위하여 기도하라"고 말씀하신다. 자기를 이렇게 만든 사람들에 대해 적개심과 복수심을 가지고 살아왔던 중독자들에게, 나아가 자기 자신을 원수로 알고 자기 자신을 죽도록 미워하며 살아온 중독자들에게, 예수님은 자기를 사랑하고 원수 또한 사랑하라고 말씀하신다. 그것이 바로 너희가 하나님의 온전하심과 같이 온전하게 되는 길이며 하나님의 존귀한 자녀가 되는 길이라고 말씀하신다. 원수 사랑의 가르침은 믿는 모든 그리스도인들뿐만 아니라 증오와 적개심으로 가득 찬 마음으로 살아가고 있는 모든 중독자들이 반드시 목표삼고 나아가야 할 예수님 가르침의 최고봉이다.

예수님의 이 가르침은 당시 종교지도자들이었던 대제사장과 바리새인, 서기관들의 가르침을 훨씬 뛰어 넘는 것이었다. 아니 그것들은 평범한 인간의 본성으로서는 결코 도달 할 수 없는 지고한 수준의 것들이었다. 그리고 여기에 예수님과 당시 종교지도자들 사이의 신앙하는 자세와 태도에 대한 궁극적 차이가 있다. 인간의 의지와 노력으로 하나님의 의를 이루려 했던 당시 종교지도자들의 신앙하는 삶의 자세와 태도를 예수님은 산상수훈의 말씀을 통해 완전히 무력화 시켰다. 바리새인과 서기관들은 자신들의 가르침을 정면으로 반박하고 그 어떤 인간도 도달할 수 없는 영적, 도덕적 차원의 수준을 제기한 예수님에 대해 당혹감과 적개심을 갖지 않을 수 없었다. 예수님의 가르침은 그들의 존립기반과 근거를 일거에 무너뜨리기에 충분한 가히 혁명적 발상이요 원리였던 것이다. 하나님의 새 창조의 시대가 열리기 위해 예레미야서에 예언된 "창조적 파괴"의 시대가 열리게 된 것이다.

> "내가 깨어서 그들을 뿌리 뽑으며 무너뜨리며 전복하며 멸망시키며 괴롭게 하던 것과 같이 내가 깨어서 그들을 세우며 심으리라 여호와의 말씀이니라."렘31:28

그리고 그 시대는 "우리의 힘과 능으로 되지 아니하고 오직 하나님의 영으로만 가능한"슥4:6 새 시대였던 것이다. 곧 성령의 새 시대가 성큼 다가온 것이다.

우리의 내면세계가 어떠해야 하는지 말씀하신 후 예수님은 우리들의 행동과 삶의 양식들에 대해서 말씀하시기 시작한다. 예수님의 가르침은 사람 의식하며 사람 눈치보고 사람에게 인기 얻으려는 삶의 방식을 버리라는 것으로 시작한다. 남을 도와주고, 기도하며, 금식하는 종교적 행습조차도 남에게 인기를 얻으려고 행하는 사람들의 거짓되고 가식적이며 위선적인 행동을 단호히 배격하신다. 남을 도와주려 할 때 "오른손이 하는 일을 왼손이 모르게 하라" 하시고 기도할 때 사람들에게 보이려고 하지 말고 "골방에서" 기도하며, 금식을 하더라도 겉으로 티를 내지 말라고 말씀하신다. 그리고 이 땅과 땅에 있는 사람들에게서 인기와 보상을 얻으려 하지 말고 하늘에 계신 보이지 않는 하나님으로부터 보상을 얻도록 "하늘에 보물을 쌓아두라"고 말씀하신다.

보이는 것을 추구하는 것, 사람들을 의식하며 사람들에게 인정받으려 하는 것이야말로 모든 중독의 본질이 아닌가? 그리고 그 인정을 얻기 위한 방편으로 "돈"을 모으고 권세를 추구하는 일에 열심을 내는 것 아닌가? 예수님은 이러한 행동에 대해 단호하게 말씀하신다. "하나님과 재물을 겸하여 섬길 수 없다. 두 주인을 섬길 수 없다".마6:24 "네 보물 있는 곳에 네 마음도 있다"마6:20고, 그러므로 너희 마음을 하나님 나라에 두고 너희 삶을 "먼저 하나님의 나라와 의를 구하는 데에 두라"고 말씀하신다. 그리하면 이 모든 물질적 필요를 그 분께서 채워주시고 공급해 주시겠다고 약속하신다. 주님은 우리의 삶의 자세와 태도가 무엇을 먹을까, 마실까, 입을까 하는 육적 필요에서 어떻게 하면 하나님의 나라를 이룰까 하는 영적 차원으로 고양되어야 한다고 말씀하신다. 물론 주님의 이 말씀은 먹고 마시고 입는 문제가 불필요하거나 중요한 문제가 아니라고 말씀하시는 것이 아니다. 그것은 물론 중요하지만 우리의 관심과 열의, 삶의 자세와 태도를 먼저 하나님의 나라와 의를 세우는데 집중하라는 말씀인 것이다. 그렇게 하면 이 모든 육적 필요를 주님께서 친히 채워주시겠다는 것이다. 다윗이 고백했던 그대로 우리 인생의 목자가 되어 주시겠다는 것이다. 아무 부족함이 없게 해 주시겠다는 것이다. 그러므로 그 약속은 전적으로 우리를 위한 약속이며, 우리에게 이로운 약속이므로 우리가 지키지 않을 아무런 이유가 없는 것이다.

비판받아 마땅한 자가 오히려 비판하는 이를 비판하고, 똥 묻은 개가 겨 묻은 개를 비판하는 일이야말로 중독자의 삶 속에서 드러나는 두드러진 행동적 특성이다. "어찌하여 형제의 눈 속에 있는 티는 보고 네 눈 속에 있는 들보는 보지 못하느냐"마7:3 는 주님의 말씀은 자기 생각, 자기 틀, 자기 의, 자기 경험, 자기 세계관, 자기만의 내적 신념체계 속에 갇혀 사는 중독자들을 일갈하여 깨우는 주님의 말씀이다. 중독이란 내 눈 속의 들보는 보지 못하고 남의 눈 속에 있는 티끌은 잘 보는 참으로 못된 병이다. 중독자들은 남을 비판하는 데에는 탁월하지만 자기 자신을 성찰하는 데에는 지극히 인색하고 서툴다. 그들은 근본적으로 자기의 내면이 투명하게 다 드러나는 것을 두려워한다. 그들의 내면 깊은 곳에는 그들이 저지른 죄와 허물, 잘못과 실수, 수치심과 죄책감이 자리 잡고 있어서 그것들이 밖으로 드러나거나 노출되는 것을 지극히 꺼리고 방어하게 된다. 그 방어를 위해 사용되는 가장 일반적인 수단의 하나가 나의 잘못을 작게 하고 상대방의 잘못을 크게 보는 것이다. 또 다른 방법의 하나는 나를 높이기 위해 남을 내리 깎는 것이다. 흔히 '평가절하'라 불리는 방어기제를 작동하는 것이다. 중독자들은 어떻게 해서든 자기의 옳음을 증명하려고 한다. 그들의 내면의 양심은 그들 자신이 옳지 않다고 말하고 있음에도 그들은 어떻게 해서든 자기의 옳음을 증명하려고 안간힘을 쓴다. 그래서 그들은 자기 눈의 들보는 보지 못하고 남의 눈에 있는 티끌은 기가 막히게 찾아내는 왜곡된 삶의 자세와 태도가 성격화되기에 이르는 것이다.

중독자들이 회복에 들어설 때는 자기 눈의 들보를 바라보기 시작할 때다. 자기 눈에 엄청난 들보가 가려 있음에도 이를 보지 못하고 남의 눈의 티끌만을 보아 온 자기 자신을 발견하면서 그들은 경악한다. 동에서 서만큼 진실에서 멀어져 살아왔던, 중독에 빠져 살았던 지난날들이 이제 뚜렷이 보이기 시작하고 그들은 회개의 눈물을 흘리기 시작한다. 이제 그들은 남을 향해 들었던 비판의 손가락을 자기 자신을 향해 돌려놓는다. 내가 남에게 비판받고 싶지 않은 것처럼 그들도 이제는 습관적으로 남을 비판하지 않는다. 그리고 다른 사람에게 대접받고 싶은 그대로 남을 대접하기 시작한다. 주님말씀 그대로 "무엇이든지 남에게 대접을 받고자 하는 대로 너희도 남을 대접하라. 이것이 율법이요 선지자니라."^{마 7:12}는 말씀을 그들의 삶 속에서 실현하게 된다.

원수마저 사랑하는 최고 수준의 사랑을 명령하신 예수님께서 산상수훈을 통해 주신 또 하나의 가르침은 "거룩한 것을 개에게 주지 말며 너희 진주를 돼지 앞에 던지지 말라. 그것들이 그것을 발로 밟고 돌이켜 너희를 찢어 상하게 할까 염려하라"마 7:6는 말씀이다. 너희의 원수는 사랑하되 너희 중에 개나 돼지 같은 인간이 있으니 그들에게는 거룩한 것을 주지도 말라는 말씀이다. 일견해보면 이 두 말씀은 서로 대립되고 상충되는 것처럼 보인다. 그러나 주님께서 서로 대립되고 상충된 말씀을 하셨을 리는 만무하다. 주님의 말씀을 그대로 받아들인다면 우리가 살아가는 세상 속에는 우리와 원수의 관계인 사람도 있고, 개, 돼지 같은, 혹은 그만도 못한 인간이 있다는 말씀일 것이다. 예수님은 그 같은 사람들에게 거룩한 것, 진주를 주지 말라고 말씀하신다. 개에게 거룩한 것이 무슨 소용이 있을 것이며, 돼지에게 진주가 무슨 소용이 있겠는가? 개와 돼지에게 필요한 것, 그들이 필요로 하는 것은 그저 먹을 것이면 충분할 것이다. 예수님은 원수를 포기하지 말라고 말씀하시면서 그러나 또한 우리가 마음을 접어야 할 사람들이 있음을 말씀하신다. 그것은 인간세계에 대한 주님의 명철한 이해의 바탕 위에서 주어진 말씀인 것이다. 현실의 삶을 살아가는 사람들 중에는 고결함과 고상함의 추구와는 완전히 동떨어진 삶을 사는, 그저 육적 욕구에만 빠져 살아가는 개와 돼지 같은 사람들이 있다는 것이다. 아무리 옆에서 귀에 못이 박히도록 외쳐도 그 말을 전혀 듣지 않는 사람들이 있다는 것이다. 반응하지 않는 사람들이 있다는 것이다. 주님은 그런 사람들에게 우리의 에너지, 자원, 마음을 나누어 주지 않아도 된다고 말씀하신다. 우리의 삶과 가치, 진리를 나누어 주려고 애쓰지 않아도 되는 존재가 현실적으로 존재한다고 말씀하신다. 주님은 우리들에게 현실을 올바로 바라보고 우리의 경계boundary를 잘 지켜나가라고 말씀하시는 것이다. 주님의 가르침은 이 얼마나 현실적인가! 주님은 인간세계의 현실을 너무나 적확히 알고 계시지 않는가!

여기까지 말씀하신 주님은 잠시 숨고르기를 하시는 듯 어조를 바꾸셔서

"구하라 그리하면 너희에게 주실 것이요, 찾으라 그리하면 찾아낼 것이요, 문을 두드리라. 그리하면 너희에게 열릴 것이다"고 말씀하시며 "구하는 이마다 받을 것이요, 찾는 이마다 찾아 낼 것이요, 두드리는 이에게는 열릴 것이다"는 말씀을 하심으로 설교를 듣는 이들의 마음을 활짝 열어주신다. 사실 지금까지 들려주셨던 산상수훈의 말씀들은 지키기가 몹시 어려운, 지극히 높은 수준의 도덕적, 윤리적, 영적 요구였다. 하나님을 믿는 많은 사람들이 하나님의 계명과 율법을 제대로 지키지 못해 늘 죄책감을 가지고 살아왔을 법한 시절에 주님의 말씀은 더 무거운 율법의 짐이 그들의 어깨에 지워지는 것으로 받아들여질 수 있었다. 그것은 사실 2,000년 전의 그 때나 오늘이나 전혀 다를 바가 없다. 오늘날도 산상수훈을 접하는 대부분의 사람들은 고개를 절레절레 흔들며 "주님의 이 말씀들을 다 지키는 것은 참으로 불가능하다."고 말하면서 그 말씀의 실천에 스스로 제한을 두고 있다. 그래서 이 말씀이 특히 중요하다. 지금 내가 너희에게 한 이 모든 말들은 실천할 수 있는 것들인데 그러나 그 실천은 너희 자신의 힘과 의지와 능력으로 가능한 것이 아니라 하나님께서 보내주시는 성령을 받고 성령께서 부어주시는 능력으로 행할 때 가능한 것이라는 점을 말씀해 주심으로 산상수훈의 말씀을 듣는 청중들을 고무해 주고 계신 것이다. "너희 중에 아들이 떡을 달라 하는데 돌을 주는 아비가 없음 같이", "생선을 달라 하는데 뱀을 줄 사람이 없는 것처럼", "하늘에 계신 너희 아버지께서 구하는 자에게 좋은 것", 곧 "성령"을 선물로 주시지 아니하시겠느냐고 말씀하심으로써 청중들을 실천의 길로 안내해 주고 계신 것이다. 바야흐로 "성령의 새 시대"가 활짝 열리고 있는 것이다.

그렇게 청중들을 고무하신 예수님은 이제 산상수훈의 마지막 말씀으로 진행하신다. 그 마지막 말씀은 행함과 열매에 관한 것이다. 주님은 청중들에게 "좁은 문으로 들어가라"고 말씀하신다. 또한 입술로만 주여, 주여 부르는 자가 아니라 "내 아버지의 뜻대로 행하는 자"가 되라고 말씀하시며, 아름다운 인생의 열매를 많이 맺는 자가 되라고 말씀하신다. 중독자들은 이 말씀에 따라 재발에 이르는 넓은 길이 아니라 회복에 이르는 "좁은 길"을 걸어야 하며, 주님의 말씀을 듣기만 하고, 말로만 주여, 주여 하는 자가 아니라 주님의 말씀을 들은 그대로 행하는 자가 되어야 하며, 열매 없는 인생이 아니라 인생의 풍성한 열매와 결실을 거두는 사람이 되어야 한다. 하나님의 말씀을 듣고 그 말씀대로 실천하며, 주님께서 지시하신 좁은 길을 걷게 될 때 중독자들은 회복의 길에 들어서게 된다. 그리고 그들의 삶에는 아름다운 회복의 열매가 풍성히 열리게 된다. 그들의 인생은 중독이라는 공허하고 흔들리는 기초 위에 세워지는 것이 아니라 회복의 반석 위에 굳건히 세워지게 되는 것이다.

산상수훈은 그리스도를 따르고자 하는 모든 이들과 중독으로부터 회복의 길 걷기 원하는 모든 이들에게 주신 빼어난 가르침이요 정수인 것이다.

20. 사도의 길을 따라서..성령에 이끌려 사는 삶

신약성경은 크게 예수님의 행전을 다룬 사복음서와 제자들의 행전을 담은 사도들의 저술들로 구성되어 있다. 중독에서 벗어나 회복의 길을 걷는 회복자들은 그리스도가 걸어간 길을 따라 걸어야 할 뿐만 아니라 마땅히 사도들이 걸어간 그 길을 동일하게 걸어가야 한다. 그것은 성령으로 변화된 삶이며, 성령으로 인도되는 삶이고, 성령의 열매를 풍성히 맺는 삶이다. 그것은 군중과 무리의 삶이 아니라 신실한 제자들의 삶이다. 회복자들의 삶은 구원받아 거듭난 자들의 삶이요, 내주하시는 성령님으로 말미암아 끝없이 성장하고 성숙하여 하나님의 거룩에 이르는 수도의 삶이며 성화의 삶이다.

AA 12단계는 중독자로서의 철저한 자기 인식과 하나님에로의 귀의 단계1-3단계, 도덕적 죄와 허물, 인격적 결함에 대한 직면과 고백, 변형의 단계4-7단계, 용서와 보상 실천의 단계8-9단계, 영적 생활의 습관화 단계10-11단계, 전도와 선교의 단계12단계의 5단계로 나누어 볼 수 있는데 이들 단계는 크게 구원과 성화의 두 단계로 구분할 수 있다. 구원은 전적으로 하나님의 주권적 사역에 속하는 일이다. 거기에 인간이 더하고 뺄 어떤 것도 존재하지 않는다. 그러나 성화의 길은 그리스도의 영이신 성령님께 인간이 자기의 의지를 내어드리고 복속시킴으로써, 신과 인간이 협동하여 얻게 되는 끝없는 신화神化의 길이요, 수도의 길이다. 중독에서 벗어나 회복의 길을 걷는 회복자들의 삶도 이와 같다. 그들의 삶은 수도의 삶이며, 끝없이 자기 자신의 내면을 갈고 닦는 수덕修德생활이 되어야 한다.

열두 제자들의 삶도 몇 차례의 변화 단계를 겪었다. 그것은 크게 세 단계로 나누어진다. 처음은 예수님의 부르심 이전의 삶이요, 두 번째는 부르심 이후 예수님과 공생애를 함께 했던 3년간의 삶이며, 세 번째로는 예수님께서 죽으시고 부활, 승천 하신 후 성령님께 사로잡혀 산 삶이 그것이다.

예수님께 부름받기 이전의 그들의 삶은 평범한 여느 이스라엘 백성들과 다를 바가 없었다. 나라 잃은 식민지 백성들, 다양한 정치적 배경과 직업을 가지고 있었던 사람들이었다. 그들의 삶에 일대 전환이 일어난 것은 예수님께서 친히 그들을 부르심으로 일어났다. 또 그 부르심에 그들이 반응함으로써 일어났다.

중독의 치유도 이와 같다. 예수님께서 그들을 치유의 길로 부르신다. 그 음성을 듣고 치유를 열망하며 그 분 앞으로 나아오는 자들은 치유 받을 수 있다. 새로운 삶의 기회를 부여잡게 되는 것이다. 반응하지 않는 사람들을 우리가 어떻게 할 수는 없다. 그들이 진정한 마음으로 반응할 때까지 때를 얻든지 못 얻든지 진리를 선포하며 사랑과 긍휼의 마음을 품고 인내함으로 그 때를 기다릴 뿐이다. 포기하지 않고 하나님께 소망을 두고 나아갈 뿐이다.

예수님께 부름 받아 나온 제자들은 예수님과 함께 3년 동안 공동체 생활을 경험한다. 그 시간을 통해 그들은 연단되고 성장하며 성숙한다. 그것은 예수님의 삶을 통해 배우는 과정이었다. 삶으로 가르쳐진 것만이 배워진다는 말이 있듯이 그들은 예수님 곁에서 예수님의 삶을 주목하였고 그의 삶에 동참하였다. 그러나 아직까지 그들에게 깊고 깊은 내적 변화는 일어나지 않았다. 오히려 그들 내면의 약점들이 오롯이 드러나는 시간이었다. 예수님을 따르는 그들 내면의 숨은 동기와 성격상의 약점들이 하나하나 드러나는 시간들이었다. 그들 모두의 마음속에는 하나님을 향한 열망이 있었지만 그들 한 사람 한 사람에게는 반드시 극복해야 할 성격상의 약점들이 있었다.

그들의 믿음은 아직 연약하였고, 그들 중의 어떤 이들은 권력을 탐하였으며, 어떤 이는 의심이 많았고, 어떤 이는 돈을 사랑하였다. 서로 시기하며 견제하였고 모두 다 예수님을 버리지 않겠다고 호언장담하였다. 그러나 예수님께서 체포되시고 십자가에 달리실 때에 그들은 두려워 다 도망갔으며, 예수님의 뒤를 따른 베드로도 "멀찍이"마 26:58, 눅 22:54 따랐을 뿐이다. 마침내 예수님께서 십자가에서 운명하신 후 그들은 "고기나 잡으러 가자"며 옛 삶의 방식으로 되돌아갔다. 모든 것이 끝났던 것이다. 그리고 그들은 처음의 시작점으로, 갈릴리의 황량함으로, 공고한 삶의 터전으로 다시 돌아갔던 것이다.

> "시몬 베드로가 나는 물고기 잡으러 가노라 하니 그들이 우리도 함께 가겠다 하고 나가서 배에 올랐으나 그날 밤에 아무 것도 잡지 못하였더니."요 21:3

모든 것이 끝났다! 베드로의 마음과 같이 고기잡이에 나선 제자들의 마음도 이와 같았을 것이다. 그러나 거기에서 새 역사가 시작된다. 그들이 옛 삶의 방식으로 되돌아갔을 때, 밤새도록 고생했으나 아무 것도 잡지 못했던 그 때 그 자리에 예수님께서 다시 나타나신 것이다. 끝은 끝이되 아직 끝이 아닌 것이다. 거기서 그들은 예수님으로부터 거룩한 소명을 부여받는다. "내 양을 먹이라, 내 양을 치라" "나를 따르라"요 21:15-21 그리고 마침내 마가의 다락방에서 성령 감림의 역사를 경험하면서 완전히 새로운 사람, 참된 제자로 변화되기에 이른다. 그들 안에 내주하시며, 때때로 위로부터 임하시는 성령의 역사로 말미암아예수원의 대천덕 신부님은 이를 성령의 내적 사역과 외적 사역으로, 곧 성령충분과 성령충만으로 설명하기도 했다 사도행전의 놀라운 역사가 전개되기 시작한 것이다.

사실 예수님과 열두 제자를 제외하고 그리스도인이 된 사람들은 모두가 바울 이후의 사람들이라 볼 수 있는데 그들은 생전에 살아계신 예수님을 눈으로 보지 못한 사람들이다. 그들은 바울처럼 영으로 오신 예수님, 곧 성령의 역사를 통해 예수님을 만나고 회심하여 그리스도인이 된 사람들로서 오순절 성령강림의 역사를 개인적으로 체험하면서 그리스도인이 되었고 그로 인해 그리스도인의 길을 걷고 있는 사람들이다.

예수님을 직접 눈으로 보고 만나서 제자가 된 열두 제자나 그 후에 그리스도인이 된 사람들에게서 나타나는 성장과 성숙의 단계는 세 단계이다. 첫째 단계는 구원 이전의 단계요, 둘째 단계는 구원의 단계이며, 셋째는 구원 이후 성화의 단계가 그것이다.

중독으로 빠져들게 되는 데도 단계가 있고 중독에서 빠져나와 회복으로 가는 데에도 단계가 있다. 중독으로 빠져들게 되는 4단계는 안내단계 Introduction Phase – 유지단계Maintenance Phase – 위기단계Crucial Phase – 파국단계 Disaster Phase이다. 그것은 중독에 발을 들여놓기 시작해서 점차 인생 전체가 파국으로 치닫기까지의 과정을 드러낸다. 중독에 빠져 파국에 이르는 과정은 날개 없는 새들의 추락과 같다. 그것은 속절없는 추락이며 피할 수 없는 파탄이다.

그런 그들이 어느 날부터 회복의 길로 들어서게 된다. 회복의 5단계는 인식전단계Precontemplation Phase – 인식단계Contemplation Phase – 준비단계Preparation Phase – 행동실천단계Action Phase – 회복유지단계Maintenance Phase이다. 이 과정은 자신이 중독자임을 깨닫고, 이의 극복을 결단하며, 중독 행위를 끊으려고 행동하며, 회복의 상태를 꾸준히 유지하는 단계를 말한다.

회복의 단계를 치료기간과 관련해 금단단계1개월 – 하니문단계3개월 – 장벽단계6개월 – 조정단계1년 – 재조정단계2년로 구분하기도 한다. 중독 행위를 끊은 처음 1개월은 몹시 고통스럽다. 금단증상을 이겨내야 한다. 그 이후는 모든 것이 편안하고 잘되어 가는 듯 느끼는 하니문단계에 이른다. 그러나 그 시간이 지나면 장벽단계가 나타난다. 이렇게 살아서 뭐하나 하는 생각, 과연 중독을 끊을 수 있을까 하는 회의, 심심함과 무기력감, 우울 등의 부정적 감정의 엄습, 잊고 있었던 각종 가해와 피해의 상처와 아픔이 되살아나는 등 회복을 방해하는 심신의 장벽을 절감하는 단계이다. 그리고 이 단계를 지나서 삶의 모든 양식을 회복의 방식으로 조정하여 실천하는 조정단계와 이를 심화시키는 재조정단계로 나아가게 된다.

깨닫고 결단하며 실천을 향해 나아가는 이 극적인 변화가 어떻게 시작되는지는 신비의 과정이다. 우리가 성령을 받고 구원에 이르는 과정을 "바람이 임의로 불매 어디서 와서 어디로 가는지 알지 못하나니 성령으로 난 사람도 다 그러하다"요 3:8고 말씀하신 예수님의 말씀 그대로인 것이다. 나는 그 신비를 그저 '부르심'이라고 밖에는 설명할 수가 없다. 라파공동체에 입소한 한 사람 한 사람을 나는 그 '부르심'에 응답한 사람으로 대한다. 내가 하는 일은 그 부르심의 의미를 깊고 견고하게 하며 함께 그들에게 회복의 길, 곧 성화의 길을 안내하는 것이다.

사도행전과 이어지는 신약의 책들, 곧 서신서는 곧 각 지역에 흩어져 있는 교회에게 보내진 사도들의 편지요, 사도들을 통해 전달된 하나님의 편지다. 하나님께서는 그 편지들을 통해 오늘도 우리들에게 말씀하고 계신다. 그 편지들은 "하나님의 교회 곧 그리스도 예수 안에서 거룩하여 지고 성도라 부르심을 받은 자들"고전 1:2에게 보내진 편지인 것이다. 우리는 그 편지를 라파공동체에 주신 하나님의 편지, 회복의 길을 걷도록 불러 주신 중독자들에게 주신 편지로 받아들인다. 사도들이 전해준 그 길을 따라 걸을 때 중독자들에게 그 길은 회복행전의 길이 된다.

"그러므로 내가 이것을 말하며 주 안에서 증언하노니 이제부터 너희는

이방인이 그 마음의 허망한 것으로 행함 같이 행하지 말라. 그들의 총
명이 어두워지고 그들 가운데 있는 무지함과 그들의 마음이 굳어짐으
로 말미암아 하나님의 생명에서 떠나 있도다. 그들이 감각 없는 자가
되어 자신을 방탕에 방임하여 모든 더러운 것을 욕심으로 행하되 오직
너희는 그리스도를 그같이 배우지 아니하였느니라"엡 4:17~20

중독에 빠져 헤매던 삶은 하나님 나라 밖의 이방인의 삶이었다. 그것은
허망한 것을 추구하고 총기를 잃어 무지했으며 마음은 돌처럼 굳어져 하나
님의 생명에서 떠나 있던 죽은 삶이었다. 모든 감각을 상실한 삶이었고 자
신을 극한 방탕에 내어주었고 모든 더러운 짓을 욕심 가득히 행하던 삶이었
다. 그러던 어느 날 양심에 가책이 느껴지기 시작하고 더 이상 이렇게 살아
갈 수는 없다는 각성이 일어나면서 회복의 길은 시작된다. 그 반전의 순간
이 무엇에 의해, 어떻게 이루어지는지는 신비에 가깝다고 밖에는 말할 수
없다. 양심을 일깨우는 신의 자상한 부르심이라고 밖에는. 그렇게 부르심
으로 출발하지만 그들이 걸어야 하는 회복의 길은 결코 만만한 길이 아니
다.

"그러므로 형제들아 더욱 힘써 너희 부르심과 택하심을 굳게 하라 너
희가 이것을 행한즉 언제든지 실족하지 아니하리라"벧후 1:10
"형제들아 너희는 각각 부르심을 받은 그대로 하나님과 함께 거하라"
고전 7:24

나는 회복의 길을 '폭포수를 뒤로 하고 노 저어 가며 사는 삶'이라고 표현
하곤 한다. 긴장의 끈을 늦추고 살다가는 아차 하는 순간에 재발의 폭포수
에 빠져 추락할지 모르는 삶이라는 뜻에서이다. 그러나 다른 한편으로는

'순풍에 떠가는 배 위에 누워 세상 부러울 것 없는 평안을 누리는 삶' 으로 표현하기도 한다. 그리스도 안에서, 공동체 안에서 주어지는 말할 수 없는, 세상이 줄 수 없는 평안과 안식의 삶을 누리는 것이 또한 중독으로부터 벗어난 회복의 삶이란 의미에서다.

> "내가 평안히 눕고 자기도 하리니 나를 안전히 살게 하시는 이는 오직 여호와이시니이다"시 4:8
> "술 취하지 말라중독에 빠지지 말라 이는 방탕한 것이니 오직 성령으로 충만함을 받으라"엡 5:18
> "음행과 온갖 더러운 것과 탐욕은 너희 중에서 그 이름조차도 부르지 말라 이는 성도에게 마땅한 바니라"엡 5:3
> "너희가 음란과 정욕과 술취함과 방탕과 향락과 무법한 우상숭배를 하여 이방인의 뜻을 따라 행한 것은 지나간 때로 족하도다"벧전 4:3

이 말씀들은 모든 중독자들에게 주시는 직격탄이다. 반드시 기억해야 할 말씀들이다. 다시 죄짓지 말라는 말씀이며 다시 중독에 빠져들지 말라는 말씀이다. 회복 중인 한 형제는 자기 집 거실에 이 말씀엡 5:18을 액자로 만들어 걸어놓기도 했다. 회복의 길은 거짓된 자기를 벗어버리고 참 자기로 살아가는 길이다. "유혹의 욕심을 따라 썩어져 가는 구습을 따르는 옛사람을 벗어버리고 심령이 새롭게 되어 하나님을 따라 의와 진리의 거룩함으로 지으심을 받은 새사람을 입는" 삶엡 4:22-24이며, 말하기도 부끄러운 은밀히 행하던 일들엡 5:12을 벗어버리고 빛의 자녀들처럼 행하는 삶엡 5:9이다.

회복의 삶은 의존dependance에서 벗어나 참된 믿음, 특히 의지하는 믿음, 믿고 맡기는 믿음으로 사는 삶이다. 믿고 맡기는 신앙은 홀로 선 사람에게서만 가능한 믿음이다. 의존은 홀로 섬을 방해한다. 그것은 자꾸 누군가에 기대어 살려는 삶이며 다른 이의 삶을 착취하는 삶이다. 신앙의 유년기에 사람들은 하나님께 의존할 수 있다. 아기가 모든 것을 자기의 힘과 능력으로 스스로 헤쳐 나갈 수 없듯이 신앙의 어린 시기에 그것은 자연스러운 일이다. 그러나 아기가 성장하고 성숙하여 분화된 인격체로 홀로 서 가듯이 신앙 안에서도 동일한 현상이 일어나야 한다. 누군가에 기대지 않고 홀로 선 사람은 진정한 자기를 찾은 사람이다. 그럴 때만이 그는 자기 자신을 다른 존재에게 온전히 믿고 맡길 수 있다. 회복의 삶은 하나님 아버지께, 가족들에게 자신의 삶을 믿고 맡기며 내어주는 삶이며 그리스도의 장성한 분량에 이르기까지엡 4:13 끊임없이 성장하고 성숙해 가는 삶이다.

> "오직 우리 주 곧 구주 예수 그리스도의 은혜와 그를 아는 지식에서 자라 가라 영광이 이제와 영원한 날까지 그에게 있을지어다"벤후 3:18
> "그러므로 우리가 그리스도의 도의 초보를 버리고 … 완전한 데로 나아갈지니라"히 6:1-2
> "이 모든 일에 전심 전력하여 너의 성숙함을 모든 사람에게 나타나게 하라"딤전 5:15

회복의 길은 자기 자신을 진정으로 사랑하고 돌보는 삶이다. 중독자들은 자기 자신을 진정으로 사랑하고 돌보지 않는 삶을 살아 왔다. 아니 그렇게 산다는 것이 무엇인지 알지 못했다. 진리를 알지 못했고 참을 알지 못했으며 무지하게 살아온 삶이었다. 역기능적 상처로 인한 낮은 자존감과 무의식적 방어 속에서 끊임없이 남의 눈치를 보며, 그것이 배려인 줄 알고 살아온 인생이었다. 물론 자기애적 성격을 가지고 있는 중독자는 그 반대이지만 그들은 남에게 No! 라고 말하지 못하는 삶을 살아왔다. 그렇게 하는 것은 이기적인 것만 같았다. 그러나 그것은 세상의 모든 짐을 자기가 지고 가겠다는 것과 다르지 않다. 짐은 서로 지어야 하는 것이다. "너희가 서로 짐을 지라 그리하여 그리스도의 법을 성취하라"갈6:2

사랑의 출발점은 자기 사랑이다.물론 그 사랑은 병적인 자기애적 사랑, 곧 나르시즘과는 다른 것이다 진정으로 자기를 사랑하는 사람이 남과 이웃을 사랑하게 된다. "이와 같이 남편들도 자기 아내 사랑하기를 자기 자신과 같이 할지니 자기 아내를 사랑하는 자는 자기를 사랑하는 것이라"엡5:28 자기 사랑이 없는 이웃 사랑은 허구이다. 그것은 의존된 사랑이거나 자기과시적, 혹은 현시적 사랑이다.

중독에서 벗어나 회복의 길을 걷는다는 것은 자기를 비우고 희생할 줄 아는 삶을 사는 것이다. 나아가 자기를 거룩한 희생의 제물로 바치는 삶을 사는 것이다. "그러므로 형제들아 내가 하나님의 모든 자비하심으로 너희를 권하노니 너희 몸을 하나님이 기뻐하시는 거룩한 산 제물로 드리라 이는 너희가 드릴 영적 예배니라"롬12:1 "그리스도께서 너희를 사랑하신 것 같이 너희도 사랑 가운데서 행하라 그는 우리를 위하여 자신을 버리사 향기로운 제물과 희생제물로 하나님께 드리셨느니라"엡5:2 어떤 의미에서 중독자들은 역기능 가정의 원치 않는 희생양이었다. 그 자신이 원치 않는 희생양이었지만 그가 중독이 되어서는 가족들을 희생양으로 삼았다. 역기능 가정에서는 누군가가 희생한다. 그러나 그것은 남을 살리기 위해 내가 희생하는 거룩한 희생이 아니라 덧없는 희생이요 억울한 희생이었으며 의미 없는 희생이었다.

진정한 희생은 내가 죽어 그를 살리는 희생이다. 그것이 곧 십자가의 희생이다. 회복자들이 걸어가는 길은 속죄의 길이요 자기 자신을 희생의 제물로 바치는 삶이다. 그것은 또한 중독에 대하여 죽고 하나님께 대하여 사는 삶이다. 중독의 못난 자아가 그리스도와 함께 십자가에 못 박혀야 한다. 자기의 자아를 십자가에 못 박는 과정 자체가 자신을 희생하는 과정이요, 마침내 못난 자아가 십자가에 못 박히는 순간이 자기 자신이 제물로 드려지는 순간이다. 그 희생을 통해 중독자는 새로운 자아로 부활의 새 생명을 얻으며 그 희생을 통해 중독자 주변의 모든 죽어가는 것들도 새로운 생명을 얻게 되는 것이다.

"우리가 알거니와 우리의 옛사람이 예수와 함께 십자가에 못 박힌 것은 죄의 몸이 죽어 다시는 우리가 죄에게 종노릇 하지 아니하려 함이니"롬 6:6

"이와 같이 너희도 너희 자신을 죄에 대하여는 죽은 자요 그리스도 예수 안에서 하나님께 대하여는 살아 있는 자로 여길지어다"롬 6:11

"그러나 내게는 우리 주 예수 그리스도의 십자가 외에 결코 자랑할 것이 없으니 그리스도로 말미암아 세상이 나를 대하여 십자가에 못 박히고 내가 또한 세상을 대하여 그러하니라"갈 6:14

"형제들아 내가 그리스도 예수 우리 주 안에서 가진 바 너희에 대한 나의 자랑을 두고 단언하노니 나는 날마다 죽노라"고전 15:31

"내가 그리스도와 함께 십자가에 못 박혔나니 그런즉 이제는 내가 사는 것이 아니요 오직 내 안에 그리스도께서 사시는 것이라"갈 2:20

회복의 길을 걷는다는 것은 하나님의 아들로서 살아가는 삶이다. 아버지가 있는 삶을 살아가는 것이다. 하나님을 나의 아버지로 모시고 살아가는 삶이다. 좋은 아버지를 갖는 것은 모든 중독자들의 꿈이었으나 현실에서 이룰 수 없었던 비원이었다. 거의 대부분의 중독자들에게 아버지는 힘들고 어려운 대상이었다. 물론 그 판단은 '주관적'인 것이다. 2007년 인도에서 제작 개봉된 영화 「간디, 나의 아버지」는 인도의 성인으로 추앙되는 간디의 외아들의 인생을 다룬 영화다. 너무 위대한 아버지 밑에서 자란 간디의 외아들은 아버지의 삶을 함께 감당하지 못한다. 그는 결국 알코올중독자가 되고 노숙자가 된다. 그가 노숙자가 되어 떠돌던 때에 그의 아버지 간디가 피살되는 일이 일어난다. 그 소식을 아들은 노숙자가 되어 떠돌다가 어느 날 TV 뉴스를 통해 알게 된다. 그 때 간디의 사망 소식을 함께 듣고 있던 한 사람이 눈물을 흘리며 말한다. 나의 아버지가 돌아가셨다고. 인도 국민 전체가 나의 아버지를 잃었다며 간디의 죽음을 슬퍼하며 애도하고 있을 때 정작 간디의 외아들은 무감각으로 반응한다. 그에게 간디는 '나의 아버지'가 아니라 '그들의 아버지'였을 뿐이다. 어느 시골역사에서 쓰러진 간디의 외아들은 병원으로 후송되었으나 거기서 쓸쓸히 생을 마감한다. 그에게 그의 아버지 간디는 성인도 아니었고 좋은 아버지도 아니었으며 '나'의 아버지도 아니었던 것이다.

그러나 믿음의 신세계를 접하고 회복의 길을 걷는 중독자들에게는 새 아버지가 있다. 그분은 엘샤다이 전능하신 하나님, 사랑의 하나님이다. 사랑과 공의가 존재 자체 안에 체현된 완전하신 아버지이신 것이다. 그 완전하신 아버지 안에서 회복자들은 마음껏 아들 됨Sonship을 만끽하며 하나님 나라의 상속자로서 결핍 없는 충만의 삶을 살아가게 된다.

"너희는 다시 무서워하는 종의 영을 받지 아니하고 양자의 영을 받았으므로 우리가 아빠 아버지라고 부르짖느니라 성령이 친히 우리의 영과 더불어 우리가 하나님의 자녀인 것을 증언하시나니 자녀이면 또한 상속자 곧 하나님의 상속자요 그리스도와 함께 한 상속자니 우리가 그와 함께 영광을 받기 위하여 고난도 함께 받아야 할 것이니라"롬 8:15-17
"너희가 다 믿음으로 말미암아 그리스도 예수 안에서 하나님의 아들이 되었으니"갈 3:26
"너희가 아들이므로 하나님이 그 아들의 영을 우리 마음 가운데 보내사 아빠 아버지라 부르게 하셨느니라 그러므로 네가 이후로는 아들이면 하나님으로 말미암아 유업을 받을 자니라"갈 4:6-7

그러나 다른 한편 회복의 길은 하나님을 주님으로 모시고 그 분의 종으로 살아가는 삶이다. 중독에서 치유되어 회복하며 산다는 것은 자아가 분열된 상태에서 회복된 상태로 변화 되었다는 것을 의미한다. 자아가 통합되지 않고 분열되어 있으면 아들은 아들이고 종은 종일 뿐이다. 그러나 통합된 자아 안에서 이것들은 공존한다. 아들의 신분과 역할이 필요할 땐 아들이 되고, 종의 신분과 역할이 필요하면 종이 된다. 모든 인간의 내면에는 다양한 층위의 자아가 존재하는데 건강한 자아는 이것들을 통합한 자아다. 해리장애는 이 다양한 자아가 분열적으로 존재하는 것이다 아들의 신분이 우리의 누림을 반영한다면 종의 신분은 우리의 사역과 헌신의 측면을 반영한다. 물론 이 종은 억압되고 고통당하는 종이 아니다. 회복의 길을 걷는 사람들은 하나님의 종이요, 사랑의 종이다. 그리고 그 사랑으로 아름다운 열매 맺는 삶을 살아가는 사람들이다. 그들의 인격 안에 성령의 열매가 새록새록 맺혀 가는 삶을 살아가는 사람들인 것이다.

"너희가 죄의 종이었을 때에는 의에 대하여 자유로웠느니라 너희가 그때에 무슨 열매를 맺었느냐 … 그러나 이제는 너희가 죄로부터 해방되고 하나님께 종이 되어 거룩함에 이르는 열매를 맺었느니라"롬 6:20-22
"형제들아 너희가 자유를 위하여 부르심을 입었으나 그러나 그 자유로 육체의 기회를 삼지 말고 오직 사랑으로 서로 종노릇 하라"갈 5:13
"오직 성령의 열매는 사랑과 희락과 화평과 오래 참음과 자비와 양선과 충성과 온유와 절제니 이 같은 것을 금지할 법이 없느니라"갈 5:22-23

회복의 길을 걸어가려면 화목한 가정을 이루어야 한다. 실로 그것은 회복의 관건이라고 해도 과언이 아니다. 가정은 회복의 양날이다. 가정이 화목하면 회복이 촉진된다. 그러나 가정이 불화하면 회복의 걸림돌이 된다. 남편과 아내가 서로 존중하고 서로 사랑하며 서로 복종해야 한다. 부모는 자녀들을 사랑과 말씀으로 양육하며 노엽게 하지 말아야 하며 자녀들은 부모에게 순종해야 한다. 부부관계와 자녀관계에 대한 이 놀랍도록 단순한 가르침 안에는 화목하고 행복한 가정을 이루는 핵심 요체가 담겨 있다.

> "교회가 그리스도에게 하듯 아내들도 범사에 자기 남편에게 복종할지니라 남편들아 아내 사랑하기를 그리스도께서 교회를 위하여 자신을 주심 같이 하라"엡 5:24-25
>
> "자녀들아 주 안에서 너희 부모에게 순종하라 아비들아 너희 자녀를 노엽게 하지 말고 오직 주의 교훈과 훈계로 양육하라"엡 6:1, 4

회복의 길을 걸어가려면 좋은 사람들과 어울려 살아가야 한다. 또한 소속감을 가지고 살아가야 한다. 이른바 회복의 삶의 외연이 사회적으로 확장되어야 한다. 사람은 사회적 존재이다. 그러므로 가정과 사회 양 영역에서 회복의 관계망을 잘 구축해야 한다. 회복자들과의 동료관계망이 잘 구축되어야 하며 교회 공동체를 중심으로 영적 진지를 잘 구축해야 한다. 그리고 무엇보다도 재발로 이끌 위험성이 있는 모든 그릇된 관계를 청산하여야 한다.

> "너희는 믿지 않는 자와 멍에를 함께 하지 말라 의와 불법이 어찌 함께 하며 빛과 어둠이 어찌 사귀랴"고후 6:14

회복의 길을 걷는다는 것은 푯대를 향하여 나아가는 삶을 말한다. 삶의 의미와 목적, 목표가 있는 삶이어야 한다. 중독이 되기 전 혹은 중독이 되고 나서 이 모든 것들은 사라졌다. 중독 안에 있을 때 중독자들의 삶의 목표와 목적은 오직 하나였다. 삶의 모든 에너지는 어떻게 하면 술을 마시고, 어떻게 하면 도박을 할까에 집중되어 있었다. 나머지의 삶은 그저 껍데기에 불과했다. 껍데기 남편이었고 껍데기 아버지였으며, 껍데기 사회인이었다. 로고쎄라피는 아우슈비츠 대학살의 수용소에서 탄생한 철학이요 치료원리다. 그 절대 무력과 절대 공포의 상황에서 그들을 견디고 살아남게 해 준 것은 수용소 담장에 피어난 민들레꽃에서 발견한 생의 의미 때문이었다. 그것은 존재와 실존에 대한 생명 있는 것들의 진지한 질문에 대한 답으로 주어진 것이었다. 이 생의 질문에 진지하게 답하며 살아가는 것이 회복의 삶이다. 곧 삶의 의미와 목적, 부르심의 뜻을 이해하고 받아들이며 실행하는 삶을 살아가는 것이다. 푯대를 향하여 나아가는 것이다.

"푯대를 향하여 그리스도 예수 안에서 하나님이 위에서 부르신 부름의 상을 위하여 달려가노라"빌 3:14
"나는 선한 싸움을 싸우고 나의 달려갈 길을 마치고 믿음을 지켰으니 이제 후로는 나를 위하여 의의 면류관이 예비되었으므로 …"딤후 4:7-8

회복의 삶은 영적인 삶이다. 영적인 삶에 대해 다양한 정의를 내릴 수 있고 또 다양한 측면이 있지만 그 중의 하나는 세속적 가치를 버리고 영적 가치를 추구하며 사는 삶이다. 이 둘을 혼합하며 살지 않는 것이다. 곧 하나님과 재물을 겸하여 섬기지 아니하고 오직 하나님만을 섬기며 하나님의 뜻과 성경의 가치만을 귀히 여기며 살아가는 삶이다. 세속적 가치와 하나님의 가치에 대해 날카로운 분별이 있어야 한다. 주님께서는 이 땅에 분별의 칼마

10:34을 주러 오신 분이심을 기억해야 한다. 주님께 합당한 것과 그렇지 아니한 것을 분별해야 한다. 영적인 삶은 또한 사탄 마귀와의 치열하며 지속적인 투쟁의 삶이다.

> "너희는 이 세대를 본받지 말고 오직 마음을 새롭게 함으로 변화를 받아 하나님의 선하시고 기뻐하시고 온전하신 뜻이 무엇인지 분별하도록 하라"롬 12:2
>
> "그런즉 누구든지 세상과 벗이 되고자 하는 자는 스스로 하나님과 원수되는 것이니라"약 4:4
>
> "이 세상이나 세상에 있는 것들을 사랑하지 말라 누구든지 세상을 사랑하면 아버지의 사랑이 그 안에 있지 아니하니 이는 세상에 있는 모든 것이 육신의 정욕과 안목의 정욕과 이생의 자랑이니 다 아버지께로부터 온 것이 아니요 세상으로부터 온 것이니라"요일 2:15-16
>
> "마귀의 간계를 능히 대적하기 위하여 하나님의 전신갑주를 입으라"엡 6:11
>
> "근신하라 깨어라 너희 대적 마귀가 우는 사자 같이 두루 다니며 삼킬 자를 찾나니"벧전 5:8

영적 가치를 추구하며 사는 삶의 실제는 소박한 삶, 단순한 삶, 무욕의 삶이다. 그것은 사치와 향락을 멀리하는 삶이며, 탐욕과 탐심을 내려놓은 삶이자, 공수레 공수거의 삶, 자족의 삶이다. 성경은 부자가 되지 말라고 말하지 않는다. 그러나 부자들도 반드시 심령이 가난한 사람이 되라고 말한다. 그렇지 아니하면 그들은 하나님의 나라에 들어가지 못할 것이기 때문이다.마 19:23 심령이 가난한 자가 하나님의 나라, 회복의 나라에 들어갈 것이다.

"우리가 세상에 아무 것도 가지고 온 것이 없으매 또한 아무 것도 가지고 가지 못하리니 우리가 먹을 것과 입을 것이 있은즉 족한 줄로 알 것이니라" 딤전 6:7-8

"돈을 사랑함이 일만 악의 뿌리가 되나니 이것을 탐내는 자들은 미혹을 받아 믿음에서 떠나 많은 근심으로써 자기를 찔렀도다" 딤전 6:10

"나는 비천에 처할 줄도 알고 풍부에 처할 줄도 알아 모든 일 곧 배부름과 배고픔과 풍부와 궁핍에도 처할 줄 아는 일체의 비결을 배웠노라" 빌 4:12

"조용히 일하여 자기 양식을 먹으라" 살후 3:12

회복의 삶은 기꺼이 고난을 받으며 고난을 인내로 이기며 사는 삶이다. 회복의 삶은 그런 의미에서 반전의 삶이다. 중독은 고난을 회피하고 잊으려 한다. 그러나 회복은 고난을 삶의 필연적인 일부로 받아들인다. 그리고 나아가 그것을 기꺼이 받는다. 그럴 때 그 고난이 내게 유익이 되며 결코 얻을 수 없었던 것, 알 수 없었던 것들을 선물로 가져다주는 축복의 통로가 됨을 경험한다. 그리 아니 될지라도 고난을 견디는 힘이 내게 있음이 이미 축복이다.

"우리가 환난 중에도 즐거워하나니 이는 환난은 인내를, 인내는 연단을, 연단은 소망을 이루는 줄 앎이로다" 롬 5:3-4

"인내를 온전히 이루라 이는 너희로 온전하고 구비하여 조금도 부족함이 없게 하려 함이라" 약 1:4

"보라 인내하는 자를 우리가 복되다 하나니 너희가 욥의 인내를 들었고 주께서 주신 결말을 보았거니와 주는 가장 자비하시고 긍휼히 여기시는 이시니라" 약 5:11

"오히려 너희가 그리스도의 고난에 참여하는 것으로 즐거워하라 이는 그의 영광을 나타내실 때에 즐거워하고 기뻐하게 하려 함이라" 벧전 4:13

회복의 길을 걸으려면 초심을 잃지 않아야 한다. 알코올중독자를 치유하면서 내가 늘 강조하는 것은 단주다. 하나님께서 중독자에게 네가 원하는 것이 무엇이냐 라고 묻는다면 나는 이렇게 답하라고 가르친다. 첫째도 단주, 둘째도 단주, 셋째도 단주, 넷째도 단주, 다섯째도 단주, 여섯째도 단주, 일곱째도 단주, 여덟째도 단주, 아홉째도 단주, 열째도 단주라고. 나는 이 이야기를 강조할 때 언제나 손가락을 꼽으면서 열 번을 반복한다. 그만큼 초심을 잃지 않는 것이 중요하기 때문이다. 지속적인 회복을 담보하는 것은 초심을 유지하는가의 여부에 달려 있다. 우리의 초심을 지켜주실 분은 하나님이시다. 그 믿음을 잃지 않아야 한다.

"우리가 시작할 때에 확신한 것을 끝까지 견고히 잡고 있으면 그리스도와 함께 참여한 자가 되리라" 히 3:14
"너희 안에서 착한 일을 시작하신 이가 그리스도 예수의 날까지 이루실 줄을 우리는 확신하노라" 빌 1:6

회복의 삶은 하루하루에 사는 삶이다. 중독 치유의 현장에서 "하루하루에 살자"는 아주 유명한 경구이다. 이 경구는 전적으로 기독교의 종말론적 삶의 자세와 태도를 반영한다. 물론 종말의 그 날이 언제일는지 아무도 모른다. 그러나 종말의 그 날이 오리라는 점은 확실히 안다. 종말론적 삶의 자세와 태도란 그 날, 하나님의 최후 심판의 그 날이 내일이라고 여기며 사는 삶을 말한다. 내일 일이 어떻게 될지 아무도 모른다. 그래서 주님께서도 "내일 일을 위하여 염려하지 말라. 내일 일은 내일이 염려하게 하라." 마 6:34

고 말씀하셨던 것이다. 내일 일도 어떻게 될지 알 수 없는 존재가 인간이다. 그것이 우리의 실존이다. 인간은 정말 아무 것도 아닌 존재인 것이다.

회복 중인 알코올중독자는 언제나 술을 마실 가능성을 가지고 있다. 그 것이 내일 일지도 모른다. 그러므로 술 마시지 않는 오늘은 내게 소중한 날이다. 알코올중독자가 다시 술을 마시는 그 날이야말로 재앙의 날이요 지옥문이 열리는 날이다. 술이, 중독이 나를 삼키고, 사탄이 나를 조종하며, 회복하며 쌓아왔던 모든 아름다운 것들과 가치 있는 것들을 한 순간에 잃어버리는 날이 될 것이다.

우리가 누리고 있는 "하나님의 나라"가 이미 왔으나 아직 완성되지 않은 "이미와 아직 사이Already, but not yet"의 나라인 것처럼 중독자들의 하루는 "긴장과 여유" 사이의 하루여야 한다. 그리고 오늘은 "깨어 있는 날"이 되어야 한다. 파수꾼의 경성하는 하루여야 한다. 그렇게 오늘 하루는 긴장하는 하루여야 하지만 또한 즐기고 누리는 하루여야 한다. 고난과 고통의 하루가 아니라 기쁘고 즐거운 하루, 곧 카르페디움오늘을 즐겨라는 뜻의 라틴어의 하루여야 한다.

"형제들아 너희는 어둠에 있지 아니하매 그 날이 도둑 같이 너희에게 임하지 못하리니 너희는 다 빛의 아들이요 낮의 아들이라 우리가 밤이나 어둠에 속하지 아니하나니 그러므로 우리는 다른 이들과 같이 자지 말고 오직 깨어 정신을 차릴지라"살전 5:4-6
"오직 오늘이라 일컫는 동안에 매일 피차 권면하여 너희 중에 누구든지 죄의 유혹으로 완고하게 되지 않도록 하라"히 3:13

21. 사랑하라

중독과 치유, 성경과 하나님에 관해 말하고자 할 때 우리는 필연적으로 '사랑'이라는 주제로 인도된다. 중독은 사랑의 결핍으로 인해 발생한 것이요, 치유란 그 결핍된 사랑이 채워짐으로 가능해 지는 것이기 때문이다. 또한 "하나님은 사랑이시기"요일 4:8 때문이며 성경은 하나님의 사랑을 기록한 책이기 때문이다. 하나님의 사랑, 만물을 소생시키시고 회복시키시는 이 위대하고 놀라운 사랑에서 중독과 치유에 대한 우리의 논의는 정점에 달한다.

God is love! 성경은 하나님의 존재를 이렇게 표현한다. 영어의 be 동사는 현재시제를 나타내며 어떤 사물의 존재방식이나 이유, 목적을 설명하는 기능을 한다. 하나님은 사랑으로 존재한다. 그 분은 존재 자체, 속성 자체가 사랑이신 분이다. 하나님을 어떻게 분해하여도 그에게서 우리가 발견하는 것은 오직 사랑이다. 하나님은 사랑을 위해 존재하는 분이다. 그것이 그분의 존재 이유이며 목적이다. 하나님은 자신이 창조한 모든 피조물을 사랑한다. 그 모든 피조물들은 하나님의 사랑 안에서 창조되었고 사랑의 관계를 이루며 살아가도록 창조되었다. 하나님께서 이 모든 피조물들을 사랑하실 수밖에 없음은 그 모든 것들이 사랑으로 창조되었기 때문이다.

그러나 그 사랑의 관계는 인간의 죄로 인해 깨어지게 되었다. 죄가 하나님과 인간의 사이를 내었고 인간의 사랑은 사랑할 만한 것을 사랑하는 수준으로 제한되었다. 인간의 사랑의 사이즈로는 중독자들을 사랑할 수 없는 수준으로 제한된 것이다. 자연적인 상태에서 중독자들을 사랑할 수 있는 사람은 아무도 없다. "원수를 사랑하는 사랑!", 곧 하나님만이 하실 수 있는 사랑이 아니고서는, 하나님께서 성령님을 통하여 우리 마음에 부어주시는 그 사랑— "우리에게 주신 성령으로 말미암아 하나님의 사랑이 우리 마음에 부은 바 됨이니"롬 5:5 —이 아니고서는 누구도 중독자를 사랑할 수 없다. 하나님의 사랑, 예수님의 십자가 사랑이 필요한 이유가 여기에 있다.

중독은 버림받은 병이다. 현대판 천형이다. 모든 관계는 깨어졌고 모든 사람들로부터 버림받은 생의 맨 밑바닥에서, 아무도 찾아주는 이 없는 절대 고립의 땅에서, 예수님 시대 나병환자들이 공동체에서 쫓겨나 성문 밖 버려진 움막에서 고통으로 울부짖던 것과 다를 바 없는 그 버려진 땅에서 중독자들은 그들을 찾아 온 예수님을 만난다. 예수 그리스도의 영을 만난다. 예수님의 영을 만나는 순간 그들은 버려진 죄인들에게 말할 수 없는 광영으로 다가오는 그리스도의 크고 놀라운 사랑을 만난다. 그것은 강권하시는 사랑이며 죄인들의 방어벽을 뚫고 진입해 들어오는 사랑이다. 거절 할 수 없는 불가항력적인 사랑이다. 그리고 신비로운 사랑이다. 그것은 인간의 능력으로 이해하고 측량할 수 없는 사랑이며 전혀 예기치 못한 사랑이다. 받을 자격 전혀 없는 자에게 물 붓듯이 부어지는 주체할 수 없는 사랑이다.

사랑받을 자격 없는 죄인들과 중독자들에게 부어지는 그 사랑은 회개를 이루는 사랑이다. "우리가 하나님을 사랑한 것이 아닌 하나님이 먼저 우리를 사랑하신 그 사랑"요일 4:10 만이 중독자들을 회개의 길로 이끈다. 진정한 회개는 오직 그리스도의 사랑, 나 같은 중독자를 위해 십자가에서 대신 죽으신 십자가 그 사랑을 만나고 체험할 때만 가능하다.

예수님을 만나는 것은 예수님의 사랑을 만나는 것이다. 예수님의 사랑을 만날 때 중독자들의 결핍된 내면은 사랑으로 가득 채워진다. 중독자들이 가지고 있는 가장 큰 내면의 고통은 '나는 사랑받을 자격이 전혀 없는 사람'이라는 자의식이다. 나는 죄인 중의 죄인이며, 악인 중의 악인이고, 용서받을 자격이 전혀 없는 자라는 자의식이다. 물론 이런 자의식은 어떤 사람에게서는 의식적 차원에서 나타나기도 하고 어떤 사람에게서는 무의식적 차원에서 나타나기도 한다. 의식적 차원에서 이런 자의식을 가지고 있는 중독자는 하나님 앞으로 머뭇거리며 나가지 못하는 반면, 무의식적 차원에서 이런 자의식을 가지고 있는 사람들은 자기를 구원해 주지 않는 하나님을 원망한다. 그것은 자기 안에 있는 자기 자신에 대한 무의식적 감정과 사고— 나는 쓸모없는 존재다. 나는 피해자다 —를 하나님에게 투사한 결과다. 그러나 우리를 향한 예수님의 사랑, 죄인들과 중독자들을 향한 예수님의 사랑은 그런 자의식의 방어벽마저도 거침없이 뚫고 들어오는 사랑이다.

중독치료에서 가장 결정적인 국면은 바로 여기에 있다. 하나님의 사랑, 그리스도의 사랑을 삶의 실제로, 인격적 실제로 경험하는 일이 바로 그것이다. 그 사랑을 알고 그 사랑을 경험하는 일이다. 크리스찬 상담가나 치료자들, 목회자들이 감당해야할 가장 중요한 일은 그들을 예수님께로, 예수님의 십자가 사랑 앞으로 인도하는 일이다. 첫째로는 말씀을 선포하는 일이다. 말씀이 선포될 때 성령께서 듣는 이들의 귀를 열어주시고, 눈을 열어 보게 하신다. 들음을 통해 그들은 믿음의 세계로 인도되며 그 끝에서 그리스도의 사랑을 만나게 된다. 찬송할지로다, 놀라운 그리스도의 사랑을!

"그런즉 그들이 믿지 아니하는 이를 어찌 부르리요, 듣지도 못한 이를 어찌 믿으리요, 전파하는 자가 없이 어찌 들으리요." "그러므로 믿음은 들음에서 나며 들음은 그리스도의 말씀으로 말미암았느니라."롬 10:14, 17

크리스찬 중독치유 상담가나 목회자들이 해야 할 두 번째 일은 중독자들에게 그리스도의 사랑을 보여주는 일이다. 삶을 통해 그리스도 사랑의 본을 보여주는 일이다. 그것은 내 주위에 있는 "지극히 작은 자"들, 곧 중독자들에게 사랑과 자비, 긍휼을 베푸는 일이다. 곧 "주린 자들에게 먹을 것을 주고, 목마를 때에 마시게 하며, 나그네 되었을 때에 영접하며, 헐벗었을 때에 옷을 입히고, 병들었을 때에 돌봐주며, 옥에 갇혔을 때에 찾아가 돌보는 것"마 25:35-36이다. 그리스도에게 받은 사랑을 그대로 이 시대의 작은 자인 중독자들에게 전하는 일이다. 그것은 "말과 혀로만 하는 사랑이 아니라 행함과 진실함으로 하는"요일 3:18 사랑이어야 한다.

물론 중독자들을 향한 인간의 사랑은 완전하지 않다. 그리스도의 완전하신 사랑에 비춰보면 턱없을 것이다. 그러나 믿음으로 거듭난 신자들은 점점 더 그리스도의 정성한 분량에 이르도록 성장하고 성숙하여 가며, 그리스도의 사랑을 점점 더 드러내는 삶을 살아가게 된다. 신자들을 통해, 인도자들을 통해 중독자들은 완전한 그리스도의 사랑 앞으로 인도된다. 보이는 그 사랑을 통해 보이지 않는 하나님의 사랑으로 인도되는 것이다. 오직 삶 속에서 드러나는 본을 통해서만 하나님을 향한 중독자들의 마음은 열리기 시작한다. 캐롤 와이즈가 통찰했듯이 영적인 차원에서 실재를 전달하는 방법은 오로지 경험을 통한 것 밖에 없으며, 사랑은 사랑에 관한 말을 통해서가 아니라 사랑의 관계를 통해서만 실현되는 것이기 때문이다.

예수님 시대의 사랑, 곧 헬레니즘 시대의 사랑을 흔히 아가페 사랑, 필레오 사랑, 에로스 사랑의 세 차원으로 정의하곤 한다. 아가페 사랑은 이타적인 사랑이요, 남을 위해 나를 헌신하는 희생의 사랑이다. 이에 비해 필레오의 사랑은 친구 사이의 깊은 우정, 또는 친구를 위해 목숨을 기꺼이 내어 놓는 사랑을 의미하며, 에로스의 사랑은 연인간의 사랑으로 정욕과 성욕을 발현하고 충족하는 육신적 사랑을 의미한다. 이렇듯 사랑은 다양한 층위와 차원을 가지고 있다. 인간의 삶이 풍요로워지고 행복해지려면 이 다양한 층위의 사랑이 실제의 삶 속에서 온전히 통합적으로 구현되어야 한다. 인간의 진정한 행복은 사랑받고 사랑할 때 주어진다는 것은 재론의 여지가 없는 동서고금의 일치되고 일관된 진리이다. 그러나 여기에도 문제는 있다. 사랑에도 중독이 있다는 사실이다. 사랑이라고 다 사랑이 아니다. 병든 사랑, 중독된 사랑도 있다. 그것은 반드시 치유되어야 할 병이다.

인간의 행복의 조건에 대해 프로이트는 일, 사랑, 놀이를 꼽았다. 마음껏 사랑받고 사랑을 줄 사람이 곁에 있고, 좋아하는 일이 있어 즐겁게 일할 수 있으며, 쉼의 여유가 있어 적당히 놀고 쉬며 놀이를 즐기게 될 때 인간은 행복감을 느낀다는 것이다. 그런데 인간은 이 행복해질 수 있는 조건들을 모두 불행의 조건으로 만들어버릴 수 있는 존재임을 직시할 필요가 있다. 이 조건은 모두가 대표적인 중독의 조건이 되기도 한다. 사랑에 집착하면 사랑중독자가 되고, 일에 집착하면 일중독자가 된다. 놀이에 중독되면 놀이 중독자_{게임중독, 도박중독, 운동중독 등}가 된다. 그럴 때 행복의 조건은 졸지에 불행의 조건으로 바뀌게 된다. 과유불급. 지나치면 모자람만도 못한 결과가 나타나는 것이다.

사랑중독은 크게 사랑에 집착하는 증상과 사랑을 거부하는 증상으로 나타난다. 그것은 마치 음식중독자들이 음식에 지나치게 집착하는 폭식증 환자와 음식 섭취를 거부하는 거식증 환자로 나누어지는 것과 같은 이치다. 이미 앞에서 우리는 밧세바를 간음하고 충신이었던 우리아를 살해한 다윗의 경우와 여섯 남편을 둔 사마리아 여인을 성중독 성향이 있는 사례로 제시한 바 있다. 통상적으로 사랑중독은 성중독의 한 유형이라고 볼 수 있는데 성중독은 사랑중독, 섹스중독, 포르노중독, 자위중독, 노출증, 관음증,

성도착증, 동성애, 스토커 등을 포섭하는 포괄적 개념으로 이해할 수 있다. 사랑중독, 성중독은 사람중독, 관계중독의 또 다른 얼굴이다.

모든 중독이 그러하듯이 중독은 왜곡하는 병이고 사랑중독자들 역시 왜곡된 '사랑관'을 가지고 있다. 그들은 사랑은 반드시 있어야 하거나 혹은 없어도 괜찮은 그 무엇으로 인식하지만 근본적으로 이기적 동기에 의해 사랑을 정의하고 행하는 데에 그 특징이 있다. 사랑중독자들이 행하는 사랑은 근본에 있어 자기중심적이며 이기적이다. 그들은 사랑받기 위해 사랑하며, 상처입기 싫어 사랑하지 않는다. 그들은 대가와 보상을 바라며 상대방을 사랑한다. 나도 이만큼 너를 사랑했으니 너도 마땅히 내가 너를 사랑한 만큼 나를 사랑해야 한다고 요구한다. 이 말은 일견 그럴듯해 보이지만 문제는 사랑받는 당사자가 그것을 사랑이라고 느끼지 않는다는 점에 문제의 본질이 있다. 오히려 상대방은 그것을 사랑이 아닌 구속이나 속박으로 인식한다. 사랑 없는 자유 없고, 자유 없는 사랑 없다. 사랑은 서로를 구속하지만 그것이 자유로 경험될 때 그 사랑은 진정한 사랑이 된다. 사랑중독자들이 행하는 사랑은 용인될 수 있는 '다름'이 아니라 변화되거나 치유되어야 할 '틀림'이다.

성장과정에서 사랑의 결핍을 경험한 사랑중독자들은 끊임없이 사랑을 갈구하며 추구한다. 그러나 그들은 그것을 얻지 못한다. 사랑을 지나치게 추구하든, 아니면 거부하든 그들의 마음은 언제나 채워지지 않는 공허와 외로움으로 가득 차 있다. 그들의 공허는 진정한 사랑을 만날 때만 채워질 수 있다.

하나님 사랑과 이웃 사랑에 대한 영적 요구에 대해 이들이 보이는 자세와 태도 역시 심히 왜곡되어 있다. 진정한 사랑을 경험하지 못한 그들은 죄인들을 향한, 중독자들을 향한 하나님의 이타적 사랑, 십자가 대속의 사랑을 믿지 못한다. 그들은 머리로는 그것을 이해하고 받아들이지만 심령 깊은 곳에서 그것을 받아들이지 못한다. 그리스도의 십자가 사랑, 자녀들을 향한 부모의 대가를 바라지 않는 희생의 사랑을 그들은 경험하여 본 적이 없기 때문에 믿을 수가 없다. 괜히 믿었다가 낭패를 볼까 두려워한다. 그래서 그리스도의 사랑에 대한 그들의 믿음은 언제나 피상적일 수밖에 없다. 하나님에 대한 사랑이든 이웃에 대한 사랑이든 그들의 사랑은 피상적이며 외식적이다. 하나님 사랑과 이웃에 대한 사랑의 행위도 결국에는 사람들에게 인정받으려는 외식적 동기를 가지고 진행될 때가 많은 것이다. 결국 그들의 사랑에는 진정성이 결여되어 있는 것이다.

진정한 사랑은 무엇인가? 어떤 사랑이 진정한 사랑인가? 그것은 에로스의 사랑, 필레오의 사랑, 아가페의 사랑을 통합적으로 이해하고 경험하며 행하는 사랑이다. 사람들은 흔히 아가페의 사랑을 더 높고 가치 있는 것으로 여기는 경향이 있다. 그것을 틀렸다고 말할 수는 없지만 그렇다고 해서 에로스의 사랑이 더 낮고 덜 가치 있는 사랑이라고 말할 수도 없다. 진정한 사랑이란 이 모든 형태의 사랑이 조화롭게 통합된 사랑이기 때문이다. 인간은 육신을 가진 존재, 몸을 가진 존재이다. 에로스의 사랑은 그 몸을 사랑하고 육신을 사랑하는 사랑이다. 에로스의 사랑을 통해 남자와 여자는 한 몸이 되는 신비를 경험한다. 한 남자와 한 여자가 만나 결혼하고 부부가 되어 부부 안에서 이루어지는 에로스의 사랑은 진정한 사랑의 출발점이 된다. 모든 사랑은 보이는 몸의 반응으로부터 시작되고 그 몸을 사랑하는 것이다. 그 몸을 존중하고 배려하는 것이다. 몸의 경계를 분명히 하는 것이다. 그 몸으로 서로 헌신하는 것이다. 바울은 이렇게 말한다. "아내는 자기 몸을 주장하지 못하고 오직 그 남편이 하며 남편도 그와 같이 자기 몸을 주장하지 못하고 오직 그 아내가 하나니 서로 분방하지 말라."^{고전 7:3-4}

사랑중독자들은 이 부부라는 울타리를 벗어나 성을 탐닉한다. 바울은 그

들을 향해 또한 이렇게 일갈한다. "창녀와 합하는 자는 그와 한 몸인 줄을 알지못하느냐?"고전6:16

육신의 몸을 가진 인간의 아름다운 에로스의 사랑 이야기를 우리는 성경의 아가서에서 만난다. 유진 피터슨은 그의 개인 성경해석서인 「메세지」에서 아가서에 대해 이렇게 말한다. "아가서를 조금만 읽어보면 두 가지가 눈에 들어온다. 절묘한 사랑노래와 노골적인 성애 표현이다. 아가는 부부애와 성관계를 연결시키고 있다. 이것은 대단히 중요하고 성경적인 연결 관계다. 아가서는 남자와 여자가 육체적, 감정적, 영적으로 사랑하며 살아가도록 창조되었음을 설득력 있게 증언한다."

물론 우리는 아가서를 자기 백성을 향한 하나님의 깊은 사랑, 신랑되신 그리스도의 교회를 향한 사랑, 주님을 향한 그리스도인의 사랑으로 해석하는 전통적 관점에 동의한다. 그러나 문자적 의미 그대로 아가서를 아름다운 남녀의 에로스 사랑이야기로 읽고 해석하는 관점에 대해서도 동등한 가치를 부여한다. 아가서는 남자와 여자가 벌거벗었으나 아무런 부끄러움을 느끼지 않았던 에덴동산 시절을 상기시켜 준다. 순수한 사랑은 부끄러움이나 죄의식을 느끼지 않는 것이니 하나님께서도 그와 같은 사랑을 기뻐하신다.

모든 사랑은 육적인 사랑에서 시작된다는 것을 우리는 잊지 말아야 한다. 아기가 태어나서 처음으로 사랑을 느끼는 것은 자기를 돌봐주는 엄마의 따뜻하고 보드라운 젖가슴, 따뜻한 손길과 터치, 자기를 사랑스럽게 바라보는 엄마의 시선 등 육적 차원에서 사랑을 보고 느끼며 경험하기 시작하는 것이다. 그리고 그것을 기초로 해서 아기는 점점 성장하면서 정신적인 사랑, 인격적인 사랑을 배우고 익혀가며, 믿음을 가진 이후에는 그리스도의 이타적인 아가페 사랑을 배우고 실천하게 되는 것이다. 어린 시절 부모로부터 제공되는 이 따뜻한 육신적 사랑을 받아 보지 못한 사람이 성장하여 어른이 되었을 때 그가 느끼고 행하는 사랑은 자칫 관념적이고 사변적이며 당위적 차원에서 행해지는 사랑이 될 가능성이 많다. 따뜻한 온기와 심장을 방망이질 하는 설레임이 없는, 메마른 사랑일 가능성이 크다는 것이다.

사랑중독자, 특히 섹스중독자들이 육체적 사랑, 에로스의 사랑에만 집착하고 탐닉하는 사람들이라면 영적 사랑, 아가페 사랑만을 고집하고 집착하는 사람들은 영적인 것과 육적인 것, 성스러운 것과 속된 것을 지나치게 이분화 하여 한 쪽을 배제하는 영지주의자들이라고 말할 수 있다. 진정한 하나님의 나라에서 성과 속은 분리되지 않는다. 진정한 성은 속 안에 있는 것이다. 그것이 이 낮은 땅에 육신을 입고 오신 그리스도의 성육신의 원리이자 비밀이다. 그리고 '몸 사상'의 핵심이다. 몸 안에, 육신 안에 고결한 영혼이 있는 것이다. 우리 몸이야말로, 이 육신이야말로 고귀한 "성령의 전"인 것이다. "너희 몸은 너희가 하나님께로부터 받은 바 너희 가운데 계신 성령의 전인 줄을 알지 못하느냐?"고전 6:19 그러므로 에로스의 사랑, 곧 땅의 사랑과 아가페의 사랑, 하늘의 사랑은 마음과 인격의 사랑인 필레오의 사랑과 함께 반드시 우리의 삶에 고르게 있어야 하는 것이다. 사랑을 서로 주고받되 몸으로, 마음으로, 영으로 주고받는 사랑이어야 한다는 것이다. 영지주의를 경계해야 한다. 그것은 옛적에도 있었고 현대에도 있다. 영과 혼과 육이 다 소중하다. 그것들은 떼어놓을 수 없이 긴밀히, 본성적으로 연결되어 있다. 영의 사랑과 혼의 사랑과 육의 사랑이 우열을 가릴 수 없이 모두 중요하다.

그렇다면 중독을 치유하는 사랑은 어떤 사랑일까? 어떤 사람이 몸과 마음과 영을 다해 한 명의 중독자를 사랑하게 될 때 그 중독자가 치료될 수 있을까? 그 답은 예이다. 한 명의 중독자를 누군가가 온 몸과 마음을 다해 진정으로 사랑한다면 그를 치료의 길로 인도할 수 있을 것이다. 그러나 우리가 이 지점에서 고려해야 할 것은 인간 존재의 한계와 불완전성에 대한 것이다. 그 어느 누구도 완전한 사랑, 그리스도께서 십자가에서 보여주신 그 완전한 사랑을 그대로 재현할 수는 없다. 그것이 인간의 한계다. 성령의 인도함을 받아 믿는 사람들이 믿음을 위하여 자기 목숨을 내어 놓는 순교의 장렬함을 보여줄 수는 있지만 술과 도박에 빠져 있고 방탕의 극한을 보여주는 알코올중독자나 도박중독자를 위하여 자기 목숨을 내어 놓는 아가페의 사랑을 행하는 것은 결코 쉬운 일이 아니다. 술에 절어 있는 그의 몸을 어떻게 사랑하며, 폭력과 거짓으로 일관된 삶을 살아가는 그들을 어떻게 마음을 다해 사랑할 수 있단 말인가?

많은 중독자들이 선물은 주지도 말고 받지도 말자는 신념을 가지고 살아간다. 그것은 사랑을 주지도 말고 받지도 말자는 신념과도 같은 것이다. 그들은 사랑을 어떻게 다루어야 하는지 알지 못한다. 그리고 그것을 주고받는 것이 너무 어색하다. 그러나 그들의 내면 깊숙한 곳에는 사랑을 향한 갈망이 있다. 그들이 원하는 사랑의 최고 수준은 말할 것도 없이 그리스도의 아가페 사랑이다. 그들은 자기 자신을 있는 그대로 사랑해 줄 그 누군가를 필요로 한다. 문제는 '있는 그대로의 자기 자신'이란 여전히 술 마시고, 도박하고 있는, '있는 그대로의 자기 자신'을 사랑해달라는 데 있다. 중독은 병이다. 그러나 다른 한편에서는 죄이자 악이다. 중독에는 선한 것이 아무 것도 없다. 그것은 중독된 자기 자신을 파괴할 뿐만 아니라 주위에 있는 모든 것을 파괴하며 고통을 준다. 중독에서 벗어난 어떤 회복자가 "당신은 천국을 보았습니까?"라는 물음에 "나는 천국은 보지 못했지만 지옥은 보았습니다. 중독으로 살아온 나의 지난날들이 지옥이었습니다."라고 답하는 것을 들은 적이 있다. 중독자들과 오랜 시간을 살아온 필자의 입장에서도 살아 있는 지옥을 보려면 중독자 가정을 가서 보라고 말하고 싶다. 인간의 인간에 대한 좌절과 실망, 맨틀 밑을 흐르는 마그마처럼 중독자 가족의 내면 깊은 곳을 흐르는 터질듯 한 증오와 적개심, 예고된 재난을 기다리는 이들의 불안, 두려움, 공포, 절해고도에서나 느낄 법한 적막감, 더 이상 타오를 수 없이 재가 되어 냉랭해진 가족관계… 이것이 중독자 가족의 모습이며 실상이다. 그런 현실 속에서 중독자들이 그래도 바라는 것은 사랑이다. 그들을 따뜻하게 감싸주고 안아줄 사랑이다. 이 지옥 같은 현실을 그들 자신이 만들어 놓고도 중독자들은 사랑을 갈구한다. 자기를 위로해 주고 자기를 안아줄 대상을 끊임없이 갈구한다. 그들의 갈구는 현실에서 충족될 수 없다. 오직 사랑이신 예수님을 만날 때에만 충족될 수 있다.

앞에서 이미 나는 버려진 땅에서 우리는 진정한 인간이 되며, 거기에서 비로소 인간들은, 중독자들은 하나님을 찾고 겸손한 마음이 되어 하나님께 무릎 꿇고 나아가게 된다고 말했다. 그리고 고통이 중독자들로 하여금 하나님을 찾고 하나님께 나아가게 하는 첩경이 된다고도 말했다. 그러므로 중독을 치유하는 사랑은 중독자들로 하여금 고통을 당하게 허락하고 그들 자신이 지은 죄와 허물, 잘못에 대해 대가를 치르게 하는 사랑이어야 한다. 그것은 곧 '냉정한 사랑' 혹은 '거친 사랑'Tough love이다.

냉정한 사랑은 죄와 죄인을 분리하는 사랑이며, 병과 병자를 분리하는 사랑이고 중독과 중독자를 분리하는 사랑이다. 우리는 죄인들을 사랑하지만 죄를 미워한다. 마찬가지로 우리들은 병자들은 사랑하지만 병마저 사랑하지는 않는다. 중독을 치유한다는 것은 앞에서 거듭 밝혔지만 중독된 행위를 끊는 것을 의미한다. 알코올중독자가 더 이상 술 마시지 않게 하는 것이며, 도박중독자가 더 이상 도박하지 않게 하는 것이다. 그것은 술과 도박 등 중독된 행위를 더 이상 허락하지 않는다는 것을 의미한다. 뿐만 아니라 더 이상 죄 가운데 살지 않게 하는 것을 의미한다. 주님께서 간음하다 현장에서 잡혀온 여인을 구원해 주시면서 "가서 다시는 죄를 범하지 말라."요8:11고 하신 말씀 그대로를 이루며 살게 하는 것이다. 바울 사도는 고린도 교회에 음행의 문제가 있다는 소식을 듣고 그들에게 이렇게 편지한다.

> "너희가 자랑하는 것이 옳지 아니하도다. 적은 누룩이 온 덩어리에 퍼
> 지는 것을 알지 못하느냐? 너희는 누룩 없는 자인데 새 덩어리가 되기
> 위하여 묵은 누룩을 내버리라. 우리의 유월절 양 곧 그리스도께서 희
> 생되셨느니라. 이러므로 우리가 명절을 지키되 묵은 누룩으로도 말고
> 악하고 악의에 찬 누룩으로도 말고 누룩이 없이 오직 순전함과 진실함
> 의 떡으로 하자."고전 5:6-8

중독은 누룩과도 같아서 그냥 놔두면 주변에 있는 모든 것들을 중독시켜
버린다. 중독이 대를 물려 이어진다. 그것은 마치 나쁜 누룩과도 같아서 제
때에 제거하지 않으면 빵 전체를 부패시키는 것과 같다. 중독은 치료되어야
하며, 중독의 근원이 되는 죄와 악은 제거되어야 한다. 그리하여 그리스도
앞에서 순전하고 진실한 삶을 회복하여야 한다.

바울은 더 나아가 교회 안에 이런 형제가 있으면 그들과 교제하지도 말고
그들을 교회에서 내쫓으라고 강경한 어조로 말한다.

> "이제 내가 너희에게 쓴 것은 만일 어떤 형제라 일컫는 자가 음행하거
> 나 탐욕을 부리거나 우상 숭배를 하거나 모욕하거나 술 취하거나 속여
> 빼앗거든 사귀지도 말고 그런 자와는 함께 먹지도 말라. 그리고 이 악
> 한 사람을 너희 중에서 내어쫓으라."고전 5:11, 13

사실 하나님의 사랑은 죄인들을 향한 무제한적, 무차별적 사랑이다. 하
나님은 악인과 선인에게도 고르게 해를 비추시며 비를 의로운 자와 불의한
자에게도 고르게 내려주시는 분이다. 너희가 너희를 사랑하는 사람만 사랑

하면 무슨 상이 있겠느냐고, 그것을 누군들 못하겠느냐고 말씀하신 것도 예수님이셨다.^{마 5:45-46} 그러므로 우리는 중독자를 사랑해야 한다. 그러나 중독자는 사랑하되 중독을 미워하는 냉정한 자세 또한 견지해야 한다.

지금은 중독영화의 고전이 된 니콜라스 케이지 주연의 「라스베가스를 떠나며」에서 주인공인 벤과 사라^{엘리자베스 슈 분}의 사랑이야기는 중독을 치유하는 사랑은 어떤 사랑이어야 하는가를 사실적으로 보여준다. 극작가였던 벤은 알코올중독으로 인해 직장에서 해고되자 생활을 정리하고 퇴직금을 들고 라스베가스 – 향락의 도시 – 로 떠난다. 그의 목적은 단 하나, 그냥 마음껏 술 마시다가 생을 마감하는 것이다. 그것은 술을 정말 좋아하는 알코올중독자들의 로망이기도 하다 술 마시다 죽으리라 결심하고 떠나간 환락의 도시 라스베가스 한 복판에서 벤이 마주친 장벽은 역설적으로 외로움이었다. 외로움을 달래기 위해 여자를 찾았고 창녀인 사라를 만난다. 자기 몸을 탐하지도 않고 그저 옆에만 함께 있어주기 바라는 벤을 보면서 사라는 사랑을 느낀다. 자기를 인간 대접해 주는 남자를 그녀는 처음 만난 것이다. 그들은 함께 살기 시작한다. 누군가가 내 옆에 있다는 것. 나를 지켜보고 기다리는 사람이 있다는 것. 그들은 사랑을 느끼고 행복을 느낀다. 알코올중독자에게도, 몸 파는 창녀에게도 사랑은 간절히 필요한 것이었다. 그러나 그 행복은 오래가지 못한다. 사라가 알코올중독을 치료하기 위해 벤의 인생에 개입하는 순간 두 사람의 관계에는 금이 가기 시작한다. 자기를 변화시키려는 사라 곁을 떠난 벤은 어두운 모텔 방에서 참으로 쓸쓸하고 고독하게 생을 마감한다.

이 영화에서 우리는 사랑에 대한 다양한 함의를 발견하게 된다. 우리가 주목하고자 하는 것은 진정한 사랑이란 무엇인가와 중독을 치료하는 사랑은 무엇인가에 관한 것이다. 벤과 사라가 만나 서로의 신분이나 처지, 직업 등 외적 조건을 문제 삼지 않고 '있는 그대로의 모습'을 받아들이는 것은 참 사랑이라 할 수 있다. 참사랑은 나 자신을 그/그녀에게 허용하는 것이다. 서로의 삶에 개입하는 것이다. 남자와 여자가 만나 서로의 삶에 개입하여 충돌해 가면서 두 사람만의 새로운 삶을 빚어가는 것이다. 벤의 알코올중독의 심각성을 지켜보던 사라는 마침내 벤에게 치료받을 것을 권한다. 병원에 가보자고 말한다. 사랑은 그런 것이다. 그의 고통을 덜어주고, 그의 아픔을 치유해 주고 싶은 것이다. 그러나 벤은 사라의 제안을 거부한다. 자기를 그냥 있는 그대로 받아들여 달라고 말한다. 더 이상 나를 변화시키려 하지 말라고 말한다. 사라는 완강히 저항하는 벤을 안타까워하지만 더 이상 그의 삶에 개입하지 못한다.

돈이 떨어진 사라는 다시 매춘을 시작한다. 그러나 벤은 사라가 다른 남자를 만나 몸을 파는 것이 싫다. 그렇게 벌어온 돈으로 무위도식 하는 자기 자신을 받아들이지 못한다. 그래서 사라 곁을 떠나 쓸쓸한 죽음을 맞이하게 된다.

진정한 사랑은 중독과 함께 할 수 없다. 또한 진정한 사랑은 부도덕하고 불법적인 직업을 용납할 수가 없다. 진정한 사랑은 죄와 악으로부터, 불의와 불법으로부터 사랑하는 그 사람을 구출하는 것이다. 진정한 사랑은 병으로 죽어가는 그 사람을 치료의 길로 이끄는 것이다. 그것이 진정한 사랑이요 중독을 치료하는 사랑이다. 고린도전서가 들려주는 사랑의 정의를 다시 한 번 귀담아 들을 필요가 있다.

> "사랑은 오래 참고 사랑은 온유하며 시기하지 아니하며 사랑은 자랑하지 아니하며 교만하지 아니하며 무례히 행하지 아니하며 자기의 유익을 구하지 아니하며 성내지 아니하며 악한 것을 생각지 아니하며 불의를 기뻐하지 아니하며 진리와 함께 기뻐하고 모든 것을 참으며 모든 것을 믿으며 모든 것을 바라며 모든 것을 견디느니라"고전 13:4~7

중독은 오래 참지 못한다. 남을 배려하지 않으며 자랑하고 교만하며 무례히 행한다. 중독은 자기만의 유익을 구하며 마구 성내고 늘 악한 것을 생각한다. 불의를 개의치 아니하며 진리를 추구하지도 않는다. 모든 것을 성급히 해결하려 하고 모든 것을 불신하고 모든 것을 회의하며 모든 것에 참을성이 없다. 이것이 중독이다. 그리고 그것은 정확히 사랑이 아니다. 사랑과 중독 사이는 하늘과 땅만큼 넓은 것이다.

중독자를 사랑하자. 온 몸과 마음을 다해 사랑하자. 그러나 중독을 미워하자. 몸서리 쳐지도록 미워하자. 중독을 우리 삶의 전 영역에서 몰아내고 축출하자. 중독이 우리 삶을 망치고 궤멸시키지 못하도록 싸우자. 냉정한 사랑으로. 그것이 중독을 치유하는 사랑이며, 사랑으로 중독을 치유하는 방식이다.

22. 기도하라

성경은 기도의 책이다. 성경을 통해 우리는 기도하는 이들을 만나고 기도를 배운다. 성경의 사람들은 하나 같이 기도하는 사람들이었다. 사실 기도는 인간의 본능에 가까운, 모든 인간 속에 내재된 특별한 능력이며, 어쩌면 피조된 모든 존재들 안에 내재된 창조주의 속성일지도 모른다. 피조물 속에는 그 피조물을 만든 창조주의 속성이 분여되어 있게 마련이고 창조주의 창조 의도가 깃들어 있으리라고 우리는 추측할 수 있다. 창조주는 그가 만든 피조물들 – 하늘과 땅과 바다와 바람과 지으신 그 모든 것, 동물과 식물과 보이지 않는 미생물에 이르기까지 살아 있는 모든 것들 – 과 소통하기를 원하지 않을까 생각해본다. 라파공동체는 깊은 시골 청정의 자연 속에 위치해 있다. 때 묻지 않은 자연 속에서 살아가는 날들이 하루하루 길어질수록 자연에 대한 경외감과 신비감은 커져만 간다. 그리고 그 안에서 하나님을 발견한다.

캄캄한 밤, 반짝이는 별, 흐르다 사라지는 유성, 안개꽃처럼 흐드러지게 핀 은하수, 휘엉청 떠오르는 보름달, 가녀린 새벽 초승달, 슬픈 비둘기 울음소리, 밤하늘을 찢는 고라니 울음소리, 졸졸졸 들려오는 계곡 물소리, 천지를 삼킬 듯한 개구리들의 합창소리, 자욱한 안개, 추적추적 내리는 겨울비, 하늘을 쪼개는 번개, 심장을 덜컹케 하는 천둥소리, 사위를 침묵케 하는 스산한 날씨, 하늘 향해 머리 풀어 헤치고 자라는 나무들, 정적을 깨고 불현 듯 나타났다 사라지는 새들, 찬란한 여명, 눈부시게 푸르른 신록, 탁치면 깨질 듯한 한겨울 새벽 추위, 대지를 허덕이게 하는 한 여름의 태양,

가슴 시리도록 푸르른 가을날의 청명, 만물을 침묵케 하고 고요에 머물게 하는 적라의 겨울 들판, 마지막 투혼을 불사르는 서산 낙조, 장렬하게 타오르는 단풍, 연기 피어오르는 고즈넉한 산골 마을의 저녁, 산산히 흩어지는 점묘의 낙엽….

자연은 그대로가 시가 되며 기도가 된다. 다윗처럼 "여호와 우리 주여, 주의 이름이 온 땅에 어찌 그리 아름다운지요. 주의 영광이 하늘을 덮었나이다"시 8:1 "하늘이 하나님의 영광을 선포하고 궁창이 그의 손으로 하신 일을 나타내는도다, 날은 날에게 말하고 밤은 밤에게 지식을 전하니 언어도 없고 말씀도 없으며 들리는 소리도 없으나 그의 소리가 온 땅에 통하고 그의 말씀이 세상 끝까지 이르도다"시 19:1-4 고 노래하며 기도하게 된다. 어쩌면 다윗 신앙의 기본은 그가 자연 속에서 양을 칠 때 다져진 것인지도 모른다.

기도하는 것은 인간에게 지극히 본능적이며 자연스러운 일이다. 모든 인간은 의식적이든 무의식적이든 기도한다. 그것이 때론 자연과 그것을 만드신 하나님에 대한 예찬일 수도 있고, 때론 마음속의 깊은 갈망이나 한 맺힌 원망의 토로일 수도 있다. 인간은 누군가를 향해, 무엇인가를 향해 그것을 표출한다. 마음속으로 하든 소리 내어 하든….

기독교의 기도는 하나님을 절대적인 신으로 믿는 사람들이 하나님과 나누는 소통, 곧 '코이노니아'Koinonia다.

> "우리가 보고 들은 바를 너희에게도 전함은 너희로 우리와 사귐이 있게 하려 함이니 우리의 사귐은 아버지와 그의 아들 예수 그리스도와 더불어 누림이라"요일 1:4

사도 요한은 자기가 예수 그리스도와 함께 생활하면서 보고 들은 바를 전해 주었는데 그 목적은 너희와 우리가 서로 사귀고, 또 우리뿐만 아니라 하나님 아버지와 그 아들 예수 그리스도와 함께 사귀며 누리는 데 있다고 말한다. 이 사귐의 원어가 바로 코이노니아다. 요한의 이 말은 예수님의 마지막 기도 "아버지여, 아버지께서 내 안에, 내가 아버지 안에 있는 것 같이 그들도 다 하나가 되어 우리 안에 있게 하소서"요 17:21의 또 다른 표현이라고 말 할 수 있다. 코이노니아란 곧 모든 것을 함께 하고, 나누며, 누리는 것이다. 기도란 그 모든 것 중 우리 마음의 모든 것을 하나님과 함께 하고, 나누며, 누리는 것이다. 그것은 우리 마음의 모든 생각, 감정, 뜻과 의지를 나누는 것이며 하나님의 생각, 감정, 뜻과 의지를 알아가는 것이다. 그것은 아버지와 아들 사이의 친밀한 대화일 수도 있고, 주인님을 향한 종의 간구일 수도 있으며, 심판자를 향한 죄인의 간절한 청원이요 억울함 당한 자의 탄원일 수도 있다. 거룩하신 이를 향한 불경건한 자들의 솔직한 죄의 고백일 수도 있으며, 극한 고난 속에서 절대자를 향해 외치는 단말마의 외침이자 부르짖음 일 수도 있다. 그것은 하나님이 지으신 자연 세계에 대한 찬탄과 경외의 노래일 수도 있으며, 하나님께서 우리에게 행하신 놀라운 일들에 대한 찬양과 감사일 수도 있다. 기도에 대한 이 모든 정형을 우리는 시편에서 발견한다. 시편은 모두가 시이자 노래요 기도이다. 시편을 중독치료의 관점에서 어떻게 활용할 수 있는 지에 대해서는 이미 앞장에서 살펴본 바 있다

　　그러나 중독자들에게 기도는 참으로 어려운 그 무엇이다. 기도는 기본적으로 영적인 활동이지만 심리적 활동이기도 하며 육체적 활동이기도 하다. 인간은 영혼육을 가진 존재이며 이들 세 요소는 인간의 몸 안에서 유기적으로 긴밀히 연관되어 있어 서로 영향을 주고받는다. 중독자들에게 기도가 어려운 이유는 그들이 성장 과정에서 육신의 부모님과 친밀한 사귐의 경험을 충분히 갖고 누려본 적이 없음에 기인한다. 하나님! 하고 이름을 부른 다음에는 머리가 하얗게 되어서 뭘 어찌해야 좋을지 모르겠다고 말하는 많은 형제 자매들을 나는 보아 왔다. 무섭고 엄격했던 육신의 아버지 경험이 그대

로 하나님 아버지께 투사되어 하나님 아버지는 가까이 하기엔 너무 먼 당신이며 범접하기 어려운 분 일 뿐만 아니라 불호령을 내리고 질책하실 것만 같은 두려움의 대상으로 느껴지기 때문이다.

공동체 교육과 상담, 훈련을 통해 마음의 이치를 배우고 성경을 공부하면서, 무엇보다 공동체 생활을 통해 하나님 나라 가족으로서 새로운 삶을 경험하면서 중독자들은 하나님을 새롭게 알아가고 경험해 간다. 그렇게 됨으로 하나님 아버지와의 친밀감이 조금씩 획득되어 지고 기도의 마음문과 말문도 점점 더 열리게 된다. 기도는 우리에게 부여된 절대자를 추구하는 본능적인 측면도 있지만 그것은 역시 영적 거듭남, 곧 그리스도를 믿는 믿음을 통해 더 풍성한 선물로 주어지기도 한다. 여러 기도 중에 방언으로 기도하게 되는 것은 전적으로 하나님께서 주시는 영적 선물이다.

> "우리가 마음에 뿌림을 받아 악한 양심으로부터 벗어나고 몸은 맑은 물로 씻음을 받았으니 참 마음과 온전한 믿음으로 하나님께 나아가자" 히 10:22

몸과 마음이 그리스도께서 십자가에서 흘리신 피로 말미암아 깨끗게 되었음을 믿는 믿음이야말로 우리가 거리낌 없이 하나님 앞에 나아가는, 곧 기도하게 되는 원천이 된다.

중독자들의 일그러지고 어그러진 마음, 상처 입은 내면은 그대로 기도생활에 반영된다. 기도는 누구나 할 수 있는 것이지만 잘 훈련되어야 하는 것이기도 하다. 무엇보다도 중독자들에게 기도는 앞서 말한 친밀감의 문제로 인해 어렵게 느껴지는 것이기도 하지만 그들 안에 내재된 여러 부정적인 요인들로 인해 오도되거나 왜곡될 가능성도 꽤나 많다는 사실에 우리는 깊이 유의해야 한다.

기도와 관련해서 하나님의 주인 되심, 곧 주권의 문제를 분명히 하는 것이 좋을 것이다. 그것은 사실 그리스도인들의 구원과도 연관되어 있는 것이기도 한데 우리의 구원의 주체, 주인이 누구인가에 대한 문제이며, 나의 기도를 들으시는 하나님은 누구인가에 대한 문제이기도 하다. 하나님은 우리의 구원의 주체이시며, 구원 받은 이들의 주님이시다. 이것이 바로 주권 구원론Lordship Salvation이다. 구원 받은 사람들은 그 분의 자녀가 되기도 하지만 주인이신 그 분의 신실한 종으로서의 지위도 갖는다. 나의 기도를 들으시는 그 분은 나의 하나님이시고 나의 아버지이기도 하지만 또한 나의 주님이시기도 하다. 부리는 사람은 주인이지 종이 아니다. 그러나 종종, 아니 훨씬 더 많은 경우 우리들은 주님을 나의 종 부리듯이 부린다. 그것은 비단 중독자들의 믿음 속에서 뿐만 아니라 소위 믿는다고 하는 사람들 속에서 광범위하게 발생하는 오도된 신앙이다.

그것은 하나님을 내 마음대로, 내 뜻대로 조종manipulation하려드는 내적으로 성장하지 못한 미숙함의 반영이기도 하며어린아이들이 종종 떼를 쓴다거나 고집을 부리는 방식으로 부모를 조종하려 하는 것과 마찬가지로, 사회역사문화적 배경을 갖는 미신적 사고방식의 영향이기도 하다. 신을 내가 내 마음대로 조종할 수 있다고 생각하는 믿음이 곧 미신이다. 유교문화적 배경을 가지고 널리 사용되고 있는 "지성이면 감천"이라는 고사성어에도 동일한 함정이 있다. 무슨 일을 하든 지극 정성으로 하면 하늘도 감동한다는 의미의 이 고사성어가 자칫 잘못 사용되면 내가 열심히, 지극 정성을 들이면 하늘도 감동해서 내 뜻을 들어줄 것이라는 미신적 사고와 연관될 수 있다. 초점이 나의 노력에 두어지는 한 그것은 반기독교적 믿음으로 전락할 위험이 다분하다. 진정한 초점은 그 노력이 하나님의 뜻에 부합하는 합당한 것인가, 아닌가에 두어야 한다. 하나님의 뜻에 부합하지 않는 기도, 나만의 이기적 욕심을 위한 것이거나 불의를 도모하는 기도는 내가 아무리 지극 정성으로 들인다 해도 응답되지 않을 것이다. 하나님은 우리의 기도에 응답하실 수도 있고 거부하실 수도 있는 주권을 가지신 분이시기 때문이다.

중독자들이 중독에 빠져 있을 때 드리는 기도는 가히 망상적 기도의 압권을 보여준다. 알코올중독자들은 이 술을 마시고 취하지 않도록 해달하고 기도하며, 도박중독자들은 이번에 꼭 딸 수 있도록 도와주기를 간구한다. 게임중독자들은 반드시 이길 수 있기를 기도하며 성중독자들은 좋은 성적 파트너를 만나게 해달라고 기도한다. 그러므로 그들이 중독에 빠져 있을 때 드리는 기도를 기도라고 부를 수는 없을 것이다. 그것은 그릇된 망상의 투사, 그 이상도 이하도 아니다.

회복의 길을 걷기 시작하는 중독자들의 기도에도 여전히 많은 문제가 있다. 그들의 기도는 감정을 억압한 기도인 경우가 많다. 감정의 억압은 많은 중독자들의 정서적 특징이다. 감정이 소통되지 않는 기도는 공허하며 메마른 기도가 되기 십상이다. 그렇게 되면 기도는 매력을 잃고 매너리즘에 빠진 기도만 남게 된다.

그들의 기도는 애어른의 기도일 가능성도 크다. 애어른으로 자란 경험이 있는 그들의 기도는 고상하고 점잖은 듯 보이지만 실제로는 자기의 솔직한 욕구와 열망을 억제하고 억압한, 가면을 쓴 기도일 가능성이 많다.

그들의 기도는 역으로 어른아이의 기도일 가능성도 많다. 몸은 어른이지만 내면에는 욕구 충족에 실패한 어린이가 있어서 기도할 때마다 어린아이들처럼 두 손 내밀고 하나님께 "주세요"만을 간구하는 기도일 가능성 또한 많다.

그들의 기도는 만족감 획득에 초조한 기도일 수도 있다. 그들은 결과가 빨리 나오기를 기다린다. 오래 기다리지 못하고 원하는 시간에 응답이 오지 않으면 쉽게 지치며 낙담한다.

그들의 기도는 마술적 사고에 젖은 기도일 수도 있다. 그들의 생각과 사고방식은 비현실적인 경우가 많고 때론 망상적이기까지 하다. 그들은 기적을 바라며 이루어질 수 없는 것들이 이루어지기를 기도한다. 그것들은 굳건한 믿음 위에 선 것이 아니라 합법칙성에서 벗어난 마술적 사고에 근거한 기도일 경우가 많다.

그들의 기도는 지나치게 자책감에 시달리는 기도일 수도 있고 열등감으로부터 나오는 기도일 수도 있다. 그들은 늘 하나님의 기준에 미치지 못하는 자신을 자책하고 수치스러워하며 자기를 비하한다. 그들이 내가 죄인입니다. 내가 잘못했습니다 라고 기도할 때 그것은 습관이 될 수 있으며 하나님을 통한 것이 아닌 자기 스스로가 자기에게 내리는 면죄부 일 수도 있다.

그들의 기도는 근거 없는 자격감entitlement으로부터 나온 것일 수도 있다. 오랜 결핍 속에서 살았거나 지나치게 떠받침 받으며 살아왔던 사람들은 자기 자신이 어떤 일이든 하나님으로부터 대접받을 자격이 있다고 생각한다. 하나님이 자기를 그렇게 대접해주실 것이라고, 아니 그래야만 한다고 생각하며 기도한다. 그들은 자기의 책임과 의무는 간과하며 하나님의 선하심과 공급하심은 과장한다.

그러므로 회복의 길을 걷기 시작하는 중독자들에게 기도를 가르치고 훈련시키는 일은 절대적으로 필요하다. 기도를 훈련시키는 가장 좋은 방법은 그들로 하여금 기도하게 하는 것이다. 라파공동체는 기도의 집이다. 기도에 대해 배우고 훈련하며 직접 기도하는 하나님의 집이다.

아침마다 성경을 묵상하고 기도하며, 일주일에 두 번씩 30분 침묵기도 시간을 갖는다. 여러 행사나 프로그램을 통해 수시로 기도한다. 라파공동체에 입소하는 형제 자매들은 입소하는 첫 순간부터 이 곳이 기도하는 집이라는 것을 바로 알아챈다. 그리고 바로 기도하기 시작한다. 기도하는 것이 하지 않는 것보다 훨씬 자유로운 것이 된다. 처음에는 몹시 서툴고 어색해 하지만 시간이 지날수록 기도는 생활의 기본양식으로 자리를 잡아 간다. 치유의 과정은 기도의 성숙 과정과 비례한다. 치유 받은 만큼 기도하고, 기도하는 만큼 치유 받는다. 하나님의 나라는 좋은 것들이 선순환 하는 나라인 것이다.

기도의 가장 큰 유익은 무엇인가? 기도하면 무슨 일이 일어나는가? "믿음은 바라는 것들의 실상이요 보이지 않는 것들의 증거"히 11:2라는 진술은 기도의 본질에 대한 합당한 진술이다. 기도는 바라는 것들과 보이지 않는 것들을 삶의 실체와 증거로 확인하는 과정이자 방법이기 때문이다. 기도를 통해 우리는 바라는 것들을 실제로 얻는다. 그리고 아직 보이지 않던 것들을 분명하게 보게 된다. 이곳에서는 4월초가 되면 옥수수를 심는다. 그것을 심을 때 농부들은 정확히 90일 후면 그 작은 하나의 알갱이에서 씨앗이 나고 자라 커다란 옥수수로 변화되어 있으리라는 것을 한 치의 오차도 없이 굳게 믿는 믿음으로 파종을 한다. 지금 그들이 파종하는 행위 안에 훗날 그들이 바라는 것의 실상이 있다. 그리고 지금 보이지는 않지만 훗날 보게 될 것의 증거가 그들의 믿음 안에 있다. 90일 후에 농부들은 옥수수를 수확하고 그것을 먹게 될 것이다! 기도는 우리가 꿈꾸는 것들을 이루어 준다. 이 얼마나 놀라운 유익인가!

기도의 첫 출발은 통상 간구에서 시작한다. 그것은 어린 아이들이 부모에게 손 내밀고 주세요 하는 것과 마찬가지다. 육체가 성장하고 성숙하듯이 마음도 성장하고 성숙한다. 마찬가지로 우리의 영도 성장하고 성숙한다. 처음 하는 기도는 그러므로 하나님께 무엇을 바라는 간구의 기도인 경우가 많다. 그러나 영적 성장과 성숙의 과정 속에서 우리의 기도는 하나님을 높여드리고 찬양하는 경배와 찬양으로, 일상에서 발견하는 감사의 고백으로, 여전히 도말되지 않고 나를 괴롭히는 죄의 고백으로, 그리고 남과 이웃을 위한 중보기도로 그 내용이 깊어지고 확충된다. 기도를 통해 우리는 하나님께서 우리의 기도를 들어주시고 우리의 소원과 바람을 이루어주시는 것을 경험한다.

"여호와를 기뻐하라 저가 네 마음의 소원을 이루어 주시리로다"시 37:4

내 마음의 소원이 성취됨으로 우리는 기뻐한다. 하나님께서 우리의 기도를 들어주고 우리의 소원을 이루어 주시는데 우리가 기도하지 않을 이유가 도대체 어디에 있단 말인가? 기도 생활이 익숙해지면 익숙해질수록 우리 길을 여호와께 맡기고 더욱 더 그를 의지trust하게 된다.시 37:5 그런 점에서 보면 하나님의 나라는 부익부빈익빈富益富貧益貧의 나라인 것이다. "무릇 있는 자는 받아 풍족하게 되고 없는 자는 그 있는 것 까지 빼앗기리라"마 13: 12, 25:29

기도하면 얻게 되는 또 다른 유익은 기도하면 할수록 하나님에 대해서 더 잘 알아가게 된다는 점이다. 하나님의 뜻에 대해서 더 잘 알아가고, 무엇보다도 하나님의 성품에 대해 더 잘 알아가게 된다. 아는 만큼 하나님과 가까워지게 되고 가까워지는 만큼 닮아가게 된다. 이른 바 신화神化와 성화聖化의 아름다운 경지에 들어서게 되는 것이다.

하나님을 알아 가면 갈수록 또한 나에 대해서도 알아 간다. "나의 나됨은 하나님의 은혜"였다는 바울의 고백이 우리 모두의 고백이 된다. 결국 인생은 나를 찾아 떠나는 여행이다. 인생 최고의 행복 중의 하나는 진정한 내가 누구인지를 알아가는 것이다. 내가 누구인지는 하나님의 현현 앞에 섰을 때 확연히 드러난다. 기도는 신비의 영역이다. 기도할 때 사람들은 하나님의 현현을 체험하기도 한다. 그것은 빛의 형상으로 나타날 때도 있고, 미세한 음성으로 들려올 때도 있으며, 하늘 문이 열리는 황홀경 등으로 체험되기도 한다. 그 체험은 사람마다 다양하지만 하나님의 현현을 체험하는 순간 사람들은 자기의 의지와 노력, 지적 훈련 등을 통해 도달할 수도 없었고 알 수도 없었던 진정한 자기 자신을 만나게 된다. 그 나는 불완전한 나요, 원죄를 가진 나다. 그럼에도 불구하고 하나님의 한없는 사랑을 아낌없이 받고 있는 나다. 그것이 진정한 나요 지음받은 인간 본연의 실존이다. 기도를 통해 진정한 나를 만나게 되는 데 그것은 기독교 복음의 핵심이기도 하다. 기도함으로 위로받고 격려 받으며 용기와 힘을 주시는 하나님을 경험하기도 하고 무지함으로부터 벗어나 진리를 깨닫기도 한다. 때론 하나님으로부터 인생의 사명을 부여받기도 한다.

중독 치유의 현장에서 전 세계적으로 통용되고 있는 기도는 소위 '평온을 청하는 기도'이다.

> "하나님, 어쩔 수 없는 것을 받아들이는 평온함을 주시고,
> 어쩔 수 있는 것을 행하는 용기를 주소서.
> 그리고 이 둘을 분별할 수 있는 지혜를 주소서"

이 기도문의 성경적 출처는 아마도 솔로몬의 기도일 것이다. "하나님, 듣는 마음을 종에게 주사 주의 백성을 재판하여 선악을 분별하게 하옵소서"^{왕상3:9} 이 기도문은 오래 전부터 기독교 수도원에서 수도사들이 사용하던 기도문이었는데 라인홀드 니버가 그의 책에 인용, 소개함으로써 널리 알려 진 바 되었고 특히 알코올중독자들의 모임인 AA 모임에서 사용하면서 실용적으로 활용되는 기도문이 되었다. 이미 앞에서 AA 모임이 신앙회복과 갱신 운동이었던 옥스퍼드 그룹Oxford Group 운동에서 비롯되었다고 설명한 바 있듯이 AA 모임은 출발부터가 기독교 안에서 시작된 것이기에 AA 활동의 관습들에는 기독교적 전통과 맥을 같이 하는 것이 대다수인 데 이 기도문도 그 중의 한 예가 되고 있다.

중독으로부터 벗어나기 위해 필요한 것은 내가 할 수 있는 것과 할 수 없는 것을 분별하는 일이다. 알코올중독자가 술을 조절해서 마시는 것은 불가능한 일이다. 그러나 술을 끊는 것은 가능한 일이다. 만일 이 양자가 뒤바뀐다면 그것은 재앙이 된다. 조절해서 마실 수 없는 사람이 계속해서 조절해서 마시려 하고, 끊을 수 있는 사람이 그것은 불가능하다고 끊을 시도조차 하지 않는다면 그 사람의 인생에서 중독의 문제는 결코 해결될 수 없을 것이다. 전세계 모든 중독자들이 금과옥조로 여기는 AA 1단계 "나는 중독_{알코올}에 무력 했으며, 이로 인해 내 삶을 처리할 수 없었다"는 고백을 받아들이지 않고 나는 내 중독의 문제를 스스로 해결 할 힘이 있다고 생각하고 내 삶을 잘 처리해 나갈 수 있다고 판단한다면 그 사람은 중독의 문제를 해결할 수 없을 것이다. '나는 할 수 없습니다' 라는 겸손한 고백만이 그를 '할 수 있게' 해 주는 절대자 앞으로 인도한다.

"나는 할 수 없사오나 하나님은 하실 수 있으십니다. 그러니 내게 오셔서 내 중독의 문제를 해결해 주십시오. 그리고 할 수 없다는 상실감에 시달리지 않고 평온함 가운데 그것을 받아들이게 하시고, 중독의 치료를 위해 제가 할 수 있는 일이 무엇인지 알게 하여 주소서. 그러면 제가 기꺼이, 두려움 없이 행하겠습니다"

중독으로부터 벗어나기 위한 기도훈련에서 첫걸음은 기도문을 반복해서 외우는 것이다. 그것은 기독교 안에서 오래전부터 행해오던 기도 훈련의 하나였다. 그 대표적인 기도문은 누가복음 18장의 세리의 기도이다.

성전에 기도하러 두 사람이 올라갔다. 한 사람은 경건하고 의로운 바리새인이고 다른 한 사람은 민족반역자에 속물로 평가받던 세리였다. 바리새인이 기도한다.

"하나님이여 나는 다른 사람 곧 토색, 불의, 간음을 하는 자들과 같지 아니하고 이 세리와도 같지 아니함을 감사하나이다 나는 이레에 두 번씩 금식하고 또 소득의 십일조를 드리나이다" 눅 18:11-12

바리새인은 자기의 의와 경건생활을 마음껏 뽐내며 당당하게 기도한다. 그의 기도를 들은 세리는 "멀리 서서 감히 눈을 들어 하늘을 쳐다보지도 못하고 다만 가슴을 치며" 이렇게 기도한다.

"하나님이여 불쌍히 여기소서 나는 죄인이로소이다" 눅 18:13

기도하는 태도가 어떠해야 하는지에 대해 이 예화를 예로 들면서 예수님은 "저 바리새인이 아니고 이 세리가 의롭다 하심을 받고 그의 집으로 내려 갔느니라"고 하시면서 "무릇 자기를 높이는 자는 낮아지고 자기를 낮추는 자는 높아지리라"고 말씀하셨다. 눅 18:14

전통적인 수도원의 기도문은 이 세리의 기도에 약간의 변형을 가한 것들이다.

"주 예수 그리스도, 하나님의 아들이시여, 저를 불쌍히 여기사 자비를 베푸소서"

어떻게 기도해야할지 모르는 초신자들, 혹은 비신자들에게 이 기도문을 외우고 반복케 하는 것은 좋은 기도의 훈련이 될 뿐만 아니라 그들을 영적 세계로 인도하는 위력한 통로가 되기도 한다. 이 기도를 반복하다보면 나라는 존재의 죄성을 보게 되고 진정한 회개에 이르게 됨과 동시에 죄인들을 사랑하시는 하나님의 놀라운 자비와도 만나게 된다.

기도문을 외우고 그것을 실제 기도에 활용하는 가장 좋은 방법의 하나는 주님께서 친히 가르쳐 주신 모범기도를 외우고 활용하는 것이다.

> "하늘에 계신 우리 아버지여, 이름이 거룩히 여김을 받으시오며 나라가 임하시오며 뜻이 하늘에서 이루어진 것 같이 땅에서도 이루어지이다. 오늘 우리에게 일용할 양식을 주시옵고 우리가 우리에게 죄 지은 자를 사하여 준 것 같이 우리 죄를 사하여 주시옵고 우리를 시험에 들게 하지 마시옵고 다만 악에서 구하시옵소서. 나라와 권세와 영광이 아버지께 영원히 있사옵나이다." 마 6:9-13

이 기도문을 개인에게 적용할 때는 '우리'를 '나'로 바꾸어 기도하는 것이 좋다. 이 기도문은 그대로가 모든 사람에게 적용될 수 있는 기도문이지만 특히 중독을 이기고 회복의 길 걷기 원하는 이들에게도 중요한 기도문이다.

하늘에 계신 나의 아버지, 아버지의 이름이 거룩히 여김 받기를 내가 원합니다 라고 기도할 때 나는 하나님 아버지의 아들임을 자각한다. 그리고 나의 삶을 통해 아버지의 이름이 존귀하며 거룩하게 높임받기를 소망하게 된다. 중독자로 살아온 나의 인생은 부모의 이름을 욕되게 하는 삶이었다. 중독을 극복하고 오직 회복의 길을 걸을 때만 나는 내 아버지의 이름을 높여드릴 수 있다.

하나님의 나라, 아버지의 나라가 하늘에서 뿐만 아니라 지금 여기에서 이루어지기를 내가 소원합니다. 나는 이제 압니다. 내 마음대로, 내 뜻대로 살아온 삶의 결과가 무엇인지를. 하나님 아버지, 당신이 옳습니다. 당신이 의로우십니다. 당신은 진리이십니다. 그러므로 내 뜻이 아니라 당신의 뜻이 이 세상에 펼쳐지길 원합니다. 아버지의 그 완전한 나라가 지금 여기에 펼쳐지기를 내가 기도합니다. 그리하소서. 그러면 내가 살겠나이다.

저에게 오늘만 먹을 양식을 주십시오. 그 이상은 바라지 않겠습니다. 늘 재물을 쌓아두려 했습니다. 베풀 줄도 몰랐습니다. 만족을 몰랐습니다. 탐욕이 내속에 가득하였습니다. 그리고 그것들로 인해 결국 중독이 되었습니다. 늘 불안했습니다. 쌓아놓아야 안심이 됐습니다. 쌓아도 쌓아도 그러나 그 불안은 없어지지 않았습니다. 주님을 알고 주님을 만나고 나서야 제게 평안이 찾아왔습니다. 주님 품에서 이제 안식하게 되었습니다. 그것이면 되었습니다. 제가 평생 찾아다닌 것은 평안과 안식이었습니다. 제게 필요한 양식은 그저 오늘 먹을 것이면 됩니다. 내일 것은 또 주님께서 내일 주실 것임을 믿기 때문입니다.

주님께서 주홍빛 보다 더 붉은 저의 죄를 이미 용서해 주신 것을 제가 압니다. 제가 받아야 할 죄 값을 십자가에서 대신 치러주심으로 제가 용서받게 되었음을 압니다. 용서 받을 수 없는 죄인을 용서해 주신 것 제가 압니다. 그러므로 저도 제게 죄지은 사람들을 용서합니다. 주님께서 저를 용서해 주신 것 같이 저들을 용서합니다. 내가 중독에 빠지도록 나를 괴롭힌 사람들, 나를 학대하고 유기했던 부모님들, 그 외에 나를 힘들게 했던 모든 이들을 내가 용서합니다. 용서함으로 내가 자유케 되었음을 고백합니다. 주님, 저로 용서하지 못하는 죄를 더 이상 범하지 않게 하옵소서.

주님, 저는 연약합니다. 시험과 유혹이 언제나 제 앞에 있음을 압니다. 그 시험과 유혹을 이겨나갈 힘이 제게 없음을 고백합니다. 주님만이 나의 힘이시며 나의 산성이시며 나의 방패가 되십니다. 저를 시험과 유혹으로부터 건져주시옵소서. 악으로부터 지켜 주시옵소서. 다시는 중독된 것들의 시험과 유혹에 넘어가 실족하거나 재발하지 않도록 저를 도우소서. 악에 빠져 살았던 날들의 그 끔찍함이 결코 재현되지 않도록 저를 도우소서.

아버지의 나라, 아버지의 권세, 아버지의 영광은 영원합니다. 그 누구도, 그 무엇도 그것을 빼앗거나 해할 자가 없습니다. 아버지, 홀로 영광을 받으소서.

    회복으로 가는 길은 고난을 헤치고 유혹을 이기며 나아가는 길이다. 회복으로 가는 길은 꽃가마 타고 흥청망청 가는 꽃길이 아니다. 뼈를 깎고 살을 에는 수도의 길이다. 그 위기의 순간을 맞을 때 예수님의 겟세마네 기도를 기억하고 적용하는 것은 큰 도움이 된다. 겟세마네는 기름을 짜내는 틀을 뜻한다. 그곳에서 예수님께서는 자기의 온 영혼을 짜내듯이 기도하셨다. 누가는 그 장면을 "땀이 땅에 떨어지는 핏방울 같았더라"눅 22:44고 기록한다. 예수님은 그 때도 제자들에게 "유혹에 빠지지 않게 기도하라"눅 22:40 말씀하셨고 친히 이렇게 기도하셨다.

    "아버지여, 만일 아버지의 뜻이거든 이 잔을 내게서 옮기시옵소서. 그
    러나 내 원대로 마옵시고 아버지의 원대로 되기를 원하나이다."눅 22:42

    예수님은 닥쳐온 고난과 고통의 크기와 깊이가 어떠한지를 잘 알고 계셨다. 그리고 할 수만 있다면 그 고난과 고통을 피하고 싶었다. 그것이 육신을 가진 예수님의 정직한 마음이었다. 예수님은 정직하게 자기 마음을 아버지 하나님께 토로하면서 이 고난의 잔을 옮겨 달라고. 그것이 아버지의 뜻이 되기를 간구한다. 그러나 곧 예수님은 자기의 바람과 하나님의 바람이 서로 상치한다는 사실을 떠올리고는 자기의 바람을 내려놓는다. 그리고 아버지께서 원하시는대로 모든 일들이 이루어지기를 기도한다. "자기를 비워 종의 형체를 가지시고… 자기를 낮추시고 죽기까지 복종하사 십자가에서 죽으심이라"빌 2:7-9. 기도란 곧 나를 비우고 하나님의 뜻으로 채우는 과정이요 결단이며 순종할 것에 대한 고백이요 희구다.

회복의 새 삶을 살아가려 하지만 번번이 중독의 덫에 걸려 넘어지고 쓰러진 수많은 사람들을 나는 보아 왔다. 그들을 볼 때마다 나는 삼손을 생각한다. 삼손의 마지막 기도를 생각한다. 그의 처절한 단발마와 같은 기도가 저들의 기도가 되기를, 그리하여 마지막으로 한 번만 하나님께서 저들에게 힘을 주사 중독의 불가항력적 마력을 떨쳐버리게 해 달라고 기도한다.

하나님의 성별된 아들로, 성령의 능력으로 태어난 삼손은 자기의 본분을 잊고 여자에 빠져 방탕한 생활을 일삼다가 마침내 적국인 블레셋에 사로잡혀 감금당하는 신세가 된다. 블레셋은 잔인하게 그의 두 눈을 뽑아 버리고 놋줄로 그를 묶어 두어 감옥에서 소처럼 맷돌을 돌리게 한다. 그러나 거기에서도 하나님의 은혜는 그치지 않고 내려 그의 힘의 원천인 머리털이 조금씩 다시 자라기 시작한다. 어느날 블레셋인들이 잔치를 하다가 삼손을 불러오게 한다. 눈이 빠진 삼손으로 하여금 재주를 부리게 하여 여흥을 즐길 목적으로 삼손을 부른 것이다. 그 때 삼손이 하나님께 통렬히 기도한다. 그것은 생명을 건 기도였다.

"주 여호와여 구하옵나니 나를 생각하옵소서. 이번만 나를 강하게 하사 나의 두 눈을 뺀 블레셋 사람에게 원수를 단번에 갚게 하옵소서."삿 16:28

그리고 외친다. "내가 블레셋 사람과 함께 죽기를 원하노라". 삼손이 두 손을 뻗어 광장의 두 기둥을 무너뜨리매 집이 무너져 그 안에 있던 수많은 관리들과 백성들이 죽임을 당한다. "삼손이 죽을 때에 죽인 자가 살았을 때에 죽인 자보다 더욱 많았더라."삿 16:30고 성경은 기록한다.

주님, 제발 이번 한 번만 저들에게 힘을 주소서. 저들이 흉악한 중독의 멍에를 꺾고 다시 일어설 수 있도록 이번 한 번만 힘을 주소서. 수백, 수천 번

나의 이 간절한 기도가 하늘에 상달되었으련만 아직도 수많은 형제 자매들이 중독의 사슬에 매여 어둠 속에서 살아가고 있음은 참으로 가슴 아프고 슬픈 일이 아닐 수 없다. 그래도 오늘 나는 또 기도한다. 주님, 이번 한 번만 저들에게 힘을 주사 저들로 이 위기를 벗어나게 하옵소서.

회복의 길 걷는 형제 자매들을 위한 나의 중보기도의 샘플도 성경 안에 있다. 솔로몬이 성전을 봉헌하던 날에 자기 백성들과 후손들을 위해 드렸던 중보기도가 그것이다. 슬프게도 이스라엘 국가는 솔로몬 이후 남유다와 북이스라엘로 분열되고 남유다는 솔로몬 사후 약 400년 후에bc 586년 바벨론에 의해 멸망당하고 백성들이 바벨론에 포로로 끌려가는 참상을 겪는다. 그러나 아직 끝이 아니다. 그들에게는 아직 기회가 남아 있다. 솔로몬의 기도는 그것을 이미 예견하고 있었다.

> "범죄 치 아니하는 사람이 없사오니 그들이 주께 범죄 함으로 주께서 그들에게 진노하사 그들을 적국에게 넘기시매 적국이 그들을 사로잡아 원근을 막론하고 적국의 땅으로 끌고 간 후에 그들이 사로잡혀 간 땅에서 스스로 깨닫고 그 사로잡은 자의 땅에서 돌이켜 주께 간구하기를 우리가 범죄 하여 반역을 행하며 악을 지었나이다 하며 자기를 사로잡아간 적국의 땅에서 온 마음과 온 뜻으로 주께 돌아와서 … 내가 주의 이름을 위하여 건축한 성전 있는 쪽을 향하여 주께 기도하거든 주는 계신 곳 하늘에서 그들의 간구와 기도를 들으시고 그들의 일을 돌아보시며 주께 범죄 한 백성을 용서하시며 주께 범한 그 모든 허물을 사하시고 그들을 사로잡아 간 자 앞에서 그들로 불쌍히 여김을 얻게 하사 그 사람들로 그들을 불쌍히 여기게 하옵소서"왕상 8:46-50

하나님, 저들이 범죄 하였습니다. 수많은 죄를 저질렀습니다. 그리고 이제는 그 결과로 중독에 사로잡힌 바 되었습니다. 중독은 강고하고 잔인하며 무자비하게 저들의 삶을 파탄시켰습니다. 하나님, 그 고통의 끝자락에서 저들이 돌이켜 회개하게 하옵소서. 온 마음으로 하나님께 나아와 간구하게 하옵소서. 그러면 하나님께서 하늘에서 들으시고 저들을 용서하시며 그 모든 허물을 사하시고 저들을 사로잡혀 간 곳에서 돌아오게 하옵소서. 주여, 저들을 불쌍히 여겨 주옵소서. 중독은 잔인하여 저들을 놓아주지 않습니다. 주의 권능으로 저들을 놓아 주사, 저들을 자유하게 하옵소서. 이렇게 솔로몬의 기도는 나의 기도가 된다.

바울의 기도 또한 실제적으로 적용하는 구체적인 사례가 되기에 부족함이 없다.

> "이러므로 내가 하늘과 땅에 있는 각 족속에게 이름을 주신 아버지 앞에 무릎을 꿇고 비노니 그의 영광의 풍성함을 따라 그의 성령으로 말미암아 너희 속사람을 능력으로 강건하게 하시오며 믿음으로 말미암아 그리스도께서 너희 마음에 계시게 하시옵고 너희가 사랑 가운데서 뿌리가 박히고 터가 굳어져서 능히 모든 성도와 함께 지식에 넘치는 그리스도의 사랑을 알고 그 너비와 길이와 높이와 깊이가 어떠함을 깨달아 하나님의 모든 충만하신 것으로 너희에게 충만하게 하시기를 원하노라"엡 3:14-19

하나님, 이 곳에 오는 모든 중독자들과 그 가족을 위해 기도합니다. 만물을 창조하시고 이름을 주신 창조주 하나님, 성령님을 저들에게 보내 주사 풍성한 하나님의 영광의 빛이 상처입은 저들의 속사람을 고치고 새롭게 하시며, 주님께서 부어주시는 능력으로 저들의 영혼과 내면이 강건케 하옵소서. 저들에게 이미 믿음을 주셨사오니 그리스도께서 그 믿음을 통해 언제나 저들 마음 가운데 함께 하시며, 저희가 그리스도의 사랑 가운데 뿌리를 내리며 거기에 삶의 굳건한 터전을 마련하게 하옵소서. 회복하는 모든 동료들과 함께 진리로 가득 찬 그리스도의 사랑의 크기와 넓이, 깊이를 깨달아 알게 하시며 그들의 결핍된 내면이 그리스도의 사랑으로 꽉 채워지게 하옵소서.

"내가 기도하노라 너희 사랑을 지식과 모든 총명으로 점점 더 풍성하게 하사 너희로 지극히 선한 것을 분별하며 또 진실하여 허물없이 그리스도의 날까지 이르고 예수 그리스도로 말미암아 의의 열매가 가득하여 하나님의 영광과 찬송이 되기를 원하노라"빌 1:9-11

주님, 제가 중독자들을 위하여 기도합니다. 저희가 서로 사랑하게 하시되 그 사랑이 더욱 풍성하게 하시며, 그 사랑 안에서 저들이 더욱 지혜롭고 분별력 있는 회복자로 계속 성장하며 나아가게 하옵소서. 그리하여 저들이 진실하고 순수한 자들이 되게 하시며, 비난 받을 행동을 더 이상 하지 않게 하사 주님 앞에 온전히 서게 하소서. 예수님께서 그들 삶에 회복의 열매가 풍성히 열리게 해 주시며 그들의 삶이 하나님께 영광이 되며 찬송이 되는 삶을 살게 하옵소서.

중독을 치료하는데서 기도의 중요성은 아무리 강조해도 지나치지 않는다. 성경을 통해 우리는 기도를 배운다. 그리고 실생활 속에서 기도를 훈련한다. 그리고 기도의 사람들이 되어 간다. 기도는 중독을 치료하는 가장 강력한 도구이자 수단이기도 하며, 그 자체가 목적이기도 하다. 우리는 기도를 통해 하나님과 사귐을 이루게 되는 바, 사귐이야말로 우리 구원과 치유의 목적이기 때문이다. 뿐만 아니라 그것은 자기 삶의 문제를 스스로 처리할 수 없어 하늘만 바라볼 수밖에 없는 사람들에게 그리스도께서 값없이 주시는 놀라운 선물이기도 하다.

"너희가 기도할 때에 무엇이든지 믿고 구하는 것은 다 받으리라 하시니라"마 21:22

"지금까지는 너희가 내 이름으로 아무 것도 구하지 아니하였으나 구하라 그리하면 받으리니 너희 기쁨이 충만하리라"요 16:24

"그를 향하여 우리의 가진 바 담대함이 이것이니 그의 뜻대로 무엇을 구하면 들으심이라"요일 5:14

23. 공동체로 살라

　중독을 예방하고 중독에서 벗어나 회복으로 가는 가장 좋은 길은 사회와 교회, 가정의 공동체성을 회복하는 일이다. 그리고 공동체로 살아가는 것이다. 공동체란 본래 성부, 성자, 성령 하나님의 존재양식이며, 인간의 존재양식이기도 하다. 인간은 처음부터 공동체로 살도록 지음 받았고, 또 공동체인 교회로 살도록 부름 받았다. 최초 공동체인 가정의 창설자도 물론 하나님이셨다. 공동체로 살도록 지음 받고 부름 받은 인간의 삶 속에서 중독은 발붙일 틈이 원래는 없었다. 예수께서 이 땅에 오셔서 제자들을 부르셨을 때의 첫 번째 목적도 "자기와 함께 있게 하려 하심"^{막 3:14}이었다. 예수님은 공생애 3년 동안 제자들과 공동체를 이루어 사셨다.

　그러나 죄가 하나님과의 사이를 내었고, 하나님과 인간의 관계뿐만 아니라 모든 인간관계에 어두운 영향을 끼치기 시작하였다. 곧 공동체성이 파괴되기 시작한 것이다. 죄에서 비롯된 중독은 모든 관계, 하나님과 자기 자신과 가족과 이웃과의 관계, 곧 공동체를 파탄시키는 어둠의 병이다.

　공동체로 산다는 것은 이미 중독을 치유하는 길에 들어섰다는 것을 의미한다. 왜냐하면 중독은 건강한 공동체에 발붙이지 못하며, 건강한 공동체가 중독을 치유하기 때문이다. 중독의 치유는 관계의 치유이다. 자신과의 관계, 하나님과의 관계, 가족과의 관계, 동료와의 관계, 이웃과의 관계 등 깨어진 모든 관계가 회복되고 복원되는 과정이다. 그것은 오직 관계 안에서만, 관계를 통해 이루어질 수 있다.

　라파공동체는 기독교중독치유공동체이다. 정부 차원과 사회적 차원에서는 라파공동체를 사회복지시설이나 정신질환자 사회복귀시설 등으로 이해한다. 라파공동체는 정부의 후원을 조금도 받지 않고 자립적으로, 후원금으로 운영되는 곳이다. 라파공동체를 방문하는 행정담당자들과 가끔 언쟁할 때가 있다. 누구의 허락을 받고 이런 공동체를 목사가 운영하느냐고 그들은 묻는다. 그럴 때 내가 대답한다. "여기는 교회입니다. 그리스도를 믿는 사람들이 모인 교회입니다. 교회가 알코올중독으로 고통당하는 사람들, 도움 받기 위해 스스로 찾아온 사람들을 돌보아 주고 치료하는 곳입니다." 라고 얘기한다. 그러면 기다렸다는 듯이 그들이 말한다. "그러니까 왜 교회에서 그런 일_{알코올중독자를 돌보고 치료하는 일}을 하느냐?" "그리고 목사가 무슨 자격으로 그런 일을 하느냐?"고 추궁한다. 교회니까, 목사니까 그런 일을 한다고 아무리 이야기해도 더 이상 대화가 진전되지 않는다. 그 사람에게 "당신이 생각하는 교회는 어떤 교회냐"고 묻자 "그거야 일요일 날 사람들이 모여서 예배드리고 그러는 데가 교회 아닙니까?" 라고 대답한다. 어쩌면 그 대답이 세상 사람들이 교회를 바라보는 보편적인 인식이 아닐까 싶다. 교회와 목사에 대한 인식이 얕고 천박하다. 뒤틀려도 참으로 많이 뒤틀리고 왜곡되었다. 물론 그것은 세상의 책임이 아니다. 교회가 그렇게 세상에 보여지고 있는 증거일 뿐이니 뭐라 말할 수도 없다. 문제는 세상이 아니라 교회에 있는 것이다.

중독자들을 치료하기 위해 가장 먼저 필요한 것은 그들에 대한 사랑과 긍휼의 마음이다. 이것은 아무리 강조해도 지나치지 않는다. 두 번째는 중독이란 마음의 병에 대한 전문적 식견과 훈련이다. 그리고 세 번째로는 그들을 적절히 치료할 수 있는 안전한 환경이다. 그러므로 교회가 안전한 환경을 제공할 수 있고, 목사가 적절한 전문적 식견과 훈련을 받았다면 교회를 통해, 목사를 통해 중독을 치료하는 것은 좋은 길이요 방안이 된다. 무엇보다도 중독자들을 향한 사랑과 긍휼의 마음이 교회와 목회자들에게 있기 때문이다.

공동체는 교회다. 공동체는 하나님의 나라다. 공동체는 가족이다. 그러므로 공동체와 교회와 하나님의 나라와 하나님의 가족은 다 같은 개념의 서로 다른 표현일 뿐이다. 오늘날 우리 시대 기독교의 중대한 문제 중 하나는 이들 개념들이 서로 따로 놀거나 특정 측면만이 부각되거나 반영된다는 데 있다. 앞서 정부행정 당국자의 교회에 대한 인식에서 보여지듯이물론 그의 인식이 모든 당국자들의 인식은 아니겠지만 교회는 그저 회중들이 일주일에 한두 번 모여 '예배'라는 '종교의식'을 치루고 헤어지는 '집회 장소' 정도로 여겨지고 있음을 보게 된다. 참으로 슬픈 현실이 아닐 수 없다.

교회를 보면서 사람답게 사는 사람들의 공동체라는 생각이 들어야 하고, 교회를 보면서 하나님의 나라를 발견하며, 교회를 보면서 진정한 가족의 모습을 보아야 하는 것이 정상일진데 오늘의 현실은 이와 같은 정상 표준에서 멀어도 한참 멀리 있으니 안타까운 일이 아닐 수 없다. 중독을 치료하려면 교회의 본질적 속성과 기능이 온전히 살아나야 한다. 그렇지 않고 교회가 중독을 치유하는 것은 거의 불가능에 가깝다. 물론 아무리 좋고 건강한 교회라 하더라도 중독을 치유하는 것은 무척 어렵다. 그래서 치유공동체Therapeutic community라는 보다 전문적인 공동체가 필요로 되는 것이다.

교회는 어원적으로 에클레시아, 곧 '부르심 받은 사람들의 무리 혹은 모임'을 말한다. 그것은 어떤 기관이나 커다란 건물을 의미하는 것이 아니라 예수님을 자기 인생의 구세주요 주님으로 믿고 고백하고 따르는 사람들의 모임이다. 이 사람들은 자신들의 삶을 위해, 자신들의 영광을 위해 사는 것이 아니라 하나님을 위해, 하나님의 영광을 위해 살기로 부름 받았고, 또 그렇게 살기로 결단한 사람들이며, 예수 그리스도의 남은 사역, 가난하고 헐벗고 소외되었으며, 고통 가운데 있는 자들과 함께 하고 이들을 돌보아 주는 일을 감당하는 사람들이다. 또한 세상의 불의와 어둠을 몰아내는 빛과 소금의 역할을 감당함으로써 진리와 평화의 하나님 나라, 서로 사랑으로 하나 되는 하나님의 사랑의 나라를 지금 여기에 건설하려는 하나님 나라의 건설자들이며, 세상을 물질과 탐욕으로 사로잡은 사탄과 마귀에 대항해 피 흘리기까지 싸워야[히 12:4]하는 그리스도의 영적 군사들이다. 그리고 무엇보다도 하나님을 한 아버지로 모시고 살아가는, 그러기에 서로를 형제요 자매라 부르는 하나님의 존귀한 자녀들의 가족 공동체인 것이다.

이것이 모든 교회의 존재와 정체성에 대한 보편적 규정이다. 이에 비해 모든 교회들은 저마다 독특한 사역의 장을 갖게 마련이다. 완전한 교회는 이 세상에 없다. 어떤 교회도 하나님 나라의 모든 것을 다 구비하고 있다고 말할 수 없다. 각각의 교회는 그들에게 부여된 각 교회만의 독특하고 독자적인 사역을 가지고 있다. 그것은 이들 각 교회들이 합력하여 선을 이루며 하나님 나라의 완전함을 드러내도록 하시는 하나님의 의도를 반영한다. 그것은 각 교회의 사역의 중점이 무엇인지, 사역 대상이 누구인지에 따라, 다시 말해 각 교회의 선교 중점과 선교 대상이 누구인지에 따라 구별된다. 필자가 목회 하고 있는 사랑과 섬김의 교회는 알코올중독자를 위시해 각종 중독으로 고통 받고 있는 사람들을 대상으로 이들에 대한 선교치유사역을 교회사역의 중심으로 삼고 있으며 구체적으로 중독자들의 치유공동체인 라파중독치유공동체를 운영하는데 온 역량을 집중하고 있다.

중독치료공동체인 라파공동체의 자기규정은 다음과 같다.
① 성경을 삶의 표준으로 삼고 따르며 믿는 이들의 신앙공동체
② 중독의 치유를 목적으로 하는 치유공동체
③ 건강한 삶의 양식을 배우고 익히는 생활공동체
④ 책임 있는 약속의 관계로 맺어진 계약공동체

라파공동체는 중독자들의 치유를 목적으로 설립되었으며, 기독교 신앙 원리를 기반으로 심리상담적 전문성을 통합하여 중독을 치료하며, 공동체 적 삶과 생활을 통해 치유 환경을 제공할 뿐 아니라 새로운 삶의 양식을 배우고 익히게 함으로써 중독에 물든 생활이 아니라 새로운 회복의 생활양식을 습득하도록 훈련하는 기독교 공동체이다. 또한 입소와 퇴소가 서로의 자유로운 계약에 의해 운영되는 계약공동체이다.

중독 치유와 관련해 특히 강조하고 싶은 것은 라파공동체는 치료받는 이들로 하여금 건강한 가족관계를 다시 체험하도록 고안된 하나님의 가족공동체라는 것이다. 진정한 의미에서 이들 중독자들은 건강한 가정생활의 경험을 '다시' 체험하는 것이 아니라 '처음' 체험하는 것이라 할 수 있다. 이들은 대부분 건강한 가정에서 성장한 것이 아니라 역기능 가정에서 성장했다.

가장 좋은 가르침은 삶, 그 자체로부터 나온다. 예수님의 가르침의 방식도 이와 같았다. 예수님께서는 제자들을 부르시고 그들과 함께 사셨다. 그리고 삶으로 그들을 가르치셨다. 삶으로 배운 사람들이 예수님의 진정한 제자요, 사도들이 되었다. 삶을 통해 가르쳐지고 배워지는 것들은 인격성을 띠게 된다. 그것들은 머리로 얻어지고 습득된 지식을 넘어 마음으로 믿어지고 깨달아 지는 것을 말한다. 그렇게 인격적으로 습득된 지혜는 그것들을 받아들이는 자들의 내면의 신념과 진리가 되며 기꺼이 따르고자 하는 삶의 지침이요 방향이 된다. 모든 삶은 전수된다. 부정적인 사람과 삶을 함께 하면 부정적인 것이 전수되고, 바른 사람과 삶을 함께 하면 바른 삶이 전수된다. 건강한 가정에서 성장하는 것과 역기능 가정에서 성장하는 것도 이와 같아 삶의 열매는 전혀 다르게 나타난다.

역기능 가정에서 성장하여 중독으로 이끌림 받아 결국 중독이 된 이들은 건강한 가정생활을 다시 경험하고 배울 필요가 있다. 공동체를 통한 건강한 삶의 양식을 다시 배워야 한다. 그것이 가장 좋고 확실하며 빠른 치유와 회복의 길이자 방법이다. 이것이 중독치료를 위해 공동체 치료가 대두된 근거가 되었고 오늘날 중독을 치료하는 가장 강력한 실체가 되었다. 중독을 치료하기 위한 다양한 세팅, 이를테면 병원, 교회, 기도원, 상담소, 공동체 등이 있는데 이중 가장 유의미한 치료세팅은 단연 치료공동체 세팅이다.

라파공동체는 죄인들의 공동체이며 병자들의 공동체이다. 그리고 죄인들이 환대받고 병자들이 나음을 입는 공동체다. 예수님께서 이 땅에 오셔서 부정하다고 버려진, 정결치 못하다고 소외된 세리와 창녀들을 친히 만나주시고 그들을 구원과 치유, 회복의 길로 인도하였던 것처럼 죄인과 병자들이 환대받고 사랑받으며 치유되는 그런 예수님의 공동체다.

> "예수께서 대답하여 이르시되 건강한 자에게는 의사가 쓸 데 없고 병든 자에게라야 쓸 데 있나니 내가 의인을 부르러 온 것이 아니요 죄인을 불러 회개시키러 왔노라" 눅 5:31-32

한 자매가 이렇게 고백한다. "나는 더러운 여자입니다. 어렸을 때 성폭행을 지속적으로 당한 후 고등학교 때 가출해서 술집 생활을 했습니다. 그것은 창녀와 다름없는 몸 파는 삶이었습니다. 술을 팔고 몸을 팔며 살다가 결국 나 자신이 알코올중독자가 되었습니다. 이런 나도 용서받을 수 있을까요? 나의 죄를 씻김 받을 수 있을까요? 과연 나 같은 인생도 다시 시작해 볼 수 있는 기회가 있을까요?"

그런 그에게 다른 형제가 답한다. "자매님, 물론입니다. 자매님도 용서받을 수 있고, 씻김받을 수 있으며 새로운 인생을 시작할 수 있습니다. 저는 자매님보다 더 하면 더 했지… 정말 쓰레기 같은 삶을 살았습니다. 술에 취하면 여자 나오는 술집을 찾아 미친 듯이 쾌락을 찾아 다녔습니다. 어떤 때는 직장 동료의 부인과 불륜을 저지른 적도 있었습니다. 그야말로 인간 말종이었던 것이지요. 그런 저도 하나님께서 용서해 주셨습니다."

또 다른 형제가 말한다. "여러 형제, 자매님들. 여러분들의 죄는 아무 것도 아닙니다. 제 손은 피로 물들어 있어서 씻기지도 않는답니다. 이혼하자는 아내 말에 격분해서 칼을 휘둘러 아내에게 큰 상처를 입혔고 제 아내는 그 후유증으로 큰 고생을 했습니다. 교도소를 갔다 와서도 저는 술을 끊지 못했고 아내는 결국 암으로 사망하였습니다. 저야말로 도저히 씻을 수 없고 용서받을 수 없는 죄인 중의, 죄인입니다. 그런 저도 술을 끊고 새로운 인생을 살아보려고 이렇게 발버둥치고 있습니다. 날마다 하나님의 긍휼과 자비를 구하며 살고 있습니다. 저 같은 자도 살려고 하니 우리 희망을 잃지 말고 함께 나아갑시다."

"여러분들이 행한 일들은 제가 저지른 일에 비하면 약과입니다. 저는 도박으로 10억을 날렸습니다. 내 아파트는 물론, 처갓집 재산까지 다 말아 먹었습니다. 부모님들이 피땀 흘려 일구어 놓은 것들을 도박으로 다 탕진해 버렸습니다. 제가 아는 모든 사람들에게 돈을 꾸었고, 심지어 조카들 노트북을 훔쳐 팔고, 핸드폰 불법깡에 이르기까지 안 해 본 것이 없습니다. 너무 많은 사람들에게 고통과 절망을 안겨주었고 그 피해를 갚을 길조차 없습니다. 죽음으로 밖에는 용서받을 수 없다는 생각에 자살 시도도 여러 차례 했습니다. 그런 저도 살아가고 있습니다. 그러니 우리 모두 용기를 냅시다."

"나는 술만 마시면 마귀가 되었습니다. 눈에는 살기가 가득했고 내 속에는 터질듯한 분노가 마그마처럼 꿈틀대고 있었습니다. 술에 취하면 집에 있는 물건을 닥치는 대로 부수고 아내와 아이들에게 폭행과 폭언을 일삼았습니다. 목을 조르고, 몽둥이를 들기도 했으며, 아내 옷을 갈기갈기 찢어버리기도 했고, 추운 겨울에 자식들을 발가벗겨 밖으로 내쫓기도 했습니다. 어떻게 그렇게 살 수 있었을까요. 가족들에게 범했던 하늘에 사무치는 그 죄를 어떻게 용서받을 수 있을까요? 지금이야 내 죄인줄 알지만 그 때는 그

것도 몰랐습니다. 나를 이렇게 화나게 한 건 모두 가족들이 잘못했기 때문이라고, 나는 다만 그들을 교정하려 했을 뿐이라고 생각했으니까요. 아아, 나는 어쩌면 좋단 말입니까?"

라파공동체는 이렇듯 스스로를 인두겁을 쓴 악마요, 인간 말종, 인간쓰레기였으며, 패륜아였다고 고백하는 죄인들의 공동체요 스스럼없이 자기 죄와 허물을 고백하는 고백공동체이다. 그러나 고백하는 그들에게 아무도 돌을 던지지 않는다. "너희 중에 죄 없는 자가 먼저 돌을 던지라"요 8:7는 말씀대로 우리 모두는 죄 있는 자이기에 돌을 던질 수가 없는 것이다. 거기에 하나님의 위대함이 있다. 하나님은 죄인들, 허물 많은 자들조차 사용하셔서 또 다른 죄인들을 돌보시고 치료하시는 것이다. 헨리 나우웬의 탁월한 표현 그대로 "상처 입은 치유자"들의 공동체가 되어 상처 입은 자들이 그 상처로 인해 서로를 있는 그대로 수용해주고, 감싸주면서 서로의 상처를 치유해 주게 되는 것이다.

하나님에게는 버릴 것이 전혀 없으며 쓰임 받지 못할 사람이 아무도 없다. 바로 거기에서 죄 많은 인간, 허물 많은 중독자들은 자기를 사용하셔서 다른 이들을 치유하시고 새롭게 하시는 전능하신 하나님, 사랑이신 하나님, 신묘하신 하나님을 발견하고 그 안에서 하나님에 대한 믿음을 세워나가게 된다. 중독 치료의 현장에서 널리 알려진 "혼자서는 할 수 없으나 함께하면 가능하다"는 경구가 말 그대로 공동체적 삶을 통해 증명되는 것이다.

죄인들의 공동체, 고백의 공동체에서는 누가 누구를 가르치려 하거나 교정하려 하지 않는다. 있는 그대로의 나를 서로 수용할 뿐이다. 조용히 그의 아픔을 들어줄 뿐이다. 그런데 놀랍게도 거기에서 치료가 시작되는 것이다.

"그러므로 너희 죄를 서로 고백하고 병이 낫기를 위하여 서로 기도하

라."약5:16

"만일 우리가 우리 죄를 자백하면 그는 미쁘시고 의로우사 우리 죄를
사하시며 우리를 모든 불의에서 깨끗하게 하실 것이요"요일1:9

라파공동체에 처음 입소할 때 사람들은 그동안 얼마나 고생 많았냐고 자
기를 따뜻하게 맞아주는 눈길과 손길을 만난다. 그리고 그 순간 눈에 눈물
이 핑 고이는 사람들을 종종 보게 된다. 중독에 빠져 덧없고 허황한 삶, 큰
죄악에 물든 삶을 살아왔던 자신들을 이렇게 대해 주는 곳은 이 세상 어디
에도 없었다. 세상 모든 사람들이 왜 그렇게 사냐고 손가락질 했고 당신 같
은 사람과 함께 살기 싫다고 곁을 떠나갔다. 그 모든 원인이 나의 중독 때문
인 것을 알았지만 그 중독을 어떻게 할 수가 없었다. 무기력감이 깊어 가고
고립이 깊어갈수록 수용 받고 싶은 마음은 간절해 갔다. 그러나 그 간절함
이 크면 클수록 그것은 주변 사람들을 향한 원망과 분노로 탈바꿈되어 폭력
적으로 표출되었다. 그러던 그들이 더 이상 갈 곳 없어 세상의 땅끝이라고
여겨지는 곳으로 끌려?왔을 때, 그 곳에서 그들은 자기를 있는 그대로의 모
습으로 수용하고 받아주는 사람들을 처음으로 마주하게 된다. 아아, 내가
그렇게 원하고 갈망하던 그것, '따뜻한 눈길과 손길'을 몸으로 느끼며 경험
하게 되는 것이다. 환대를 경험하는 바로 그 순간부터 중독자들의 왜곡된
방어벽, 강고하기 이를 데 없던 완고한 방어기제가 무너지기 시작한다. 더
이상 나를 방어하지 않아도 되는 정직하고 투명한 세계 속으로 자기 자신을
내어 놓게 되는 것이다.

'있는 그대로의 내가 수용되는 것'은 모든 중독자들의 바람이다. 그들은
마음껏 중독된 행위를 하고 싶고, 물론 그것이 문제라는 것을 알고는 있지만 그런 자기
자신을 누군가가 수용하고 사랑해주기를 꿈꾼다. 물론 그 꿈은 현실에서 결코 이루
어질 수 없는 망상일 뿐이다 있는 그대로의 내가 어떤 편견이나 비난, 질책 없이 수

용되는 경험은 내가 사랑받고 있다는 경험으로 연결된다. 중독자의 신분으로 라파공동체의 문에 들어선 그들은 그들을 심판하고 정죄하거나 비난하지 않으며, 있는 그대로의 자기를 받아주는 환대와 사랑의 세계로 인도된다. 사랑의 결핍으로 인해 중독되었던 이들이 이제 사랑을 알고 배우는 사랑의 세계, 사랑의 관계로 발을 들여놓게 되는 것이다. 수용은 사랑으로 가는 관문이며, 사랑 그 자체이다. 그리고 그것은 치료로 나아가는 지름길이다. 사랑은 치유의 묘약인 것이다.

기능하는 가정의 가족구성원들은 가정이 안전하며, 안정감을 주고, 안심할 수 있는 곳이라고 느낀다. 그것들은 있는 그대로의 나의 모습이 받아들여지고 수용될 때, 곧 사랑받고 있음을 느낄 때 느끼게 되는 감정이다. 그 사랑의 기초 위에서 사람 사이의 신뢰관계는 형성되기 시작한다. 서로 사랑하며 신뢰하는 인간관계 속에 있을 때 사람들은 무한한 안전, 안정, 안심의 감정을 느끼게 된다. 라파공동체에 입소한 중독자 형제 자매들은 환대의 경험을 통해 불안과 두려움을 내려놓고 처음으로 발을 뻗고 편안한 잠을 취한다. 그리고 그 평안 가운데에서 비로소 자기의 죄와 허물을 진지하게 돌아보고 살펴보게 되며 진정성 있는 회개에 이르게 된다. 회개는 비난이나 비판, 강요나 압박에 의해 주어지는 것이 아니다. 수치를 드러내어도 안전하다고 여겨지는 환경 하에서 깊은 자기 성찰을 통해, 성령의 인도하심을 통해 중독자들은 자기의 죄와 허물을 직면하게 된다. 그리고 자기가 지은 죄와 허물, 그 결과 등에 대해 실로 애통하는 마음을 갖기에 이른다. "죄인들아 손을 깨끗이 하라 두 마음을 품은 자들아 마음을 성결하게 하라 슬퍼하며 애통하며 울지어다"약 4:8, 9 그리고 그 애통의 눈물을 통해 "다시는 죄 짓지 않겠노라"는 회복의 결단에 이르게 된다. 그들은 단순히 중독되어 행했던 온갖 잘못과 죄악들을 회개하는 것뿐만 아니라 자기가 그렇게 될 수밖에 없었던 이기심과 교만, 불순종의 원죄를 가진 죄인임을 깨닫고 회개하기에 이르는 것이다.

"회개하라 천국이 가까이 왔다"는 예수님의 말씀은 정녕 실제이다. "중독은 지옥이고, 회복은 곧 천국"이다. 회복의 가치는 그만큼 큰 것이다. 회개는 중독자들을 회복자로 옮겨 놓는다. 그리고 성화의 길로 인도한다. 성화의 길은 고된 길이요 연단의 길이다. 그러나 영광의 길이요 기쁨의 길이다. 성화는 관계를 통해 이루어진다. 철이 철을 연단하듯이 사람의 연단은 사람을 통해 가능하다. 공동체는 곧 연단의 장이다. 공동체에는 함께 회복의 길 걸어가는 동료들이 있고 회복의 길을 앞서나가는 선배들이 있다. 그들은 회복의 모델이요 모본이 된다.

중독으로부터 회복하려면 심령이 거룩하게 되고 정결하게 되어야 한다. 탐욕과 쾌락, 순간적 만족, 세속적 가치 등을 추구했던 삶에서 주어진 모든 것에 자족하고 만족하는 삶을 배우고 익혀야 한다. "우리가 세상에 아무 것도 가지고 온 것이 없으매 또한 아무 것도 가지고 가지 못하리니 우리가 먹을 것과 입을 것이 있은즉 족한 줄로 여길지어다." 딤전 6:7, 8 그대로 인 것이다. 세상의 것, 땅의 것 보다는 하늘의 선한 것, 고상한 것을 추구하는 삶을 또한 배우고 익혀야 한다. "위의 것을 생각하고 땅의 것을 생각하지 말라." 골 3:2 그것이 바로 성화된 삶이다. 성화된 삶을 살 때만 중독자들은 온전한 회복의 길을 흔들림 없이 끝까지 걸을 수 있다. 우리는 그것을 오직 거룩한 곳, 성스러운 곳에서만 배울 수 있다. 그곳이 바로 공동체다. 교회 공동체는 예수님께서 친히 지으신 거룩한 사람들의 모임이요 하나님의 집인 것이다.

교회 공동체가 하나님의 가족인 가장 명확하고 확실한 증거는 공동체 성원 각 사람이 한 아버지를 모시고 사는 자녀들이라는 사실로부터 기인한다. 아버지가 같으니 형제, 자매들일 수밖에 없고 가족일 수밖에 없는 것이다. "영접하는 자 곧 그 이름을 믿는 자들에게는 하나님의 자녀가 되는 권세

자격"요 1:12를 주셨기 때문이다. "무릇 하나님의 영으로 인도함을 받는 사람은 곧 하나님의 아들이요 자녀"롬 8:14, 16가 되는 것이다.

중독을 치료하는 주요 행동지침 중에 "마치 그런 것처럼 행동하라"Act as if 가 있다. 라파공동체에 입소하는 중독자들의 절반 이상은 기독교와 아무런 연관이 없는 삶을 살아온 사람들이다. 그러나 그들은 입소하는 순간 하나님의 부르심을 받고 입소한 것으로 간주된다. 그리고 그들 스스로는 하나님의 집에 입양된 하나님의 자녀들처럼 행동하며 살아가게 된다. 라파공동체의 공기는 자유롭다. 공동체에 입소하려는 사람들은 라파공동체가 기독교 신앙공동체이자 중독 치료공동체이며, 24시간 거주생활 공동체라는 사실을 알고 그에 합당한 생활을 하겠다는 약속을 하고 공동체에 입소한다. 라파공동체는 자유로운 계약에 의해 공동생활 여부를 결정하는 계약공동체이기 때문이다. 자유로운 의사결정에 의해 공동체에 들어온 사람들은 예배, 찬양, 기도, 성경묵상 등과 같은 기독교적 신앙행습을 자연스럽게 받아들이며 마치 기독교인인 것처럼 생활한다. 모든 사람들이 기독교를 자신의 신앙으로 받아들이는 것은 아니지만 3개월 이상의 장기생활을 경험하는 사람들은 대부분 기독교를 자신의 종교와 신앙으로 받아들이게 된다.

기독교인이 된다는 것은 한 사람의 인격 안에 다양한 층위의 새로운 인격을 구비한다는 것을 뜻한다. 그것은 하나님의 자녀가 되는 것과 주님의 종이 되는 것, 그리고 그리스도의 제자가 되는 것이다. 그 중의 으뜸은 역시 하나님을 아버지로 모시고 그 분의 자녀가 되는 것, 곧 거듭나는 것이다. 거듭난 자들은 중독을 이길 수 있다. 하나님의 자녀가 알코올중독자가 되고 도박중독자가 되어 주어진 생을 허랑방탕하게 산다는 것은 상상할 수 없는 일이다. 하나님을 아버지로 모시고 사는 공동체의 삶이야말로 기능적인 가정, 좋은 가정을 경험하는 참으로 놀랍고 새로운 체험이다.

하나님의 가족 공동체인 라파공동체의 삶에서 강조하고 싶은 것은 "코이노니아"가 있는 삶에 대한 것이다. 예수원의 창립자인 대천덕 신부님은 코이노니아를 교회의 본질로 중시하셨고 교회를 가르치는 곳이라는 의미의 교회敎會가 아니라 성도들이 서로 친밀하게 사귀는 교회交會가 되어야 한다고 주장하였다.

통상 성도 사이의 사귐, 교제로 번역하는 코이노니아는 재물의 통용과 나눔,행 2:42 하나님과의 교통과 사귐,고후 13:13, 요일 1:3, 6, 7 복음 전도 사역과 고난에의 동참빌 1:5, 3:10 등 실로 다양한 의미를 내포하고 있어 그것을 번역하기 보다는 원어 그대로 코이노니아로 사용하자는 주장이 공공연하게 제기된 지 이미 오래다. 공동체를 살아 있게 하는 것은 바로 코이노니아다. 다양한 의미를 지닌 단어 코이노니아를 함축하자면 그것은 "친밀한 교제를 통한 소통과 나눔"이 될 것이다. 그것은 비단 교회 공동체뿐만 아니라 가정과 사회, 국가 단위의 공동체의 생존과 지속을 위해서도 반드시 있어야만 하는 공동체 존재의 핵심이다. 그것이 없는 공동체, 가정, 사회는 생명력을 잃는다. 소통과 나눔은 유기체organics를 살아 있게 하는 공기와 같은 것이다. 교회 공동체는 살아 서로 연결되어있는 생명의 유기체organics이지 조직organization이 아니다.

소통하려면 정직해야 한다. 거짓이 없어야 한다. 감추거나 은폐하지 않아야 한다. 투명해야 한다. 내면의 깊은 수치마저 다 드러내야 한다. 자기합리화와 변명의 방어기제를 깨부수어야 한다. 자기주장을 하되 상대방을 배려해야 한다.

유기체적 공동체에서는 모든 것이 나눔의 대상이 된다. 중독의 고통과 아픔, 슬픔을 나누고 회복의 기쁨을 함께 나눈다. 꿈과 소망과 비전을 함께 나누며, 소소한 삶의 애환을 함께 나눈다. 믿음과 신앙을 함께 나누며, 각자에게 있는 자원과 돈을 함께 나눈다. 그러므로 마음이 소외된 자가 없고, 핍절한 자가 없게 된다. 모든 것을 다 잃고 거의 거지가 되어, 인생의 가장 낮은 곳에 이르렀을 때, 절망의 땅끝이라고 여기던 라파공동체에서 중독자들은 처음으로 환대의 아름다움과 소통과 나눔의 생생한 생명력, 그리고 친밀한 교제의 능력을 경험하기 시작한다. 거기에는 차별이 없고, 정죄함이 없다. 우리는 그리스도 안에서 하나가 되며, 사랑과 신뢰가 있는 한 가족이 되어 감으로 새로운 인생을 살아가기 시작한다. 정녕 새로운 존재가 되어 새로운 삶을 시작하는 것이다. "누구든지 그리스도 안에 있으면 새로운 피조물이라. 이전 것은 지나갔으니 보라, 새 것이 되었도다."고후 5:17

그것은 바로 진정한 코이노니아가 있었던 사도행전의 초대교회의 삶을 지금, 여기에서 재현하는 삶인 것이다.

> "그들이 사도의 가르침을 받아 서로 교제하고 떡을 떼며 오로지 기도하기를 힘쓰니라 사람마다 두려워하는데 사도들로 말미암아 기사와 표적이 많이 나타나니 믿는 사람이 다 함께 있어 모든 물건을 서로 통용하고 또 재산과 소유를 팔아 각 사람의 필요를 따라 나눠주며 날마다 마음을 같이 하여 성전에 모이기를 힘쓰고 떡을 떼며 기쁨과 순전한 마음으로 음식을 먹고 하나님을 찬미하며 또 온 백성에게 칭송을 받으니 주께서 구원받는 사람을 날마다 더하게 하시니라"행 2:42-47

라파공동체는 어떻게 해서든 하나님의 뜻 안에서 살아가려고 노력한다. 이 땅에 있는 하나님의 나라를 삶으로 구현하려고 애쓴다. 그리하여 아, 여기가 좋사오니 하는 천국의 황홀을 경험하기도 한다. 그러나 그것은 어디까지나 공동체의 밝은 면이다. 또 다른 이면에는 말로 형언할 수 없는 고통과 고난이 감당키 어려운 현실이 되어 공동체의 삶을 위협한다.

라파공동체에 입소하는 사람들은 하나 같이 어렵고 힘든 결정을 통해 입소한다. 입소 문의하는 사람 스무 명 중 겨우 한두 명이 입소한다. 그러나 그렇게 힘들게 입소하였음에도 불구하고 열 명 중 일곱 여덟 명이 치료를 마치지 못하고 공동체를 떠난다. 그들이 떠나는 이유는 한 마디로 갈등을 견디지 못하는 조급함과, 미래에 대한 불안을 스스로 조절하지 못하는 초조함_{물론 그것은 금단증상의 일환이긴하지만} 때문이다. 물론 그들이 공동체를 떠나는 가장 큰 동기는 – 그것은 의식적일 수도 있고 무의식적일 수도 있는데 – 술을 마시고 싶어서이다. 그들이 떠난 자리에는 상처와 아픔만 남는다. 그렇게 떠나는 그들을 뒤에서 속절없이 바라만 보아야 한다는 것은 남은 자들의 견디기 힘든 고통이자 슬픔이요 아픔이다.

공동체에 입소해 더 이상 술 마시지 않고 도박하지 않는 그들은 본래의 자기의 모습, 창조형상을 찾아간다. 회복해 가는 그들의 모습, 변화해 가는 그들의 모습을 지켜보는 것은 이 사역을 감당하는 자만이 누리는 특권이다. 그러나 그들이 온전함에 이르려면 아직 먼 길을 걸어가야 한다. 그러려면 그들 안에 깊이 감추어져 있고 켜켜이 쌓여 있는 묵은 독들이, 회한이, 원망이, 분노와 적개심이, 온갖 더러움이, 교만이 밖으로 토설되어야 한다. 누군가는 그것들을 다 받아주어야 한다. 팽팽한 긴장, 터질듯한 감정의 느닷없는 분출, 함께 견뎌주기 힘든 우울 등을 받아주며 함께 이 길을 걷는다는 것은 쉽게 감당키 힘든 고역 중의 고역이다. 함께 함으로써만 그 어려움들을 견뎌낼 수 있다는 사실이 비록 위안일지라도 ….

각자의 인격적 미숙함으로부터 비롯되는 인간관계의 갈등 역시 공동체 생활을 힘들게 하고 위협하는 요인이 된다. 인격의 미숙함으로부터, 어린 시절의 상처로부터, 왜곡되고 신념화된 독단적인 사고방식으로부터 비롯되는 온갖 부정적 감정의 분출과 전이, 끝없이 삶의 현실 속에서 재생산되는 상처의 투사, 변화에 대한 완강하거나 혹은 교묘한 저항, 자기를 높이고 남을 낮추려는 오만, 인정받고자 하는 노골적이고 필사적인 행동들, 그리고 공공연한 시기와 평가절하 등등 인간관계의 미숙함에서 드러나는 갈등과 긴장 역시 공동체 생활을 위협하는 일상적 요소가 된다.

그러나 무엇보다도 감당키 어려운 것은 함께 회복의 길 걷다 재발하여 죽음에 이르는 동료들을 볼 때이다. 어떤 이는 자기 몸에 기름을 끼얹어 자기 몸을 태워 불사르고, 어떤 이는 달리는 기차에 몸을 던져 자기를 산산이 부숴 버린다. 어떤 이는 아무도 없는 빈 집이나 여관방에서 피를 토하다가 죽기도 한다. 아아, 덧없는 죽음이여! 중독의 비참한 말로여! 이들의 덧없고 비참한 죽음은 공동체를 침잠하게 만든다. 깊고 깊은 고독 속으로 각 사람들을 빠져들게 한다. 그러나 그 침잠과 고독을 통해 남은 자들은 그들의 죽음을 나의 죽음으로 경험한다. 내 안에 아직 죽지 않은 것이 있다면 나도 저들과 같은 죽음을 맞이할 수밖에 없음을 깨닫는다. 그것들은 아직 죽지 않고 내 안에 남아 있는 자존심이며, 남의 말을 귀담아 듣지 못하는 완고함이며, 갈등을 견디지 못하는 조급함이며, 더 기다리지 못하는 부족한 인내력이며, 어둠의 일, 사탄의 일을 분별해 내지 못하는 둔감함이다. 그리스도가 죽음으로 우리가 나음을 입었듯이 그들의 죽음이 나의 나음이 되고 깨달음이 되고 생명이 된다. 하나님의 나라에서 헛된 죽음은 없다. 깊은 침잠과 고독의 시간을 거쳐 남은 자들은 그들의 죽음을 통해 배우고 생명의 힘을 얻는다. 남은 자들은 떠나간 자들 앞에서 그들의 남은 몫을 우리가 살아내겠다고 다짐한다. 생명을 노래하겠다고 다짐한다. 하나님의 공동체에는 죽음마저도 아름다운 생명으로 승화시키는 능력이 있다.

공동체 치유의 어려움을 이야기 할 때 사람들은 내게 묻는다. 그렇게 힘든 상황을 어떻게 견뎌내느냐고. 그럴 때 나는 공동체이기 때문에, 공동체에서 날마다 경험하는 일상의 신비가 나를 견디며 이기게 해 준다고 말한다. 장 바니에는 「공동체와 성장」에서 하나님의 공동체에서는 일상이 경건이요, 즐거움이자 신비여야 한다고 말한다. 라파공동체에는 일상의 경건과 신비가 있다. 공부하다가, 묵상하다가, 기도하다가, 주방에서 설거지 하다가, 휴게실에서 대화하다가, 밭을 일구다가, 농작물을 수확하다가, 닭을 치다가, 고양이와 개를 기르다가, 방문자들과 교제하다가 … 일상생활의 모든 국면에서 공동체 성원 한 사람 한 사람에게 놀라운 기적이 일어난다. 중독의 강고한 자아가 깨어지고 고치에서 나비가 생명으로 날아오르는 것처럼 신비로운 자각과 각성, 심도 깊은 변화의 순간들을 만난다. 공동체의 일상의 삶을 통해 우리는 날마다 인간 변화와 생명 탄생의 신비를 경험하며 살아간다. 공동체는 중독치유의 가장 강력한 진지이자 새 생명 탄생의 인큐베이터가 되는 것이다.

오늘날 교회가 잃어버린 것은 공동체이다. 현대 국가와 사회가 잃어버린 것도 마찬가지다. 공동체성의 상실은 모든 인간문제, 교회문제, 사회문제, 중독문제의 근원이다. 그러기에 공동체의 회복은 여전히 모든 문제의 답이며 대안이다. 답과 대안이 있는 한 소망은 여전히 우리에게 있다.

후기

"빛이 어둠에 비치되 어둠이 깨닫지 못하더라" 요 1:5

이 말씀이야말로 중독의 핵심에 대한 성경의 갈파가 아닐까.

중독자들과 함께 공동체를 이루며 살아온 지 18년으로 접어들고 있다. 그 시간동안 200여명의 중독자들을 만났고 그 중 30-40여명이 중독으로부터 회복되어 새 삶을 찾았다. 160-70명은 다시 중독의 어둔 세상으로 돌아갔다. 회복하여 살아남은 자들의 영광과 희열이 한편에 있고, 다시 중독으로 돌아간 자들의 아픔과 슬픔, 상처가 한편에 있다. 존재적으로 빛은 어둠을 이긴다. 빛이 어둠에 비치면 어둠은 사라지게 마련이다. 그러나 중독이라는 어둠은 그렇지 않았다. 이 어둠은 살아 있는 것이어서 빛을 거부하기도 하고 빛을 피해 더 깊은 어둠 속으로 달아나기도 하는 그런 어둠이었다. 그것이 중독이라는 어둠을 치료하는 여정에서 어쩔 수 없이 겪어야 하는 무기력이요 절망이었다.

동일한 성경말씀을 유진 피터슨은 그의 번역서 「멧시지」에서 이렇게 표현하였다.

"그 빛이 어둠을 뚫고 타올랐으니 어둠은 그 빛을 끌 수 없었다."

성경의 다양한 역본 중에서 절반 정도는 요한복음 1장 5절을 번역하면서 "어둠이 깨닫지 못하였다"로 번역하고 있고 절반 정도는 "어둠이 빛을 이기지 못하였다"는 의미로 번역하고 있다. 앞의 번역에서 중독이라는 어둠에 대해 어쩔 수 없는 불가항력적 무기력과 절망을 경험한다면 후자의 번역에서는 중독이라는 어둠을 극복할 수 있다는 빛의 희망과 능력을 발견하고 위로를 얻는다. 성경 속에서 우리는 절대적 진리를 발견하기도 하지만, 진리의 다양한 측면을 발견하기도 한다.

중독사역 18년의 나의 경험은 중독으로부터의 회복과 치유에 대해 이렇게 말한다. 그것은 무척이나 힘들고 어려운 일이다. 그러나 불가능한 것은 아니다. 포기하는 것은 아직 이르다. 희망은 여전히 우리에게 있다! 라고….

2018년 라파공동체와 사랑과 섬김의 교회의 간절한 기도는 민수기 27장의 모세의 기도와 같다. "여호와 모든 육체의 생명의 하나님이시여, 원컨대 한 사람을 이 회중 위에 세워서 그로 그들 앞에 출입하게 하사 여호와의 회중으로 목자 없는 양과 같이 되지 않게 하옵소서."민 27:16-17 올 해로 중독치유사역 18년을 맞으며 나는 2년 후 사역 20년이 되는 해에 일선에서 은퇴하기로 결심하였다. 모세의 뒤를 이어 여호수아가 후계자가 되어 가나안 정복 전쟁을 잘 이끌었던 것처럼 나 또한 이 사역을 계승하여 회복의 가나안 지경을 넓혀갈 젊은 일꾼이 절실히 필요하다.

"하나님 나는 지금 영원 속에 몸을 담그며 내 백성이 자유를 향해 걸어가는 것을 봅니다. 죄를 벌하고 또 용서하시는 하나님이시여, 나는 이 백성을 사랑했습니다. 나는 이 백성의 수치와 무거운 짐을 대신 지려고 노력했습니다. 나의 기쁨은 오직 이 백성이 구원받는 것입니다. 오, 나를 붙잡아 주소서. 이제 나의 지팡이는 쓰러집니다. 주님, 나의 무덤을 준비해 주소서. 아멘."모세의 기도, 디트리히 본 회퍼의 『옥중서신』에서

본 회퍼 목사가 출애굽의 모세를 자신과 동일시했던 것처럼 나 또한 그분들과 나 자신을 동일시하는 심경이 되고 있다. 나의 정열의 날은 갔고 이제 물러날 때가 되었다. 젊은 일꾼에게 자리를 물려줄 때가 된 것이다. 죽는 날까지 이 땅의 중독자들을 보듬고 사랑하며, 중독을 퇴치하는 일을 멈추

지는 않겠지만 오르막이 있으면 내리막이 있으므로 잘 내려가는 앞으로의 20년이 되어야 하리라. 내려가는 길이 더 어렵다 하지 않던가

하나님께서 젊은 일꾼들을 많이 일으키시고 보내주셔서 저 광포하고 흉악한 중독의 멍에를 쳐부수고 불태워버릴 수 있기를, 라파공동체가 일선에서 그 사역을 중단 없이 잘 감당하는 회복의 진지가 되기를, 그렇게 하여 회복의 아름다운 노래 소리가 곳곳에서 쉼 없이 울려 퍼지기를 간절히 기도한다. 주님, 저들을 돌아보시고, 치유하시고, 구원하소서.

2018년 2월 2일 지수리 회복의 땅에서